"十三五"学前教育专业规划系列教材

学前儿童健康教育

郑晓边　刘敏　李跃梅　吴航　编著

WUHAN UNIVERSITY PRESS
武汉大学出版社

图书在版编目(CIP)数据

学前儿童健康教育/郑晓边等编著.—武汉:武汉大学出版社,2018.8
"十三五"学前教育专业规划系列教材
ISBN 978-7-307-20156-9

Ⅰ.学…　Ⅱ.郑…　Ⅲ.学前儿童—健康教育—师范大学—教材
Ⅳ.G613.3

中国版本图书馆 CIP 数据核字(2018)第077283号

责任编辑:谢群英　　责任校对:汪欣怡　　版式设计:韩闻锦

出版发行:**武汉大学出版社**　(430072　武昌　珞珈山)
(电子邮件:cbs22@whu.edu.cn 网址:www.wdp.com.cn)
印刷:湖北金海印务有限公司
开本:787×1092　1/16　印张:20.5　字数:449千字　插页:1
版次:2018年8月第1版　　2018年8月第1次印刷
ISBN 978-7-307-20156-9　　定价:49.00元

作者简介

郑晓边

华中师范大学教授，中国教育学会教育质量监测评价指导委员会委员，中国心理卫生协会青少年心理卫生专委会荣誉委员，中国心理学会学校心理学专委会委员。

刘 敏

华中科技大学同济医学院幼儿园副园长。

李跃梅

武汉市硚口区幸福幼儿园副园长。

吴 航

华中师范大学教育学院副教授，学前教育系主任。

前　言

《学前儿童健康教育》是“十三五学前教育专业规划系列教材”之一，是满足学前教育的发展需求，遵循国家对未来幼儿园教师培养计划的目标而撰写的力作，尤其强调心理健康教育在儿童身心成长和教师培养过程中的作用机制与操作方法。

国家22部委《关于加强心理健康服务的指导意见》提出①，要充分认识加强心理健康服务的重要意义，全面开展心理健康促进与教育，传播心理健康知识，倡导健康生活方式，提升全民心理健康素养，培育良好社会心态。2015年，由我主编的《幼儿心理健康促进》(武汉大学出版社)一书，邀请了两位卓越的幼儿园园长和精英教师团队来加盟写作，该书出版后获得学前教育界教师和家长的广泛赞誉，数千册书供不应求，一时“洛阳纸贵”，看来，“顶天立地”的教材就能满足社会需求。

18年前，笔者作为中国学前教育研究会健康教育专业委员会的常委，组织全国数百位一线学前教师撰写了88万字上下册《现代幼儿心理保育与教育》(武汉水利电力大学出版社，1999)作为学会集体研究成果推向全国，500多篇教育案例选自全国各地幼儿园教师的教育笔记，生动记载了学前儿童成长的过程，描述了孩子们面临的各种困难、原因并提出了保教对策。该书推向全国受到好评，一大批学前教师工作者已成长为优秀教师和园长，促进了更多的学前儿童茁壮成长！

时过境迁，如今学前儿童教育的春天姗姗来迟，《幼儿心理健康促进》与《学前儿童健康教育》终于走进学前教育课程，走进促进学前儿童全面发展的教育主阵地，耳顺之年的我感到无比欣慰！无论是作为教师、心理学者，还是长辈，我深深感到，早期的生活经历对孩子一生的发展太重要了！尤其是3~6岁的学前儿童，他们从家庭走进幼儿园，用自己特有的方式探索这个色彩斑斓的世界，他们时时刻刻承受着生活环境中的各种压力——父母的喜怒哀乐、教师的奖惩、社会环境的潜移默化，孩子的身心能否健康发展牵动着每位学前教师

① 关于加强心理健康服务的指导意见，http：//news. xinhuanet. com/gongyi/2017-02/06/c_129464851. htm.

和家长的心！

为学前教师撰写一部综合性的学前儿童健康教育实用教材，无疑是一项极有意义且具挑战的工作。由于本教材是依据现代幼儿园课程设计理念和学前教育专业本科学生学习以及幼儿园教师职后培训的目标来撰写，且健康教育领域又受到现代生物—心理—社会医学模式和教育学、心理学、卫生学、体育学等多学科的相互影响，本教材的编写具有一定难度。

素质教育应从娃娃抓起。健康教育是提高现代学前儿童素质的主要途径，即通过保育与教育结合方式，来完成学前儿童健康发展目标。《幼儿园工作规程》提出："幼儿园的主要任务是实行保育与教育相结合的原则，对学前儿童实施德、智、体、美诸方面全面发展的教育，促进其身心和谐发展。"保教结合，已成为广大保教工作者的共识。遗憾的是，在幼儿园实际工作中，身心保育与教育往往缺少有机结合，保教结合工作中的健康教育理论、工作目标、具体内容、评价体系均未建立。能否将高墙深院的学术理论与学前儿童保教前线的实际经验相结合，来探索促进学前儿童健康发展的课程教材体系？这项课题一直萦绕在笔者心际。

有幸的是，今天我们又有机会从理论到实践对幼儿园保教结合工作和师生的健康教育领域进行探索。高墙深院的专家和一线幼儿园教师携手合作，在出版《幼儿心理健康促进》的基础上，再次合作，共同撰写《学前儿童健康教育》，用创新尝试确保这本教材的科学性、实用性和可操作性。

《学前儿童健康教育》专门针对五年制学前教育课程设置的要求，将理论与实训相结合，该书在《幼儿心理健康促进》(武汉大学出版社 2015)教材基础上修订扩充，内容符合新的幼儿园课程标准和五年制学前教育专业学生学习目标，主要内容包括八章：学前儿童健康概论，幼儿园健康教育，健康教育活动课程，健康教育团体辅导，幼儿园生活辅导个案，家园合作辅导方法，学前教师健康修养，幼儿园健康管理。作者运用生物—心理—社会医学模式的观念，对现代学前儿童健康教育活动进行了系统、翔实的论述，从宏观到微观，从理论到实践，内容丰富，层次分明，结构合理，操作性好，实用性强，可供学前教育专业师生及从业人员和广大家长使用。

由于本书的编写宗旨是源于实践、用于实践，因此，它不限于健康教育理论框架的讨论，而是重在为基层幼儿园教师、保育员和家长提供工作指南，为基层学前教师分享心得提供机会。本书穿插【知识链接】、【活动课程】、【心理剧】、【团体辅导】、【案例分析】、【教师心得】、【园长手记】等专栏，汇集了专家学者的多年教学科研学术成果和一线教师的工作案例和心得。按照现代教材体例，每章前面有【学习目标】，后面有【小结】、【思考题】、【推荐读物】和【参考文献】，以便学习者学习。希望本书成为学前儿童健康教育理论学者和实际工作者学习与交流的窗口。

本书出版得益于一批专家学者和学前教师的相助，体现了学前儿童健康教育事业的兴旺发达。衷心感谢华中科技大学同济医学院幼儿园和武汉市硚口区幸福幼儿园作为优秀幼儿园的团队代表为本书所做的贡献，感谢华中师范大学学前教育系主任吴航博士的加盟合作，感谢引用文献中的专家和教师，感谢武汉大学出版社谢群英编审的策划和出版社团队给予的支持与帮助。

书中疏忽之处在所难免，请广大读者不吝赐正。

郑晓边

2018 年

目　　录

第一章 学前儿童健康概论

学习目标

1. 本章导读：学前儿童健康成长是学前教育的重要目标，也是学前教师保教工作的主要任务。通过本章学习，未来的学前教师要熟悉现代健康观和学前儿童保教任务，熟悉学前儿童保教研究方法，了解影响学前儿童健康的生物、心理、社会因素，掌握学前儿童健康的标志和判断方法，甄别学前儿童行为问题，掌握学前儿童身心预防与健康促进方法。

2. 教学重难点：学前儿童心理健康标志，学前儿童身心预防与健康促进方法。

3. 教学课时：教学 6 课时，实习 2 课时。

第一节　学前儿童健康与保教任务

学前儿童是人类的未来和希望，学前儿童健康状态和保教工作效率受人们健康观念的影响，学前儿童的健康及其教育已成为全社会广泛关注的重要课题。当代的健康观有哪些变化？学前儿童面临哪些健康问题？有哪些因素制约着学前儿童的健康水平？为了明确回答这一系列问题，本节将从宏观上探讨现代健康观念的发展变化，从微观上分析当代社会中影响学前儿童健康的多种因素和研究方法，以使学前儿童保教工作者明确自己的任务。

一、　现代健康观

人们对健康的观念影响着保健的目标。早在 1947 年，世界卫生组织就提出了健康的定义："健康是人的生理、心理和社会适应的完善状态，而不仅仅是没有疾病和虚弱现象。"现代人又提出了整体健康观，在世界卫生组织的三分法基础上，又增加了智力和精神方面。

知识链接

健康含义

格林伯格(Greenberg)等认为健康应该关注五个根本方面，任何一个方面的欠缺都不是完整的健康。(1)生理健康：指自己的生理特点以及自己身体的机能状态。没有疾病是生理健康的重要组成部分，同时生理健康的重要意义还在于，在日常生活中自己有精力完成作业或其他工作任务。(2)社会健康：在社会生活中自己有朋友，有可以讨论问题的人，自己可以和他人有正常的相互交往，可以和周围环境有和谐关系，包括自己的同事、上级、长辈、下属、晚辈等。(3)心理健康：指自己能够用开放的方式获得新的知识和经验，有一种自我价值感，能容忍事物之间的区别，能够对待危机和紧张。(4)情绪健康：能够合理地表达、控制和调节自己的情绪，虽然生活中经常有一些消极情绪，但是这些情绪是人们心理生活的重要组成部分。(5)精神健康：自己可以充分发挥自己的精神潜能，能够发现生活的意义。

哈恩认为青少年要形成的健康行为有五个方面：(1)最初的成人统一性：人在发展过程中，要逐渐形成成人统一性，用成年人的视角去对待他人和自己。(2)形成独立性：中学以后，特别在进行大学教育的时候，人们应该获得一种最初的职业入门，即相信自己可以胜任某种职业，不仅有这个方面的技能，同时也具有这个方面的信心。(3)拥有责任感：是对他人和社会的义务感，是自己扮演一定角色的行为，这种行为是以后适应社会环境的条件。形成父母技能是责任感的重要内容。(4)形成社会技能：如交往技能、合作技能以及在不同的人际环境中扮演不同角色的技能等。(5)发展亲密关系。

汤纳特尔等人还提出了健康教育的心理学模式，认为人们的健康行为是由三个因素决定的：自我效能、控制焦点、健康控制焦点。自我效能是指一个人对自己完成任务的能力评价，认为自己完成任务的能力越高，其自我效能就越好；控制焦点是人的一种基本观念，即是什么在控制自己的命运；健康控制焦点是指人们在健康归因方面的观念，即什么在控制自己的健康。健康教育的主要任务就是使人们形成正确的信念，通过认识来改良人们的行为方式，形成健康行为。

我国发展时期的卫生工作方针是：“以农村为重点，预防为主，中西医并重，依靠科技与教育，动员全社会参与，为人们健康服务，为社会主义现代化建设服务。”①卫

① 郑晓边. 心灵成长——校园生活中的健康心理与辅导[M]. 合肥：安徽人民出版社，2006：13-16.

生工作方针中的“预防为主”思想，将贯穿学前儿童卫生保健工作的方方面面。“防”重于“治”，投资少，收益好，使群体学前儿童防患于未然；“依靠科技与教育”，就是要利用现代科技与教育手段，为学前儿童保健提供优质服务；“动员全社会参与”，这就要求卫生保健不仅仅局限在医院，而且要深入家庭、幼儿园和社区，使学前儿童保健工作更见成效，使群体学前儿童的健康水平大大提高。①

学前儿童是祖国的花朵、民族的希望，他们能否健康成才关系到国家的兴衰。新的卫生工作方针将使学前儿童保健上一个新台阶，新的健康观已成为现代学前儿童保教工作的指南。

知识链接

医学模式

医学模式是指人们观察医学问题的思想与行为方式。它左右着学前儿童的保教方向。医学模式受社会生产力、生产关系、科技水平以及哲学思想的影响。它的发展大致经历了以下几个阶段：

1. 迷信唯心模式

17 世纪以前，由于生产力发展水平低以及封建专制与宗教统治的影响，人们认为疾病是鬼神作怪，是天谴神罚。健康是上帝或鬼神赐予、主宰的，只有用祈祷来实行保健。这是一种唯心主义的、迷信的医学模式。这种模式虽然陈旧，但在现代社会中仍有不少市场。尤其在一些农村和边远地区，用烧香拜佛来防治疾病，或是因从事迷信活动而延误病情、死于非命的例子屡屡发生。这种模式应该舍弃。

2. 机械唯物模式

18 世纪中叶以后，随着工业革命的进展，机械唯物主义的思想出现，人们认为机体好似一部机器，疾病是某部分“零件”发生故障，且人和动物的区别只是多几个弹簧与齿轮，保健就如同维护机器，治病就是要换掉失灵的部件。这个模式虽看到了疾病的“物质”性，比迷信唯心模式有所进步，但它忽视了人的生物特性和社会特性，防治疾病收效甚微。

3. 生物医学模式

19 世纪后，由于社会生产力和科技水平的进步，全世界先后发现了二三十种细菌，进入了“细菌学时代”。人们开始认识到疾病是生物因素引起的，健康是人体、自然环境、生物病因三者之间的平衡，防治疾病就是要通过预防接种、杀菌灭虫和抗菌药物来消灭生物性病原体。在此模式的影响下，全世界传染病和寄生虫病的发病率大大下降，防治疾病的收效甚为明显。但此模式也有不足之处，它

① 郑晓边. 学前儿童卫生学[M]. 郑州：大象出版社，1998：5-7.

只重视自然环境和生物病因，未能看到社会环境和心理因素对人类健康的影响。

4. 生物—心理—社会医学模式

20世纪50年代以来，随着疾病谱的变化，传染病减少、慢性病增加以及医学的社会化，国家、社会、公众参与保健事业，人们逐步认识到，人类的疾病与健康受到多种因素的影响，仅用生物医学模式来指导现代保健则收效甚微，必须倡导新的医学模式。1977年美国学者G. L. Engel在《科学》杂志上发表了论文《需要新的医学模式——对生物医学的挑战》①，正式提出"生物—心理—社会医学模式"这个概念，认为应该从人的生物、心理、社会的整体因素中去研究健康与环境的关系，更全面、深刻地认识疾病与健康的本质。保健，就是要求人与生物、心理、社会环境之间的平衡。在此模式影响下，数十年来世界各国卫生保健取得了丰硕成果，在学前儿童卫生保健方面，异常行为矫正中心、家教咨询门诊、早教与培智学前机构纷纷建立，人们从个体、家庭、幼儿园和社区等多种水平对学前儿童实施身、心、社会方面的综合保健，极大促进了学前儿童的健康水平。

医学模式的演变影响着学前儿童保教模式的发展。保教模式是指整合化的保育和教育的理论范式、目标与体系。保中有教，教中有保，保教结合，已成为当代学前儿童保教工作者的共识。传统的学前儿童保育模式重在学前儿童生物病因的防治，它强调对学前儿童实施计划免疫，使之"不患病，睡得安，吃得饱，长得高"。这种传统的保育模式受到了现代社会学前儿童状况的挑战。当代学前儿童绝大多数是独生子女，他们在生理保健方面均能得到及时、足够的照顾，但仍有不少学前儿童"营养不良"、"体弱多病"。究其原因，多数是因为父母的"溺爱"、不正确的教养、"过高的期望"与孩子实际能力之间的差距等因素造成的，使孩子承受更多的心理社会压力，从而影响到身体的正常发育。现代学前儿童除了生理上的需要外，还有心理上的多层次需要：他们需要"睡得香，吃得合理，长得美，玩得好"；他们需要更多的心理与社会方面的关心。因此，现代学前儿童保教模式必须顺应这种变化，必须根据现代医学模式的理论框架建构新的学前儿童保教目标与体系。

二、 学前儿童保教任务

学前儿童健康发展是学前儿童保教的根本目的。现代学前儿童保教是运用现代的生物—心理—社会医学模式的观点，研究当代学前儿童的健康问题，其主要任务在于：研究学前儿童的身心特点和生长发育规律；研究学前儿童健康水平与生活、教养环境之间的相互关系；探讨影响学前儿童健康的生物、心理、社会因素；提出一系列卫生

---

① G. L. Engel. The Need for a New Medical Model: A Challenge for Biomedicine[J]. *Science*, 1977(8): 129-135.

标准与要求；指导幼儿园、家庭乃至社区采取适当的卫生措施，促进学前儿童健康发展。

传统的学前儿童保教是以研究学前儿童的体格发育和疾病防治为主的。这种在生物医学模式指导下形成的保教学科结构已不能适应当代学前儿童保教的需求。当代学前儿童正处在一个新的历史时期，他们的身心特征不仅与成人不同，也与20世纪的学前儿童不同，身高发育在加速，心理行为问题在增多，这就给现代学前儿童保教增添了新的任务：要研究新时期学前儿童的身心特征，研究当代社会、家庭环境对学前儿童健康的影响，执行我国现行的教育方针和卫生工作方针，对幼儿园提出“保教结合”的措施，以促进学前儿童的身心健康发展。

现代学前儿童保教除了运用医学原理来研究学前儿童的卫生问题外，尤其重视研究学前儿童的异常心理与行为，研究幼儿园的教养和环境问题。此外，还需借助心理学、教育学、社会学的原理与方法来完善对学前儿童的系统研究。现代学前儿童保教是一个系统工程，它需要保教工作者、心理学工作者以及社会各界人士的共同协作努力，也需要学前儿童及家长的积极参与，更需要政府、各级行政部门的关怀与支持。

现代学前儿童保教工作者需要明确自己的任务，至少包括十个方面①：

1. 建立新的医学模式下的现代健康观

对当代学前儿童实施保教，必须建立一个宏观的健康观念，从纵向上了解学前儿童保教的历史、现状与未来，从横向上探讨影响学前儿童健康的生物—心理—社会因素，只有这样，才能深入研究学前儿童保教领域的微观问题。因此，现代学前儿童保教首先要研究医学模式的发展变化，解释生物—心理—社会医学模式与健康观对学前儿童保教的意义，探讨影响学前儿童健康的各类因素，阐明我国新时期的卫生工作方针，强调预防工作的重要性，使保教工作能面向当代学前儿童，面向未来。

2. 了解学前儿童的优生和提高遗传素质的方法

遗传与优生是学前儿童健康发展的生物条件。学习遗传的基本规律，是为了更好地防治学前儿童遗传病，更深入地开展学前儿童优生保教工作。学前儿童保教工作者要熟知遗传素质与教育的关系，了解多种遗传病的防治方法，了解优生与各类环境因素之间的相互关系，使当代学前儿童通过优生保教为健康发展打下一个良好的生物基础。

3. 掌握学前儿童生长发育规律

学前儿童正处在迅速生长发育时期，他们有着与成人不同的解剖生理特征，而且不同年龄阶段的学前儿童特点也不尽一致，其保教的重点也各异。学前儿童保教工作者要熟知不同年龄阶段学前儿童的解剖生理特点和发育标志，掌握学前儿童生长发育的基本规律以及针对性的卫生保教措施，以促进学前儿童躯体的健康发育。

4. 做好学前儿童疾病防治工作

① 郑晓边. 现代幼儿心理保育与教育[M]. 武汉：武汉水利电力大学出版社，1999：25-29.

疾病防治工作做得越好，学前儿童的健康水平越高。学前儿童保教工作者要掌握幼儿园传染病预防的原则、措施与护理方法，明确预防接种的意义，熟知学前儿童数种非传染性常见病的病因、表现和防治措施，以及预防学前儿童意外伤害和急救的办法。

5. 关注学前儿童心理卫生

随着医学模式的发展变化，心理卫生已成为学前儿童健康的重要组成部分。现代学前儿童保教者要掌握学前儿童心理健康的标准与判断方法，探讨影响心理健康的内外因素，解释学前儿童常见的心理行为表现，熟知学前儿童心理防治的具体内容和技术。

6. 注重学前儿童教育过程卫生

学前儿童的许多卫生问题是在教育过程中产生的，尤其是入园的学前儿童，一天绝大部分时间在幼儿园度过，教育过程是否卫生，对他们影响最大。现代学前儿童保教工作者要研究幼儿学习时的大脑皮质活动规律和卫生意义，科学制定幼儿园的生活制度，提出幼儿园各种活动的卫生要求，尤其要掌握学前儿童体育锻炼的原则与方法，探讨家园同步教育过程中的卫生问题。

7. 搞好学前儿童营养与膳食卫生

如何喂养孩子？怎样为学前儿童提供合理的营养与膳食？一直是家长和幼儿园教师关注的问题。学前儿童保教工作者要熟知学前儿童营养的基础知识，掌握学前儿童合理营养与膳食平衡的保教措施，了解学前儿童膳食调配的要求与办法。

8. 创设良好的学前儿童生活环境

学前儿童生活环境包括幼儿园、家庭和社区环境。幼儿园环境再不是指狭义的园地面积、采光照明等物理环境，而是包括幼儿园的美化、人际交往、园风与园貌等心理环境以及幼儿园、家庭和社区相互联系的社会环境。现代学前儿童保教工作者要掌握幼儿园、家庭和社区健康环境创设的原则和内容，熟知幼儿园的规划、布局和采光照明等设备卫生要求，以使未来幼儿园的建设能按良性轨道发展，成为学前儿童喜爱和适应的学习生活乐园。

9. 加强学前儿童健康教育

对学前儿童实施卫生保教的一个重要方面，就是要培养孩子形成健康的行为与习惯，培养主要靠教育。学前儿童保教工作者要掌握健康教育的目的、理论模式和原则，熟知适合学前儿童的健康教育的内容与方法，使健康教育能真正渗透到幼儿园的各种教育活动之中，让学前儿童从小懂得一些基本的健康知识，具备良好的健康态度，形成健康的行为与习惯，从小逐步学习把健康掌握在自己手中。

10. 做好学前儿童健康评估工作

学前儿童健康评估包括身体健康评估、心理健康评估和环境评估。在身体健康评估方面，要掌握生长发育的调查与评价方法，熟知学前儿童生理健康评价的具体指标和操作步骤；在心理健康评估方面，要掌握学前儿童心理行为问题的筛查技术和评定量表，熟知适合教师与家长使用的简便、易行的学前儿童心理健康评价方法；在环境评估方面，主要是了解幼儿园的环境质量评价技术。

案　例

贝贝终于能自己吃饭了①

4岁的贝贝，红扑扑的脸蛋，忽闪忽闪的眼睛，惹人喜爱。吃饭时，贝贝总要坐在保育老师腿上，让人一口一口喂他吃。上幼儿园的孩子，吃饭应该是力所能及的。我对他说："贝贝乖，坐在桌边来，自己吃饭更香！"，他哭喊着："我不会，我不自己吃嘛！"，我用手帕拭干了他睫毛上的"银豆豆"，轻抚着他的额头说："贝贝是个聪明的孩子，不会自己吃饭哪行，我教你好吗？"，贝贝头摇得像拨浪鼓："有人喂我吃，我干嘛要学呢？在家里，都是奶奶喂的！"显然，"不会"成了他拒绝自己吃饭和做力所能及事情的托词和挡箭牌。

从贝贝父母口中，我了解到贝贝一贯的行为表现：要求别人给予过多的帮助和关注，以自我为中心，稍不顺心就发脾气和哭闹。贝贝的父母均为大学教授，中年才喜得贵子，将贝贝视为掌上明珠，含在口中怕化了，牵在手中怕飞了。年逾花甲的奶奶也是溺爱贝贝的坚强后盾。贝贝在家过着饭来张口、衣来伸手、养尊处优的"小皇帝"生活。

看来，导致贝贝过分依赖的主要原因在于父母的教养观念与方式！在一般父母眼里，孩子永远长不大，永远需要庇护。子女好似系在手中的风筝，即使放飞到空中，线也依然系在手中。父母最容易成为"好好先生"，对孩子的任何要求都屈从迁就。卢梭曾说过："你知道用什么方法确保你的孩子成为不幸的人吗？唯有百依百顺。"话中的哲理，值得父母们深思。

弄清了贝贝过分依赖的原因，我就开始实施"对因保教"措施。首先，取得贝贝父母的合作与理解，使家长对孩子的要求与幼儿园一致，尽量让孩子自己吃饭，学会生活自理。其次，我与班里其他老师合作，采用"以儿童教育儿童"的方法，利用其他孩子良好的进餐行为进行示范，促进同伴之间的相互学习和交往，让贝贝建立羞耻心和荣辱心。同时，注意安排贝贝与年长儿童交往，让他在哥哥姐姐的良好榜样强化下，习惯成自然。在幼儿园保教活动中，开展了"找朋友"的音乐游戏，进行了"看谁进步快"、"比一比谁最能干"的评比，观摩大班学前儿童生活，举办"手拉手"联谊活动等。最后，我们注

① 郑晓边. 现代幼儿心理保育与教育[M]. 武汉：武汉水利电力大学出版社，1999：14-16.

意尊重孩子的主体地位，鼓励贝贝在一日生活中自主选择，培养他的独立意识，提供心理支持，增加自信心。对他合理的要求及时满足，对不合理的要求耐心疏导和解释，对他的无理取闹采用“消退法”，不予理睬，设法转移他的注意力，对他的点滴进步表扬、奖励。

运用了以上综合的保教方法，贝贝终于能自己吃饭了，而且还具备了一定的生活自理能力。

（郭询，华中师范大学教育科学学院）

分析评价

襁褓中的婴儿由母亲喂养，被看成是天经地义的事。4 岁的学前儿童由他人喂食，再不能视为“天经地义”，因为它已是孩子偏常发展的红灯信号，必须引起保教人员和家长的关注。

《贝贝终于能自己吃饭了》一文的作者，是位学前教育专业的实习生，在幼儿园保教见习过程中，敏锐观察到孩子们日常生活中的细节问题，从贝贝要人喂饭这一行为表现出发，弄清了问题行为的原因，并对此实施了综合性的应对措施。显然，这类保育工作是有前瞻意义的，它不仅帮助父母和老师减轻了给孩子喂饭的负担，更重要的是调动了孩子的发展潜能，培养了孩子的生活自理能力，这种“治疗”时间越久，效果越明显。

孩子让人喂饭的现象相当普遍，不仅是学前儿童，甚至有不少小学生也常常要求父母喂饭，好像吃饭是父母的事情，不能耽误自己的学习或看电视！对这些儿童进行追踪调查，会发现他们的心理行为问题甚多。能否自己吃饭，只是一个现象，它至少反映了孩子在自理能力的发展方面存在危机。

危机不是孩子天生的，绝大多数是后天错误保教的结果。对文中的贝贝，父母溺爱、奶奶的保护是显而易见的因素，但文中对保育员为孩子的喂食行为未作分析，这是一种遗憾。在基层幼儿园，许多保育员缺少专业知识培训，她们以为保育工作仅靠一颗“爱心”就够了，为学前儿童穿衣、系鞋带、洗脸、喂饭……殊不知正是这些“帮忙”强化了对孩子的溺爱，削弱了幼儿园的保教功能，延误了孩子自理能力的发展！

红灯亮了，危机出现了，就应该“刹车”，应该“调头”。对贝贝的行为矫治，当然要把转变父母的教育观念放在首位。贝贝的父母作为大学教授，应当是有教育素养的，转变他们的教子观并不难，问题在于保教人员要主动进行家园联系，做好家长工作，只有这样，哪怕是工人、农民家长，也会乐于合作。作者采用“以儿童教育儿童”的方法，尊重孩子的主体地位，满足孩子的需要，对无理取闹采用“消退法”，对进步行为及时奖励，这些保教方法尽管描述欠具体，仍是有借鉴意义的。

广大的保教工作者有着丰富的保育经验，如果都能从现代保育的大处着眼，从生活小事入手，给孩子更多的自主机会，培养他们自己的事自己做，可以预见，管教孩子的“困难”会愈加少，孩子发展的前途会愈加光明。

（郑晓边）

三、学前儿童保教研究方法

学前儿童保教的研究涉及多个学科领域，由于研究对象是学前儿童，必须强调方法的科学性和可行性，建立一定的信度和效度。只有这样，才能有效地验证假设，为学前儿童卫生保教的研究提供最有价值的信息。以下选择性介绍一些常用研究方法：

1. 病例描述法

此法的主要特点是通过询问患儿和家长及监护人，对患儿的身心症状表现作系统的、详尽的文字描述。此法多被临床儿保工作者采用，实施方便，应用广泛，不需特殊器材；但也有一定限制，主要是在收集患儿病史时，研究人员较难排除自己的主观印象和可能的偏见，如将个人的意愿或价值观念加入收集的材料中，就会损害病例报告的科学性，因此，尚需其他客观的方法予以补充。

病例描述的内容包括患儿的主要症状表现、当前心理状态、人格与行为的形成发展史、病因、疾病史、家庭与教育背景、经济状况、父母职业与教养态度和方式等。

描述法有两个特征：一是有一个筛选、重组的过程，即将患儿和家长的主诉情况以及查阅患儿的作业和图画后所获得的信息重新组织；二是描述法属于一种追踪性质的研究，它与横断面研究不同，不限于一时一事，而是一种长期、全面和系统的描述。

2. 观察法

观察法分两种：一是自然观察，即在不加控制的自然状态下对学前儿童的行为进行观察。如在家庭或幼儿园对学前儿童进行直接观察，也可通过录像、化验室检查等手段进行间接观察。二是控制观察，即控制被观察者的条件，或对其作某种处理，以观察学前儿童的行为反应或变化。如给孩子提供一定的玩具和游戏情景，再观察他们的合作性与利他性。

观察结果的有效程度取决于观察者的洞察力、分析综合能力、客观性以及被控制条件的严谨性。

观察项目与范围依目的而异。一般包括儿童身体外观、动作和言语，在人际交往中表现出的兴趣、爱好、态度，在一定应激情景中的应对方法等。

如要研究学前儿童的心理和行为问题，可以在观察前拟定一个行为观察表（见表1-1），列出需要观察的项目，并对每项行为提出系列标准注解和数量化评定等级（常称为工作用标准），以便客观记录和相互比较。

表 1-1 学前儿童行为观察表(部分纲要)

1. 操作习惯：____________________
2. 对测验项目的反应：____________________
3. 对失败的反应：____________________
4. 对表扬奖励的反应：____________________
5. 语言：____________________
6. 视觉运动：____________________
7. 态度：(1)对检查者的态度____________________
   (2)对测验情景的态度____________________
   (3)对自己的态度____________________

3. 调查法

调查法主要是针对群体儿童。调查法运用的手段包括体检、访问、交谈、问卷等，再通过对大量调查资料的统计分析，求出一些均值、标准差和相关系数等，以建立地区常模，了解学前儿童身心变化规律和心理行为问题的发生率，探讨病因，为学前儿童卫生保教提供科学依据。如对学前儿童的生长发育、疾病状况、生活环境、营养与膳食、卫生习惯等进行调查或测量，再将调查资料作统计学处理，并作出分析与评价。常用的两类调查方法如下：

(1)追踪调查。即在较长的时间内反复多次调查少数学前儿童的身心行为项目，以了解其发展动态。此法的特点是能解答有关学前儿童身心行为发展的特性和过程问题，探索早期病因的危害和干预的疗效等。缺点是耗资大，历时长，调查对象难以保持稳定，调查方法与技术的一致性要求严格，某种心理行为的定义随社会观念的变化也会发生变化，使得前后调查结果难以比较。

(2)横断面调查。即在某个时点(断面)对大数量群体学前儿童的身心行为项目进行一次性调查，以建立学前儿童身心发展的地区常模，了解不同地区学前儿童各种身心问题的发生率。缺点是不能追踪了解学前儿童心理行为的发展变化。

为了克服上述两类方法的局限性，保留各自优点，常常将这两种方法结合运用。

4. 实验法

实验法是依据一定的理论假设，在严格控制各种有关因素的条件下，对研究对象施加目的性实验干预，以了解其干预效果的一类方法。常用的实验法有三类：一是医学实验，如细菌学和生物化学的检验、X 线拍片、免疫学实验等临床常用方法；二是心理学实验，如对学前儿童感知觉进行测查和智力测验等；三是教育学实验，采用对比方法、控制条件、进行分析比较。以下仅就实验的方法作一讨论。

实验法中常用 ABA'B'设计。以行为的干预实验为例，它包括四段：

A 段——测量干预之前的行为基线水平

B 段——测量干预时行为的变化

A’段——测量干预撤除后的行为表现

B’段——测量再次干预时的行为变化

实验设计要求严格，分组、取样都要遵循一定的原则，研究成本高，对学前儿童身心进行实验研究还要受到伦理、道德观念的限制。因此，目前多数实验都是在动物身上进行的，其实验结果推广到人类，尚需慎重。为了克服这种弊端，又出现了两类实验研究：一是准实验研究，即利用自然或社会环境改变作为实验条件来进行研究，如研究破裂家庭子女的身心发展问题，研究重大社会动荡、自然灾害下的儿童群体行为变化等；二是模拟研究，即通过计算机和现代信息技术，周密设计，在实验室里模拟外界可能发生的现象，以观察对象的行为表现。如设计一种特定的情景，观察学前儿童在这种情景中的行为表现和应对方式。

实验结果也要进行统计学处理，同于前述调查法。

实验法的伦理问题远远没有圆满解决，尚需考虑不同国家、地区的政治、法律、道德规范和文化诸多因素。应用学前儿童作为被试时，伦理问题更为重要，主要是如何让学前儿童和家长得知研究的有关信息，需要得到他们的合作以及监护人的同意，确信研究者是在帮助孩子。许多欧美发达国家曾出版研究伦理指导手册，还有专门的机构负责审核、调解这一类问题。我国在《未成年人保护法》中有部分条款涉及儿童权益问题，有关儿童身心研究的专门立法尚须进一步完善。

上述各类学前儿童保教的研究方法，在实际运用过程中常常互有交叉，如实验法中可有横断面研究和追踪研究，调查法也包括观察、病例描述等。需要根据不同的目的正确选择。

第二节　影响学前儿童健康的因素

影响学前儿童健康的因素有很多，这里根据现代医学模式的观点，把它们分成生物、心理、社会三方面因素，这三方面因素是相互关联的，它们共同影响学前儿童的健康状态。

一、　生物因素

生物因素的研究，是从生物医学模式时代就开始的。它包括遗传、围产期损害、疾病感染等。

1. 遗传因素

遗传对健康的影响作用已经被肯定。人的身高、体型、血型、气质、神经结构与机能特点等都是由遗传所决定的。通过家系调查、双生子研究和寄养子研究以及分子生物学、细胞与分子遗传学等多方面研究，发现很多疾病是遗传的，如先天愚型、心脏病、哮喘、糖尿病、精神分裂症等。人的许多心理行为也受遗传的影响，如性格内向或外向、行为退缩或是攻击、情绪焦虑或是抑郁、甚至包括酗酒、抽烟也受遗传左右。

2. 围产期损害

围产期是指胎儿 28 周至出生后 7 天。围产期容易遭受生物因素的刺激，尤其是脑中毒和损伤后会导致终身发育损害与残疾。母孕期的酗酒、服药、抽烟或吸毒，婴儿出生后的感染与用药均是危险因素。因此，学前儿童保教需要母亲和家庭的配合，要从胎儿开始提供保教服务。

3. 疾病感染

生物性病原体侵入人体后会导致许多传染病发生，使群体学前儿童的健康水平下降。患病会干扰学前儿童体内的能量代谢，尤其体温过高时脑细胞易受损，影响智力发育；消化道疾病会加重学前儿童的营养不良；流脑、乙脑会造成严重的后遗症，甚至威胁生命。因此，防治感染性疾病仍是学前儿童保教的重点工作内容。

二、 心理因素

心理状态作为健康的一个维度，虽是现代医学模式才强调的，但身心相互关系的研究却经历了很长的历史。

知识链接

身心联系

我国古代医学巨著《黄帝内经》就提出了身心的联系："怒伤肝，喜伤心，思伤脾，忧伤肺，恐伤肾。"

身心关系的真正科学研究开始于 20 世纪初，美国著名生理学家 Cannon 经实验证明：外界压力引起个体情绪改变，机体按照"斗争和逃跑"的原理，分泌大量的"交感神经素"，传递到身体各部，准备应付这种紧急状况①。

加拿大学者 H. Selye 提出了"应激学说"，认为人在遭受压力时可产生下丘脑—脑垂体—肾上腺皮质系统一系列反应，称为"全身性适应综合征"。如调节成功，就恢复平衡，调节失败，就产生衰竭、疾病直至死亡。

在影响健康的诸多心理因素中，应激的研究较为深入。应激（stress）是个体觉察环境刺激对生理、心理及社会系统过重负担时的整体现象，所引起的反应可为适应或适应不良。环境刺激可称为应激源，学前儿童生活中的应激源很多，心理性应激源有亲子关系冲突、心理需要未能满足、父母过高期望和孩子能力不足的矛盾等；还有躯体

① 沈渔村. 精神病学[M]. 北京：人民卫生出版社，1989：144.

性应激源、社会性应激源、文化性应激源等。应激源作用于机体，经认知系统评价后可影响机体的神经系统、内分泌系统和免疫系统，从而导致人的身心行为变化。好的变化是机体的适应调整；坏的变化是出现心理障碍和躯体疾病。

除了应激外，性格、情绪状态等也影响到健康水平。如 A 型性格的人易患冠心病；性格内向、顺从、依赖性强的人易患消化性溃疡；情绪愉快能促进生命活动，提高学习效率；情绪消极会导致神经功能失调，产生躯体疾病等。

心理因素和心理健康的研究将成为现代学前儿童保教的重要组成部分。

三、 社会因素

社会因素与健康的关系密切，它常常通过心理因素作为中介对人的身心产生影响。社会因素有很多，在社会组织结构方面，可分为家庭、幼儿园、社区因素等；在社会意识结构上，又可分为政治思潮、道德观念、风俗习惯、文化信仰等因素。以下从家庭、幼儿园、社会文化三方面进行论述。

1. 家庭

学前儿童健康与家庭的关系最为密切。研究表明，家庭的经济和营养状况、家庭的结构大小和子女人数、家庭成员间的情感联系、家庭的教养方式、家长的身心素质等都会对学前儿童的健康发展产生影响。

家庭的经济收入直接影响学前儿童的生活营养条件。调查高、中、低三档收入水平的家庭，发现中档水平的家庭数量多，学前儿童的健康问题少。低收入家庭生活条件差，导致学前儿童营养缺乏、疾病增加；而高收入家庭虽生活条件优裕，但孩子仍然发生营养不良，究其原因是营养知识缺乏，膳食不平衡。营养合理，是学前儿童健康发展的基本物质条件。

家庭的大小和人数，影响到经济与物质的分配；家庭的情感联系，也影响着孩子的心理社会性发展。调查表明，破裂家庭的子女有较多的身心问题，早期母子依恋等亲子关系不能形成，会导致孩子终身的社会性退缩和人格障碍。

在家庭教养方式上，对孩子溺爱、纵容、忽视、打骂、期望水平太高、压力太大、家长态度不一致等，都会影响孩子的健康成长。家长的文化素质影响到家庭保教能力，教育水平高的家长能具备一定的保教知识，会投入一定的时间与精力，对孩子的身心需求及时关怀，采用合适的教养方法，促进孩子健康成长。

2. 幼儿园

幼儿园是学前儿童从家庭走向社会的第一步，他们开始学习文化知识，开始学会人际交往，此阶段是孩子健康成材的关键时期。幼儿园是个小社会，影响健康的因素是方方面面的，如幼儿园的生活制度、教学过程、膳食管理、防病措施、物质与精神环境、健康教育等。在此，仅说说幼儿园的人际环境。

师生关系是影响学前儿童健康的最重要因素。其中起主导作用的是教师的教育态度、教学方法和个性特征诸方面。教师对学前儿童缺乏爱心，对本职工作缺乏热情，教学方法简单粗暴，或专制，或放任，教师自身的人格偏异，情绪多变等，都会给学前儿童留下不可挽回的影响。因此，教师要加强自身的培训与学习，除了掌握传统的学前儿童生理保教知识与技能以外，还要注重心理修养，树立职业责任感与使命感，做一名合格的现代学前教师。

学前儿童的同伴关系也是一个重要影响因素。他们通过模仿相互学习，建立友情。健康的关系是和睦相处、互助互爱；如果相互咒骂、相互猜疑、相互攀比，或是远离群体，孤独自处，其身心、社会性发展就会严重受阻，难以成为一个社会人。许多成年心理障碍患者，追溯过去，往往都有早期不良的同伴交往的历史。因此，要让学前儿童从小形成一个好的同伴联系，这也是幼儿园的保教目标之一。

3. 社会文化

家庭和幼儿园都处在社会大系统之中，社会文化背景如风俗、习惯、宗教、信仰都会影响到教师和家长，从而对学前儿童施加影响。研究较多的是传播媒介电视、电脑、手机的影响。一方面学前儿童看电视、电脑、手机太多，会减少与他人情感交流的时间，还会影响学前儿童视力发育；另一方面，如限制学前儿童看电视、电脑、手机，又会引起他们情绪不愉快。目前有关学前儿童的电视节目和电脑游戏并不少，但优秀的国产片目和软件不多。由于存在太多的暴力或成人生活内容，导致孩子们不良的模仿行为时有发生。如何正确引导学前儿童看电视和手机以及学习电脑，促进身心健康发展，又不受上述问题的影响，还需要社会各界加强合作，尤其是学前儿童保教工作者需对此进行认真研究，家长也要积极参与。

第三节　学前儿童心理健康与促进

心理健康是现代学前儿童健康的重要组成部分，也是学前教师、家长乃至全社会都日益关注的问题。促进心理健康就是讲究心理卫生，即依据人们心理活动的一般规律，采取各种措施，培养健康的个体心理活动，形成健全的个性，提高社会适应能力，预防身心疾病，促进心理健康①。心理卫生涉及多个学科领域，如卫生学、心理学、精神病学、教育学、社会学、法学、行为科学等。心理卫生研究人员除了专家学者、教师医师外，还有社会团体等各类人员参与了这个浩荡的心理卫生保教队伍。但是，这方面的工作也存在一些问题，学前儿童的心理卫生研究尤为薄弱，多数研究只是对行为问题的发生率进行调查，对某些病因进行探讨，而对防治技术研究较少；有关教材、出版物和师资短缺；保教人员有待系统培训和“资格化”；心理卫生的立法和科普宣传需要加强；心理卫生的机构建设要完善；心理卫生的服务范围要扩大；各专业、组织

① 陈学诗，李国榕. 当代心理卫生[M]. 北京：中国社会科学出版社，1992：17-18.

部门之间要合作协调①。总之，尚需全社会多方面努力，从宏观到微观对儿童心理卫生问题进行深入、全面研究，以促进他们身心健康发展。

心理健康促进是一种提升心理健康与幸福的积极行动。目标对象包括心理病患或教育机构、邻里、职场、社区等所有人口，期待有活动或方案的介入，能促进社会、情绪、心灵的安适程度与生活质量。此概念与心理健康教育类似，近年来已广泛应用在公共卫生和心理卫生领域。所谓心理健康的积极内涵，包括快乐、主观幸福感、心理安适、生活满意与生活质量。

一、 学前儿童心理健康标志

国内外多数专家认为②③，心理健康只有相对标志，没有绝对界线；只有量的变化，没有质的区别。现综合各种观点，重点讨论学前儿童的心理健康标志。

1. 智力符合常态

智力正常是人们生活、学习和工作的基本心理条件。智力一般是指人的观察力、记忆力、想象力、思考力和操作能力的综合。常用智力测验得出的智商(IQ)来衡量人的智力水平。如最常用的《韦氏学前儿童智力量表》(WPPSI)将学前儿童的平均智商定为100分，IQ在140以上的称为天才，IQ低于70的可能存在智力低下。

群体学前儿童的智力呈常态分布，即天才与智力低下者是少数，大多数学前儿童处于中间状态。心理健康的学前儿童智力是正常的，多数学前儿童的IQ在85~115分之间。他们能够适应幼儿园的学习生活，与周围环境取得平衡。少数天才学前儿童的IQ虽然偏离常态，但从智力这一项标准看，应该属于心理健康范围。调查表明，天才学前儿童的记忆力极强，对事物观察细致，想象力丰富，才智超群，有独立的、独创的、机敏的、充满活力的人格特征，识字多，学会说话早。但天才学前儿童也有一些急躁、懒惰和喜欢狡辩的缺点，这些缺点就不能称为心理健康。因此，智力正常或超常只能作为心理健康的标志之一，不是唯一标志。智力低下的学前儿童，社会适应能力差，常常不能适应幼儿园的集体生活与学习，心理压力大，健康难以维持，需要特殊的保教和护理。只要防护与训练工作做得及时，那些轻度智力低下的学前儿童可望逐步适应社会生活与学习，即达到心理健康状态。

学前儿童正处在智力的迅速发展时期，为学前儿童做智力测验，要考虑智力的年龄标准和发展效应，防止滥贴“标签”现象。智力测验的根本目的是为了帮助学前儿童适应学习生活环境而制定因材施教的措施。不能把它只作为一个判断心理健康与否的标尺，而不顾“智力低下”标签对学前儿童的发展效应和社会效应的负面影响。

---

① 李雪荣. 现代儿童精神医学[M]. 长沙：湖南科技出版社，1994：405-410.

② 朱家雄. 学前儿童心理卫生[M]. 北京：人民教育出版社，1994：7-10.

③ 郑晓边. 学校卫生学[M]. 长沙：湖南教育出版社，1997：25-28.

2. 情绪稳定而愉快

情绪稳定，表示人的中枢神经系统活动处于相对平衡状态，愉快表示人的身心活动和谐与满意。心理健康者能协调、控制自己的情绪，保持心境良好，愉快、乐观、开朗、满意的情绪状态占优势。情绪异常往往是心理疾病的先兆。

心理健康的学前儿童以积极的情绪表现为主，充满了喜悦与欢乐，这样的情绪有助于提高活动的效率，多会受到家长和教师的表扬与称赞，而积极的情绪又得以强化，使孩子进入良性循环。学前儿童也有喜、怒、哀、乐，健康的学前儿童还会出现短时的消极情绪，如在受到教师的批评或家长的惩罚时会表现出哭闹、委屈等，这些情绪表现有助于他们不满情绪的发泄，有助于维护心理健康水平。但消极的情绪如果表现得太过分，太频繁，如焦虑、恐惧、强迫、抑郁等情绪反复出现，就难以称得上是心理健康了。

学前儿童的情绪处在发展变化过程中，研究表明，婴儿出生后就有不同的情绪反应，随年龄的增长，他们的情绪由生理需要是否满足后产生的简单反应，发展成为带有一定社会内容的较为复杂的情绪表现形式，情绪由很大的冲动性和易变性发展为自我调节不断加强、情绪稳定性日益提高。因此，教师与家长要注意学前儿童的情绪保教，为他们创设良好的情绪外部条件，让他们的各种情绪都有适当的表现机会，并注意引导他们逐步学会用理智控制情绪，变消极情绪为积极情绪。

3. 意志健全与行为协调

意志是自觉地确定目的并根据目的来支配和调节自己的行动，克服困难的心理过程。意志通过行为表现出来。意志健全表现在意志行动的自觉性、果断性和顽强性上。心理健康者在活动中有明确的目的性，并能适时作出决定而且自觉去执行，还能够保持长时间专注的行动去实现既定目标。行为协调是指人的思想与行为统一协调，行为反应的水平与刺激程度相互协调。心理健康者行为有条不紊，做事按部就班；行为反应与刺激的程度与性质相配。

心理健康的学前儿童 3 岁前就有意志的萌芽表现，能初步借助言语来支配自己的行动，出现独立行动的愿望。3 岁后，意志品质中的自觉性、坚持性和自制力得以发展，但总的说来，发展有限。意志不健全的孩子挫折容忍力差，怕困难，违拗，做事三心二意，注意力不集中，缺乏自控力；在行为表现上前后矛盾，思维混乱，语言支离破碎，做事有头无尾；行为反应变化无常，为一点小事可以大发脾气，或是对强烈的刺激反应淡漠。因此，要注意从小培养孩子的健康意志品质，提高他们的自制能力，并训练他们形成良好的行为与习惯，学会对生活环境中各类刺激的正确应对与反应。

4. 性格与自我意识良好

性格是人的个性中最本质的表现，而自我意识在性格的形成中起着关键的作用。性格良好反映了人格的健全与统一。自我意识良好主要指自我评价符合实际，有一定的自尊心和自信心。

学前儿童的个性虽然没有稳固形成，但已表现出一定的性格特征。心理健康的学前儿童性格相对稳定、开朗、热情、大方、勇敢、谦虚、诚实、乐于助人；在自我意识上，开始正确认识与评价自己，自尊感在发展，寻求独立性，对自己充满了信心。而心理不健康的学前儿童性格发展不良，表现出胆怯、冷漠、吝啬、孤僻、敌意、自卑，缺乏自尊心。学前儿童的性格可塑性很大，要注意从小培养，尤其在自我意识方面，要让他们学会正确认识和评价自己，多给他们以成功的机会，以表扬为主，对挫折与失败不要过分求全责备，以增进他们的自尊心与自信心。

5. 人际交往和谐

人际交往和谐是指能与人友好相处，关系协调，共享欢乐。人际关系代表着人的心理适应水平，是心理健康的一个重要标志。人际交往不良，常常是产生心理疾病的主要原因。

学前儿童的人际关系主要是指学前儿童与家长、教师以及同伴之间的关系。从这些人际交往中，可以反映学前儿童的心理健康状态。心理健康的学前儿童乐于与人交往，善于和同伴合作与共享，理解与尊敬教师，待人慷慨与友善，也容易被别人理解和接受。心理不健康的学前儿童不能与人合作，对人漠不关心，缺乏同情心，斤斤计较，猜疑、嫉妒、退缩，不能置身于集体，与他人格格不入。

学前儿童的人际关系虽简单，但交往的技能较差，需要逐步地教育训练。家长要鼓励孩子多与其他小朋友一起玩耍，让孩子们在共同的游戏活动过程中交流思想与情感，遵守活动规则，学会一定的交往技能。教师在培养学前儿童人际交往方面，要做好示范，充满爱心，建立良好的师生联系。

二、 心理异常判断

前面提到学前儿童心理健康的五条主要标志，是心理健康的理想状态。在实际工作中，如何对学前儿童心理健康进行质量区分？即划定哪些属于正常心理，哪些属于异常心理，常用下述四种标准①。

1. 社会文化标准

这是心理健康研究中最流行的一种判断标准，即认为异常是指对社会文化常模的偏离。纵观社会文化发展历史，可以看到在每一种社会文化条件下都有相应的学前儿童健康观和行为规范，如果某学前儿童表现与之相左，就会被认为是异常。如在中国传统的社会文化中，多认为女孩应该文静、内向、被动，男孩应该粗犷、外向、主动。这些性别期望观念，反映出社会成员的比较一致的公允看法。哪位女孩子从小显得粗犷、主动，或是男孩子表现得太柔弱、被动，就会被认为是发展的异常。

社会文化标准还反映在国家、地域以及环境的差异方面。比如，美国社会文化中

① 郑晓边. 儿童异常发展与教育[M]. 济南：山东教育出版社，1998：26-28.

的学前儿童表现出的武断、侵犯行为多不认为是异常，而表现出沉默、循规蹈矩的学前儿童会引起更多的关注。这与我国的学前儿童发展教育观念迥然而异。在地域文化习俗方面，也存在不同的标准，如维吾尔族的学前儿童吃“手抓饭”是常见的膳食习俗，而汉族的学前儿童用手抓饭会被认为是饮食卫生习惯不良。环境标准更是显而易见，如在午睡时间突然大声歌唱，或是在愉快的同伴游戏中退缩、缄默，都会被认为是情绪行为异常。

社会文化标准不是一成不变的，它会随着社会的发展、人口的变迁、健康观和价值观念的变化而有所改变。比如“咬指”行为曾被认为是严重的病理心理症状，当今社会则认为它相对无害。

社会文化标准在具体应用上，常常通过一类社会适应量表来评定学前儿童的行为表现，再通过统计分析，根据均值和标准差来得出结论。

2. 发展标准

学前儿童正处于迅速生长发育时期，判断是否异常，必须以正常心理发展标志作参照系，以不同年龄学前儿童心理发展的正常序列与速率来做标准。发展标准是多数有经验的教师所熟悉的一种判断方法，但并不为家长所熟悉，尤其是那些初养孩子的年轻父母，他们常常为 5 个月龄的婴儿还未喊“妈妈”而着急，或为 1 岁的孩子走不稳路而担忧。如果他们多了解这些年龄儿童正常发展的标志，就不会“杞人忧天”。当然，对 1 岁的孩子还坐不起来的表现，就应予以特别关注，因为它比正常发育标志过于滞后。

正常发展标志也是一个统计学概念，它是群体儿童的一个相对率。如调查得出：在 6 个半月龄的婴儿中只有 50%的人才能够独自坐稳，到 9 个月龄时才能达到 95%。对某一个体儿童而言，有时可能正处在“标志”外的 5%，但并不一定是发展异常。比如，一个身材矮小的学前儿童可能是因为遗传的原因所致，而不是发育迟缓。这一点让家长们理解尤为重要。在家教咨询门诊中，经常有来访的家长“引经据典”，申诉自己的孩子与书中的“标准”不一样，如果他们了解这种标准的相对性，问题多会迎刃而解。

发展标准的具体判断方法多通过“发展量表”来进行，如著名的《Gesell 婴学前儿童发展量表》就是这类典型量表。

3. 症状标准

这是临床医师常采用的一种方法。心理异常的学前儿童会表现出一些特殊症状，如厌食、缄默、多动、自伤等。应用此项标准判断学前儿童是否异常比较“保险”，且能被家长接受。但问题是有些孩子的表现不典型，特别是被家长带到咨询门诊求助时，常常不出现异常症状，这就增加了判断的困难，反映出症状标准的局限性。为了克服这种缺点，可以设置一些特殊的交谈情景，以便让孩子充分“表演”，再观察记录特殊症状；或是用“症状量表”由教师或家长评定，再作统计分析，得出判断结果。

4. 经验标准

即根据专业人员、教师或家长个人的经验与观念来判断孩子是否异常。表面上看，这种方法未曾运用统计学概念，未量化，不科学；但实质上，统计学的概念仍隐含在个体的经验中，评定者正是根据自我经验中的“百分比”来判断孩子问题的。有调查表明，教师可鉴别出75%的学前儿童行为问题，如有专业人员的指导，可鉴别出95%的异常问题。经验标准存在着严重的缺陷，因为它深受评定者的知识结构、人格特质、价值观和教育观的影响。在实际生活中，有不少所谓的“权威判断”给原本正常的孩子贴上异常的标签，这些例子并不鲜见。目前提倡的做法是，让数位专家作“单盲”(即在评前不知孩子原诊断)评定，再以平均值来确定是否异常。

上述四项标准大多要使用统计学的概念与方法，因此，“统计标准”是判断心理异常的一个基础标准。此外，还要考虑异常行为发生的频率、时限和是否具有突变性。只有那些频率高、时限长、突然改变的异常行为，才应重点关注。

三、 学前儿童行为问题分类与预防

对儿童的行为障碍，国际上有两种常用的症状学分类诊断系统①。

一是美国学者 Achenbach 的两大症状群诊断法：Achenbach 等人应用儿童行为量表(CBCL)把儿童行为障碍按症状群划分为两类，一类为内部化障碍(又称超控障碍)，这类障碍以极度焦虑为其特征，包括恐惧、强迫观念、退缩、抑郁等症状与疾病；二类为外部化障碍(又称失控障碍)，以品行障碍症状为主，如侵犯行为、犯罪、多动症等。这两大症状群诊断能包罗70%~95%的行为障碍儿童，且有较高的信度(0.82)和效度。

二是英国学者 Rutte 的儿童行为问题分类：Rutter 也应用儿童行为问卷，按两大类症状群将儿童行为问题分为 A 行为与 B 行为两类，A 行为(Antisocial Behaviour)即违纪行为，如经常破坏自己与别人的东西，不听管教，时常说谎，欺负他人，偷东西等；B 行为(Neurotic Behaviour)即神经症行为，如肚子痛和呕吐，常常烦恼，害怕新事物与新环境，拒绝和害怕上学，睡眠障碍等。

知识链接

中国精神疾病分类系统(CCMD)

儿童少年期精神障碍分类编码见表1-2②：

---

① 郑晓边. 青少年儿童异常发展与健康促进[M]. 武汉：华中师范大学出版社，1997：28-29.

② 中华医学会精神科学会. 中国精神疾病分类方案与诊断标准[M]. 南京：东南大学出版社，1995：114-132.

表 1-2 CCMD-2R 分类系统(简缩)

7	精神发育迟滞
8	儿童少年期精神障碍
80	特殊发育障碍(言语、学校、运动技能等方面)
81	广泛发育障碍(孤独症等)
82	儿童多动症(注意缺陷障碍)
83	品行障碍
84	儿童情绪障碍(离别焦虑，恐怖，社交敏感，选择性缄默等)
85	抽动障碍
86	儿童行为障碍(遗尿，厌食，口吃等)

学前儿童的心理行为问题，与上述儿童青少年的心理障碍是有区别的。所谓问题，是从教育的角度出发，认为问题是学前儿童发育过程中出现的某些偏离常态的现象。它表现单一，程度轻，且随年龄的发展而变化，或增多，或消失，如采取针对性保教措施，问题可被及时消除。对症状典型、年龄稍大的儿童，可以冠之以障碍或疾病，这是从临床的角度出发，强调需要医学防治。

对学前儿童心理行为问题进行早期预防，投资少，受益大，效果好。目前强调三级预防。

1. 第一级预防

第一级预防是指提高学前儿童心理素质，消除病因。这依赖于社会、托幼机构和家庭之间的共同合作参与，控制生物—心理—社会病因，防患于未然，避免学前儿童心理问题产生。

在家庭预防方面，从胎儿开始，作好围产期保教，预防感染，加强营养；提供和睦的家庭环境，对孩子的教育要一致，不溺爱，不歧视，满足孩子的心理需要；通过举办家长学校提高家长对孩子的教养水平。

在托幼机构预防方面，要使教育计划、教学方法、作息制度和行政管理各个环节都有利于学前儿童身心发展，通过对学前儿童的心理卫生教育，增强他们的心理自我强度，提高其心理健康水平。

在社区预防方面，开展广泛的宣传教育，加强学前儿童心理问题防治的立法，逐步建立市、区、街(或县、乡、村)三级防治网络，培训各类学前儿童心理保教人员。

2. 第二级预防

第二级预防是指早期发现、及时治疗心理异常学前儿童。对心理行为问题发现越早，干预治疗越及时，效果越好。第二级预防的工作重点是幼儿园和家庭。要制定学前儿童心理行为筛查制度，对智力、心理状态、行为表现、发育史和家庭环境定期监测，建立心理行为档案，发现问题学前儿童，及时请专家诊治。对那些“高危”学前儿童(心理发育偏常，早期经历创伤，家庭背景不良等)要重点防护。幼儿园可以开设学前儿童行为咨询室、学前儿童特殊教育训练班等，家庭也需积极配合，为问题学前儿童提供及时服务。

3. 第三级预防

第三级预防是指减轻患儿的损害，促进康复。第三级预防的工作主要在医院、康复机构和家里进行。对患儿要精心指导、训练和护理，使问题得以纠正，减少后遗症的发生。还要注意消除对患儿的社会偏见与歧视，保障他们的合法权益，使之正常生活。家庭环境的改造尤为重要，家长是孩子责无旁贷的监护人，应当积极参与配合，坚持对孩子进行长期、细致的家庭辅导训练，使他们逐步康复。

本章小结

本章首先概述了学前儿童健康与保教任务的关系，阐明了现代健康观念，提出了学前教师保教结合的工作任务，并用幼儿园工作案例说明了未来教师的工作职责；其次，本章探讨了影响学前儿童健康成长的生物、心理、社会因素，特别对幼儿园和家庭的作用进行了分析；最后，本章提出了现代学前儿童心理健康标志、判断方法，列举了学前儿童常见心理行为问题，详细论述了学前儿童心理预防和健康促进的综合化措施。本章还提供了【案例分析】样文，以便学习者借鉴实践，学好本章知识技能对未来教师理解学前儿童健康观念，掌握学前儿童保教的整合化方法具有重要意义。

本章思考题

1. 论述学前儿童保教工作与心理健康促进的关系。
2. 举例分析影响学前儿童健康的因素。
3. 综述学前儿童心理健康与保教的整合措施。
4. 写一份学前儿童健康促进工作方案。
5. 撰写幼儿园学前儿童健康调查报告。

推荐阅读

1. 郑晓边等. 青少年儿童异常发展与健康促进. 武汉：华中师范大学出版社，2013.

该书是一本全新的学术专著，是国家精品课程“学校心理辅导”的高级参考书目。全书分别论述了青少年儿童异常发展的研究理论、方法和防治对策；系统介绍了青少年儿童学习困难、品行问题、情绪困惑、生理发育和精神障碍的表现，阐述了其诊治、辅导和预防的策略与研究进展；专门介绍了超常儿童的发展与心理教育；每章都配有思考题和推荐阅读书目，便于读者使用参考。全书理论与实践融会贯通，集科学性和操作性于一体，是一本珍贵的学校心理辅导研究领域的专业教程，也是一本实用的教师培训和心理咨询师专业读物，适合广大的教育工作者和家长参考，也适合关注自身健康的青少年朋友保健自学。

2. 郑晓边．现代幼儿心理保育与教育．武汉：武汉水利电力大学出版社，1999.

该书是中国学前教育研究会健康教育专业委员会的研究成果。全书分上、下两册，包括保教结合、心理卫生、一日生活、膳食保健、环境创设、教育过程、游戏活动、家园联系。全书以保教实例与专家点评为主体，500 多篇实例选自全国各地幼儿园教师的教育笔记。这些实例生动地记载了学前儿童的成长过程，描述了孩子们面临的各种困难、原因和保教对策。全国 40 多位专家对实例逐一进行了点评，运用保教理论分析了实践工作中的问题，并提出了有前瞻意义的指导与建议。

3. 顾荣芳. 学前儿童健康教育论. 南京：江苏教育出版社，2003.

该书从生存哲学角度阐明有关健康的基本理念，着重论述尚未引起人们足够重视的学前儿童生活方式问题，展示科学的学前儿童健康观，探索学前儿童健康行为形成与保持的基本规律，尝试建构我国学前儿童健康教育理论体系。探讨如何以学前儿童的健康成长为核心整合幼儿园课程，其中具有典型意义的活动设计和案例将有益于指导幼儿园健康教育实践。

本章参考文献

中华医学会精神科学会．中国精神疾病分类方案与诊断标准．南京：东南大学出版社，1995.

叶恭绍主编．中国医学百科全书——儿童少年卫生学．上海：上海科技出版社，1984.

李林静编著．学前卫生学．重庆：科技文献出版社重庆分社，1990.

万钫．学前卫生学．北京：北京师范大学出版社，2005.

朱家雄编著．学前儿童心理卫生．北京：人民教育出版社，1994.

陈学诗、李国榕主编．当代心理卫生．北京：中国社会科学出版社，1992.

李雪荣主编．现代儿童精神医学．长沙：湖南科技出版社，1994.

郑晓边编著. 青少年儿童异常发展与健康促进. 武汉：华中师范大学出版社，2013.

郑晓边主编．现代幼儿心理保育与教育．武汉：武汉水利电力大学出版社 1999.

郑晓边编著．幼儿卫生学．郑州：大象出版社，1998.

郑晓边编著．现代学校卫生学．长沙：湖南教育出版社，1997.

郑晓边著．心灵成长——校园生活中的健康心理与辅导．合肥：安徽人民出版社，2006.

Beredekamp S. , Copple C. *Developmentally Appropriate Practice in Early Childhood Program.* Washington, D. C. : National Association for the Education of Young Children, 1997.

Bryna Siegel. *Getting the Best for Your Child with Autism.* Guilford Press, 2008.

Barbara, T. Bowman, M. Suzanne Donovan & M. Susan Burns. *Eager to Learn*: *Education Our Preschoolers*. National Academic Press, 2001.

George, S. Morrison. *Foundations of Early Childhood Education*. New Jersey: Pearson Education, Inc., 2003.

Kessler, J. W. *Psychopathology of Childhood* (*2nd ed.*), New Jersey: Prentice Hall, Inc. , 1988.

Mani Pavuluri. *What Works for Bipolar Kids*. Guilford Press, 2008.

Richard G. Schwartz. *Handbook of Child Language Disorders*. Psychology Press, 2008.

Robert M. Browning and Donald O. Stover. *Behavior Modification in Child Treatment*. Aldine Transaction, 2008.

Seefeldt, C. (Ed.). *The Early Childhood Curriculum* (3rd). New York: Teachers College Press, 1999.

第二章 幼儿园健康教育

学习目标

1. 本章导读：幼儿园健康教育的理论模式是幼儿园健康教育的理论基础。幼儿园健康教育包括五个方面：日常健康行为教育、饮食营养教育、身体生长教育、安全生活教育、体育锻炼。通过本章学习，未来的学前教师要了解学前儿童健康教育的理论模式，把握学前儿童健康教育的特点，熟悉幼儿园健康教育的主要内容与评价方法。

2. 教学重难点：健康教育的五种理论模式，幼儿园健康教育的评价方法。

3. 教学课时：教学 6 课时，实习 2 课时。

第一节　幼儿园健康教育理论

一、 幼儿园健康教育的理论模式

（一）健康教育的知、信、行模式

英国健康教育委员会主任柯斯特提出了健康教育的知、信、行模式，试图揭示卫生信息与健康增进之间的关系。

1. 理论要点

知是知识学习和接受有关健康的信息的过程；信是对传播的信息相信、信仰，并且形成一种信念；行就是将已知的、并且相信的东西付诸行动。知（知识和学习）是基础，信（信念和态度）是动力，行（促进健康行为）是目标。为了达到目标，就要使接受者知和信。从知和信再到行，三者之间虽存在因果关系，但不存在必然性，受信者可以知而不信，也可以信而不行。

2. 在学前儿童健康教育中的应用

培养学前儿童的卫生行为习惯，增强学前儿童自身保护健康的能力，是幼儿园健康教育的最终目标。其中，健康知识的传授是幼儿园健康教育的一个重要方面。学前儿童的健康态度、信念的确立以及健康行为和习惯的养成，一般来说是建立在正确的健康知识的基础之上的。因此，提高学前儿童对健康的认知水平，有利于将其行为引向正确的方向。

健康态度和行为是建立在一定的知识基础上的，接受的信息越多，掌握的知识越多，态度和行为的倾向性就越明显。学前儿童往往并不了解自己不健康生活习惯的危害性或者健康生活习惯的价值。以认知为切入口实施健康教育，能帮助或强化学前儿童认识正确的健康知识，这是帮助其形成健康的态度、信念进而建立健康行为的基础。例如，当学前儿童了解到蔬菜含有的丰富营养有助于长高、长大、变漂亮，他们就可能克服对蔬菜味道、咀嚼等不喜欢的态度，开始尝试进食蔬菜。在幼儿园，教师往往还会扮演医生等权威角色，或者通过讲故事，将有关蔬菜营养及其对身体健康影响的知识传递给儿童，这种以认知作为开端的健康教育方式是幼儿园健康教育常用的方式。

当然，从知识到行为往往是一个复杂的过程。知识、态度和行为三者的转变，所需的时间和困难程度是不同的。对于学前儿童来说，知识、态度、个体行为和群体行为的转变也是如此。知识的转变比较容易；态度的转变涉及情感问题，不仅较为困难，而且历时也长一些；个体行为的转变比前两者都要困难和费时；群体行为改变最难达成，也最花时间。在掌握了一定的健康知识后，学前儿童还经常出现言行不一的现象，或者知而不行，或者知而不信。正如上述列举的，通过一个以蔬菜营养的知识传授为主的健康教育活动，比较容易使学前儿童在有关蔬菜营养的知识方面发生转变，使之了解到各种蔬菜富含的营养素及其作用，有助于改变学前儿童对蔬菜的态度，但这种态度的改变往往具有短时性和情景性。而且由于学前儿童认知水平低下这一特点，以知识为切入口的健康教育活动在改变其进食蔬菜行为的效果方面则更加复杂。有的孩子可能在营养教育活动结束后开始愿意尝试，而有的孩子可能依然不愿意尝试进食蔬菜。教育工作者需要从更为复杂的视角进行原因分析，制定并实施教育方案。教育工作者必须认识到，以知识为导入的幼儿园健康教育活动，其效果往往具有不稳定性和情景性，需要考虑情感因素、行为因素等多个方面，并且处理好来自家庭、社会和幼儿园等多种教育影响因素的相互关系。

（二）健康行动模式

健康行动模式的创始人唐纳斯认为，健康教育需要从强调认知转变为强调情感。他指出，尽管健康教育的认知领域十分重要，成功的健康教育无疑应该以正确的知识和理解为基础，但是只有对有关健康问题的认识和理解，对于其健康行为的改变是不够的，健康教育需要更多考虑情绪情感领域的问题，从而改变学前儿童的态度和价值观。

1. 理论要点

根据健康行动模式，有三个系统对个体准备遵循的健康行动有重要作用：信念系统、动机系统以及从来自一般的社会规范到来自集体或个人的各种压力所产生的效应系统。这三个系统都可以引发某种与健康有关的决策和行动。

对于学前儿童健康教育而言，强调情感领域比强调认知领域能够更为有效地达成健康教育的目的。学前儿童不仅需要活动并且相信事实，而且还要有信念和动机去做。态度、动机和价值观的形成常常与学前儿童所处的环境有关。其中，家庭、幼儿园对于学前儿童形成价值观和态度具有强有力的影响。例如，学前儿童的挑食态度和行为往往与家庭成员尤其是母亲的挑食行为具有很高的一致性，而在幼儿园中通过集体的影响也能够对个体挑食行为的改变起到一定的作用。

2. 在学前儿童健康教育中的应用

唐纳斯指出健康教育的一个重要策略：以情感为切入口，通过儿童态度的转变，影响其行为。由于学前儿童认知水平不高，情感易被激发，容易受到周围环境的影响，模仿能力强，因此利用周围环境中的健康教育因素，激发学前儿童产生共鸣，有利于学前儿童产生认同感，从而驱使其发生健康行为。

同样，考虑到家庭成员言语行为对儿童健康动机的重要影响力，可以通过家园沟通、为家长开设讲座等形式，使家庭和幼儿园在促进学前儿童建立健康行为中形成合力。

（三）健康信念模式

健康信念模式是一个试图解释与预测健康行为的心理模式。

1. 理论要点

健康信念模式最初是由在美国公共健康部工作的社会心理学家霍克鲍姆、罗森斯托克以及科格斯于20世纪50年代建立的，目前主要被应用于探测多种多样的长期或短期健康行为。健康信念模式是用社会心理学方法解释健康相关行为的重要理论模式。它以心理学为基础，由刺激理论和认知理论综合而成。这一模式指出，健康信念是人接受教育、采取保健行为的关键，而健康信念的形成受到动机、对预防危害的重要性的认知以及对建议的信任程度等因素的影响。健康信念模式将健康行为的产生概括为三个不同的阶段，这三个阶段分别是个人的认知、修饰因素和行为的可能性。

（1）个人的认知

个人的认知包括疾病对个人的威胁性。例如，儿童饭前洗手习惯，如果儿童认为饭前洗手对于健康是有益的，同时儿童还需要认识到饭前不洗手容易生病，则会养成饭前洗手的行为习惯。因此，这里有两个认知，即个人对疾病的易受性的认知以及个人对疾病的严重性的认知，并合并为疾病对个人的威胁性的认知。这两个认知交互作用结果所产生的认知，成为修饰饭前洗手行为的必要条件。

(2)修饰因素

当认知的知觉或条件存在时，个人对于饭前不洗手行为的最终决定因素来自学前儿童生活环境中的各种不同的修饰因素。例如，一个家中没有饭前洗手习惯的学前儿童，要建立饭前洗手习惯会比较困难。如果这个学前儿童在幼儿园健康教育课程中获得了知识，掌握了饭前不洗手对健康造成的威胁性，那么该学前儿童的认知结构的改变是否能改变其行为，往往是来自家庭、同伴的压力以及幼儿园获得的健康知识等综合影响的结果。有时家庭的修饰因素的影响远远超过学前教育机构的影响力。

(3)行为的可能性

大众传媒以及其他来源所倡导的行动也被用来解释这些内容。例如，如果洗手液的广告经常出现，那么就会鼓励学前儿童养成洗手行为。经过商业包装的广告、传媒对学前儿童认知所产生的影响不可小视。

健康信念模式在产生促进健康行为的实践中遵循以下步骤：首先，充分让人们对他们目前的行为方式感到害怕(知觉到威胁和严重性)；其次，让人们坚信一旦改变不良行为会得到很有价值的后果(知觉到效益)，同时清醒地认识到行为改变中可能出现的困难(知觉到障碍)；最后，使人们感到有信心、有能力通过努力改变不良行为。

在健康信念模式自身的发展中，从最初关注周围环境因素对人的行为的影响，发展到逐渐重视人类自身与环境互动的结果，越来越强调人的主动性价值。"行为主动性"是健康信念模式的核心概念，近年来又增加了自我效能的概念，这些概念用以帮助健康信念模式更好地适应改变习惯性非健康行为(如不爱运动、挑食等)的要求。

2. 在学前儿童健康教育中的应用

加强学前儿童在幼儿园健康教育课程中的认知水平，改变学前儿童的认知结构，有利于提高学前儿童个人对疾病的易受性以及个人对疾病的严重性的主观威胁性的认知。例如，学前儿童肥胖问题，如果学前儿童认为肥胖对于健康的威胁是非常严重的，同时学前儿童还需要认识到高热能食品的过量食用会导致肥胖，则会减少高热能食品的摄入。

由于学前儿童的好奇心强、模仿性高，因此可以广泛应用"行为榜样"的作用。行为榜样可提供如何行动的信息，促进认识，有提示作用。身边的成人、同伴、媒体形象都可作为他们的榜样。通过优化这些来自学前儿童生活环境中的各种不同修饰因素，使之成为个人对于改变或维持健康行为的最终决定因素，不仅可以改变学前儿童的健康行为，而且有利于增强其健康行为的持久性。该模式的应用要点有：

(1)注意潜在的威胁

注意潜在的威胁是指幼儿园要建立危机管理机制，界定需要重点关注的儿童群体，给予个性化、人性化的关怀保护。将学前儿童作为传染病易感人群，建立并执行预防接种制度，同时创建完善的学前儿童的保健网络，尤其是关注处境不利家庭背景学前儿童的健康问题，这是世界各国普遍采用的儿童保健措施。该措施能够有效地预防潜在威胁，促进每位学前儿童的健康。

(2)处理可能的困难

可能的困难是指在幼儿园健康教育活动中对危险行为后果的预先展示。在学前儿童的日常生活中，安全隐患比比皆是。自然后果法是让学前儿童获得经验、接受教训的最佳方法。但我们不可能让每个学前儿童都去“体验”事故的后果来学习。比如在一个群体中有一名学前儿童生病或受伤，养育者可抓住机会，对学前儿童进行直观的健康教育，使其更好地获得确保自身安全和健康行为的认知。

(3)促进预期利益的积极效果

预期利益是指在学前儿童健康教育中对健康行为的传播与推广，如养育者对儿童直接或间接进行的采取健康行为的教育，如多吃蔬菜、水果等健康食品，看电视时间不宜过长，保持充足睡眠，过马路时注意红绿灯，要走人行横道线等等。预期利益是让健康行为渗透在学前儿童的意识之中。

(四)PRECEDE/PROCEED 模式

学前儿童健康教育的 PRECEDE/PROCEED 模式是由美国学者格林·劳伦斯提出的，1968 年至 1974 年被称为 PRECEDE (Predisposing, Reinforcing and Enabling Constructs in Educational Diagnosis and Evaluation)模式，1980 年以后则被称为 PROCEED 模式。

1. 理论要点

PRECEDE 模式是指在教育/环境的诊断和评价中应用“先倾因素”、“促成因素”和“强化因素”。该模式将健康教育看作对于目标人群的问题诊断并且进行干预；该模式包含社会/行为科学、管理和教育等元素，强调影响健康和健康行为的原因很多，因此需要进行评估，从而确保适度的干预。

PROCEED 模式是在 20 世纪 80 年代逐渐形成并应用的。PROCEED 是指执行教育和环境干预，运用政策、法规和组织等手段，将实践工作者从教育干预上升到必要的政策、管理和经济活动，使社会系统环境更加有利于引导健康生活方式，培养拥有更加完整的身体、精神和社会健康的人。

PRECEDE/PROCEED 模式的目的是将注意力集中在结果而非投入。这将迫使健康教育计划制订者在制订计划时首先从结果开始考虑，然后回过头来考虑导致结果的原因，干预直接锁定到那些导致结果的原因。在计划过程中必须遵循以下两个原则：①参与原则，是指目标人群的主动参与，健康教育行为必须是自愿行为。②环境原则，健康和健康行为受到媒体、社会政策以及社会规则的影响。

运用 PRECEDE/PROCEED 模式的基本步骤包括：

第一阶段：社会诊断(Social Diagnosis)。健康教育的最终目的在于最大限度地提高个人和全社会的生活质量，因此，首先必须确定一般人群和特殊人群存在的急需迫切解决的社会问题，整体的卫生计划要符合提高生活质量的期望。社会诊断可以通过社会调查、专家咨询、召开座谈会等形式进行。

第二阶段：流行病学诊断(Epidemiological Diagnosis)。影响生活质量的因素有健康因素和非健康因素。非健康因素如教育程度、居住环境等不是健康教育所能奏效的。而与生活质量有关的主要健康问题，则可通过利用最新的人口学资料和生命统计结果，发现某个群体中有类似健康问题的次群体，了解健康需要，并通过表 2-1 所示“问题的重要性和可变性评估”确立优先项目。

表 2-1　　确定优先项目的策略

	非常重要	不重要
可以改变(非常有效)	高度优先	除非政策原因，一般不优先
不易改变(不易生效)	关键问题优先改革	不列入计划范围

第三阶段：行为诊断(Behavior Diagnosis)。非行为因素和行为因素都有可能对健康产生影响，非行为因素(如自然环境、科学技术等)的控制往往是健康教育工作者无能为力的，而行为因素对健康影响的评估、确认以及界定则是健康教育工作者的主要目标，应当明确在多长的时间内，哪些人的行为将会出现多大程度的变化，如何测量这些变化。

第四阶段：教育诊断(Educational Diagnosis)。这是 PRECEDE/PROCEED 模式的核心。它要求设计者从生理—心理—社会、个人—家庭—社区多纬度分析影响行为目标的教育因素，这些因素包括：

(1)先倾因素(Predisposing Factors)，是指产生某种行为的动机或愿望，包括个体或群体的知识、信念、态度、理解力、价值观等。

(2)促成因素(Enabling Factors)，是指使行为动机和愿望得以实现的因素，包括实施健康行为所需的技能、医疗资源等。

(3)强化因素(Reinforcing Factors)，是指能够增强或淡化某种行为的因素，包括受教育者的家人、朋友、老师和卫生服务提供者的态度和行为。

第五阶段：行政诊断(Administrative Diagnosis)。行政诊断的目的在于评估健康教育计划的资源及条件，如人力、时间、组织、进展、经费预算等，并对此加以支持。

2. 在学前儿童健康教育中的应用

PRECEDE/PROCEED 模式体现了大健康教育观，从过去的“生物医学模式”转变为“生物—心理—社会模式”，把健康教育放在更广阔的背景中，用多维视角综合考虑各种影响健康的因素。例如，对于口吃学前儿童除了寻找可能的生理原因(如舌系过短)以外，还必须从心理因素、社会因素中寻找原因。紧张往往是导致学前儿童口吃的重要原因，模仿也可能使学前儿童发生口吃，需要通过减缓压力和紧张源、消除不良的语言环境，综合进行矫治。

PRECEDE/PROCEED 模式从先倾因素、促成因素和强化因素三个方面设计教育干预，体现了健康教育的新概念——传播与教育并重，使学前儿童健康教育更趋合理和完善。从这一模式出发，学前儿童健康教育不能靠说教，而应创建一种健康的生活，使学前儿童习惯这种生活，形成动力定型，从而养成健康行为习惯。在当前媒介对于儿童生活影响力越来越大的背景下，倡导健康生活的社会舆论，有助于形成儿童的健康行为。

（五）计划性行为理论

20世纪70年代初期，菲什拜因和艾甄提供了一个新的研究个体对健康行为所持态度的模式——计划性行为理论。

1. 理论要点

计划性行为理论强调行为是已经计划的，人们通常处于相当理性的状况下，能系统利用他们可获取的信息，在决定他们要采用还是不采用一种指定行为之前，一般会考虑行为背后的意义，行为意向是主要的行为预兆。

个体对于已知的事物具有很多信念，所见的事物也具有很多不同的性质或特征。个体对于事物的态度受到对于该事物性质的信念和对这些性质的评价所制约。个体对健康行为所持的态度包括：行为信念、对行为结果的评估、客观规范、规范信念、顺应的动机。个人实施行为的意向来自于对该行为所持的态度和客观规范的结合思考。如果个人预知到实施健康行为会有一个积极的结果，他就会对行为的实施有一个积极的态度；反之，如果个人预知到实施健康行为的结果是消极的，他的态度也将是消极的。如果与个人相关的他人对实施该行为态度乐观，而个人也受到迎合这种态度的鼓励，那么就会有一个积极的客观规范。相反，若是相关他人对实施该行为的态度消极，而个人还是有迎合的意愿，那么这一榜样对个人来说将会成为一种消极的客观规范。例如攻击性行为，如果学前儿童将打人作为不好或负向的行为，并且相信父母和同伴也不希望他打人，那么将更可能不打人；反之，如果学前儿童将打人行为作为制服对方的手段，或者发现自己通过打同伴可以满足自己的需要，同时看到父母通过打人方式教育自己，那么他就会认同并接受打人行为，表现出更多的打人行为。

2. 在学前儿童健康教育中的应用

计划性行为理论超越了传统模式中健康态度与健康行为的直线关系，呈现了知、情、行之间非线性的复杂机制，揭示了健康行为意向是健康行为形成的决定性因素。

计划性行为模式主张将个人意图对行为的影响置于首位，强调个人实施健康行为的意向取决于其态度和客观规范的衡量结果。尽管学前儿童对于已知事物具有很多不同的信念，但是学前儿童对于这些不同的信念所持的态度主要受到客观规范和权威因素的左右。家庭养育者以及社会客观规范对于学前儿童的信念建立、健康行为养成起着关键的作用。例如，在幼儿园进行身体锻炼时，教师倡导在体育锻炼过程中培养勇敢、坚韧的品质。如果家长因为担心孩子摔跤而减少户外锻炼的机会，或者降低锻炼的难度，那么来自外界的不一致影响力就可能导致学前儿童不稳定的健康行为。作为影响学前儿童健康行为的重要因素，养育者不仅需要言行一致、以身作则，为学前儿童树立良好的客观规范，而且应该对学前儿童生活环境中相关行为进行客观评价，树立正确的客观规范。此外，学前儿童健康教育需要开展家庭、幼儿园、社区三位一体的教育，将家长、社区作为整个学前儿童健康教育计划的一部分，这有助于学前儿童建立正确的客观规范。

二、 幼儿园健康教育的发展趋势

(一) 对健康行为的重视

联合国世界卫生组织曾经指出："健康教育的重点在于群众和行动。其目标在于鼓励人们采取和维持健康的生活方式，充分利用现有的卫生服务，并能作出个人或集体的决定，以改善他们自己的健康状况和生活环境。"这表明，健康行为是健康教育的最终目标。

在认知、情感、行为的相互关系中，认知是健康行为的基础，只有具有正确的知识才可能建立健康行为；情感是健康行为产生的驱动力，对于健康行为积极的认同感有助于产生相似的行为，对于不健康行为的厌恶情感也不够抑制产生类似的行为；只有健康行为才是健康教育的最终目标指向。

作为学前儿童健康教育的最终目标，培养学前儿童健康行为、养成健康的生活方式已经成为当前学前儿童健康教育理论的核心。知、情、行模式中明确了认识、情感、行为之间的递进关系；PRECEDE/PROCEED 模式更是将健康行为作为健康计划的出发点和归宿点。计划性行为理论则是从认知、情感、行为的非线性中试图探寻影响个体健康行为的态度因素，这种尝试在健康行动模式中也同样存在。

当然，当幼儿园纷纷将学前儿童健康行为的改变作为健康教育目标时，必须清醒地认识到目标达成的复杂性。事实上，种种健康教育理论模式已经揭示了健康行为的复杂性，认知、情感、行动之间远不是简单的线性关系，即使在良好的实验控制条件下，也难以决定影响学前儿童健康行为的因素究竟是什么。正如著名的健康教育学者格林所警告的，期待学校健康教育产生健康行为的改变是一种天真的想法，学校健康教育需要在特定的健康行为发展上作出重要的贡献。幼儿园健康教育的主要任务是发展学前儿童的健康知识和积极的健康态度，传授某些健康的行为技能，如环境卫生行为、人际交往的技能、选择营养的膳食、参加适宜的活动，以及获取适用于急救和紧急照顾程序所必需的技能等。这些方法提供给学前儿童，是选择健康的生活方式和行为模式的基础，以促进其健康。

(二) 对大健康教育观的强调

正是由于认识到影响健康行为因素的复杂性，达成健康行为目标的复杂性，越来越多的健康教育模式倾向于运用大健康教育观念，用生态学的理论来审视健康教育问题。PRECEDE/PROCEED 模式倡导从家庭、社区、学校一体化的角度看待健康教育，将健康教育置于大健康教育观念之下，提出教育和传播相互结合的模式。同时，计划性行为理论揭示了个人实施健康行为的意向取决于其态度和客观规范的衡量结果，指出对于学前儿童健康行为形成起主导作用的是养育者以及社会客观规范的影响。因此，学前儿童健康教育需要开展家庭、幼儿园、社区整体教育，将家长、幼儿园、社区作为整个学前儿童健康教育计划的有机组成部分。

由于学前儿童健康行为受到来自生态环境的复杂影响，因此仅仅考虑幼儿园的健康教育是远远不够的。虽然孩子在幼儿园的生活时间很长，但是若比较他们的家庭、邻居、社区，尤其是他们的同伴团体所产生的影响，前者的影响就相当薄弱和有限制了。即使是理想的幼儿园健康教育计划，能够提供健康教育的时间也相当有限。因此，幼儿园传统的“闭门式”的健康教育必须打破，必须将幼儿园健康教育置于所处的生态环境中，从家庭、社区以及社会生活等多种纬度来研究影响因素，针对这些因素进行有目的、有计划的健康教育，合理利用其中的健康教育资源，重视学前儿童与周围环境的互动，才能更好地促进健康教育的实施。

(三)对预防模式的关注

对已经存在的健康问题进行干预、矫治，进而建立正确的健康行为，固然是学前儿童健康教育的目标，但对于危机问题的发现并且积极预防更是当前学前儿童健康教育论的关注点。这种观点不仅适应教育资源效益最大的社会需要，同时还可以避免不良健康行为对于个体健康状况乃至社会健康水平的不必要的损害。

PRECEDE/PROCEED 模式在确定目标时就是根据流行病学的依据进行的，这种方法能够有效地寻找危机目标。同时，健康信念模式特别关注“潜在的威胁”，倡导建立危机管理机制，界定需重点关注的儿童群体，给予个性化、人性化的关怀保护。

学前儿童健康教育中，这种危机预防模式是非常重要的。根据发病率建立有效的预防传染病制度，能够有效地预防学前儿童的传染病感染率，创建完善的学前儿童的保健网络，尤其是关注处境不利家庭背景学前儿童的健康问题，能够有效预防潜在的威胁，保障每位学前儿童的健康。要定期组织身高、体重的检测，制定每位儿童的生长发育图，建立健康档案的监控，跟踪观察学前儿童体质的变化，及时监控学前儿童身体素质的变化发展，捕捉潜在威胁，并且在幼儿园健康教育的内容、途径中进行相应调整。

三、　幼儿园健康教育特点

在我国学前儿童教育领域中首先使用“健康教育”一词的是陈鹤琴先生，他认为“五指活动”的第一个方面就是“儿童健康”，包括饮食、睡眠、早操、游戏、户外活动、散步等。① 教育部所颁布的四次关于学前儿童教育的纲领性文件中多用“体育”、“生活卫生习惯”、“安全教育”、“生理和心理卫生保健”等词语表示与健康教育有关的内容，而且保育与教育是分列的。到了20世纪90年代，融合了“卫生保健”、“饮食营养”、“体育锻炼”、“安全保护”、“心理健康”等方面内容的“健康教育”这一概念逐渐为人们接受，体现在教育部2001年颁布的《幼儿园教育指导纲要(试行)》中。

这里的幼儿园健康教育与教育部2001年颁布的《幼儿园教育指导纲要(试行)》中的“健康”领域含义相同，主要是指：在幼儿园中，根据学前儿童身心发展特点，以提高学前儿童健康认识、改善学前儿童健康态度、培养学前儿童健康行为、保持和促进学前儿童健康为目的的系统的教育活动。从内容上讲，包括五个方面：日常健康行为教育，饮食营养教育，身体生长教育，安全生活教育，体育锻炼。

幼儿园健康教育是幼儿园教育中一个重要而又有些特殊性的领域，其特殊性主要表现在：

(1)幼儿园健康教育在空间上具有渗透性

空间的含义有两层，首先是学前儿童健康行为的养成表现在一日生活的所有环节中。这就意味着学前儿童在幼儿园接受的健康教育会辐射到家庭、社区等学前儿童的其他生活场所，家庭其他成员的健康行为和社区中其他人员的健康行为也有可能对学前儿童的健康行为产生直接的影响。因而，教师要做好几种空间的沟通和协调。其次是在幼儿园教育中，健康教育不但在专门的健康教学活动中进行，也会渗透到日常生活、游戏以及其他的教学活动中。比如，音乐活动中对学前儿童愉快情绪的关注，外出参观时对安全知识的渗透。这也就说明，在幼儿园里，对学前儿童实施健康教育的不仅仅是教师，还包括保育员、保健医生等其他人员，可以说健康教育是无处不在的。

(2)幼儿园健康教育在时间上具有延续性

幼儿园健康教育是以提高学前儿童健康认识、改善学前儿童健康态度、培养学前儿童健康行为为目标的。其中，健康行为的培养是最终目标，而学前儿童健康行为的养成不是通过一次活动就能实现的，而是要通过长期的巩固才能实现的。有时，由于多种因素的影响，还会有反复现象。因此，显在的教学活动的结束并不意味着健康教育的完成，在之后的日常生活中健康教育还在继续。另外，学前儿童的健康问题是无时不在的，吃饭时的挑食问题、户外游戏时的安全问题、入园时的情绪问题等，一日生活的任何时间都是健康教育的重要“时点”。

(3)幼儿园健康教育的实施者是多元的

正是由于健康教育在时间和空间上的无所不在，幼儿园中的其他成人群体也有可能成为健康教育的实施者，如保育员、保健医生、其他班级的教师等。尤其是负责卫生保健工作的保育员，在学前儿童的健康教育方面扮演了更为重要的角色，而其他班

① 北京市教育科学研究所. 陈鹤琴全集(第一卷)[M]. 南京：江苏教育出版社，1989：587-588.

级的教师则可能在公共活动场所扮演临时的健康教育者或健康行为监督者的角色。

(4)学前儿童理解健康教育的某些内容和要求有难度

幼儿园健康教育是以学前儿童的身心健康发展为核心目标的，为了保护学前儿童的生命和促进学前儿童的健康，学前儿童健康教育的某些内容与要求并不一定能得到孩子的理解，比如在学前儿童现有的经验和思维发展水平上，并不一定能理解细菌是如何侵害自己的身体的，但是他们必须养成饭前便后洗手的健康行为；并不是每一个学前儿童都能遇到触电、烫伤等事件，但他们必须养成相关的健康行为以避免触电和被烫伤。因而，在健康教育中，教师尽力通过学前儿童能够理解的方式，帮助学前儿童养成健康行为。很多时候，教师通过其他的形式，如音乐、参观、戏剧表演来改善学前儿童的健康态度，从而培养健康行为。但是，从另一个角度来讲，幼儿园健康教育的这种特点，也正说明了健康教育领域与其他领域之间联系的必然性，如通过参观蔬菜基地、舞台剧表演使学前儿童喜欢吃蔬菜。

(5)幼儿园健康教育的成效是长期的

学前儿童健康教育的效果往往不是立竿见影的，当前具有的健康知识、健康态度和健康行为往往需要主体的努力维持才能最终引起健康状况的改善。因而，在很多情况下，学前儿童“常常能在短期内就使儿童建立起某种健康行为，问题的复杂性在于学前儿童往往又很快改变已形成的健康行为，只有坚持不懈地开展学前儿童健康教育活动，健康教育的效果才能真正得到体现”。①

幼儿园健康教育与相关学科的关系表现在如下方面：

(1)幼儿园健康教育与体育的关系

实践中经常有以“学前儿童体育”替代“学前儿童健康教育”的现象。这里就“学前儿童健康教育”与“学前儿童体育”的关系作一梳理。

首先，从概念来看，学前儿童体育有广义和狭义之分，广义的学前儿童体育包含学前儿童身体保育和学前儿童身体锻炼；狭义的学前儿童体育是指通过发展学前儿童的动作增强学前儿童体质的身体锻炼活动。学前儿童健康教育是根据学前儿童身心发展特点，提高健康认识，改善健康态度，培养健康行为，保持和促进健康的教育活动。学前儿童健康教育是广义的“学前儿童体育”的重要组成部分，它以帮助学前儿童获得基本的健康常识、形成健康态度、养成健康行为作为主要任务，与狭义的“学前儿童体育”共同构成学前儿童身心发展不可或缺的两个方面，即身心保健与身体锻炼。

其次，从学科发展的历史来看，“体育”几乎一直包含“健康教育”。中外历史上许多教育家往往在论述“体育”时谈及“健康教育”，比如，瞿葆奎主编的《教育学》文集第5卷《体育》内容中包含健康教育；斯宾塞在《教育论——智育、德育、和体育》中也对儿童的吃、穿、用脑时间、生活作息制度、身体健康与心智发展的关系等作了阐释；小原国芳将体育称为“健”的教育，认为体育包含运动与保健。

① 顾荣芳. 学前儿童健康教育论[M]. 南京：江苏教育出版社，2003：206.

再次，从相关学科或专业来看，“体育”与“健康教育”又呈现并列关系。医学专家所说的“健康教育”与“体育”在内容上没有任何交叉，目前我国基础教育课程中出现了“体育与健康”课程，但在由教育部组织编写的《体育(与健康)课程标准解读》中特别提出“体育与健康”课程不等于“体育+健康教育”，其理由是“体育与健康课程不能也不可能单独承担在学校教育中贯彻‘健康第一’指导思想的全部教育活动和所有课程的基础上突出健康目的的一门课程”。① 可见，基础教育新课程设置仍然将体育与健康教育作为两门课程来看待，只不过认为两者具有“健康第一”的相同内涵。

最后，从近年幼儿园课程改革来看，幼教界将幼儿园教育内容相对划分为健康、语言、社会、科学及艺术五大领域，隐含“健康教育”包含“体育”这一思想，《幼儿园教育指导纲要(试行)》也作了这样的选择。笔者以为，学前儿童体育与学前儿童健康教育虽然都将各自的终极目标定位于学前儿童身心的健康发展，但就实施的基本原则、应遵循的基本规律和对学前儿童发展的基本作用而言，两者有着明显的区别。对于广大幼教实践工作者而言，《纲要》带来的启示是：为了促进学前儿童的健康成长，既要重视学前儿童的身心保健教育，也要通过体育锻炼增强学前儿童的体质，即保健和锻炼并重。由此可见，只重视学前儿童体育却不重视学前儿童安全、营养等方面的保健教育，只重视日常生活中有碍健康的突发事件的补救处理却不重视开展具有前瞻性和系统性的促进健康的教育，只重视通过“健康课”教给学前儿童健康知识却不重视通过与学前儿童生活密切相关的随机教育及时培养学前儿童的健康行为等，都是无益于学前儿童健康教育取得成效的表现。

(2)幼儿园健康教育与其他学科的关系

幼儿园健康教育涉及范围广泛。学前儿童健康教育的目标是通过各项保育和教育活动得以实现的。第一，学前儿童健康教育不仅与健康领域有直接的关系，还与课程中其他各个领域存在密切的联系。学前儿童的社会、语言、艺术、科学等领域中都有健康教育的任务。它们从不同方面影响和作用于学前儿童，改变学前儿童的健康认知、态度和行为，影响学前儿童的生长发育，培养学前儿童维护和增进自我健康的能力。第二，学前儿童健康教育可以通过幼儿园一日生活活动影响学前儿童的健康，如入园、进食、睡眠、饮水、盥洗、离园等生活活动中都存在着健康问题，都是完成健康教育任务的有效途径。

幼儿园健康教育的意义有：

(1)考察儿童个体的发展历程，可以发现生命的健康存在是保证人的全面发展的前提，个体要求得以生存并获得良好的社会化发展，必须有健康的身心。对于儿童来说，身体各个器官或组织(包括脑)尚未发育完善，其生命健康存在的物质基础还远未形成，但学前儿童期是生长发育迅速、新陈代谢旺盛的时期，可塑性很强。只是学前儿童经验匮乏，对自己的身体缺乏了解，独立生活能力差、自我保护意识薄弱，如果成人能

---

① 教育部基础教育司体育(与健康)课程标准研制组织. 体育(与健康)课程标准解读[M]. 武汉：湖北教育出版社，2002：26.

够及时地为学前儿童提供适宜的健康教育，则有利于他们形成有益终身的健康行为，从而促进健康。

(2)审视当前的幼儿园教育，能够获知“最有价值和最贴近儿童生活”是教育者选择教育内容的依据，而衡量“最有价值”的标准便是能否有效促进学前儿童的全面发展。为此，经过多年的教育理论与实践的探讨，探索世界奥秘的自然教育、促进学前儿童言语发展且满足人际交往需要的语言教育、培养学前儿童初步思维能力的数学教育、满足学前儿童审美、表现美和创造美等精神需求的艺术教育，已经在我国幼儿园课程中得到体现，而有关人类自身奥秘与发展的学前儿童健康教育同样是幼儿园课程的重要组成部分。

(3)学前儿童健康教育是素质教育的基础，素质教育必须通过具体的内容来实现；素质教育强调培养学前儿童的身心素质，学前儿童健康教育就是以增强和提高学前儿童的身心素质为目标的教育。

第二节 学前儿童健康教育的内容

一、 学前儿童健康教育的主要内容

学前儿童健康教育内容是学前儿童健康教育目标的反映。具体而言，学前儿童健康教育的主要内容可以大致分为以下五个方面：学前儿童日常生活习惯教育、学前儿童身体认识与保护教育、学前儿童饮食营养教育、学前儿童安全教育、学前儿童体育。这五个方面的内容都包含学前儿童心理健康教育。

(一)日常生活习惯

1. 洗手、刷牙的基本方法；
2. 穿脱、整理衣服的习惯；
3. 手帕或纸巾的使用；
4. 坐、站、行、睡姿势正确；
5. 按时排便；
6. 良好的作息习惯；
7. 活动用具的整理，保持玩具清洁；
8. 关心周围环境的卫生。

(二)饮食与营养

1. 情绪愉快，愿意独立进餐；

2. 常见食物的认识，平衡膳食，少吃零食，主动饮水；
3. 按时进餐，保持清洁，进餐习惯良好。

（三）身体认识与保护

1. 了解身体外形，认识与保护五官；
2. 初步掌握换牙、护牙的知识；
3. 用眼卫生；
4. 积极配合疾病预防与治疗；
5. 探索生命现象的兴趣；
6. 知道快乐有益于健康。

（四）自身安全

1. 日常生活中安全常识与规则的了解及遵守，过马路、乘坐交通工具、玩大型运动器械时能注意安全；
2. 认识有关的安全标志，遵守交通规则，初步形成自我保护意识；
3. 了解应付意外事故（如火灾、雷击、地震、台风等）的常识，具有基本的求生技能。

（五）体育活动

1. 基本动作及游戏；
2. 基本体操和队列队形；
3. 器械类活动和游戏。

除了以上内容外，幼儿园还可以根据周围的自然和社会环境组织各类活动和游戏等。另外，各地、各民族还有许多具有民间和地域特色的体育活动和游戏，这也是幼儿园开展体育活动不可多得的宝贵资源。关于这些体育活动的内容，各幼儿园可以根据自身的条件和地域特点，加以开发和利用。

当然，同样的健康教育内容对于不同年龄段的学前儿童的具体要求常常是不一样的，教育者应注意学前儿童的年龄特点和个体差异，选择适宜的教育内容。

二、 幼儿园健康教育内容的选择

（一）教育的内容与目标要保持一致

一方面，教育目标要以教育内容为依托才能得到落实，另一方面教育内容也必须以教育目标为依据。例如，目标中提出要培养学前儿童不偏食、不挑食的饮食习惯，为此就要选择与认识和品尝各类食物有关的内容。

（二）与学前儿童的接受能力相符合

一般来说，内容的深浅应符合学前儿童的接受能力，但在实施学前儿童健康教育的过程中，将必要的内容以学前儿童可接受的方式呈现出来显得更为重要。比如，前面提及的要求学前儿童“不偏食、不挑食”，实际上是想说明“膳食均衡”有利于健康，然而我们不可能对学前儿童直接说“膳食均衡”，我们只能通过对各种各样食物的分别介绍，让学前儿童了解到每一种食物的主要特点，从而感受到只有样样食物都吃才能有益于健康。

（三）教育内容与学前儿童身心发展及生活经验相关联

学前儿童健康教育内容的选择还要与学前儿童身心发展及生活经验相关联，任何背离学前儿童身心发展规律的目标最终都无法达成。学前儿童身体各器官组织的发育还不成熟，功能不完善，心理正处于发展阶段，思维水平相对较低。在选择幼儿园健康教育的内容时，要符合学前儿童身心发展的水平，紧密联系其生活经验，针对学前儿童的健康现状及其发展趋势，学前儿童才感兴趣，教育效果也比较理想。例如，大班的学前儿童普遍出现换牙现象，教师可设计“换牙了”这个健康教育活动，开展健康教育，学前儿童容易理解，教育效果突出，但如果将此内容放到小班去进行，则意义不大，效果也不好。不过，有时，同样的健康教育的内容也可以在不同的年龄班级开展，但教育目标和对学前儿童的具体要求不一样，教师应该根据学前儿童的年龄特点和个体差异，选择适宜的教育内容。

（四）教育内容要为学前儿童一生发展服务

学前儿童健康教育要体现终身教育的理念。教育的根本目的是使儿童能够一生持续的学习，有尊严地、有质量地生活，不仅是未来的生活，也包括现实的生活；是为了让他们能够为自己所处的环境作出贡献，并且有能力把握自己的人生。

《纲要》明确指出，“幼儿园教育是基础教育的重要组成部分，是我国学校教育和终身教育的奠基阶段”，它应为“学前儿童一生的发展打好基础”。学前儿童健康教育应符合《纲要》的要求，精选“为学前儿童一生的发展打好基础”的内容，不能只注重眼前效果、短期效益。例如，开展“爱护牙齿”健康教育活动，有些教师热衷于教孩子学习《刷牙歌》，不注重刷牙知识的活动和行为、习惯的养成，而从健康教育的角度来讲，后者对孩子终身的发展更为有益。再如，有些小班教师或保育员为了完成带量食谱规定的进食量，不顾学前儿童感受，大声呵斥学前儿童加快进餐速度，更有甚者，强行一匙一匙塞饭，导致学前儿童害怕吃饭、厌食，甚至不想上幼儿园，但教师振振有词，认为孩子不吃饭会影响健康，这样做是为孩子好。教师只注重身体保健，忽视了心理保健，殊不知，因此而导致的后果更加严重。

(五)教育内容要具有时代性

学前儿童健康教育的内容应紧密联系当前实际，具有时代性。我国著名教育家陶行知先生主张“生活即教育，社会即学校”，学前教育不能局限于狭小的教室里，学前儿童生活的大自然、大社会都可以作为学前教育的场所、范围和内容。教育内容应该来源于生活，服务于生活。我国著名的学前儿童教育家陈鹤琴先生提出“活教育”理论，指出“活教育”的目的就是在“做人、做中国人、做现代中国人”。强调“大自然、大社会，都是活教材……(教育内容应该)生气勃勃”。当前社会发展迅速，新生事物层出不穷，在学前儿童健康教育内容的选择上，应体现一定的时代特点，和学前儿童当前生活紧密结合。例如，目前，手机已经普及到每个家庭，学前儿童非常熟悉，教师在开展学前儿童安全自护教育时，完全可以将使用手机求救列入教育内容。

第三节 健康教育活动设计

一、不同结构化的健康教育活动

按照幼儿园健康活动的结构化程度分类，可以将幼儿园健康活动分为“无结构”的活动、低结构化的活动、高结构化的活动和完全结构化的活动。幼儿园的健康教育活动更多的是游戏活动和教学活动的不同程度的结合，是兼有游戏和教学的成分，低结构化的健康教育活动更多具有游戏的性质，活动主要由幼儿发起；高结构化的健康教育活动更多具有教学的性质，活动主要由教师发起。

这一思想集中地体现在赫尔姆和凯兹提出的“不同结构化程度的教育活动组成的连续体”示意图中。①

(1)各种教育活动在结构化程度上由低到高，形成一个连续体，所有的教育活动都可以在此连续体上找到相应的位置。

(2)一般而言，每种类型的教育活动本身的性质，决定了该教育活动结构化程度的基本状况，表现为每种类型的教育活动在此连续体上都可以找到相应的区域。

(3)尽管同种类型教育活动的结构化程度基本状况趋同，但是由于教育活动设计和实施等各方面的原因，其结构化程度也会有所不同，表现为在连续体的较小范围内可以找到相应的位置。

(4)幼儿园课程的教育取向，即“过程”对“结果”、“儿童中心”对“教师中心”、“儿童兴趣和需要为导向”对“教师计划为导向”等等，主要反映组成该课程的系列教育

① 朱家雄. 幼儿园教育活动设计与实施[M]. 北京：高等教育出版社，2008：49-50.

活动在连续体的相对位置上。

(5)教育活动的结构化程度越高，学科科目或学习领域的特征越明显；教育活动的结构化程度越低，各学科科目或学习领域越趋向整合。

二、 健康教育活动设计原理

(一)“单一科目”教学活动

幼儿园“单一科目”教学活动主要由教师设计，强调单一概念和技能的教学。活动的目标比较特殊化，活动的内容主要根据健康领域的性质而由专家预定，选择和组织健康领域内容的主要依据是健康领域本身的逻辑顺序，对教育活动评价的标准是预定的目标是否达成，教育活动设计者所关注的主要问题是以知识和技能为主线的健康领域目标，而不是幼儿自己的生活经验。

(二)“综合科目”教学活动

幼儿园综合科目健康教育活动也是一类高结构化的教育活动，活动由教育活动设计者设计，强调的是整合技能和概念的教育，所关注的主要问题仍然是以知识和技能为主线的健康领域目标。

(三)主题教学活动

主题教学中的健康教育活动是一种相对来说结构化程度比较低的教育活动。教育活动的结构化程度越低，越强调学习领域之间的整合。主题教学中的健康教育活动可由教师确定活动目标和活动内容，也可由幼儿根据与主题有关的学习经验发起活动。

(四)方案教学活动

方案教学的结构化比一般主题健康教学更低。一系列方案教学活动组合成一个主题网络，围绕一个主题而展开一系列方案教学活动。在方案教学中的健康教育活动中，可由教师确定健康教育活动的目标和活动内容，也可由学前儿童根据与主题有关的学习经验发起活动，与一般主题健康教学活动相比，方案健康教学活动更多地以儿童的兴趣为导向，以满足儿童的需要为追求，活动更多由学前儿童自己发起。

(五)活动区角活动

活动区角活动是由儿童发起的探索活动，旨在满足儿童的需要，以儿童的兴趣为导向。将幼儿园活动室划分为若干健康活动区域，通过让学前儿童自主选择，并以材料和人(同伴、教师和其他人员)互动的方式，组织和实施幼儿园的健康教育活动。学前儿童可以在与环境的交互作用过程中，通过自己的选择和参与，以自己生成为主的方式进行活动，在学习过程中充分发挥想象力和创造力，积极探索，以及自由地表现和表达。

三、幼儿园健康教育活动目标

幼儿园健康教育活动目标是通过某一次或某几次健康教育活动所期望幼儿获得的某些发展。教师应该根据幼儿的年龄特点、原有水平和能力、活动的内容和性质来确定具体的健康教育活动目标。这种目标应该是可观察的、可测量的、可评价的。确定幼儿园健康教育活动目标要依据幼儿身心发展特点，结合幼儿教育和健康教育的总目标，顺应社会发展要求。《幼儿园教育指导纲要(试行)》提出了幼儿园健康教育的主要目标①：(1)身体健康，在集体生活中情绪安定、愉快；(2)生活、卫生习惯良好，有基本的生活自理能力；(3)知道必要的安全保障常识，学习保护自己；喜欢参加体育活动，动作协调、灵活。幼儿园健康教育活动的目标取向主要有：行为目标、生成性目标和表现性目标。

(一)行为目标

行为目标是以儿童具体的、可被观察的行为表述来设计目标，它指向的是通过健康教育活动儿童所发生的行为变化，目标设计中关注的是可观察到的行为经过。行为目标具有客观性和可操作性。

(二)生成性目标

生成性目标是在健康教育活动过程中生成的目标，关注的是过程。生成性目标是以过程为中心，以儿童在教室内的表现为基础展开，强调儿童、教师与教育情境交互作用过程中所产生的目标。② 儿童可以对自己感兴趣的问题进行深入的研究，因而产生对结果的新设计，"尝试……"是生成性目标较为典型的表达方式之一。但生成性目标在实践中是较难确定的，在一定程度上具有模糊性和不确定性，所以，对教师的专业素养和能力提出了较高的要求。

(三)表现性目标

表现性目标强调的是个性化，指向的是培养儿童的创造性。所以，表现性目标并

① 教育部基础教育司编写. 幼儿园教育指导纲要(试行)(修订2版)[M]. 南京：江苏教育出版社，2007：30.

② 江苏省教育科学研究院编写组. 从理念到行为——幼儿园教育指导纲要(试行)行动指南[M]. 南京：江苏少年儿童出版社，2003：31.

不预先规定儿童的行为变化，它关注的是儿童在复杂的健康教育活动中的个性化和创造性的表现，追求儿童表现的多元化，而不是同质性。

在健康教育活动设计中，教师可以从行为目标、生成性目标和表现性目标等不同的取向设计目标。

健康教育活动目标的表述要求如下：

1. 具有可操作性，避免过于笼统、概括和抽象

幼儿园健康教育活动目标特点就是具体、明确，具有可操作性，能具体指导、调控教师的教学过程。一位中班教师在健康领域设计了一系列活动。“刷牙”活动的目标之一是：学习正确的刷牙方法，养成早晚刷牙的好习惯。“喝水”活动的目标之一是：知道口渴要接水喝，养成主动喝水的习惯。教师在这两个教育活动中所表述的目标就比较具体、明确，比笼统地确定“培养幼儿良好的生活卫生习惯”对教学更有指导意义。

2. 要清晰、准确、可检测，不能用活动的过程或方法来取代

一个完整的目标表述包括行为、条件、标准等，其中的核心要素是行为的表述。有些教师在编写健康教育活动目标时有一种现象，就是用活动的过程或方法手段去代替行为的结果，混淆了它们之间的区别。如“鼓励幼儿积极参与活动过程”，通过分析，可以看出以上这位老师所设计的健康教育活动目标在表述时混淆了活动过程、方法手段与行为目标的关系，也就不能很有效地反映幼儿的学习结果。

3. 从统一的角度表述目标

教育活动包含了教师的教和幼儿的学两方面的互动。在表述活动目标时，既可以从教师的“教”这一角度出发确定活动目标，表述教师期望通过教育活动帮助幼儿获得的学习结果；也可以从幼儿的“学”为出发点，指出幼儿在学习以后应该知道的和能够做到的表现。如中班的健康教育活动“我会叠衣服”有两个目标：①学习叠衣服，并摆放整齐；②培养幼儿自我服务的能力，自己的事情自己做。具体分析这两个活动目标，第一个“学习叠衣服，并摆放整齐”是从幼儿的角度表述，而第二个“培养幼儿自我服务的能力”又是从教师的角度表述，存在着表述过程中角度不统一的问题。

4. 一个目标要通过多种活动实现，一个活动要指向多种目标

幼儿园健康教育活动具有综合性和整体性等特点。在确定健康教育活动目标时，教师应善于统整各个教育活动，围绕一个目标，协调各种活动为之服务，同时还应最大限度地发挥某一活动的教育功效，使得一项活动能实现多方面的教育任务。如大班的健康活动“打开食品包装”，活动目标可以包括：①探索食品包装的开启方式，扩展生活经验，培养幼儿解决问题的能力；②初步尝试用自己的方式记录探索结果；③进行初步的欣赏，设计食品包装。这一活动的目标包括了认知获得、技能发展和艺术欣赏等不同方面，虽然是健康活动，但同时也将目标指向了艺术、科学等领域，促进了儿童在知识、技能、情感等方面的全面发展。

活动课程

快乐宝贝（健康/社会/语言）①

- 活动目标：

  1. 在轻松的环境中敞开自己的心灵，快乐地交朋友，表达自己真实的心里想法。

  2. 在优美、浅显的语言中调整自己的心理行为。

- 活动准备：

  轻音乐、小椅子。

  区别不同班级幼儿的标志。

  从不同的班级选取若干名幼儿，他们相互间不是很熟悉。

- 活动过程：

  1. 轻松活动——营造轻松的心理氛围。

  （播放轻缓的音乐）

  请小朋友随意找个位置，摆个舒适的姿势坐下来。

师：让我们听着音乐，闭上眼睛，放松小手小脚，让快乐来到我们中间吧。早上，太阳出来了，阳光暖洋洋的，好舒服！爸爸爱我，妈妈爱我，老师也爱我！我，是个快乐的孩子！（请大家睁开眼睛）

2. 游戏《找朋友》——主动与别人交流。

（1）师幼认识。

你们认识我吗？我是××老师，你们好。

（2）幼儿游戏，相互认识。

师：小朋友们来自不同的班级，我先来给你们介绍一下。带红色标记的小朋友来自大一班，请你们挥挥手。带绿色标记的小朋友来自大二班，挥挥手。带蓝色标记的小朋友来自大三班，请你们挥挥手。带黄色标记的小朋友来自大四班，你们好。

大家互相不是很熟悉，想认识一下新朋友吗？

a 讨论：那怎么认识新朋友呢？

b 游戏：找朋友。

"我们知道了认识新朋友可以说一些好听的话，可以做一些动作。那让我们用你刚才的这些方法去找个新朋友吧！请大家轻轻地站起来，开始吧！"（老师播放《找朋友》的音乐）

c 介绍朋友。

d 找个新朋友聊聊天。

---

① 来源自 360 教育网 http：//baby. 360edu. com/Article/jiaoan/jiankang/200710/200710030 40848. html.

(3) 表达。

师：当你和新朋友说“你好”，或与新朋友聊天的时候，你有什么感觉?

(4) 小结。

师：生活中不能没有朋友，有了朋友，就有了快乐。老师希望小朋友有更多的朋友。

3. 游戏《跟我不一样》——勇敢地承认错误。

师：让快乐延续，我们来玩个《跟我不一样》的游戏！你要跟老师说相反的话，跟老师做相反的动作，如果错了，就举起小手，大声说：“对不起，我错了。”听明白了吗?

(1) 跟老师说的相反。

师：我们先来简单的，跟老师说相反的话，小耳朵听仔细了。高—低—胖—长—厚—远—前—左。随机表扬主动认错的孩子。

(2) 跟老师做相反的动作。

师：难度加深，跟老师做相反的动作，小眼睛看仔细了。分组进行，随机表扬主动认错的孩子。

(3) 小结：勇敢地承认错误，做个诚实的好孩子，你会变得更快乐。

4. 游戏《马兰花》——尝试合作、体验合作的快乐。

你们会玩游戏《马兰花》吗? 我们一起来玩一玩。(提醒一下游戏规则)

(1) 游戏规则。

(一起说) 马兰花、马兰花，风吹雨打都不怕，勤劳的人们在说话，请你马上就开花，开了几瓣花?

师：三瓣花(幼儿三人一起抱做一团)。

(如果游戏中有的小朋友不愿意找新朋友，老师引导：“有很多的朋友是一件很快乐的事情。你们几个已经是好朋友了，能不能再找个新朋友呢? 谁能主动去找新朋友?”)

(2) 幼儿游戏。

老师让每个幼儿做出享受成功的样子。(如果是 24 人，就分别是开 2、3、4、6 瓣花)

(3) 小结：朋友之间相互合作，就能取得成功，而你也会获得更多的快乐。

5. 总结。

师：今天小朋友玩得开心吗? 老师希望小朋友天天快乐，做个人人喜欢的快乐宝贝。我们再到别的班去找新朋友吧!

活动延伸：

鼓励小朋友在日常生活中主动调节自己的情绪，做个健康快乐的孩子。

- 活动评价

在这个教育活动中，教育设计者将健康、社会和语言的教育活动目标和内容综合在一个活动中，在发展幼儿健康能力的同时，完成社会和语言的教学任务。在教育活动目标中，有健康教育的要求（如：快乐地交朋友）；也有社会教育的要求（如：与人合作）；还有语言教育的要求（如：用语言调整自己的心理行为）。而且，语言、社会和健康的要求是相互交织的。在活动过程中，教师发起活动，引导幼儿与人交往，培养合作意识，并学习通过语言调整自己的行为。教育活动设计者以语言教育的内容为线索，在让幼儿交朋友的过程中，学会与人合作，养成良好的行为习惯。这样的整合，是比较自然的，幼儿在活动中有可能同时学习三种学科知识和技能，能够提高学习的效率。

第四节　幼儿园健康教育活动评价

幼儿健康教育活动评价是对幼儿健康教育实施过程以及效果的全面评估，它有利于了解幼儿健康教育计划是否符合幼儿健康发展的需要，是否明确了幼儿的主要健康问题；它可以检验是否激发了幼儿学习健康知识的积极性，是否促进了幼儿态度和行为的改变，达到了预期目的；它还可以为改进教育设计方案提供依据。

幼儿健康教育活动评价有三种不同的类型：(1)过程评价，即对幼儿健康教育计划执行情况的评价。(2)影响评价，即幼儿的知识、态度和行为是否因为健康教育计划的干预而产生即时的有利的改变。(3)终极评价，即幼儿健康教育是否改善了广大幼儿的健康问题和生活质量。终极评价是幼儿健康教育工作者最关心的问题，但由于评价时间较长，较难把握。

幼儿健康教育评价方法主要有以下三种：(1)自我报告。即让幼儿报告个人与健康教育项目有关的认识、兴趣、态度和行为等，常用于了解幼儿的饮食习惯、进餐次数、食物偏好等。(2)问卷调查。采用问卷，向家长或教师进行调查，了解幼儿在健康教育实施前后的认识、态度及行为等方面发生的变化。(3)幼儿常见病、多发病的患病率统计调查。如龋齿、沙眼、近视眼、儿童期肥胖症的发生率在不同时期或不同条件下的对比。

一、　幼儿园健康教育活动评价的内容

幼儿园健康教育活动评价分为四个方面的内容：对教育活动准备工作的评价、对教育活动设计和实施过程的评价、对幼儿健康教育活动所产生的近期影响或近期效果的评价、对幼儿健康教育总目标的评价。

（一）对幼儿健康教育活动准备工作的评价

对幼儿健康教育活动准备工作的评价包括：

1. 评价幼儿健康教育活动是否适应不同年龄和发展水平的幼儿的需要、兴趣、接受能力，以及儿童参与健康教育活动的程度等。看似热闹的幼儿健康教育活动往往只是教师教学能力和教学技巧的充分展示。只有当儿童积极参与活动、充分体验学习的乐趣，并在愉快的学习中获得发展的幼儿健康教育课程才是好的课程。

2. 评价幼儿健康教育活动计划所选定的目标和各级分目标的合适程度，各级目标轻重缓急安排顺序的合理程度。具体地说，是否根据我国《幼儿园教育指导纲要（试行）》所提出的健康教育领域总目标，是否根据不同年龄进行目标分级，是否在目标选定时考虑了螺旋式上升的特点，是否从目标指向的紧迫性、针对性、即时性等因素考虑各级目标的轻重缓急。

3. 评价幼儿健康教育活动所确定的策略和实施措施是否正确和合理，是否适合教育对象以及其他各方面的客观情况。具体来说，评价幼儿健康教育活动是否具有可行性、教师是否做好准备等。

（二）对幼儿健康教育活动设计和实施过程的评价

对幼儿健康教育活动设计和实施过程的评价包括：

1. 评价幼儿健康教育活动的设计质量。具体来说，就是要评价教育活动设计是否考虑到儿童的经验水平和学习特点，教育活动设计是否考虑到教育材料的可获得性，教育活动设计是否考虑到整个幼儿园课程的整合。

2. 评价幼儿健康教育活动实施过程中的组织、领导、分工和协调情况。幼儿健康教育活动的实施往往需要教师、保育员协作完成。近年来，随着利用家庭、社区和幼儿园资源进行立体式、综合式健康教育模式的倡导，健康教育活动实施中的组织、领导、分工和协调，成为幼儿健康教育活动目标实现的重要保证。例如，作为面向家长的幼儿园营养教育系列内容之一，家长品尝会不仅有助于家长了解幼儿园的膳食状况，还能够进一步向家长普及有关科学育儿的膳食知识，从而实现家园共同提供科学膳食、改善幼儿营养状况的目标。显然，该健康教育计划的实施需要周密的管理基础，通过教师、保健教师、园长共同组织、分工和协调完成。

3. 评价幼儿健康教育活动时所选择和组织的教学内容和材料、运用的方法和技术、采用的教育途径和组织形式等方面的质量和效果。在体育活动中，丰富的运动材料、适宜的活动空间以及合理的运动规则，有助于孩子足够地去活动，获得充分的锻炼。一般来说，衡量幼儿体育活动的标准是高密度（60%～70%）、低强度，时间不能太长。多媒体技术运用适合儿童思维的具体形象性的特点，能够激发儿童的学习兴趣，尤其适合形象性、动态性教学内容的呈现。

4. 评价幼儿健康教育活动实施过程中的效率和成本效益等方面的问题。这是对幼儿健康教育资源利用有效性的考虑。例如，将闲置空间改建为室内锻炼场所，能够增加幼儿体育锻炼的机会，这是提高幼儿园健康教育资源有效性的措施；专用游泳池对于幼儿夏天的健身是一项良好的设施，但是专用游泳池往往存在占地面积大、闲置时间长、利用效率低、维护费用高等问题；必要的费用应该用于定期活动场地、体育设施、体育器材的检修工作，这样可以减少由此可能造成的幼儿体育活动意外事故的严重后果。

(三)对幼儿健康教育活动所产生的近期影响或近期效果的评价

近期影响是指在健康教育活动实施基本结束后一年之内，通过观察、调查或者测量而得到的结果，包括幼儿对健康知识和技能的掌握状况，幼儿对健康问题的价值观、态度和信念的变化状况，幼儿卫生习惯和行为的变化状况。对幼儿园而言，幼儿的健康状况是衡量健康教育影响力的根本因素，即通过幼儿的生长发育、患病率和死亡率的指标进行判断。

(四)对幼儿健康教育总目标的评价

这是指从宏观上评价幼儿健康教育活动所产生的社会价值和效益，评价社会对幼儿园健康教育的参与和支持程度等。

二、幼儿园健康教育活动评价的方法

常用的评价模式及一般方法有以下几种类型。

(一)正式评价和非正式评价

1. 正式评价

正式评价是指评价者富有计划性、目的性和针对性实施的评价，一般往往是采用量化的方式来进行的。体现在教育活动中，多表现为上级行政部门、幼儿园管理层根据一定的目的和计划而开展与实施的评价，常见的有各个层次的(园内或园间)教学活动评优等，一般采用量化和等级或分数式的评价表。

2. 非正式评价

非正式评价通常是指发生在教育活动过程和特定活动情境中的，不自觉地进行着的对学习者的行为、语言以及教学活动现象或事件等的观察和评定，它是教师在与幼儿日常接触及互动过程中通过不断地了解幼儿，进而形成对幼儿的某种判断与反馈的一种评价方式。教师非正式评价的目的是为了更好地了解学习者的需要、学习风格、认知特点等，以帮助和促进幼儿的学习。非正式的评价与评估有以下几种方法(见表2-2)：

表 2-2 非正式的评价与评估的方法

方法	目的	指导方针
观察：观察儿童——通过系统的方式观看儿童	使教师能够鉴别儿童的行为，将儿童的表现情况编成文档，并且作出决策	制定观察计划，并且清晰地了解观察的目的
真实记录：真实记录以儿童的表现为基础，以现实活动为基础	有助于决定儿童是否正在将他们所学习的内容应用到现实环境之中	确保评价的内容与现实事件相联系，确保学习者参与到完成任务的过程中，确保教学在评价之前就已经提供给儿童
轶事记录：对事件或者行为做出简短的叙述性解释	对行为的特殊原因提供洞察力，为具体的教学策略制订计划提供基础	仅仅记录观察到与听到的内容；应当对事实进行处理，应当包括环境(例如行为在哪里发生)以及说了什么，做了什么
即时记录：集中强调随着时间而发生的事件的系列过程	帮助对一段时间内的行为获得一个更加详细的了解与审视	保持客观性，努力尽可能多地将细节记录下来
事件取样：集中强调一个特殊事件中的特殊行为(例如午餐时间的行为；户外活动的行为；阅读小组中的行为)	帮助审视一段时间中、一个特殊事件中的行为	在一个特殊时间内，辨别一个被观察到的目标行为(例如在交接活动中的争斗)
时间取样：在一个特殊的时间段中(例如 5 分钟或 10 分钟)，记录特殊的事件或者行为	帮助识别特殊的孩子什么时候展示特殊的行为。帮助回答问题："儿童一直在开展活动或仅仅在一定的时间与事件中才这么做。"	仅仅在特殊指定的时间段中进行观察
分出等级：包含一套行为的一张表格	观察时，教师能够记录数据与资料	选择适合于分类内容的分级类型。确保主要的描述工具与分类方法适合于被观察的内容
检查表：辨别儿童能够完成与不能够完成的一套行为表	使教师能够很容易地观察与检查儿童了解与能够完成的内容	确保检查表包括对教育方案与学习都很重要的行为(例如从 1 数到 10，单脚跳跃)
作品样本：对儿童作品的收集，这些作品展示儿童了解与能够完成的内容	提供具体的学习例子；能够显示随着时间的进行所取得的成长与成绩	确保作品样本展示能使儿童了解完成的内容。让儿童帮助选择他们想要用来作为他们学习例子的作品项目

续表

方法	目的	指导方针
文件夹：儿童作品样本的收集	为儿童在特殊领域的成绩提供文件记录。能够包括测试分数、录像带等	文件夹不是垃圾存放处，而是经过深思熟虑的、在一定时间内记录学习情况的材料的收集
访问：使儿童通过问题参加讨论	儿童能够被要求对行为、作品样本或者特殊的答案做出解释	为了深入观察儿童处于所有水平上的学习，可以提出布鲁姆分类学所有水平上的问题

观察是最基本也是最广泛使用的评价方法之一，它的作用在于收集信息，为作出决策、提供建议、制定和调整策略、促进教师的教学反思以及评价儿童的成长发展与学习打下基础。根据观察的目的和时空条件的不同，我们可以将观察分为自然条件下的观察和情景背景中的观察两大类型，一般前者比较多见而常用，它又可以分为描述性观察(如日记描述、轶事记录等)和抽样性观察(如时间抽样、事件抽样等)。

(1)观察的目的

教师在教育活动不同时段、不同类型的观察，主要的目的有以下几个方面：第一，确定儿童在认知、语言、身体、个性、社会性、情感等方面的发展水平和特点；第二，鉴定儿童的学习风格和方式；第三，为满足儿童需要，进一步制定和调整学习计划；第四，帮助和促进自我的教学反思；第五，为家长提供反馈信息。

(2)观察的步骤

为了保证教育活动中教师的观察具有目的性和系统性，观察也应当按照一定的步骤和过程来进行。一般说来，它可以分为以下几个步骤：第一，指定观察计划，即帮助观察者设定一个目标，思考“为什么想要观察”并知道观察者在观察实施中付出努力。它是观察过程的重要组成部分，能够使观察者注意力更加集中，能够更有针对性地实施观察。第二，实施观察，即采用一定的工具和手段来组织观察，尽可能地使信息收集达到客观、明确和全面。在收集观察信息方面一般可采用的具体而有效的手段有卡片式记录、表格式记录等文本型的观察手段和录音机、摄像机等动态型观察手段。第三，解释观察材料，即将所收集到的观察信息转换为带有主观观点和视角的解释。它是观察者和教师所要做的一项重要工作，既有助于对儿童行为和教学事件的分析与把握，也能进一步预测儿童学习进展和方向并为教育活动方案的调整提供基础。第四，应用观察结果，即指教师作为观察者根据观察的结果而采取、执行一定的行动。譬如教师根据观察的结果对环境、材料、活动方式、内容等做出调整。

(3)观察的记录样式

一般说来，对教育活动的观察所运用的记录表可以有以下几种：第一，对教育活动的整体式观察记录(见表2-3)；第二，对教育活动的片断式观察记录(见表2-4)；第三，对教育活动中幼儿的个案式观察记录(见表2-5)。这些观察记录表所收集的信息可以使教师更多、更深入地了解活动中的儿童群体和儿童个体，并在自我反思和分析评价的基础上促进其对教育活动的指导。①

表 2-3　　教育活动整体式观察记录表

活动名称					
班　　级					
执教教师					
观察项记录	学习环境的创设	学习内容的设定	学习兴趣的激发	学习过程中与幼儿的互动、回应	教学方法和策略的运用
教　　师					
观察项记录	活动兴趣及参与态度	认知能力与思维水平	社会性合作与交往	自主表现与表达	学习习惯（坚持性、注意力等）
幼儿					

表 2-4　　教育活动片断式观察记录表

活动名称			
班　　级			
执教教师			
教育活动	发生背景和环境	事件/行为/语言（幼儿或教师）	评价与思考
记录			

表 2-5　　教育活动个案式观察记录表

活动名称	
幼儿姓名	
性　　别	
	观察与记录
发生背景和环境	
指向或互动对象	
行为表现	
语　　言	
教师反思	

① 黄瑾. 幼儿园教育活动设计与指导[M]. 上海：华东师范大学出版社，2007：178-181.

(二)形成性评价和总结性评价

1. 形成性评价

形成性评价是通过对学生学习进展情况的评价，进而影响学习过程的一种评价模式。这种评价主要反映在教育活动的持续进行过程中，通过了解、鉴定教育活动的进展及时地获取调节或改进活动的依据，以提高教育活动的实效。它是伴随着活动的进程而自始至终的一种动态性评价，能够获取的评价信息量大、范围广。

幼儿园教育活动是发展在特定的情景和背景之中的，是由不同的教师、儿童和环境之间的互动构成的。教育活动本身是一个动态的、变化的、带有不确定性的过程，因此，伴随着活动的进程，对构成活动的诸多要素之间的关系而进行的评价也是一种动态的过程。对于教育活动的实施来说，形成性评价对于及时获取有效信息，把握活动状况、儿童需要，调整教学指导策略，促进儿童的有效学习具有重要的作用。

一般说来，伴随着教育活动过程的形成性评价可以通过观察、谈话、作品分析等非正式的评价方法来进行。通过观察幼儿具有典型意义的行为表现或积累一定的幼儿作品，了解和获取幼儿在活动中的发展状况和信息，以促进教师及时地调整教育活动环境、策略，并为进一步满足幼儿的学习需要和支持其深入学习与探究提供依据。

2. 总结性评价

总结性评价是指在完成某个教育活动或每个单元性、阶段性活动之后进行的总结和评定，它是与目标的达成程度紧密相关的。总结性评价的目的就是对教育活动目标达成程度的测定，它通常是在教育活动之后所实施的一种评价。

(三)个体评价和群体评价

1. 个体评价

所谓个体评价是指对参与教育活动过程的幼儿个体所进行的评价，评价的内容可以包括活动兴趣、参与态度、学习方式、互动与社会化程度、学习能力与习惯等方面。个体评价的目的是为了更好地描述个体、了解个体、帮助个体，进而促进个体的探索和学习。

2. 群体评价

群体评价是指对教育活动中参与活动的幼儿整体的评价，一般说来，这种评价倾向既可以体现在一些比较正式或量化的评价中，也可以运用在一些教师作为评价者实施的非正式评价中。前者的目的是为了判别和鉴定教育活动中幼儿整体在学习能力、认知水平、情感态度、交往合作等方面的目标达成程度；而后者的目的则是给教师提供群体倾向的相关信息，通过对呈现出的群体特点的分析来促进教师对活动的反思、调整与改进。

(四)内部评价和外部评价

1. 内部评价

内部评价是指参与者主体进行的自我评价，如学习者主体对自身的自我认识和评价，教学者主体对自我教学工作的评价等。在幼儿园教育活动实践中，教师作为评估者，根据一定的价值判断和评价标准对自己教学活动所进行的自我反思和评价也是相当重要而有意义的，能更自觉而有效地促进教师专业化能力的提高。教师的自我评价实质上就是教师对课程和教学的一个反思过程。

教师作为一个自我评价者如何展开反思呢？首先，可以从幼儿学习的角度进行反思(幼儿是否全体参与活动；是否有多边交流、互动机会；思维是否活跃，敢于提出问题、发表见解；幼儿学习方式是否多样；幼儿学习时的情绪是有愉悦感还是紧张感；幼儿活动中是否有生成的问题出现等)。其次，可以从教师教学的角度进行反思(教师自己的教学行为与新的理念与方法有无不适应的地方；课堂设计与幼儿实际收获之间有多大差距；新旧知识的联系是否有效；对待幼儿是否公平、公正、热情、肯定；在课堂上自己是否注意与幼儿沟通合作；自己的思维方式对幼儿产生了什么影响；教学过程中用哪些方法帮助幼儿尝试多样的自主学习方式；用哪些方法来处理课堂中出现的新问题；教学中是否产生教学遗憾等)。教师对自己教学的反思除了可以在自我评价中反思，还可以在他人评价中反思。总之，反思是教学活动中自我评价和内部评价的一种重要方式，是现代教师成长的阶梯。

2. 外部评价

外部评价是指评价主体独立于评价对象之外所实施的一种他人评价。作为评价者，可以根据教育活动的评价标准对活动的实施情况进行价值判断，评价内容包括活动对象在教育活动中的表现(包括知识与技能、情感与态度、能力与习惯等)以及教育活动设计组织者的表现(包括环境创设、材料投放、教学目标、教学内容、教学方式、教学过程等)。一般说来，评价者可以是幼儿园管理者、上级行政、同行教师等。上级行政部门、业务部门、督导部门的评价比较多侧重于幼儿园的教学管理、教师队伍、家长工作、总体办园水平等方面；幼儿园园长、教科研人员的评价更多的是为了评价教师的教学水平以便于考核评定、选拔人才等；而教师、教研组之间的评价则比较偏重于自我展示、研讨教学、分享经验、有效反思等。

知识链接

健康单元教学①

单元教学是组织教学的一个好方式，它围绕一个中心问题来开展教学。单元

① 郑晓边．幼儿卫生学[M]．郑州：大象出版社，1997.

教学包括目标、内容、教具、活动和评价。单元教学法是从心理学和逻辑学的角度把论题和概念密切结合起来，各单元之间既可构成一个大系统，又相对独立，实施起来灵活方便，有利于解决突出的问题，提高教学效果。可参照下述的基本结构，根据我国不同年龄幼儿的身心特点来选择性安排健康单元教学，难易程度由浅入深。

- 运动锻炼教学单元

1. 教学内容

生理方面：解释身体的健康与结构，运动类别和作用，休息和睡眠所需时间，疲劳的原因、机体松弛和调节的方法等。

心理方面：锻炼、休息和睡眠的心理需求和作用，通过活动游戏增强自信心，为自立创造条件。

社会方面：家庭、幼儿园和社区的相互合作，为幼儿的锻炼提供设施和机会，在锻炼活动中改善师生关系。

道德方面：在锻炼和游戏过程中讲究公德。

2. 重要概念

身体健康只是完满健康的一个方面，需要有规律地积极锻炼，促进血液循环，保持体重标准；每个人需要锻炼和休息两者平衡才是完满的健康；娱乐和舞蹈是有益的锻炼方式和愉快的社交活动；健壮的体魄可以改善人的外观与工作效率。

3. 教学目标

知识方面：说明锻炼和休息对健康的重要性；识别松弛的方法；认识正确的姿势和健壮体魄的作用。

态度方面：培养有规律地运动锻炼和游戏的愿望；对游戏和舞蹈感兴趣；认识到每天需要休息、松弛和睡眠。

行为方面：积极参加运动锻炼和游戏舞蹈；表现出良好的道德与合作精神；每晚睡眠8~10小时，白天适当休息。

- 家庭卫生教学单元

1. 教学内容

生理方面：解释生命特征与结构功能，植物、动物和人类的生殖，生长与发育，男女区别。

心理方面：加强自我理解能力和个性培养，能面对挫折，控制情绪，与他人友好交往，家庭要满足孩子的身心需要。

社会方面：家庭性质、类型、需要和功能，家庭成员的作用，家庭问题和矛盾的解决，男女同伴的友好与交往。

道德方面：尊敬父母，礼貌待人。

2. 重要概念

生物才能生殖，人有个体差异，性与生殖是人类的本能，发育受到身体、情绪和社会因素的影响，家庭是社会的基本单位，家庭特征可以改变，个人和家庭相互影响，男女孩建立友情是家庭生活的前提，道德观念影响个人对家庭和性的态度与行为。

3. 教学目标

知识方面：识别男女差异，认识胎儿是在母体内生长发育的，用准确的词汇描述身体的结构与功能，说出个人在家庭中的职责，知道人类是如何生殖的，尊重他人的权利。

态度方面：对了解男女差异感兴趣，提出有关胎儿在母体内生长的问题，对学习描述身体结构和功能的词汇感兴趣，认识个人在家庭中应尽的责任。

行为方面：使用准确的词汇描述身体结构和功能，在家庭中承担责任，尊重他人的权利。

- 营养教学单元

1. 教学内容

生理方面：解释食品、营养和热量，膳食计划，控制体重，食物的消化吸收和作用，便秘和食物中毒。

心理方面：食品与好客、友谊，食品对情绪的影响，选择食物的动机。

社会方面：饮食方式和偏爱，饮食的社会习俗与传统，饮食环境卫生与安全，食品制作、加工和贮藏方法。

道德方面：怎样看待受饥饿的人，社会应尽的义务，食品在生活中的价值。

2. 重要概念

食品种类、来源和营养价值各不相同，为个人不同目的服务，生命各期营养需要的数量不同，平衡膳食为个人生长和健康所必须，营养缺乏会损坏健康，饮食动机影响食量和种类，食品能满足情绪的需要，文化、社会、经济、教育等因素影响个人对食品的选择，食品的生产、加工、贮存过程影响食品的营养价值和安全。

3. 教学目标

知识方面：认识基本食品，懂得牛奶的重要性，说明各类食品的作用，举出富有营养的小吃食品，根据基本食品安排富有营养的早、中、晚餐，说明进食过程中讲究卫生的理由，认识文化社会的差异导致人们利用不同食品。

态度方面：认真听取关于基本食品的讲解，对摄取不同食品感兴趣，就食品来源提出问题，认识尝试不同食品的重要性。

行为方面：定时吃早餐，吃富有营养的小吃食品，采取社会上可接受的就餐方式，讲究饮食卫生，从基本食品中选吃最好的平衡膳食，乐意尝试各种不同食品，摄食数量适可而止。

- 心理健康教学单元

1. 教学内容

生理方面：解释心理健康、精神病与死亡，遗产与环境的影响。

心理方面：个人的心理健康和需要，个性与自我概念，适应能力和技巧，心理调节机制，精神疾病的原因。

社会方面：人际关系，家庭气氛，幼儿园风气。

道德方面：与他人交往的原则，个人的价值观念，所有人应享受平等公正的待遇。

2. 重要概念

心理健康受生物和环境因素的影响，每个人都有自己的长处和短处，都有尊严和价值观，应面对现实生活，紧张对人可能有益或有害，理解并接受自我是心理健康的重要方面，具备与他人和睦相处的能力对心理健康意义重大，好的价值观念使生活更加充满意义。

3. 教学目标

知识方面：解释为什么要改变个性，举出尊重个人感情、交结朋友和保持友谊的方法，了解人的基本情绪和情绪反应与控制，说明怎样才能防止伤害他人的感情。

态度方面：对改变个性感兴趣，讨论个人的感情特性，对于讲授情绪和影响感兴趣，提出怎样防止伤害他人感情的问题，对交朋友和保持友谊感兴趣。

行为方面：参与改变个性的活动，能够交朋友和保持友谊，尊重他人的感情，能控制情绪，能用周到的方式来表达感情，克制自己不产生伤害他人感情的行为。

- 安全和急救教学单元

1. 教学内容

生理方面：解释损伤、患病、出血、骨折、中毒等，事故的后果，容易发生的地点和时间。

心理方面：个人对安全的责任，事故中的情绪因素，安全的重要性。

社会方面：事故引起的经济损失，残疾与死亡的责任。

道德方面：保障人的生命和健康，集体安全的重要性。

2. 重要概念

各种环境都存在着事故隐患和不安全因素，个人的安全取决于自己对周围环境的适应能力，事故是主要的死因之一，事故的发生是多种因素汇集而成的，应充分准备有效地应付突发损伤和病灶，每个人都有义务消除环境中的事故隐患，安全和应急措施是为了重视生命价值和提高生活质量。

3. 教学目标

知识方面：认清周围环境中的事故隐患，列举避免事故的方法，举例说明忽视安全规则的情况，说明急救的重要性，知道治疗轻伤的方法，举例说明突然事件中争取援助的最有效方法，举出幼儿园中最常见的事故种类。

态度方面：就环境隐患提出问题，对事故发生原因表示关心，积极参加有关事故夺去生命和健康问题的讨论，有协助解决事故问题的愿望，认真学习简单的急救方法，乐意帮助患儿和受伤的人。

行为方面：遵守交通规则，注意安全，帮助受伤和生病的同伴，自己患病或受伤时应及时找教师或家长给予帮助。

- 疾病控制教学单元

1. 教学内容

生理方面：解释疾病、传染病、传播途径、易感性、病原体、预防和治疗。

心理方面：疾病对心理的影响，早期诊断和治疗的重要性，个人对控制疾病的责任，对疾病、伤残和死亡的畏惧。

社会方面：幼儿园和社区在防治疾病方面的责任，控制疾病的方法，执行卫生制度，发挥医疗机构的作用。

道德方面：对防治疾病的道德观，对健康的评价，对患者的态度。

2. 重要概念

疾病能引起暂时或永久性的伤残、甚至死亡，传染病由病菌引起，可通过一定途径传染给他人，应按照常规接受预防接种，父母有责任让孩子接受适当的免疫，传染病在幼儿园中流行是因为家庭和幼儿园控制措施不得力，患病使学习成绩下降，社区要具备完善的医疗保健卫生服务。

3. 教学目标

知识方面：说明为什么要避免生病，阐明在活动室咳嗽时需要掩盖口鼻的原因，举出传染病的传播方式，识别幼儿较常见的一些传染病，说明为什么对某些疾病需要免疫。

态度方面：对防治疾病感兴趣，提出不同种类的疾病问题，注意幼儿传染病的传播情况，认识免疫的作用，重视患病对学习的影响。

行为方面：咳嗽时掩盖口鼻，积极参与免疫接种，患病时留在家中治疗。

- 社区卫生教学单元

1. 教学内容

生理方面：解释公共卫生、预防保健、普查、事故、环境污染。

心理方面：为什么要讲究公共卫生，个人、家庭和群体卫生改善的方法。

社会方面：公共卫生组织、规划和活动，卫生服务人员和专业团体。

道德方面：公共卫生对人类健康的意义，个人应尽的义务，社区的责任。

2. 重要概念

通过集体努力增进公共卫生计划，社区成员有权享受公共卫生服务和资源，国家和地方设有公共卫生机构和组织行使职能，由官方机构和群众组织共同执行社区卫生计划，全体公民支持卫生部门工作，帮助改善个人、家庭和社区卫生，社区卫生组织对各类卫生与环境问题实施预防和控制计划，幼儿园卫生计划是社区卫生计划的一部分。

3. 教学目标

知识方面：解释公共卫生的一般目标，识别少量的地方卫生机构，解释公共卫生服务应面向每一个人的理由，举例说明为什么要支持社区卫生计划。

态度方面：对深入了解卫生部门组织机构显示兴趣，对集体预防卫生问题显示兴趣。

行为方面：与卫生人员合作，帮助幼儿园和社区的卫生工作。

本章思考题

1. 论述健康教育各种模式的主要内容及其在幼儿园健康教育活动中的意义。
2. 幼儿园健康教育内容包括哪些？
3. 举例说明单一科目、综合科目、主题、方案、活动区角中的健康教育活动分别有哪些特征？
4. 幼儿园健康教育活动内容选择与组织时有哪些注意事项？
5. 举例说明幼儿园健康教育评价的方法。

推荐阅读

1. 郑晓边、吴航．幼儿园健康教育与活动设计．北京：高等教育出版社，2009.

该书是依据现代幼儿园课程设计理念和学前教育专业大专以上学生学习以及幼儿园教师职后培训的目标来撰写的专业教材，主要内容分别包括学前儿童健康发展、幼儿园健康教育、幼儿园健康教育活动设计原理、幼儿园健康教育活动设计、幼儿园健康教育活动与其他教育活动的整合、幼儿园健康教育活动的实施等。作者运用生物—心理—社会医学模式的观念，对现代幼儿园健康教育与活动设计进行了系统、翔实的论述，从宏观到微观，从理论到实践，力求内容丰富、层次分明、结构合理，使本书不仅适合学前教育专业的本、专科生和中专生作通用教材，也适合学前专业工作者研究和学前教师职后教育培训参考。

2. 欧新明．学前儿童健康教育．北京：教育科学出版社，2003.

本书主要介绍了学前儿童健康教育基本概念，构建了学前儿童健康教育理论模式，讨论了学前儿童健康教育的意义，研究的目的、内容、方法及其评价，影响学前儿童健康教育的因素，有关学科与学前儿童健康教育的关系。论述了学前儿童生长发育、心理健康、常见疾患、营养、体育、环境、生活常规和安全教育。

3. 朱家雄．幼儿园教育活动设计与实施．北京：高等教育出版社，2008.

本书在论述了幼儿园教育活动设计原理的基础上，从幼儿园不同结构化程度的教育活动和幼儿园各学科(领域)的教育活动两个维度详细陈述了幼儿园教育活动的设计和实施；接着在论述了幼儿园课程与教育活动关系的基础上，阐述了幼儿园教育活动的选择和组合等问题；并对当今西方国家和我国著名的学前教育课程中的教育活动设计也做了详尽的介绍。

本章参考文献

郑晓边、吴航. 幼儿园健康教育与活动设计[M]. 北京：高等教育出版社，2009.

郑晓边. 幼儿卫生学[M]. 郑州：大象出版社，1998.

朱家雄. 学前教育教师参考用书[M]. 上海：上海教育出版社，2003.

朱家雄. 幼儿园教育活动设计与实施[M]. 北京：高等教育出版社，2008.

贾伟廉. 健康教育学[M]. 北京：人民卫生出版社，1988.

蔡迎旗. 学前教育概论[M]. 武汉：华中师范大学出版社，2006.

冯晓霞. 幼儿园课程[M]. 北京：北京师范大学出版社，2000.

吴航. 学前儿童卫生学[M]. 武汉：华中师范大学出版社，2018.

[美]Hilda L. Jackman. 早期教育课程——架起儿童通往世界的桥梁[M]. 杨巍等译. 北京：中国轻工业出版社，2002.

George, S. Morrison. *Foundations of Early Childhood Education*. New Jersey: Pearson Education, Inc., 2003.

第三章 健康教育活动课程

学习目标

1. 本章导读：活动课程是学前儿童健康教育的主要途径。通过本章的学习，未来的学前教师要掌握集体教学、分组教学、个别教学中的健康教育活动课程组织形式；熟悉学前儿童情绪、学习、自我认识、社会交往、亲子关系、身心协调发展等方面的活动设计特点；了解各类活动的区别与联系。

2. 教学重难点：各种形式的健康教育活动课程设计。

3. 教学课时：教学 6 课时，实习 2 课时。

学前儿童的健康教育是指为促进学前儿童正常发育，充分发挥他们的心理潜在能力，并培养他们认识、调节和发展自我健康的教育活动。目前多数教师和家长认为，身心健康的学前儿童表现出一些基本特点：(1)情感健康、情绪反应适度；(2)自我意识正常；(3)乐于与人交往，人际关系融洽；(4)意志品质良好；(5)行为协调，与年龄相符合。这些特点是对学前儿童进行健康教育的重要依据。

当代学前儿童教育体系中的健康教育活动不是一个单一、独立的课程，应该将其融入日常活动之中，包括生活活动、集体活动、游戏活动、运动等，体现“一日生活皆课程”的教育观念，将健康教育活动渗透学前儿童平日的不同活动之中，以学前儿童的健康促进为出发点，充分发挥教师在健康教育活动课程指导中的主导作用，将健康教育目标贯穿于幼儿园的全教育过程，坚持日常生活中的随机教育和专题教育相结合与渗透的原则，注重学前儿童健康教育与社区、家庭、幼儿园活动的融合，才能更好促进学前儿童的身心健康发展。以下按照身心健康学前儿童的基本特点，分节论述。

第一节 培养积极情绪

情绪和情感是客观事物是否符合人的需要产生的态度体验。学前儿童的情绪情感的萌发与发展对其人生全程发展具有非常重要的作用，他们的喜怒哀乐对其行为的发展具有直接的影响，年龄越小，这种影响就越大。学前儿童阶段愉快的情绪是学前儿童身心健康的重要标志之一。学前儿童期是情感教育的黄金期，帮助学前儿童形成初步的情绪调控能力是学前儿童情感教育的重要内容。情感始于情绪。情绪是一个人对所接触到的世界和人的态度以及相应行为的反应。情绪可以分为积极情绪和消极情绪两种，将喜悦、轻松、愉快等情绪称为“积极情绪与正面情绪”，将生气、厌恶、伤心等情绪称为“消极情绪或负面情绪”。表达和控制情绪是学前儿童情绪健康发展的重要指标。

学前儿童积极情绪的培养需要通过体验活动来实现。因此，要抓住一切机会，有目的地开展丰富多彩的情绪体验活动，并贯穿在日常生活和学习之中，促进学前儿童积极情绪的发展。以下根据幼儿园活动课程教学实践的需求，分类别阐述不同种类活动课程的设计实例。

一、 健康领域的学前儿童情感教育活动

健康领域的活动直接促进学前儿童健康成长，健康第一的观点是未来教师必须把握的。在这类传统的课程教学中，如何设计出创新的活动课程方案，需要深入探索。

活动课程

笑比哭好①

- 适合年龄：3~4岁（小班）
- 设计意图：

  小班学前儿童刚入园，情绪很不稳定，许多学前儿童在入园初期都会有“入园焦虑”的现象。为了让学前儿童尽快地适应幼儿园的生活，通过“笑娃娃和哭娃娃”的活动，将心理健康教育目标与游戏活动有机融合。游戏是学前儿童的生命，将心理健康教育融入游戏中，能发挥增效作用。活动中采用图片联想、生活经验联想方法，有效激发学前儿童学习的主动性和积极性。
- 活动目标：

  1. 体验游戏带来的快乐情绪。
  2. 知道人高兴时会笑，伤心难过时会哭。
  3. 认识笑和哭两种表情，辨别其不同之处，并初步学习控制自己的情绪。

---

① 改编自：饶淑园．学前儿童心理健康教育与辅导[M]．广州：广东高等教育出版社，2013（10）：59-60.

- 活动准备：

1. 知识经验准备：学前儿童已会唱《笑一个吧》的歌曲。

2. 物质材料准备：笑、哭的录音，笑、哭的表情图各一幅，小镜子每人一个，学前儿童准备两张相片(一张是自己笑的相片、一张是自己哭的相片)。

- 活动过程：

1. 听声音导入，引发联想。

教师：听，这是什么声音？(笑的声音)他为什么笑呢？

教师：这又是什么声音？(哭的声音)他为什么哭呢？

2. 认识高兴和生气的表情。

(1)出示图片，请学前儿童说说笑娃娃和哭娃娃的表情。(脸上、眼睛、嘴巴)

(2)学前儿童对着镜子做做笑和哭的样子。

(3)教师："你们喜欢笑娃娃还是哭娃娃？为什么呢？你们想和谁做好朋友？"

3. 说说高兴与不高兴的事。

(1)"平时有什么高兴的事？高兴的时候你会怎么样？"

鼓励学前儿童大胆表述，将自己高兴的情绪传递给其他的学前儿童。

(2)"伤心难过时可以做些什么？"

介绍几种宣泄自己情绪的方式：可以独自待一会儿消消气；可以对别人说出生气的原因；或者轻轻地哭一哭、睡一觉、看看书、听听音乐、做做游戏等等，这样心情就会慢慢变好的。

4. 游戏：学表情。

教师放音乐，学前儿童每人拿两张相片(笑或哭的相片)玩"找朋友"的游戏。音乐停，学前儿童随意把自己笑或哭的其中一张相片举起来，另一同伴模仿照片中的表情和动作。交换角色，反复游戏。

5. 小结：我们每个人都有高兴和难过的时候，快乐时我们会情不自禁地笑，心情变得愉悦；伤心难过时我们会有种想哭的冲动，心情变得沮丧，这些情绪都是很正常的。希望小朋友每天都能开开心心，保持愉快的心情，这样才有益于身心健康快乐地成长！

6. 大家一起在《笑一个吧》的歌声中自然结束活动。

- 活动评价：

本次活动借用了笑娃娃和哭娃娃两个不同的角色，为学前儿童塑造了不同的情感世界。在观察图片、照镜子及大胆表述的环节中，启发、引导学前儿童倾向于选择开心的情绪，既提升了学前儿童的语言表达能力，又进行了一定的情感教育。最后通过做游戏充分调动了每一个学前儿童的主观能动性，教师除了关注学前儿童的游戏外，能更加关注学前儿童表情以及心理的变化，鼓励每个学前儿童在游戏中保持愉悦的心情。整个活动中，教师和学前儿童的平视交流以及与学前儿童一起游戏都进一步拉近了教师和学前儿童的距离。

活动课程

每天都有好心情①

- 适合年龄：5~6岁（大班）
- 设计意图：

随着社会经济的发展，人民生活水平的提高，心理健康问题已日益引起全社会的重视。《幼儿园教育指导纲要（试行）》健康领域指导要点明确要求“树立正确的健康观念，在重视学前儿童身体健康的同时，要高度重视学前儿童的心理健康”。在日常生活中，学前儿童经常因为一些小事情闹情绪，不开心。为了让学前儿童了解每个人每天都有不一样的心情，应学会自我调节情绪，保持一个良好的心态，因为开心快乐有助于身心健康，特设计此项活动。拟让学前儿童在玩中懂得让自己时刻保持愉快的心情，萌发互相关爱的情感及积极向上的生活态度。

- 活动目标：

1. 懂得情绪愉快有利于身体健康。
2. 初步学习正确的方式排解不开心的情绪。
3. 逐渐养成积极乐观的生活态度。

- 活动准备：

1. 知识经验准备：收集生气的不愉快经历案例。
2. 物质材料准备：三张情景图片；一个“开心超人”的娃娃（大而柔软的绒布娃娃）；《幸福拍手歌》歌曲。

- 活动过程：

1. 轻松活动——营造轻松的心理氛围。（播放轻缓的音乐）

请小朋友随意找个位置，摆个舒适的姿势坐下来。

老师配乐解说：“让我们听着音乐，闭上眼睛，放松小手和小脚，让快乐来到我们中间吧。”“早上，太阳出来，阳光暖洋洋的，好舒服！”“爸爸爱我，妈妈爱我，老师也爱我！我，是个快乐的孩子！”（请大家睁开眼睛）

2. 讨论：快乐与烦恼。

（1）刚才你们感觉到快乐了吗？你们想想平时还遇到过什么快乐的事？

（2）快乐的时候你会怎样？（用动作或表情表现：会笑；会蹦起来、拍手、手舞足蹈等）

（3）除了快乐的事，我们还会遇到一些烦恼的事，谁来说一说你都遇到一些什

---

① 改编自：郑晓边．幼儿园健康教育与活动设计[M]．北京：高等教育出版社，2009(7)：108-160.

么烦恼、不开心的事？

（4）烦恼的时候你会怎样？（用表情或动作表现：皱眉头、瘪嘴巴、不想动等）

（5）你喜欢快乐的自己还是烦恼的自己？

教师小结：喜欢快乐的自己，快乐、开心使人心情愉悦，大家都喜欢爱笑的孩子。烦恼、不开心就是生气，经常生气会对我们身体产生坏的影响。生气的时候，人吃不下饭，睡不好觉，身体越来越差，所以我们要尽量不让自己生气。

3. 通过情景图片，了解化解不开心的方法。

（1）消气商店：谁知道什么是消气商店？（可以帮助小朋友消气的商店）

（2）我们来看看谁来消气商店了？

（3）依次出示生气小朋友的图片，请学前儿童帮他们想办法！

情景一：自己的画被小朋友弄脏了，怎么办？——没关系，可以添画成别的画！

情景二：腿摔伤了只能待在家里，怎么办？——没关系，可以自己看书、玩玩具或邀请好朋友到家里来玩，也不错。

情景三：自己搭的积木不小心被小朋友碰倒了，怎么办？——没关系，可以重新搭更好的。

（4）如果你生气了，你会想哪些办法让自己消气呢？通过讨论，进行归纳。

（生气是正常的情绪表现，调整不良情绪的方法较多，可参照下列内容。）

——做自己喜欢的事。

——听音乐或跳舞。

——和小朋友聊天。

——外出（逛公园、散步）。

——运动（击打沙袋）。

——画情绪表情。

——换个角度思考问题。

——大哭一场。

（5）小结：每个人都有生气的时候，生气时，人的体内会分泌有害的物质，容易让人生病，所以大家要学会调节自己的情绪，少生气，做一个快乐的小朋友。如果当你生气的时候，可以尝试唱唱歌、跳跳舞、玩玩具、看看电视或者大声地哭一哭，这样你就能消气，让自己快乐起来。也可以换个角度想一想这件事，就会把坏事变成好事。

4. 尝试让自己开心。

（1）介绍“开心超人”的名字和功能。

（2）传递开心：让每个学前儿童和“开心超人”抱一抱，亲一亲。

（3）讲述开心：说一说，抱着“开心超人”有什么感觉？

（4）体验开心：把“开心超人”送给其他人来感受一下开心的滋味。

5. 总结：今天小朋友玩得开心吗？老师希望小朋友天天快乐，做个逗人喜欢的快乐宝贝，并把你快乐的情绪传递给身边每一个人！

- 活动评价：

本次活动的重点是让学前儿童懂得应时刻让自己保持愉快的心情，萌发学前儿童之间互相关爱的情感。难点在于怎么在实践生活中寻找正确的方法排解不开心及负面情绪。活动中主要是让学前儿童了解人的基本情绪——开心和难过，通过集体讨论后，大家归纳出让自己化解不开心的办法，并体验把快乐分享给他人的真实感受。积极、快乐的情绪能让学前儿童产生积极地行为。《幼儿园教育指导纲要》中指出要让学前儿童用自己喜欢的方式来进行活动，针对这一理念，设计者特在结束部分让学前儿童自己选择了自己喜欢的方式——传递开心枕、送开心枕，既尊重了学前儿童的意愿，又让学前儿童体会到了快乐的心情！

二、 多领域的学前儿童情感教育活动

幼儿园课程教学除了健康领域外，还有科学、语言、社会、艺术等多领域的活动，也与促进学前儿童健康成长密切相关。在这些多领域的传统课程教学中，如何设计出综合性的活动课程方案，是当代学前教师需要思考的教育技能。

活动课程

快乐小精灵①

- 涉及领域：社会、艺术、语言
- 适合年龄：5~6 岁（大班）
- 设计意图：

现在的学前儿童大多都是独生子女，他们缺少玩伴，“不会与他人交往”和“以自我为中心”的问题明显展露，因此，关注学前儿童的心理健康尤其重要。现在的家长往往重视学前儿童智力的培养，而忽视对学前儿童情绪的关注及与他人交往能力的关注。该活动的目的在于通过多种活动，鼓励学前儿童学会保持愉快的情绪，并通过寻找各种方法使自己快乐起来，保持一种积极向上的健康心态。

- 活动目标：

1. 理解故事内容，知道给予也是一种快乐。
2. 了解让自己快乐的方法，知道快乐有利于身心健康。
3. 引导学前儿童用绘画、唱歌、舞蹈等方式表达自己的快乐，形成快乐、积

① 改编自：屈子娟．中文科技期刊数据库，2010(2)：36-38.

极的生活态度。

- 活动准备：

1. 知识经验准备：会画出不同表情的娃娃。

2. 物质材料准备：表情图一幅；事先录制好故事《快乐小公主》；彩笔和白纸。

- 活动过程：

1. 请学前儿童仔细观察“表情图”。

(1)教师出示“表情图”，启发学前儿童展开想象。

教师：这位小朋友怎么了？为什么他会皱着眉头，不开心呢？

学前儿童可以结合自己的生活经验从不同的方面说说小朋友烦恼的原因。如：心爱的玩具丢了，妈妈生病了，没有朋友等。

(2)教师组织学前儿童讨论：你认为是烦恼好还是快乐好？为什么？

(3)教师和学前儿童共同小结：快乐好。我们每个人都会遇到烦恼的时候，经常生气、伤心和烦恼都会对我们的身体不利，所以我们要学会让自己快乐起来。

2. 教师和学前儿童听故事，帮助学前儿童了解让自己快乐的方法。

(1)引导学前儿童听故事《快乐小公主》。

(2)教师组织学前儿童围绕故事情节进行讨论。

①小公主住在哪里？她为什么不快乐？

②接着讲故事到“小公主摘下一个金手镯送给小老鼠”，之后……接着讨论：小老鼠会把金手镯当成什么？怎么玩？

③后来小老鼠的心情怎么样？看到小老鼠那么高兴，小公主的心情又是怎样的？

④小公主最后明白了什么，她眼中的快乐是什么？

(3)启发学前儿童寻找自己的快乐。

教师：小公主最后找到了自己的快乐，如果你不开心的时候，会用什么方法让自己快乐呢？学前儿童讨论后做简单归纳，如：听听音乐和朋友们一起玩；吃些好吃的东西；看自己喜欢的书等。

(4)教师小结：我们有很多方法使自己快乐，快乐有利于我们的身心健康。

3. 引导学前儿童用自己的方式表达开心快乐的心情并绘画表情娃娃。

故事中的小公主和小老鼠非常开心快乐，他们的好心情也感染到了老师，小朋友们现在的心情怎么样啊？(开心、快乐)小公主和小老鼠快乐时高兴得又唱又跳。我们现在很开心，小朋友们想怎样来表达一下？让我们把现在的心情也用表情娃娃表现出来吧！

4. 展示自己的表情娃娃，相互讨论自己此时的心情，并拍照留念。

5. 用唱歌、跳舞、拥抱的方法表达自己的快乐心情，并把好心情传递给身边每一个人，结束活动。

- 活动延伸：

在日常活动中，教师、家长们都应注意观察学前儿童的情绪变化，发现学前儿童有不开心的情况要主动地关心并询问原因，帮助学前儿童保持快乐的心情。

活动延伸：【故事】

快乐小公主

小公主住在一座水晶砌成的宫殿里。她有许多镶着小星星的裙子，还有一屋子的七彩宝石，可是小公主不知道什么是“快乐”，因为她很孤单，没有朋友。

一天，小公主觉得闷极了，就大声说：“哪怕有一只小老鼠和我一起玩也好啊！”

咦，小公主话刚说完，真的跑来一只小老鼠，还穿着蓝格格背带裤呢。

“小公主，我带你去玩！”小老鼠笑嘻嘻地拉着小公主踏进一座彩色的小房子里。

真好玩！小房子里有那么多穿背带裤的小老鼠，全都是笑眯眯的。

小公主说：“你们好！你们愿意做我的朋友吗?”

“愿意！”小老鼠们喊得又整齐，又响亮。

小公主真开心，她摘下一个金手镯，送给小老鼠们。

“一个呼啦圈！”一只小老鼠快活地喊。小老鼠把手镯套在身上，像呼啦圈一样玩起来。

“我也要玩，我也要玩！”小老鼠们争了起来。

小公主马上把另一只手镯也摘下来，又摘下两只大耳环，一个金项圈。摘下这些沉甸甸的东西，小公主觉得轻松极了：“全送给你们好啦！”

小老鼠们玩着美丽的呼啦圈，快活地大喊大叫，唱着古怪的歌。

忽然，小老鼠们全停下来，一下子钻进另一个房间去了，一会儿，他们抬出了一个大大的呼啦圈儿。

“这是真正的呼啦圈，转起来呼呼响呢，我们太小了，转不动，送给你吧！”小老鼠们说。

粉红色的呼啦圈在小公主的腰上旋转着，公主穿着小星星的大裙子也飞起来了。

小老鼠们围着小公主，又跳又唱：“嘟嘟嘟，嘟嘟嘟，我们是快乐的小老鼠，我们有个好朋友，她是一位小公主。”

小公主终于明白了什么是快乐，快乐不在水晶房子中，不在七彩宝石里，快乐在好朋友的关怀中，在好朋友的微笑里。

- 活动评价：

大班学前儿童已有一定的交往能力，也有与人交往的欲望，但是学前儿童不明白好朋友在一起怎样相处才是快乐的。通过开展此次活动能让学前儿童体验如何用正确的方法处理和朋友之间的关系，对学前儿童与人交往能力的发展和品格的完善具有一定的作用和意义。本次活动以动人的情绪感染学前儿童，学前儿童沉浸在故事中，为小公主的境遇而悲伤，为小公主拥有朋友、拥有快乐而高兴。情感的共鸣与交流贯穿于整个活动中，使学前儿童在动脑想办法的过程中，也深深理解了有了朋友才有真正的快乐，并能把快乐传递给所有的人。

活动课程

微笑的力量①

- 涉及领域：社会、艺术
- 适合年龄：5~6 岁
- 设计意图：

人的健康包括身心两方面，现代社会中人们更加注重心理健康的发展。学前儿童正处于身心发展的关键时期。这一时期的学前儿童，心理素质极不稳定，缺乏处理人际关系的经验，不愿面对挫折，不善于控制自己的情绪，情绪变化较大。这种表现，不利于学前儿童的学习和生活，更不利于学前儿童的身心健康发展。人的表情中，微笑最美丽，也是最有魅力的。它可以调节人的心情，让不快即刻消失，也可以和谐人际关系。为了培养学前儿童积极健康的情绪，建立积极和谐的人际关系，树立完美的人格，促进学前儿童身心健康和谐发展，特设计此活动。

- 活动目标：

1. 通过活动萌发关心他人、愿为好朋友带来快乐的美好情感。
2. 学习控制自己的情绪，能够关注他人的情绪，用微笑感染他人。
3. 了解心情和人面部表情的关系，感受微笑的魅力。

- 活动准备：

1. 知识经验准备：知道一年四季中春天是花开的最多、最艳的季节。
2. 物质材料准备：诗歌挂图；制作的微笑 PPT，《歌声与微笑》的歌曲；小镜子每人一个；难过和微笑的图片各一张；彩色笔和白纸。

- 活动过程：

1. 看“微笑”。

(1) 在《歌声与微笑》的音乐中请学前儿童观看播放的微笑 PPT，引出活动主题。

教师：我们小朋友一起搜集了许多微笑的图片，有小朋友自己的笑脸，有老师的笑脸，有小朋友家人的笑脸，还有叔叔阿姨的笑脸等，现在请小朋友一起去

① 改编自：孙民从．幼儿园快乐成长课程教师指导用书[M]．武汉：湖北少儿出版社，2006(1)：95-96.

看一下这些图片吧！

(2)提问：刚才小朋友们看了有关微笑的PPT，看了后有什么感觉？你看了这些微笑的图片心情是怎样的？(引导学前儿童说出看了后很开心，看了微笑的图片心里很舒畅，微笑的人很美丽。让学前儿童感知微笑的美丽和魅力。)

(3)依次出示两段视频，引导学前儿童分别说说看了两段视频后的感受，通过对比让学前儿童进一步感知微笑的魅力。

视频内容：小朋友们在用积木搭城堡，突然一位小男孩跑了过来，不小心把城堡弄倒了。

①小雨小朋友微笑着说：没关系，知道你是不小心撞倒了，我原谅你，我再重新搭一座更漂亮的城堡，你愿意和我一起搭吗？

②小晨小朋友很难过，哭着说：就是你把我心爱的城堡弄倒了，你赔！你赔！我还要告诉老师去，让老师批评你！

(4)小结：当一个人心情不好或者难过时就会露出痛苦的表情，让人看了很难受，心情也会被感染。当你开心高兴的时候就会露出可爱美丽的、具有魅力的微笑，让人看了后感觉很舒畅。所以当我们不高兴的时候要想些高兴的事情，也可以换个角度思考问题，这样，你自己快乐，你身边的人也可以和你一起分享快乐。

2. 听“微笑”。

教师：我这里有一首赞美微笑的诗歌，请小朋友们欣赏。

3. 谈“微笑”。

出示诗歌挂图，帮助学前儿童理解诗歌大意。

(1)提问：诗歌里是怎样说微笑的？为什么说微笑是花园里的花朵？微笑是挂在嘴上的蜜糖？

引导学前儿童讨论：因为微笑的脸让人看了感觉特别漂亮，而且心里感觉非常甜蜜，充满了欢喜。

(2)讨论：生活中你在哪儿见到过这样美丽的微笑呢？

引导学前儿童联系生活实际体会微笑的作用。

(3)教师：怎样把微笑留住？

引导学前儿童讨论并得出结论：和身边的人友好相处、互相帮助，身边的人快乐自己也会很开心；每个人心里开心的时候才会有微笑，始终用开心的心态去面对别人和所有的事情，那样就会把微笑永远留住！

(4)请小朋友跟着教师一起朗诵诗歌《微笑》。(再次播放微笑课件)

4. 画“微笑”。

教师：小朋友们都喜欢微笑，因为微笑能让人美丽。让我们一起来画出微笑的自己吧。

(1)鼓励学前儿童画出微笑的自己，让学前儿童进一步感受微笑的美丽和魅力。

(2)教师小结：微笑很神奇，它能让人美丽，让你的心情舒畅，能让身边的人感到快乐，微笑对我们每个人来说都十分重要。那么，我们怎样把微笑留住呢？我们要和身边的人友好相处，互相关心、互相帮助，这样你开心了，你身边的人也就会更快乐。当我们不开心的时候要想些开心的事情调整自己，让自己高兴起来，让我们用微笑面对一切！

5. 结束部分：师幼一起表演歌曲《歌声与微笑》。

教师：让我们一起随着音乐快乐地唱起来、跳起来吧！

- 活动延伸：

1. 将诗歌挂图挂在活动区让学前儿童欣赏，继续仿编。
2. 用图画的形式记录自己创编的诗歌。

【诗歌】

微　笑

微笑是开在脸上的花朵，
微笑是挂在嘴上的蜜糖。
微笑比花更香，
微笑比糖更甜，
当微笑写在脸上，
脸就显得特别漂亮，
当微笑藏在心底，
心里就充满了欢喜。

- 活动评价：

在本次教育活动中，教育设计者将社会、艺术的教育活动目标和内容综合在一个活动中，整个活动充满了温馨、快乐的气氛，学前儿童在教师亲切的微笑和精心设计的教学环节中放松身心，充分感受到微笑的魅力。设计者在活动中通过四个环节来呈现微笑所带来的快乐心情。整个活动能够围绕主题进行，活动中教师能启发学前儿童进行积极思考、引导学前儿童大胆进行表述。学前儿童通过多种感官参与活动，懂得了运用微笑给人们生活带来快乐，微笑会让每个人变得更加美丽！

三、 学前儿童游戏活动中的情感教育

游戏是学前儿童最喜欢的活动，在游戏中学前儿童可以自由地表达自己的情绪，从而获得心理上的满足，产生积极愉快的情绪。①

① 饶淑园．学前儿童心理健康教育与辅导[M]．广州：广东高等教育出版社，2013.

游戏活动

放飞心情

- 适合年龄：5~6 岁
- 活动目标：和大家共同分享自己的快乐，并想办法帮助他人化解不开心的情绪。
- 活动准备：每人一张白纸和水彩笔。
- 游戏规则：教师发给每个学前儿童一张画纸，让学前儿童把自己曾经开心、不开心的事情画在画纸上。学前儿童画好后，把画纸折成纸飞机，玩“向前投飞机”的游戏。投完后，让学前儿童随意捡起一张纸飞机，打开来看看，如果是高兴的事就和大家一同分享快乐。如果是不开心的事，大家集体讨论怎么去解决，并把不开心的飞机揉成纸团(抛开烦恼)。

生　气　袋

- 适合年龄：4~5 岁
- 活动目标：积极参加释放不良情绪的活动，有愉悦情绪的体验。
- 活动准备：每人一个空塑料袋。
- 游戏规则：教师发给每个学前儿童一个空塑料袋，学前儿童把不开心的事对着袋子里面倾诉，倾诉完之后请教师帮忙把袋子扎紧，学前儿童再将袋子放在地上用脚用力踩破，表示烦心的事就立即消失了。

四、　区域活动中的情感教育

幼儿园可以通过一些表演、美工区域活动来开展心理健康促进活动。

区域活动

表演区域的活动

- 适用区域：表演区
- 适合年龄：5~6 岁
- 活动目的：体验演唱歌曲及演奏打击乐器带来的快乐情绪。
- 材料准备：《幸福拍手歌》歌曲；小型多功能播放器；各种打击乐器。
- 活动内容：

  1. 按学前儿童的意愿选择自己喜欢的打击乐器。

2. 根据歌曲边唱边有规律地演奏乐器，体验演奏打击乐器带来的快乐情绪。(教师可事先帮助学前儿童分析歌曲的结构，找到一定规律后请学前儿童再进行演奏。)

美工区域的活动

- 适用区域：美工区
- 适合年龄：5~6岁
- 活动目的：通过表情来猜测同伴的心情，并主动进行关心与询问，提高学前儿童的情商。
- 材料准备：绘画纸；橡皮泥；水彩笔；油画棒及各色毛根。
- 活动内容：

1. 美工区的每个人将自己当天的心情绘制出来，也可以用橡皮泥或毛根进行制作。

2. 将自己的心情绘制出来，贴到"学前儿童心情关注墙面"中，让同伴通过墙面知道哪些人今天开心，哪些人今天不开心，引导大家主动去关心情绪不太好的同伴，让同伴都能保持愉快的情绪。

五、日常生活中的随机情感教育

良好情绪情感的培养，对学前儿童一生的发展都至关重要。作为教育者要将情感教育贯穿于学前儿童的一日生活中。尤其是组织集体活动时要随时关注学前儿童个体的情绪变化，一旦发现个别学前儿童产生焦虑等不良情绪，要及时给予引导、帮助。3岁以后的学前儿童，大部分已能在日常生活中与人进行简单交谈，因此，"倾诉"应当成为学前儿童排解焦虑情绪的主要途径。但由于学前儿童的表达能力有限，特别是小班的学前儿童常常说不清楚，教师则要耐心地聆听学前儿童的倾诉，并引导学前儿童说出产生焦虑的原因，帮助他们分析自己的情绪，找出克服焦虑情绪的办法，安抚学前儿童的心灵。尽力让每一位学前儿童都能在快乐中求和，在自由中成长。通过聆听可以让教师走进学前儿童的心里，成为学前儿童的知心朋友。增进师生感情的同时，更好地帮助教师关注学前儿童的心理，给予学前儿童更多的关爱。

我国儿童教育工作者卢勤说过："快乐情绪是一种体验，体验是任何人代替不了的。让学前儿童从小体验快乐，成为一个乐观主义者，比成功更重要。"确实如此，在学前儿童的世界中快乐无处不在，无所不能。教师要促进学前儿童喜欢做事，做快乐的事，如：在雨后带学前儿童去挖蚯蚓；学前儿童与同伴相互协商、合作，画出一幅巨大的画；用各种材料制作出航天飞船和太空站；与学前儿童一起探索泡泡水的秘方等。让孩子在一日生活的过程中，不仅能充分体验到思考的快乐，求知的快乐，创造的快乐，成功的快乐，还要充分体验到来自纯真友谊的快乐，来自集体温暖的快乐，来自户外嬉戏的快乐，来自乐观的天性被释放的快乐……作为学前儿童的老师和“朋友”，在学前儿童个性心理特征发展初步形成的时期，尽力创设良好的集体氛围，鼓励学前儿童保持良好的情绪情感，同时还要为学前儿童营造安全、温馨的情感环境，从而促使学前儿童的心理在健康的轨道上得到不断的发展。

第二节　热爱学习生活

学习有广义与狭义之分。广义学习指的是由练习和经验引起的行为或行为潜能的较为持久的变化。广义学习的内容既可以是科学文化知识也可以是各种生活技能，因此从这个角度来看，人从出生之后就一直在不断地学习。狭义的学习即学校学习，是指学生在教师指导下有目的、有计划、有系统地掌握知识技能和行为规范的活动，是一种社会义务。这种狭义的学习一般泛指童年期儿童及青少年时期的学习，而学前儿童时期(3~6 岁的学前儿童)则主要是以广义学习为主。《纲要》中也明确指出：一日生活皆教育。学前儿童时期的主导学习活动就是游戏，学前儿童的学习往往要运用游戏、看图片、观察周围事物等主动具体的形式，有时学习和游戏之间甚至没有什么严格的界限，尤其是小班学习活动更要较多地通过游戏进行，否则学前儿童难以接受。从学习的内容上来看，学前儿童的学习内容主要是直接经验，很少超越直接经验。那么在学前儿童时期，帮助他们养成良好的学习习惯、生活习惯、行为习惯及各种能力的提高，均是学习的内容，这些将为他们步入小学生活奠定基础。①

那么如何激发学前儿童时期的学习兴趣，使其能够热爱学习呢？良好的学习习惯、生活习惯、行为习惯及各种能力的培养都是关键，良好习惯的培养将会让学前儿童受益终生。而良好的学习习惯最重要的则是培养学前儿童做事专注、投入、独立思考问题、大胆发问等心理素质。

一、　健康领域的学前儿童学习活动

活动课程

生活小能手②

- 适合年龄：4~5 岁(中班)
- 设计意图：

① 王惠萍，孙宏伟．儿童发展心理学[M]．北京：科学出版社，2010.

② 学前儿童学习网 http：//www.jy135.com/html/zhongbanhuodong/jiankang/4614.html. 有改编。

3~6岁学前儿童在幼儿园生活中，生活技能的学习仍占很重要的部分。学前儿童在教师的指导和帮助下，能做一些力所能及的事情，但在家庭中有些学前儿童由于动作不熟练和依赖心理，往往由成人包办代替了学前儿童生活中的一些“小事”。其实这些“小事”正是中班学前儿童现阶段需要学习和掌握的地方，因为生活能力是人自立的基础，所以加强学前儿童生活能力训练，也同样可以培养学前儿童的自尊和自信，促进其身心健康、和谐的发展。

- 活动目标：

1. 乐意自己穿衣、穿裤和穿鞋，知道自己的事情自己做。
2. 初步学会自己穿衣、穿裤及穿鞋，并能主动帮助有困难的学前儿童。
3. 建立自信心。

- 活动准备：

知识经验准备：学前儿童会进行简单的情景表演；已学会歌曲《小弟弟，早早起》和儿歌《起床啦》。

物质材料准备：汽车开动的音乐；电话机(模型)；实况录像：(1)学前儿童在园午睡后起床的情景；(2)学前儿童在家起床后的情景。

- 活动过程：

1. 导入活动。

(1)学前儿童集体表演歌曲《小弟弟，早早起》。

提问：这首歌主要讲了一件什么事？

(2)教师：早上起床时你们的衣服、裤子、鞋子是谁穿的？

小结：真棒，很多小朋友的小手真灵巧，衣裤、鞋子都是自己穿的，可还有的小朋友是爸爸妈妈帮穿的。

(3)(电话铃声响起)教师接电话，并告诉学前儿童是熊妈妈打电话来邀请小朋友去看她家的孩子小花熊和小黑熊是怎样起床的？那么，我们一起去看看吧！

2. 观看情景表演《小花熊和小黑熊》，表演后提问：

(1)熊妈妈家有哪两个宝宝？

(2)你喜欢哪只小熊？为什么喜欢它？

(3)你们喜欢小黑熊吗？告诉小黑熊，怎么做你们才会喜欢它？

教师小结：小花熊真能干，在家起床时不要妈妈帮它穿衣服、裤子，自己的事情自己做，我们奖给它一朵笑脸花。

(4)可是小黑熊怕穿不好衣服、裤子和鞋子，我们怎样去鼓励他？(学前儿童以鼓励的口吻激发小黑熊的自信心)如，学前儿童说：“我以前不会穿衣服，老师、妈妈教我后，我慢慢地会穿了。”

3. 看实况录像①。

(1)小朋友都看到自己了吗？你起床谁帮你穿衣、穿裤、穿鞋子？

(2)你还看到谁？她是怎样起床的？

教师小结：小朋友和小花熊一样能干，大多数小朋友在幼儿园不要老师帮着穿衣，只有个别小朋友老师帮一下忙他也会穿了，有的小朋友甚至还帮助其他小朋友，真棒。

4. 看实况录像②。

(1)她是谁呀?

(2)这位小朋友在家起床时是怎么做的?

教师小结：这位小朋友真了不起，在幼儿园和在家一个样，都是自己穿衣、穿裤、穿鞋子，老师也要奖给她一朵笑脸花。

(3)欣赏儿歌《起床啦》。

5. 穿衣、穿鞋比赛。

小结：看到小朋友的进步，笑脸花很高兴，也希望你们以后在家在幼儿园一个样，坚持自己的事情自己做，笑脸花会继续跟你做朋友。

【儿歌】

起　床　啦

小朋友，早早起，
叠好被子穿衣裤。
系鞋带，蹦蹦跳，
自己的事情自己做。

6. 情景表演《小花熊和小黑熊》。

(熊妈妈由一位教师扮演，小花熊、小黑熊由两名大班的哥哥姐姐扮演)

熊妈妈：小花熊，小黑熊，起床啦！(说完，熊妈妈去厨房做饭。)

小花熊：唉，起床了。(说着从床上坐起来，熟练地穿衣、穿裤、叠被子；而小黑熊仍缩在被窝里睡觉，不理妈妈。)

熊妈妈又喊：小黑熊，起床啦！

小黑熊：不，我不会穿衣服和鞋子。

熊妈妈：你看，小花熊自己穿衣，真是个好孩子，你也自己学着穿吧，不会的地方妈妈来教你，能干的孩子应该自己的事情自己做。

小黑熊(撒娇)：我不，我怕穿不好，我还怕烦，我要妈妈穿。

熊妈妈：真没办法。(说着帮小黑熊穿起衣裤来)

小花熊：妈妈，我穿好了，我自己洗脸去。

熊妈妈：好孩子，去吧。小黑熊也在妈妈的帮助下穿好了衣服。

- 活动评价：

幼儿园健康教育活动的内容包括培养有益于健康的行为方式和习惯，从而促进学前儿童身心健康成长。培养学前儿童良好的个人卫生习惯和生活习惯，提高生活自理能力就是其中的一个重要部分。现在的学前儿童家长包办代替的多，自理能力普遍较差，依赖性很强。作为教师应该不失时机地找机会锻炼学前儿童，使其学会自己的事情自己做，提高自我服务的能力。本次心理健康活动让学前儿童在看、听、说、练的实践活动中得到良好的熏陶。通过活动的开展，让学前儿童明白自己的事情应该自己做，帮助他们在以后的生活中遇到类似的问题能独立解决，不需要寻求他人的帮忙，养成良好的生活习惯。

活动课程

困难大突破

- 适合年龄：5~6岁(大班)
- 设计意图：

在幼儿园不难发现，有些学前儿童遇到困难感到畏惧，不愿意坚持或是直接退缩。针对这些情况，活动的设计者拟通过活动让学前儿童明白：在生活中、学习中困难都是无处不在的。不管困难有多大，大家都应该以一种积极的心态去面对它，大胆尝试、并想办法去解决。为此，活动中设计者以四个环节来鼓励学前儿童大胆进行挑战，帮助学前儿童树立一种勇于尝试、不怕困难的精神，使学前儿童在活动中充分体验战胜困难后带来的愉悦心情。

- 活动目标：

1. 体验克服困难后带来的快乐。

2. 练习走、跑、跳、平衡、下腰等动作技能，积极探索多种上山、下山的方法。

3. 能以积极、勇敢、团结协作的状态参与有难度的游戏，培养不怕困难、敢于挑战的精神品质。

- 活动准备：

1. 知识经验准备：认识一下感统器械，了解其玩法。

2. 物质材料准备：滑梯两个；羊角球、沙袋等游戏器械；粗麻绳两根(20米)；各种垫子；大方积木；汽车轮胎；小板凳等可以垒高的物体。

- 活动过程：

1. 热身活动。

(1)队列练习：齐步走和变向跑。

(2)热身操：我是小兵。

2. 游戏：爬“山”。

(1)介绍游戏内容：自由探索用不同的方法“上山和下山”。

(2)学前儿童分组练习“上山和下山”。

(3)交流各自不同“上山和下山”的方法，如爬、滚、跳、滑、匍匐前进、骑羊角球等。

(4)尝试用自己感到有难度的方式再次练习"上山和下山"。

(5)带领学前儿童对发现的难点动作进行重点练习。

3. 挑战游戏，鼓励学前儿童尝试想办法解决困难。

(1)游戏一：过杆下腰。

①学前儿童尝试用下腰的动作通过高低不同的绳子。

②找出不成功的原因，如：膝盖没有弯曲等。

③鼓励没有成功的孩子再次尝试。

④增加难度后鼓励学前儿童想办法克服困难。

(2)游戏二：爬高取物。

①引导学前儿童之间进行合作，遇到困难积极解决。

②全体学前儿童分两次进行爬高取物，并请孩子记录垒高、合作解决问题的方法。

(3)游戏三：无扶手四轮车。

学前儿童自由结伴练习玩无扶手四轮车，鼓励学前儿童大胆挑战。

4. 挑战游戏结束。

放松环节：请学前儿童倾听故事《小蜗牛爬高墙》，边听故事边带领学前儿童相互做揉手臂、捶腿等放松练习。

小结：小朋友在生活及学习的过程中会遇到很多困难，大家要积极面对困难，动脑筋、想办法战胜困难，将来我们一定会越来越棒。

【故事】

花蜗牛爬高墙①

花蜗牛住在一堵高墙脚下，那里只有烂泥和杂草，又潮又湿。

春天，花蜗牛看到一群群蜜蜂、蝴蝶都往墙的那边飞去，心里很好奇。

花蜗牛问蜜蜂："你们干吗都往那边飞？"

蜜蜂匆忙说："墙那边是一个苹果园，美丽的花儿正在开放，你闻，多香啊！"

花蜗牛伸长了脖子使劲地闻，什么也没闻到，因为墙实在太高了。于是花蜗牛开始往墙上爬，他要爬到墙顶上，看看美丽的花朵，闻闻花的清香。可是，花蜗牛爬得太慢了，一天只能爬一点点。小蚂蚁说："算了，墙太高了，等你爬上去，苹果花早谢了。"

花蜗牛爬得很慢，但他每天坚持爬一点，他爬到一半的时候，又刮起了大风。大风把花蜗牛吹到了地上，可是，他不后退，又往墙上爬去。

当花蜗牛快要爬到墙顶的时候，一场暴雨又把花蜗牛冲到了墙脚下。

---

① 《幼教中国》：http：//www.yojochina.com/jiaoshi/gushi/2012042591036.html. 有改编。

爬呀爬呀，花蜗牛终于爬到了墙顶上，他高兴极了赶紧往墙的那边看——他没有看到洁白的苹果花，却看到树上的树叶落了一地。

原来，花蜗牛从春天一直爬到了秋天。花蜗牛高兴极了，因为果园的秋天和春天一样美丽。

- 活动评价：

通过活动可以发现，设计者想让学前儿童通过玩一些具有挑战性的游戏来强化学前儿童对困难的概念认识。本次活动内容能与目标紧密相连，师幼关系融洽、自然。各种挑战游戏中，体现了心理活动递进强化的原则：从尝试——找出问题——再尝试——鼓励——增大难度。在后半部分：爬高取物和无扶手四轮车对于大班的学前儿童来说，都是一件不容易完成的任务。教师通过引导孩子进行合作，遇到困难积极解决，进一步深化了学前儿童战胜困难、获得成功的快乐体验。

二、　多领域的学前儿童学习活动

活动课程

我会整理小书包①

- 涉及领域：社会、健康
- 适合年龄：5~6岁(大班)
- 设计意图：

幼儿园生活即将结束，大班下学期的学前儿童将进入小学接受正规的学校教育。这要求学前儿童在习惯养成方面做好充分的准备，同时要提高学前儿童整理学习用品的能力，让学前儿童顺利度过幼小衔接这个关键期，为升入小学打好基础。不少学前儿童从小爸妈惯着，爷爷奶奶宠着，养成了一种依赖的心理，不能主动整理自己的学习用品。为了使学前儿童养成良好的学习习惯及自我服务的意识，尽快适应学校生活，并进一步激发他们当一名小学生的愿望，特设计此活动《整理小书包》。

- 活动目标：

1. 进一步激发当一名小学生的愿望。
2. 了解书包的结构和各部分的用途，学习整理书包。
3. 养成有序整理文具、书本的好习惯，提高自我服务意识，渗透责任感。

- 活动准备：

---

① 徐晶．学前儿童教育活动精彩案例解读[M]．北京：首都师范大学出版社，2008(5)：109-111．有改编。

知识经验准备：有收拾玩具的经历。

物质材料准备：小学生整理书包过程的录像；每人一个书包；学前儿童用书；拼音本；绘画本；铅笔；橡皮；铅笔盒；纸巾；水杯等。

- 活动过程：

1. 提问导入活动主题。

(1)教师：上次小朋友参观了小学，你看到了什么？你觉得小学和幼儿园有哪些不一样的地方？

教师小结：学校有教学楼，里面有教室、舞蹈室、图书室、电脑室等，学校里有老师和许多小学生，老师每天给小学生上课。

(2)教师：小朋友们马上要上小学了，小学生每天上学必须带什么？

教师小结：书包里要放的东西很多，但最重要的是放书本和文具。

2. 学看课程表。

教师：小学生每天要带什么书？怎么才能知道？

(1)播放课程表 PPT 课件。

(2)引导学前儿童讨论：

①这是小学一年级的课程表，你能看懂吗？课程表上有什么？

②小学生一天有几节课？上午几节？下午几节？有什么课？(指导学前儿童学看课程表)。

教师小结：课程表可以告诉我们每天有几节课，上什么课。有了课程表，我们就能按课程表来整理书包里的书。

3. 学习按课程表整理书包。

(1)认识书包，了解书包的结构。

教师：书包是小学生的好朋友，小朋友们也即将成为小学生，你们的爸爸妈妈已经为你们准备了一个书包，那你们的书包是怎样的呢？请你拿出来向你的好朋友介绍一下。

(2)请 1~2 名学前儿童介绍自己的书包。

(3)操作探索，学前儿童第一次学习整理书包。

①教师：书包有什么用？那你们会自己整理书包吗？我们来试一试。

学前儿童自由整理书包，老师巡回观察，注意学前儿童整理书包的不同方法。

②请两位用不同方法整理书包的学前儿童示范给大家看，要求边整理边讲述并解释这样整理的理由。

③讨论：你觉得谁整理书包的方法好？为什么？

教师小结：整理书包时，大书放下面，作业本放大书上面；各种文具有序整齐地放入文具盒中，文具盒放本子上面；晚上整理书包要按第二天的课程表来进行。

(4)学前儿童第二次整理书包。

①播放小学生整理书包过程的录像。

②教师：假如现在是星期日的晚上，请你们按课程表整理书包。想想该按星期几的课程表来整理呢？请你们按照正确方法再次整理书包。（教师关注学前儿童整理的过程）

教师小结：我们通过看课程表，找出对应的课本和作业本，再将它们归类好，按从小到大的顺序整理并摆放整齐。

4. 学习整理其他用品。

（1）出示水杯、彩笔、纸巾等，提问：你觉得这些物品该如何整理？为什么？

（2）教师：现在我们再来整理一次，看看谁会用刚才的好方法又快又好地整理。

教师小结：水杯和纸巾这些用品可以放在书包两侧的小袋子里，方便取放。

5. 学前儿童背起小书包"上学去"。

学前儿童背起小书包随《上学歌》的音乐离开活动室。

- 活动评价：

大班是学前儿童在幼儿园的最后一学年，也是幼小衔接的关键期，对大班学前儿童进行良好整理习惯的养成教育尤为重要，整理能力的培养包含了培养学前儿童的责任感、做事认真仔细、有始有终的态度及井然有序的生活习惯等；良好整理习惯的养成将让学前儿童受益终身。

整个活动中，学前儿童是主动的探索者、研究者和发现者，他们通过实践操作及反复练习，学会了如何整理小书包。在活动最后，设计者利用歌曲"上学歌"，让学前儿童在唱唱、跳跳中进一步感受背上小书包的神气，激发学前儿童上小学的愿望。通过让学前儿童观察、思考、探究、讨论、练习、体验，学习有规律整理物品，提高学前儿童的自我服务意识，渗透了责任感，为升入小学奠定基础。

活动课程

最强大脑①

- 适合年龄：4~5岁（中班）
- 涉及领域：科学
- 设计意图：

《幼儿园教育指导纲要》中指出："学前儿童的科学教育是科学启蒙教育，重在激发学前儿童的认识兴趣、探究欲望，帮助学前儿童学习运用观察、比较、分析、推论等方法进行探索活动，发展其思维能力。""记忆大比拼"是个富有挑战性的游戏，比较适合中班学前儿童的年龄特点，因为中班学前儿童求知欲强，乐意探究，

① 《教育第三方》：http：//y. 3edu. net/skpk/117473. html. 有改编。

愿意尝试，已具备一定的记忆能力。这类益智类思维游戏作为本次活动内容，能很好地发展学前儿童空间方位和记忆能力。

- 活动目标：

1. 在操作活动中体验成功感。

2. 在游戏中进一步增强对空间方位的认识。

3. 扩展快速记忆的能力。

- 活动准备：

1. 知识经验准备：学前儿童有玩“扑克牌”的经验。

2. 物质材料准备：自制数字1~10的大卡片一份；自制数字1~10的小卡片人手一份；苹果组和香蕉组图标及记分牌；奖牌若干。

- 活动过程：

1. 语言导入活动。

欢迎小朋友来到我们“最强大脑”的游戏现场。我们今天将小朋友们分为两个组：苹果组和香蕉组，欢迎你们！每答对一个问题就得一朵红花，最后看哪个组红花多，谁就是最后的“最强大脑”组。

2. 游戏内容：

(1)游戏一：谁最快。

①出示三张数字卡片，学前儿童快速记忆，教师翻转卡片。

提问：请你按从左到右的顺序说出这几张牌分别是什么？从左往右数第二张牌是什么？从右往左数第一张牌是什么？学前儿童回答完毕，教师亮卡片验证。

②增加一张牌，活动过程同上(教师可随机进行提问)。

③再增加一张牌至五张牌，活动过程同上。

(2)游戏二：少了谁。

①出示三张数字卡片，学前儿童快速记忆，教师翻转卡片后，从中拿走一张。

提问：拿走的是哪一张？还剩下哪几张？学前儿童边回答老师边亮卡验证。

②再从中拿走一张？还剩下的卡片式什么？学前儿童边回答老师边亮卡验证。

③在三张牌的基础上增加一张，过程同上。

④在四张牌的基础上增加一张，过程同上，可加深难度，一次拿走两至三张数字卡片。

(3)游戏三：我最棒。

①请学前儿童按从左到右的顺序摆放数字卡片7、3、9、6。

②学前儿童快速记忆，并翻卡。

提问：请问这是哪几张牌，请你从左到右读出来。

请你找出数字卡片7，请你举起数字卡片9或请小朋友同时找出两张卡片等(教师随机提问)。

③组织学前儿童按顺序整理好自己的数字卡片，进行简单小结。

（4）游戏四：我说你翻。

①学前儿童两两结对，一名学前儿童摆放数字卡片3~4张后提问，另一名学前儿童快速记忆后回答并进行翻卡验证。

②反复进行游戏，教师巡回指导。（对于猜得又快又准的学前儿童，可提示放牌的学前儿童增加数字卡片的张数，提高游戏难度）。

3. 活动总结：

（1）教师：进行到这里，我们的游戏基本接近尾声，那今天哪个组是最后的胜利组呢，让我们一起来看看记分牌。和学前儿童一起数红花，红花多的组为“最强大脑”组，少的组为进步组。

（2）给胜利的小组颁发自制“最强大脑”的小奖牌，激发学前儿童下次学习与参与活动的兴趣。

（3）全班学前儿童跟唱歌曲《我真的很不错》，自然结束本次活动。

- 活动评价：

本次活动的重点是培养学前儿童快速记忆的能力，难点则是让学前儿童在活动中获得成功感。学前儿童时期的学习活动是有限的，他们知识经验的积累都离不开记忆，培养学前儿童快速的记忆力对学前儿童今后的学习起着至关重要的作用。在活动《记忆大比拼》中，采用了观察指导法、演示法、游戏法等进行突破。整个活动有四个亮点：（1）学前儿童主体性的凸显；（2）游戏化的教学模式，由易到难层层展开；（3）玩中学、学中乐；（4）活动材料生活化，便于收集。

三、 学前儿童游戏中的学习活动

游戏活动

购　物

- 适合年龄：5~6岁
- 活动目标：通过购物的游戏，体验没有成人帮助独立行动的感受，培养独立性。
- 活动准备：

知识经验准备：认识人民币，知道简单的购物流程。

物质材料准备：考察好超市的地理位置，选择附近的超市，确立学前儿童在合适的地方离开成人，独立行动（成人可在附近较隐蔽的位置进行观察）；为学前儿童准备一定数量的人民币。

- 游戏规则：

1. 成人向学前儿童交代任务：首先浏览一下超市里有哪些物品，再挑选你自己想要买的物品，最后到收银台交钱。

2. 购物成功后鼓励学前儿童大声说："我行，我能行，我一定能行，耶！"

游戏活动

对 与 错

- 适合年龄：4~5 岁
- 活动目标：通过游戏，培养学前儿童准确的观察能力、语言表达能力以及快速的反应能力。

  活动准备：有意识地在房间里放置一些物品。
- 游戏规则：

1. 以快速抢答的方式选出描述者。如：成人出一道题，学前儿童抢答，最先答对的学前儿童就是描述者。

2. 请描述者描述房间里的物品、每个学前儿童的穿戴以及他们的活动情况。(也可根据学前儿童的已有经验描述小动物、季节、大自然等情况)

3. 如果描述者说对了，大家就答"对"；如果描述者说错了，大家就答"错"。

例如：蒙蒙今天穿了裙子？寝室里面有黑板？现在是春季等。

每个描述者描述 4~5 次后就结束游戏，重新以快速抢答的方式选出新的描述者继续游戏。

四、 区域活动中的学习活动

区域活动

益智区的学习活动

- 适用区域：益智区
- 适合年龄：5~6 岁
- 活动目标：培养学前儿童的注意力、观察力、快速记忆力和空间方位的感知能力。

  材料准备：2×2、2×3、3×3、3×4 的立体空格子，各种小玩具和小生活物品(均能放入空格中)。
- 活动内容：

可请一位学前儿童当组织者，出示 2×2 的立体格子，随意拿 4 种物品放在格子里，让其他学前儿童观察 10 秒钟后把物品取出，再让一位学前儿童上来按之前摆放的位置重新摆放物品。其他学前儿童共同判断摆放是否正确。以此方式类推：当学前儿童熟悉后，可增加游戏难度，调整为 2×3(6 种物品)3×3(9 种物品)、3×4(12 种物品)的立体格子。摆放的物品越多，给学前儿童观察的时间越长。区域活动中也可让学前儿童合作摆放。

语言区的学习活动

- 适用区域：语言区
- 适合年龄：5~6 岁
- 活动目标：丰富学前儿童的词汇量，提高学前儿童的思维敏捷性及语言表达能力，激发学前儿童热爱学习的兴趣。
- 材料准备：简单的图卡若干。
- 活动内容：

学前儿童通过猜拳，赢的人选中一个图卡开始说出一个词，剩下的人轮流开始玩词语接龙的游戏(鼓励学前儿童说出不同的词语，对学前儿童说出的新词语给予奖励)。

五、　日常生活中的随机学习

学前儿童是以直接经验为基础，在游戏与生活中通过积极的动手动脑来进行学习的。如在日常生活喝水的环节中，可引导学前儿童一边喝水一边观察水量的多与少、感知水的温度、体验水的流动性。这种随机教育随时会发生，教师应善于捕捉生活中的点点滴滴，将这些变为教育的契机，引导学前儿童在不知不觉中自然地学习。再如，一个普通的测量知识对于学前儿童来说很抽象，作为集体活动来学习可能会比较枯燥。应充分考虑到学前儿童的学习特点，可以在学前儿童一日活动中处处设置测量的机会。如在学习抽纸的时候给学前儿童规定一个标准长度，学前儿童能轻松感知测量；还可以把测量知识运用到户外活动的跨步中，学前儿童在亲身体验中能初步理解测量。在买卖活动中，既锻炼学前儿童与人交往的能力、买卖意识，又锻炼了学前儿童换算的能力及自立能力。这种在生活和游戏中进行的整体化学习让学前儿童知识经验得到了相应提高，让学前儿童在玩的过程中学习相关知识。

学前儿童能勤于思考也是今后学习的极大动力。学前儿童经过讨论能弄懂的知识内容，就让他们自己去争辩；在观察、实验中能自己领悟的知识内容，就给他们创造条件让他们自己去探索，兴趣能激励学前儿童进行主动学习。在一次餐后活动中，一个小朋友提出问题："为什么圆鱼缸里的鱼看起来大，而捞出来却小呢?"教师不应直接给予答案，而是为他们准备一些必要的、可探究的物品让其自己操作后得出初步的结论。如给他们提供放大镜、方形鱼缸，让学前儿童自己通过观察、操作和反复的比较，初步弄清其中的奥秘。通过这样的经历，给他们留下深刻印象，提高学前儿童的探究意识和主动学习意识。

第三节　认识和接受自我

随着社会的快速发展，人在社会中的位置、所起的作用越来越受到关注，如何发挥一个人的潜能，突出他们的特长，充分体现他们在社会中的作用，已成为人们关注的焦点问题。而学前儿童期是一个人个性形成的关键时期，为了能对学前儿童个性形成的过程产生一种正确、健康的影响，为其各方面发展提供良好的心理基础，就需要教师及成人正确地引导学前儿童充分地认识自我、表现自我、接受自我，从而不断提高学前儿童的自我意识。

自我意识是主体对自己以及自己与周围事物关系的认识，包括对自己的身体、言行、思想、内部状态、人际关系等方面的认识，主要表现形式有自我认识、自我评价、自我监督等。学前儿童自我意识的发展，表现为能够意识到自己的外部行为与内心活动，并且能够恰当地评价和支配自己的认识活动、情感、态度和动作行为，由此逐渐形成独立性、自尊心、自信心等性格特征，这些性格特征形成的正确与否，关系着一个人的一生发展。有鉴于此，幼儿园需要开展以加强学前儿童心理教育、促进学前儿童自我意识发展为主题的心理健康教育课程。①

一、　健康领域的自我认识活动

活动课程

一双巧巧手

- 适合年龄：3~4 岁(小班)
- 设计意图：

学前儿童从小对自己的身体有着强烈的好奇和浓厚的探索兴趣。他们对人体的探索既是认识的需要，又是满足学前儿童好奇心的需要，同时也是心理健康教育的需要。学前儿童每天都用自己的小手做各种各样的事情，对手很熟悉，但并不一定仔细观察过，本次活动就是在注重情感教育的同时，注重从生活中来到生活中去的原则，教会学前儿童了解自己的小手，让学前儿童知道我们的手能做很多事，除了能自己的事情自己做，还能帮助成人做力所能及的事。

---

① 邢强、陈丹丹．培养学前儿童自我意识　促进学前儿童心理健康发展[J]．教育导刊(学前儿童教育)，2009(7)．

● 活动目标：

1. 乐意与同伴合作游戏。

2. 观察认识手的基本组成，了解手的基本用途。

3. 培养爱劳动和动手动脑的好习惯。

● 活动准备：

1. 知识经验准备：在家中学习自己的事自己做，并尝试帮成人做力所能及的事。

2. 物质材料准备：歌曲“一双巧巧手”、手的图片。

● 活动过程：

1. 猜一猜。

十个好朋友，你有我也有。

五个在左边，五个在右边。

每天会干活，不会开口说。

2. 比一比。

教师提问：一只手有几根手指头？让学前儿童比较手指的长短、粗细，最长的叫什么？最短的叫什么？

【儿歌】（出示小手图片）

大拇哥，是老大；二拇弟，是食指；
三姐姐，是中指；四小弟，无名指；
小妞妞，是小指；十个指头排排站，
我的小手最能干！

3. 说一说。

（1）分组讨论：我们的小手能做什么？（自己穿衣服、自己吃饭、洗脸、自己穿鞋……）

（2）集体讨论：大家除了自己的事自己做，还帮大人做过哪些事？（扫地、拿拖鞋、给妈妈捶背……）

4. 做一做。

教师：今天老师为你们准备了衣服、鞋子，我们来比赛看谁穿得快，比比谁的小手最能干。

（1）放歌曲《一双巧巧手》，学前儿童分组比赛穿衣、穿鞋。

（2）为学前儿童发奖牌，学前儿童自我鼓励我真棒，我能行。

（3）教师小结：小朋友的小手真能干，知道自己的事情自己做，还可以帮助成人做力所能及的事情。手是身体的一部分，我们要爱护它：要勤洗手、勤剪指甲，做一个讲卫生的好孩子。

5. 活动延伸。

(1)引导学前儿童学习正确的洗手方法。

(2)开展“我的小手真能干”活动，鼓励学前儿童学着用手做自己能做的事。

- 活动评价：

《幼儿园教育指导纲要》指出：“科学教育应密切联系学前儿童实际生活进行，利用身边的事物与现象作为科学探索的对象。”3~4岁的学前儿童正是对周围环境充满着好奇的年龄，见到新奇的东西，总会伸手去摸、去拿，喜欢动用感官去探索、去了解感兴趣的事物。根据学前儿童身心发展的特点，活动中通过猜一猜、比一比、说一说、做一做等多种形式来提高学前儿童学习的积极性与主动性。在“说一说”的经验交流环节中，引导学前儿童尝试用完整的语言进行大胆地表述，通过讲述手能做什么，与孩子们共同搭建认知的平台。最后，利用比赛穿衣服结束活动，培养学前儿童爱劳动和动手动脑的好习惯。此环节紧贴学前儿童身心发展的规律，让学前儿童在玩中学会了自己的事情自己做，自己去感受把一件事情做好的乐趣。

活动课程

不一样的我①

- 适合年龄：4~5岁(中班)
- 设计意图：

在成长过程中，儿童时时刻刻都在感受着自己的变化，4~5岁学前儿童是自我意识形成的发展期，作为教师和成人，在生活中通过各种形式帮助学前儿童形成良好的自我意识、对其自我人格的建构、社会性发展具有深远的意义。本次活动针对中班学前儿童的年龄特点，让其通过观察和比较，发现自己与他人的不同，认识每个人都是独立的个体，有着各自的名字、不同的外貌、不同的爱好等，知道“我”和别人是不一样的。同时，通过活动为他们大胆表达自己提供机会，促使学前儿童为自己感到高兴、感到骄傲，形成积极的自我意识。

- 活动目标：

1. 积极探索并发现自己和别人不一样的地方。
2. 学会欣赏自己，为自己与别人的不同感到高兴。
3. 能在教师的引导下大胆介绍自己的外貌特征、爱好。

- 活动准备：

1. 知识经验准备：活动前为学前儿童进行录音；教师对学前儿童的爱好有较

① 本课例来自：沈颖洁．教育活动方案《学前儿童教育》期刊，2005年3期，有改编。

详细的了解。

2. 物质材料准备：拍摄本班教师和其他班级教师的照片以及学前儿童穿园服的集体照。

- 活动过程：

1. 进行点名游戏，激发学前儿童兴趣，引导学前儿童了解每个人都有不一样的名字。

教师点名：某某在哪里？学前儿童回答：某某在这里。

2. 出示教师和学前儿童的照片，引导学前儿童从外貌上区分自己和他人的不同。

(1) 出示教师照片，进行游戏“我的老师在哪里”认识本班教师与其他教师的不同。

①引导学前儿童认真观察照片，根据外貌的不同正确辨认自己班的教师。

②鼓励学前儿童说出自己是怎样辨认出本班教师的，引导学前儿童描述教师的外貌特征。

(2) 出示全班学前儿童穿园服的集体照片，进行游戏“找找我自己”，引导学前儿童进一步认识自己的外貌特征。

①引导学前儿童认真观察照片，找找自己在哪里。

②鼓励学前儿童说出自己的外貌特征，如：脸型、五官、发型等。

3. 引导学前儿童从声音、爱好等方面，找出自己和别人不一样的地方。

(1) 请学前儿童从录音中辨别出自己的声音。

(2) 教师根据对学前儿童爱好的了解，鼓励学前儿童大胆说一说自己的爱好。

4. 教师小结活动情况。

让学前儿童在探索发现的同时，感受参与活动的快乐。同时，教师要照顾到那些在活动中比较安静的学前儿童，使其也能在活动结束的时候获得快乐，以培养他们对健康活动的兴趣。

- 活动评价：

本次活动设计是在对中班学前儿童自我意识发展水平充分了解的基础上进行的。活动前，针对学前儿童的爱好面向家长进行了详细调查，为教学难点环节“学前儿童大胆说出自己的爱好”的解决做了充分的准备。活动中，设计者结合中班学前儿童的年龄特点和学习方式，将三个有趣的游戏贯穿于活动始终，引导学前儿童在愉快、轻松的教学氛围中，辨认自己、认识自己和别人不一样的地方，形成正确的自我意识。同时设计者注意在活动中不断地鼓励和表扬学前儿童，引导其在集体面前大胆表达自己，让每个孩子保持一个良好的心态，帮助他们建立积极的自我评价，达到教育与心理健康的统一。

二、 多领域的自我认识活动

活动课程

找　长　处①

- 涉及领域：社会、语言
- 适合年龄：5~6 岁大班
- 设计意图：

《幼儿园教育指导纲要》中明确指出："为每个学前儿童提供表现自己长处和获得成功的机会，增强其自尊心和自信心。"自信心是在实践活动中通过各种亲身体验及适当的教育形成的，只有通过各种活动，在实践中积累成功或失败的体验，才能对自己的能力有所认识，才能使学前儿童身心健康得到发展。因此设计该活动，帮助每个学前儿童树立自信心。

- 活动目标：

1. 通过故事，帮助每个学前儿童树立自信心。
2. 引导学前儿童尝试找出自己的长处，并能发现别人的长处。
3. 培养学前儿童相互学习的良好品质。

- 活动准备：

1. 知识经验准备：在家中和父母玩过"夸夸我自己"的游戏。

2. 物质材料准备：故事《小河马找长处》；绳子、皮球、白纸、油画棒、剪刀等。

- 活动过程：

1. 个别学前儿童尝试操作，引入课题。

(1) 这儿有绳子、皮球，你会玩吗？你准备怎么玩？

(2) 老师这儿有一张白纸，你能让它变魔术吗？你准备怎么变？

2. 鼓励学前儿童说出自己的长处，并发现别人的长处。

(1) 请学前儿童任意选取桌上的物品进行操作，找找自己的长处。

提问：请小朋友说说刚才是如何操作的？并说说你自己的长处是什么？

(2) 请学前儿童说说别人的长处。

提问：你发现了别人的长处吗？他们的长处是什么？该如何向他们学习呢？

3. 故事《小河马找长处》。

(1) 讲述故事《小河马找长处》。

(2) 想想说说：小河马为什么哭？小河马在各项比赛中都输了，心里的感受是

① 《第一学前儿童教育网》：http：//youer. 1kejian. com/jiaoan/daban/10844. html 有改编。

怎样的？它伤心地说了什么？小河马有长处吗？它的长处是什么？小河马懂得了什么道理？

4. 教师小结。

小动物有自己的长处，每个小朋友也有自己的长处，而且每个人的长处都是不一样的，所以我们要互相学习，做个聪明能干的小朋友。

5. 自我展示：我的长处真不少。

请小朋友分别和同伴交流自己的长处。

【故事】

小河马找长处

森林里进行着“看谁的本领大”比赛，许多小动物都得了奖。小鸟得了唱歌奖，小猴得了爬树奖，小鹿得了跑步奖。可是小河马在各项比赛中都输了，它羞得满脸通红，悄悄地躲在草丛中哭了起来：“我，我真没长处。”

树上的小鸟看见了说：“别哭，别哭，各人都有自己的长处，我看你的嘴巴很大，就跟我学唱歌吧！”小河马一听高兴极了，就跟着小鸟学唱歌，可是，它的大嗓门让大家捂起耳朵说：“真难听，真难听！”小河马难过地流出了眼泪。

小猴子看见了说：“别哭，别哭，我看你的腿长得挺粗壮，就跟我学爬树吧。”小河马就跟着小猴学爬树，可是，爬呀，爬呀，怎么也爬不上去。小河马伤心地哭了：“我，我真没用。”

小鹿跑过来对他说：“别哭，别哭，我看你的力气挺大，就跟我学跑步吧。”小河马就跟着小鹿学跑步，跑了一会儿，就累得直喘气：“我，我真没长处。”

小河马没精打采地来到河边，这时一只小松鼠来了。小松鼠要过河，可是河上没有桥，怎么办呢？小松鼠对小河马说：“河马大哥，你力气大，又会游泳，请你帮我过河吧！”

小河马乐意极了，它驮着小松鼠过了河。小松鼠说：“河马大哥，谢谢你，你真有本领。”小河马终于找到了自己的长处，它高兴地说：“原来每个人都有自己的长处呀。”于是，它在河边设立了服务站，挂了一块牌子：“免费渡河。”

- 活动评价：

本次活动分为四个部分，每一部分都是在为后一部分作铺垫，第一部分用皮球、绳子、纸等物品，让学前儿童操作表演。因为皮球等物品每个学前儿童都玩过，使学前儿童一下子理解了有本领就是有长处，为第二部分的找长处、说长处打好了基础。第二部分为每位学前儿童准备了许多不同的操作材料，学前儿童通过操作活动，很快就找到了自己的长处，获得了一种成功感和满足感。但是，每个学前儿童的发展水平、能力等都有一定的差异，可能有个别学前儿童仍没找到长处，那么第三部分则为这些学前儿童提供了找长处的方法，故事是学前儿童最喜欢听的，因此，利用故事、看图片让学前儿童明白每个人都有长处的道理。在整节活动课的教学中，设计者始终将心理健康教育贯穿于每个部分，引导学前儿童学习发现别人的长处，发现自己的长处。

活动课程

男生女生大不同①

- 适合年龄：5~6岁(大班)
- 涉及领域：社会、语言、健康
- 设计意图：

学前儿童升入大班以后常出现男孩和男孩玩，女孩和女孩玩的现象。男孩子说："女孩子太娇气，爱哭。"女孩子说："男孩子爱打架太调皮。"这个年龄的孩子已经具备明显的性别意识，他们能从自己的外部特征、发型、穿着以及所喜爱的玩具中体会自己与异性的性别差异。但随着年龄的增长或成人的影响等多方面的因素，他们有时会出现性别排斥现象。如何让他们欣赏并乐意接纳异性、乐于与更多的异性伙伴游戏交友，互补优缺点，从而促进其社会性情感的发展，特设计了此次活动。

- 活动目标：

1. 体验与异性同伴合作游戏的快乐。
2. 了解男孩女孩的性别差异，愿意大胆表述自己的想法。
3. 能愉悦地接纳自己，相互欣赏异性的优点。

- 活动准备：

1. 知识经验准备：能从外貌上区分男生女生，学过人物画。
2. 物质材料准备：男孩女孩的图片各一张，分别配有不同发型、衣着、玩具；教师录制DV；笑脸娃娃粘贴；游戏用的气球、球拍。

- 活动过程：

1. 看一看，选一选，感受男孩女孩间的差异。

(1)欣赏两组图片，学前儿童自由选择，喜欢哪个？为什么？

(2)引导学前儿童发现男女性别表象的差异(穿着、发型、喜好等不同)

2. 辩论赛《男孩好还是女孩好》。

(1)教师提问，引发辩论赛的主题：男孩和女孩有这么多不同，你觉得是做男孩好还是做女孩好呢？

(2)学前儿童按自己的意愿自由分成两组，教师宣布辩论赛题目《男孩好还是女孩好》。

(3)教师宣布辩论赛的规则：各选手要相互尊重对方，别人在发言时要认真倾

---

① 《妈咪爱婴网》：http：//www.baby611.com/jiaoan/db/zh/201211/2697143.html 有改编。

听。鼓励学前儿童畅所欲言，展现各自的性别个性，并能认可自我、悦纳自我。教师用笑脸娃娃来记录每队选手的成绩。

(4)与学前儿童一起统计各队笑脸娃娃的数量，观看教师 DV 寄语，此环节既是对辩论赛的小结，体现教师对男孩女孩的评价，又使学前儿童从成人的角度了解自己和异性同伴。

3. 心灵碰碰车。

(1)师："每个人都有自己的优点也有不足，我们应该多看到别人的优点，这样才会进步"。

(2)引导男孩女孩相互说出对方的优点，相互欣赏对方。

4. 合作游戏：拍气球。

(1)游戏玩法：男孩和女孩两人一组，女孩子腰后系上一个气球，抱在男孩子身后，男孩子手拿球拍拍打别人的气球。

(2)游戏规则：男孩女孩在游戏过程中不许用手捂着自己的气球；哪组气球破了就不能继续游戏了。

(3)开始游戏：在游戏过程中，教师注意随机指导，鼓励男孩在活动时注意保护身后的女孩。

(4)重点观察学前儿童在游戏中的合作情况。

5. 结束游戏。

谈话：在游戏中你是怎么和同伴分工合作的？男孩女孩相互评价在刚才的游戏中对方表现如何？说说今天游戏的感受？

- 活动评价：

本次活动是以学前儿童生活中的交往现象为活动背景开展教学的，在活动中设计者意图将心理健康教育融入每个环节中，发挥增效作用。通过选择、辩论、心灵碰碰车、合作游戏等环节帮助孩子们从关注自己到关注异性同伴，欣赏并乐意接纳、最终能拓宽交往的异性同伴圈，并乐于与更多的异性伙伴同玩交友，互补优缺点，从而促进其社会性情感的发展。在这次活动的组织和实施过程中，不断运用回应策略，力图通过师幼互动保持活跃的课堂气氛，调动学前儿童的思维，促进学前儿童的自主学习，吸引学前儿童积极参与、大胆表达。

三、 学前儿童游戏活动中的自我认识

游戏活动

贴 五 官

- 适合年龄：5~6 岁(大班)

- 活动目标：
  1. 体验与同伴合作游戏的快乐。
  2. 通过游戏感知各器官的位置。
- 活动准备：四张画有人头轮廓的图片（发型可进行装饰，使其更为生动）；制作好可贴的眉毛、眼睛、耳朵、鼻子、嘴；眼罩 4 个。
- 游戏规则：
  1. 游戏分组进行，每组 5~6 人。

  2. 出示五官图片，让学前儿童观察各个脸谱所缺少的器官。每组排头学前儿童将双眼蒙上，原地转三圈，同伴可用语言提示将五官贴到准确位置即获成功。

  3. 要求：学前儿童要将眼睛蒙好不能偷看，同伴只能用语言提示。

猜猜我是谁？

- 适合年龄：4~5 岁（中班）
- 活动目标：
  1. 增进教师、同伴之间的感情。
  2. 能根据声音或着装猜出同伴的姓名。
- 活动准备：眼罩一个；学前儿童会用假声与人对话。
- 游戏规则：全班学前儿童坐成半圆形，请一个学前儿童戴上眼罩背对大家坐好，请另一个学前儿童走到他椅子后面，轻轻敲椅背三下，坐着的学前儿童问："是谁敲我的门呀?"敲门的学前儿童说："是我，猜猜我是谁?"（如学前儿童猜不出，可再问："你是男生吗?"答："我是男生，是你的好朋友。"）猜对了，就调换学前儿童，游戏重新开始。游戏可逐步提高要求，如：敲门的学前儿童可故意压低、变细自己的声音，也可两个学前儿童同时去敲门，同时回答问题，要猜出两个同伴的声音。

四、 区域活动中的自我认识

区域活动

我的小手本领大

- 适用区域：建构区
- 适合年龄：5~6 岁（大班）
- 活动目的：
  1. 学习在集体中与同伴交流，体验成功的愉悦。

2. 在游戏中探索自己双手的本领，锻炼小手的灵活性。

3. 懂得保护自己和别人的搭建成果，知道有序地使用玩具和收拾玩具。

- 材料准备：积木、花片、泡沫垫等建构玩具；纸盒、鞋盒、易拉罐等废旧材料。
- 活动内容：

1. 学前儿童分组进入建构区，与同伴商讨此次建构的主题。

2. 分工合作，教师引导学前儿童合理地使用结构材料，突出各类设施的主体特征。

3. 启发学前儿童在仿造的基础上大胆想象创造。

4. 指导学前儿童运用围合的方法搭建，注意各个游乐设施的间距，不随意碰倒别人的搭建物。

5. 学前儿童互相介绍自己搭建的作品。

把我的名字唱出来

- 适用区域：表演区
- 适合年龄：4~5岁(中班)
- 游戏目的：

1. 体验与同伴接龙歌唱的乐趣。

2. 尝试用轻松、活泼的情绪演唱歌曲。

3. 能唱准旋律，咬准重复的歌词。

- 材料准备：手掌击板一个，歌曲《把我的名字唱出来》。
- 活动内容：

1. 倾听歌曲《把我的名字唱出来》，请学前儿童说说歌曲中唱了哪些名字。边听旋律边用“来来来……”的歌词跟着哼唱，感受轻松、活泼的旋律。

2. 师生一同尝试将名字填入歌曲中，并轻声哼唱。

3. 游戏：音乐接龙。学前儿童接龙唱自己的名字，手掌击板拍到谁，谁就站起来哼唱自己的名字。

五、 日常活动中的随机自我教育

在日常生活、学习、游戏各环节中，教育者应注重培养学前儿童良好的自我意识，注意随机教育。学前儿童良好的自我意识不是一朝一夕可以养成的，它是一个长期不断内化的过程，需要对学前儿童进行反复的强化和持之以恒的引导，所以日常的随机教育十分重要，它是心理健康教育活动最好的延伸、补充，是最好的行为训练、最好的强化形式。如：为了帮助学前儿童形成正确的自我概念，提高自我评价的能力，在每次活动后，教师都组织学前儿童评价自己的作品或表现。在活动室的墙面上，还布置了小红花评比栏，让学前儿童自己评价每天当中各方面的表现，说一说哪儿做得好，可以得小红花，哪儿做得不好，以后要努力改正。在进餐、午睡、如厕、洗手等生活活动中，教师鼓励学前儿童自己的事自己做，并在学前儿童缺乏自信时给予开导、支持和鼓励，让他们在获得成功的同时感受到“我能行”，这样不仅能提高学前儿童的自信心，养成独立生活的好习惯，同时也能增强自己做事的主动性。从学前儿童入园开始，教师就应努力营造一种安全、温馨的心理环境和平等和谐的教育环境，充分接纳和尊重学前儿童，让学前儿童能够充分表达自己的兴趣和爱好，表现出自己与别人的不同之处，能够自由表达自己的见解。只有在这样开放的环境里，学前儿童的人际关系才会变得更加亲密、安定、平等，学前儿童的个性才得以自由张扬，建构积极的自我意识。

第四节　创设温馨的人际环境

人际交往是人与人通过动态的相互作用而形成的情感联系。交往是人类的基本需要，人们只有通过交往，才能够相互交流感情和信息，协调彼此之间关系，达到共同活动的目标。学前儿童时期是社会交往态度和社会能力形成的重要时期。

幼儿园人际交往的目的主要是让学前儿童通过交往活动能够适应幼儿园的生活，正确地认识自己和他人，养成基本的礼仪与行为，会关心帮助人，培养学前儿童合作、分享的能力，促进学前儿童交往能力的发展。①

学前儿童具有友善、乐群的天性，他们喜欢交朋友，幼儿园是学前儿童聚集的地方，能提供学前儿童交往的机会，如“说说我的好朋友”、“我上幼儿园”等反映学前儿童同伴之间的交流、互助；“玩具大家玩”、“小小值日生”等活动真实反映了学前儿童随着交往能力的不断发展、逐步学会了与同伴间分享、合作，也包含了师生之间的相处；“感恩的心”则帮助学前儿童体验亲情和关爱。

学前教师需要根据学前儿童不同的年龄段人际交往的特点，创设温馨的人际环境，帮助学前儿童感受亲情和关爱，同时帮助他们体验集体生活的乐趣，激发学前儿童交往的主动性，养成自尊、自信的人格，健康快乐成长。

如何提高学前儿童的社会适应性和人际交往能力，需要家长、老师与幼儿园三方面的分工与合作。

---

① 饶淑园. 学前儿童心理健康教育与辅导[M]. 广州：广东高等教育出版社，2013.

一、健康领域的学前儿童社会交往活动

活动课程

地震来了

- 适合年龄：5~6岁(大班)
- 设计意图：

学前儿童的身体健康和生命安全是幼儿园工作的主要任务。帮助学前儿童了解一些必备的自救技能，引导他们在灾难来临之际能够冷静正确处理，可以减少灾难来临后造成的人员伤亡。因此，设计者意图通过这次安全教育活动，帮助学前儿童感知到灾难并不可怕，只要沉着冷静、积极想办法，一定能解决问题，同时也引发学前儿童对受难者的同情之心、帮助之心。

- 活动目标：

1. 对受难灾民有同情、帮助之心。
2. 了解地震的基本常识，知道一些自救方法。
3. 尝试冷静面对危险，积极想办法解决问题。

- 活动准备：

1. 知识经验准备：有逃生演习的经验。
2. 物质材料准备：课件、泡沫板。急救箱及物品：手电筒、饼干、水、跳绳、书、玩具、收音机、手套、口罩、哨子。

- 活动过程：

1. 地震的危害。

(1)孩子们，老师搜集到一段录像，让我们看看发生了什么事情。(播放视频)

提问：录像上发生了什么事情？你看到了什么？(学前儿童发言)

小结：是啊！刚才录像中大楼在摇晃，地面发出了剧烈的声响，这就是地震。

(2)地震对我们来说是一个很大的灾难，到底给我们带来了什么危害？让我们来看一看。

小朋友，可以把你看到的和旁边的小伙伴说说。(教师走下去，听一听，问一问)再请个别学前儿童起来说一说。

小结：地震发生后，出现房屋倒塌、大桥断裂、山体滑坡，还可能会有海啸、火灾，地震给我们的生命、生活带来危害。

2. 地震来了怎么办。

(1)如果地震就发生在我们的身边，怎么办？

(2)地面出现剧烈的震动，我们躲在哪里安全些？请个别学前儿童说。

(3)如果在这个教室里发生地震，该怎么办？请小朋友找个地方躲起来，看看谁找的地方最安全，保持的姿势最正确。教师指导学前儿童练习。

小结学前儿童的反应情况。

(4)什么时候往外跑？逃跑时应该注意什么？

(5)借助实验操作，体验争先恐后逃生和有序疏散的不同后果。

操作一：教师将四个乒乓球用线扎住放进一个开着小口的塑料罐里，线的一头拉出灌口，请四个小朋友分别拉住一个乒乓球同时往外拉，观察其结果(全部挤不出来或部分挤不出来)。

操作二：同一实验，请学前儿童两两有序将乒乓球拉出，观察其结果(两个两个被迅速地拉出来)讨论：如何将塑料罐里的乒乓球在最短的时间里有序地拉出，从而引申到地震来临时如何在老师的组织下有序地逃出。

小结：有危险需要逃离的时候，我们需要有秩序，沿墙角跑，保护头部，往安全的地方进行撤离，相互礼让，才能用最快的速度安全撤离。

3. 情感迁移。联系5·12汶川地震事件，引导学前儿童感受人与人之间的爱。

(1)教师：汶川地震发生后，那里的人们失去了家园和亲人，我们应该怎样帮助他们？

(2)学前儿童讨论：怎样帮助灾区小朋友，奉献我们的一份爱心。

(3)以一首《让世界充满爱》让学前儿童畅想心中的情感。全体学前儿童携起手来，人偶同台表演《让世界充满爱》。

- 活动评价：

对学前儿童进行安全教育，保证学前儿童的安全，这是幼儿园工作的重中之重。学前儿童年龄小，只有通过各种感官才能印象深刻地了解地震的有关常识，懂得自救的方法。

设计者从孩子的实际生活出发，结合学前儿童年龄特点预设目标。在活动中，通过视频、观看图片，极大地调动了学前儿童讨论热情，操作活动中学前儿童积极参与，获得了真实的体验"一个一个有序走"的重要性。

在活动中除了能学到一些了解地震灾害、进行自救的知识外，教师更要注意突出助人、合作等良好品质的引导。

活动课程

蜈蚣走①

- 适合年龄：5~6岁(大班)
- 设计意图：

① 《小精灵儿童网站》：http：//new.060s.com/article/2013/10/29/810006.htm 有改编。

大班学前儿童玩过多人合作的游戏，如炒蚕豆、套花瓶、老鹰抓小鸡等，有一定的合作能力，同时他们也喜欢挑战有难度的动作。《蜈蚣走路》是多人合作走的动作游戏，要求步调一致，需要有合作和协调的能力。大班学前儿童乐于做这样的尝试。无论能力强弱，都可以得到锻炼和提高，都可以体验到合作成功的快乐。为避免练习中的枯燥，设计了“蜈蚣长大”的情景，由两人过渡到多人合作；设计的“蜈蚣练本领”，提高了难度，有利于学前儿童掌握动作要领，提高对活动的兴趣。

- 活动目标：

1. 体验多人同步行走的快乐。

2. 学习协调一致地行走合作。

3. 能积极与同伴合作，遵守游戏规则。

- 活动准备：

1. 知识经验准备：知道蜈蚣是多足的爬行动物；学习过侧行动作，有听信号向不同方向走跑的运动经验。

2. 物质材料准备：铃鼓 1 副；音乐资料(比赛背景音乐、放松音乐等)；蜈蚣范例图片、学前儿童模仿蜈蚣队形照片各一；擦汗毛巾。

- 活动过程：

1. 热身活动，队列练习。

大圆走——学习高人走——学习矮人走——三路开花走——三个小圆走——大圆走——三路纵队走。

2. 基本部分。

(1)学习“蜈蚣走”游戏活动玩法。

(2)请部分学前儿童示范一下，予以鼓励。

分析动作，模仿学习：一组学前儿童身体靠近，后面学前儿童双手扶着前面学前儿童腰两侧，腿部半蹲，站成一队。

(3)学前儿童 2 人一组自由尝试做蜈蚣行走的练习，教师观察、发现学前儿童迈步不协调、步速不一致等问题，引导学前儿童发现探索。

(4)集中讨论玩“蜈蚣走”游戏的好方法。师幼互动，分析要领：前后小朋友商量好，先走一只脚，再走另一只脚，像蜈蚣一样整齐地向前行。

(5)游戏：蜈蚣长大了。

3 人合作玩蜈蚣走，学前儿童尝试快、慢练习行走方法。

3. 游戏：蜈蚣竞赛走。

(1)教师讲解玩法及规则。

玩法：6 人一组，排列成一条直线，蹲下后，后面的小朋友扶住前面的小朋友的腰部，大家听口令同时向前蹲走，先全身通过终点的“小蜈蚣”获胜。

规则：中间不能间断，断开后，前面的小“蜈蚣”要等着后面的，大家连在一起方可行走。

(2)学前儿童游戏。教师可以帮助学前儿童喊口令。

(3)请获胜的“小蜈蚣”说说获胜的秘诀。

(4)小结：大家只有同心协力，合作游戏，才能获得最后的胜利。

4. 活动结束：放松身体。

- 活动评价：

本节活动尽管动作技能有一定的难度，但学前儿童兴趣浓厚、不怕困难，勇于探索。在比赛中，学前儿童为了追求名次，往往忽略了合作。可请获胜的“小蜈蚣”介绍秘诀时，帮助大家意识到只有相互合作，才能获得最后的胜利，这点需要强调，同时要提醒学前儿童注意安全。

二、 多领域的学前儿童社会交往活动

活动课程

我是值日生①

- 涉及领域：健康、社会
- 适合年龄：5~6岁(大班)
- 设计意图：

孩子们升入大班以后，自理能力明显增强，有很强烈地乐于帮助别人做事的愿望，尤其是在当老师说需要帮着收拾、整理东西的时候，孩子们表现出极大的热情，都喜欢听到帮助别人做事后老师的赞扬，心中会充满无限的自豪感。因此，为了满足大多数孩子的这种愿望，增强孩子为集体服务的意识，更为了让孩子养成一个良好的生活习惯，特设计了该教学活动。在生活中寻找教育契机，为孩子们提供锻炼的机会，在心理上更能够感受到帮助他人的快乐、当值日生的自豪感。

- 活动目标：

1. 乐于为集体服务，萌发做值日生的自豪感。
2. 了解值日生的任务及要求。
3. 养成做事细致、有条理的好习惯。

- 活动准备：

1. 知识经验准备：有帮忙收拾整理的经验。
2. 物质材料准备：杂乱教室环境的图片若干：散乱的图书、书包旁乱放的文

① 《妈咪爱婴网》：http：//www. baby611. com/jiaoan/db/zh/201404/17125385. html 有改编。

具、玩具、乱七八糟的桌椅等；值日生工作方面的照片：收拾整理、玩具、图书、桌椅、摆放碗筷、扫地等。

- 活动过程：

1. 欣赏学前儿童收拾桌椅、玩具、整理书橱、扫地、浇花等的照片，萌发学前儿童为集体服务的自豪感。

(1) 教师："值日生是快乐的，同时也是辛苦的。在我们班上就有好多这样能干的小小值日生呢，一起来看看他们是谁？他们在干什么？在他们做之前的情景和做之后有哪些变化？"

(2) 老师请照片中的学前儿童谈谈自己做完这些事后的感受。老师和其他学前儿童一起，为他们的行为鼓掌或说一句谢谢的话来表示赞赏。

(3) 鼓励其他学前儿童谈谈自己的想法。

小结：班级的许多事情要靠小朋友自己来完成；能为班级做事、为大家服务是件很快乐的事情；值日生一定要认真、仔细的做事情，不能马马虎虎。

2. 观看另一组需要整理的环境图片，讨论我们该怎么样去做会更好。

教师："小朋友们说的都很棒也很有道理，那么接下来就让我们一起讨论一下：到底该怎么做才会更好呢？"

分别出示图片，讨论收拾整理的办法：

(1) 阅读区：书不乱丢不折角，合好后按大小整齐地摆放在书橱上。

(2) 玩具区：将玩具分类放到不同的玩具筐里，再将玩具筐整齐地摆放在玩具架上。

(3) 自然角：首先看看植物有没有喝饱(以泥土湿、干的程度来判断)再决定需不需要浇水。浇水的时候，喷壶要对准植物泥土，不要喷到外面来，以免弄脏桌面。

3. 引导学前儿童尊重同伴的劳动成果。

教师："如果你是值日生，你辛苦了一天，希望小朋友怎样爱护你的劳动成果呢？"

小结：值日生帮助大家做事情很辛苦，小朋友们也要尊重值日生的劳动成果，物品随时还原、保持教室的干净整洁、帮助他们做事情。也可以送上我们甜甜的微笑和温暖的话语"谢谢你"。

- 活动评价：

本次活动意在让学前儿童感受做值日生的光荣感和自豪感，做值日生对于大班的孩子来说是一件快乐的事情，像擦桌子、摆椅子、发放碗筷等这样的事情，他们都会争抢着做。通过这个活动，也让他们对值日生这个概念有了一个简单的认识，从而激发了他们当值日生的欲望，让他们感受做值日生的光荣感和自豪感，从中体验为大家服务的乐趣。

活动课程

我长大了

- 设计领域：健康、社会
- 适合年龄：5~6岁(大班)
- 设计意图：

在当今物质条件比较优越的时代，孩子们更多地感受着来自家庭及各方面的宠爱，成为家中的“小太阳”，物质需要有了不同程度的满足，从而也使孩子更以自我为中心，习惯接受别人的关心与爱护，而不知道积极主动地用爱心去对待别人，为此设计者设计了该活动，让孩子们感受到爱与被爱都是幸福的，激发学前儿童关爱他人的情感。

- 活动目标：

1. 体会到父母对自己的爱，产生爱父母的感情。
2. 学会感恩父母，体贴他人、关心他人。
3. 在家能帮助家人做力所能及的事情。

- 活动准备：

1. 知识经验准备：了解自己的成长过程中得到家人的照顾。从入园时开始照顾自己的鸡蛋宝宝。

2. 物质材料准备：每个学前儿童带几张反映自己成长过程的照片，每人2个生鸡蛋。

- 活动过程：

1. 讨论：我们怎样长大的。

(1)学前儿童相互介绍自己出生时的照片。

(2)师：小朋友知道自己刚出生的时候是什么样子吗？那时你会做什么？

引导学前儿童知道自己刚出生时都非常弱小，处处需要家人的照顾。

(3)师：小朋友是怎么样从一个只会哭和吃奶的新生儿长成现在这个样的？

引导学前儿童讨论父母及亲人抚育自己成长的故事，体验父母和其他长辈的辛苦。

(4)小结：每个人刚出生的时候只会吃奶、睡觉，其他的事情都要别人照顾，为了让我们健康成长，父母、爷爷奶奶经常吃不好饭，睡不好觉，非常辛苦。

2. 认识蛋宝宝。

(1)教师出示鸡蛋，它是鸡妈妈的孩子，可以孵出小鸡。

(2)师：蛋宝宝非常脆弱，一不小心就会打碎，你们小时候也是这样，爸爸妈妈非常小心地把你们抱在怀里，呵护你们。

3. 交流“我当爸爸妈妈的感受”。

(1)教师：照顾蛋宝宝时，你遇到哪些问题和困难，是怎么样解决的，把这些问题解决后，你心里的感觉怎么样？

(2)照顾蛋宝宝时你觉得辛苦吗？

小结：我们照顾蛋宝宝时需要小心翼翼，虽然辛苦但是很快乐。爸爸妈妈也是这样想的，他们很爱我们。

(3)你准备怎么样爱护爸爸妈妈？

小结：可以帮助爸爸妈妈做力所能及的事情，每天为他们做一件事情。抱抱他们，说说好听暖心的话。那样爸爸妈妈也可以感受到我们的爱。

- 活动评价：

活动开始前，学前儿童从自己的成长变化，感受到爸爸妈妈照顾自己是一个长期关爱的过程，尤其在小的时候，自己的点滴成长都离不开爸爸妈妈的辛苦。孩子们从入园起就开始照顾蛋宝宝，生怕自己的蛋宝宝有所损坏，在保护蛋的过程中，体验到父母的不易，再延伸到爱父母、爱家人的方式。

小时候，爸爸陪我玩耍；
生病的时候，妈妈照顾我；
每一天，爸爸妈妈给我温暖，伴我长大。
我要送给他们一张小小的贺卡，上面写着：
"我爱爸爸，我爱妈妈。"

活动课程

帮助好朋友①

- 涉及领域：健康、艺术、社会
- 适合年龄：3~4岁(小班)
- 设计意图：

此节活动为小班艺术领域的音乐律动《帮助好朋友》，现在大部分孩子是独生子女，在家里都是家人陪着他们，很少和小朋友接触。设计该课程，是为了引导学前儿童体验帮助同伴的快乐，同时也能感受到被帮助时的关爱。由此，学习与同伴互助、友好相处。

- 活动目标：

1. 体验与同伴对唱的乐趣。
2. 学习用唱与齐唱的方式演唱歌曲。
3. 理解同伴间应互相帮助，友爱相处。

- 活动准备：

① 《学前儿童学习网》：http：//www. jy135. com/html/youerjiaoyu/xiaobanhuodong/xiaobanyishu/48711. html 有改编。

1. 知识经验准备：日常生活中，学前儿童有经常互相帮助做好事的经验，并会用语言表达事情的经过。

2. 物质材料准备：曲谱、钢琴。

- 活动过程：

1. 律动、练声。

律动：《我们大家做得好》、《学做解放军》

练声：《小鸟醒来了》、《扮家家》

2. 导入活动。

(1)你有好朋友吗？你的好朋友是谁？你们在一起是怎样互相帮助的呢？

(2)如果好朋友搬不动椅子，如果好朋友不会扣纽扣，我们可以怎么做呢？(通过实际问题，让学前儿童学会如何帮助好朋友)

(3)原来我们可以为好朋友做这么多事呢！有一首歌说的就是好朋友之间互相帮助的事，歌曲的名字叫《好朋友》。

3. 欣赏歌曲，熟悉歌曲旋律。

(1)教师清唱歌曲，提问：歌曲的名字叫什么？歌曲里唱了些什么？

(2)教师弹唱歌曲一遍。这首歌好听吗？歌曲里唱了小朋友是怎么互相帮助的？

(3)教师按节奏完整朗诵歌词。

4. 学唱歌曲。

(1)教师带领学前儿童随音乐旋律念歌词。

(2)完整教唱歌曲。

(3)学前儿童齐唱歌曲。

(4)练习对唱。

- 活动评价：

本节活动不仅仅是帮助学前儿童感受到同伴之间的关爱，同时教师也可以以一个大朋友的角度去和他们相处，让他们感受到来幼儿园的快乐和被朋友需要的感觉。帮助学前儿童感受到老师及小朋友对他们的爱，从心理上增进师生和同伴之间的感情，使学前儿童更加喜欢幼儿园。

三、学前儿童游戏活动中的社会交往

游戏活动

打　电　话

- 适合年龄：4~6岁(中大班)
- 活动目标：

1. 学前儿童关注同伴并关心周围的朋友。

2. 学会通过电话与朋友交往的方法。

- 活动准备：手机一部。
- 活动规则：

玩法：找找班上今天有哪位小朋友没有来，和老师一起打电话去询问。

规则：先商量怎样表示对朋友的关心，如：给朋友打个电话——讨论什么时候打电话不影响朋友休息，通话时和朋友说些什么，大家一起在电话里为朋友唱一首歌等。

玩具娃娃会说话

- 适合年龄：3~4 岁(小班)
- 活动目标：

1. 体验对话的乐趣。

2. 学习用“你的××真××”的句型，说出让同伴高兴的话。

3. 能大胆讲述，表达自己的想法。

- 活动准备

物质材料准备：布娃娃

- 游戏规则：

玩法：老师把布娃娃拿在手里，向大家介绍“一个新朋友”，通过学前儿童和娃娃的对话，帮助学前儿童作出回应。说一些类似于“你的衣服真漂亮”“你的小手真干净”等互相夸奖的话。

四、 区域活动中的社会交往

区域活动

悄　悄　话

- 适合区域：休闲吧
- 适合年龄：3~4 岁(小班)
- 活动目标：

感受与同伴自由交流、游戏的快乐。

- 材料准备：

一个封闭的角落；部分本班学前儿童的照片；小粘纸、糖果、汽车、毛绒玩具等学前儿童喜欢的物品。

- 活动内容：

学前儿童在小空间里自由活动，和好朋友一起吃吃玩玩、说话聊天。

提示：学前儿童有时喜欢躲避人群、离开老师的视线，要鼓励他们和小伙伴一起做自己喜欢的事情，给孩子一个自由的放松的天地。

休 闲 吧①

- 适合年龄：5~6 岁(大班)
- 活动目标：

1. 尝试冲调合适的饮料。
2. 主动协调与同伴间的关系。

- 材料准备：

桌椅橱柜；各类小点心、糖果、花茶、果珍等，温水；小盘子和废物盒；棋盘和播放器。

- 活动内容：

进入者可自由取用点心，放入小盘子，为自己冲调一杯饮料，约好朋友下棋打牌、聊天听音乐。

提示：学前儿童有时喜欢躲避人群、离开老师的视线，和小伙伴一起做自己喜欢的事情。在该游戏中他们有更加宽松的空间，学习物归原处、废物入盒、洗手品尝、协调与同伴的关系等生活能力。

五、 日常生活中的社会交往

“一日活动皆教育”，学前儿童人际交往的活动贯穿于一日生活之中的各个环节。学前儿童人际交往活动也要根据他们的年龄特点来设计相应的活动区。

小班的学前儿童(3~4 岁)刚进入一个新环境，情绪波动较大，同时也表现出想家、念家的情感，在区域游戏中可以创设“娃娃家”。娃娃家里必备的一些玩具是娃娃、家具、餐具，常用的生活用品等。引导他们把对父母亲的思念转移到对娃娃的关心、照顾上，以此来体验父母亲对他们的体贴和爱抚。在与同伴的游戏过程中逐渐认识幼儿园，体验集体生活的快乐，学会和同伴友好的相处。

中班的学前儿童(4~5 岁)非常喜欢交朋友，已经会主动与朋友交往了。在区域活动中可以创设“悄悄话”，提供一个安静、相对隔离的场所，学前儿童可以和自己的小伙伴聊聊天；“建构城堡”更是小朋友交流较多的地方，学前儿童由自己独自建构玩具，转变成在教师的引导下可以和同伴协商进行主题建构，就更需要学前儿童与同伴分工

① 李建军．区角儿童智慧的天地[M]．上海：上海社会科学院出版社，2013.

合作、相互谦让、快乐交往。

大班的学前儿童(5~6 岁)不再愿意孤独玩耍，喜欢和一个或更多的小朋友一起游戏，同伴群体开始对学前儿童产生明显的影响，区域中可以创设“小手真能干”，提供简单的衣物、毛巾等，请学前儿童和同伴一起比赛整理物品，体验与同伴竞赛游戏的快乐，分享自己获胜的方法；“星秀场”可提供服饰、表演台、音乐等，学前儿童可以在同伴面前大胆地展示自己的长处；还可以创设“静书吧”、“彩虹医院”、“智慧屋”等帮助学前儿童了解各个区域的游戏规则，同时引导学前儿童用恰当的方式表达自己的兴趣、愿望，采纳别人合理的观念和建议，学会说服、谦让等多种技巧。

教师要善于在日常生活中发现教育的契机，适时、适宜地引导学前儿童去与同伴交流、分享、合作等，促进学前儿童健康快乐成长。

第五节 引导亲子同乐

亲子同乐中的“亲”是指家长，“子”是指孩子。亲子同乐，顾名思义，就是由家长和孩子共同参与、相互合作进行的一系列活动。亲子游戏就是其中的一种活动形式，它是学前儿童与家长的互动为核心内容，是建立和谐的亲子关系和爱护学前儿童身心健康、开发潜能、培养个性的一种教育形式。在亲子游戏中，家长与学前儿童是活动的主体，教师是活动的组织者、合作者。利用亲子游戏来营造一个轻松愉快的家庭气氛，搞好亲子关系，做好有效的亲子沟通，对学前儿童早期性格的形成、各种能力习惯的培养会起到很好的作用，能帮助学前儿童形成一个健全的人格。

此节通过各种形式的亲子游戏活动，鼓励家长与孩子一起走出封闭的小圈子，为孩子创造更多与外界接触的机会，学会与其他同龄人交往、分享与协作；学会关爱、理解、感恩父母。让孩子感受更多的社会体验，促进生理、心理全面发展，让孩子的童年生活有更多的延展。同时，在有趣的亲子活动中，能进一步促进亲子关系发展与实践，认识更多的朋友，让孩子在父母之爱、教师之情中，健康快乐地成长。

一、 健康领域的亲子活动

活动课程

感恩父母①

- 适合年龄：5~6 岁(大班)

① 改编自《中国知网》：黄秦．教育前沿(理论版)．2009(2)．

- 设计意图：

孝敬父母、尊敬长辈是中华民族的传统美德，如今的孩子，大多数是独生子女，都是在父母百般呵护、悉心照料下无忧无虑的成长。今天的父母已经倾尽所有来爱孩子、照顾孩子。但孩子们由于接受到太多的爱，渐渐地把这一切视为理所当然，养成了对父母只知索取、不懂感恩的心理。为了培养学前儿童从小感恩父母的情感，特设计该项活动。

- 活动目标：

1. 体验爱和被爱的快乐情感。
2. 尝试用语言、行为等方法表达自己对父母的爱。
3. 懂得怎样用实际行动来关心父母、尊敬长辈。

- 活动准备：

1. 知识经验准备：了解父母的简单情况，能做2~3件家务。
2. 物质材料准备：《世上只有妈妈好》的歌曲，婴儿啼哭声、与家人合影的照片。

- 活动过程：

1. 歌曲导入《世上只有妈妈好》。

(1)小朋友们，你们知道这首歌的名字吗？

(2)听到这首歌时，你的脑海中出现了哪些情景？你的心里有什么感受？

(3)谁能说一说这首歌表达了怎样的情感？(母爱的伟大、我们对妈妈的爱)

2. 情感体验。

小朋友们，“世上只有妈妈好”这首歌，唱出了我们拥有母亲的爱是多么的幸福，父母给了我们生命，养育我们长大，他们为我们做了许许多多的事情，下面我们一起做一个游戏，走进心灵深处去寻找我们的爸爸妈妈。

3. 心理游戏。

(1)准备活动：让身体轻松一下，最后达到轻松自然的状态。

(2)活动开始(心理暗示)：现在，脑子里空空的，什么都没有，静静地停一分钟。(很轻的婴儿啼哭声)那一天，伴随着哭声一个小生命诞生了，原来，那就是我。看，那眉毛、那眼睛、那小嘴……我躺在爸爸妈妈身边，他们看着我，慢慢地我会说话了、会走路了、会吃饭了、会穿衣服了。等我长大了，爸妈脸上布满了皱纹、头上长满了白头发……(停顿一会，给学前儿童充分的想象时间)。请小朋友们睁开眼睛，眼前浮现了谁的影像？(爸爸妈妈)

(3)请小朋友说说你在游戏中想到了什么？现在心里有什么感受？

4. 激发情感。

(1)每一位父母都是伟大的、无私的，他们用心呵护着自己的儿女，愿意为儿女付出一切，无论生活多么艰辛，工作多么辛苦，他们都能克服，幸福地生活着，快乐地工作着，你愿意介绍一下你的父母吗？

(2)介绍自己的父母。你认为你的父母是怎样的人？

5. 暗示感受。

(1)如果你的父母就在你面前，你想对他说什么？

(2)你爱你的爸爸妈妈吗？你是怎么爱他们的？

(3)小结：爱是一种付出，更是一种享受，我们付出爱的同时，享受着一种幸福和快乐，享受着生活，享受着人生……拥有一颗感恩的心，感谢父母的养育之恩，回报父母的养育之恩。

6. 结束，聆听歌曲《感恩的心》。

- 活动评价：

根据心理学家研究表明，融洽的亲子关系能更好地培养学前儿童的家庭角色和社会责任感。对于大班学前儿童来说，生理、心理都发生着明显的变化，自我意识不断增强。在这一时期，与父母的关系如何，直接影响着父母对其教育的效果。

活动中设计者利用心理暗示对学前儿童进行了心理上的启发，让他们开启自己的心灵之门，在脑海里回想父母照顾自己的情景。这样使学前儿童默默地回想自己最爱的人对自己的关爱，学前儿童的情感顿时被唤醒，一下子进入了角色。通过激发情感、暗示导行等形式，让学前儿童感受父母的不易，知道要对父母多关心、多理解、多沟通。音乐对心理的渲染、调节和暗示作用至关重要，可以起到意想不到的效果。这个活动的出发点是引导学前儿童学会关爱、理解父母，整个活动洋溢着浓浓的爱，所以适时选取一些轻柔抒情的音乐配合学前儿童的表述，让学前儿童在轻松缓慢的氛围中学会表达。

好玩的彩虹伞①

- 适合年龄：4~5岁(中班)
- 设计意图：

体育活动既可以锻炼学前儿童的身体，又可以开发学前儿童智力，还能培养学前儿童的意志品质和各种社会能力。日常活动中孩子们个体小组的玩法较多，集体合作玩一种器械的较少；与同伴玩的较多，亲子玩的较少，所以他们的群体合作意识需要进一步培养，同时也需要让孩子感受到温馨的亲情。在活动设计的过程中，设计者发现彩虹伞非常适合家长和孩子一起玩，于是以亲子游戏为基础，设计了以彩虹伞为主要道具的户外活动。

- 活动目标：

1. 体验与同伴、家人共同游戏的快乐。
2. 尝试听到信号或音乐做指定动作。
3. 练习走、跑、跳、爬等动作，提高动作的协调性。

- 活动准备：

1. 知识经验准备：有玩彩虹伞的经验。

① 改编自：福建省三钢集团第三学前儿童园. 蒋子娟.《儿童与健康》，2010(11).

2. 物质材料准备：彩虹伞一个、柔和的音乐。

- 活动过程：

1. 亲子手指游戏：《手指变变变》

2. 认识彩虹伞(彩虹伞的形状、颜色)。

3. 玩彩虹伞游戏。

(1)大海浪：家长和学前儿童拉起彩虹伞抖动伞面，模拟海浪翻腾的情景。

(2)拉个圆圈走走：拉着彩虹伞向右(左)转圈走或跑。

(3)吃蛋糕："1"举高，"2"放下压住边，做一个大大的蛋糕。

(4)旋转的彩虹：让学前儿童坐在伞面上，家长抓住伞边，尽量将伞面绷直，顺时针或逆时针旋转。

(5)蒙古包：家长和老师抓住彩虹伞的伞边，听老师的口令："一举高，二放手，三举高，四的时候家长和学前儿童一起到伞下面坐到伞边上。"

4. 听音乐《小星星》，亲子进行情感交流、放松。

家长与学前儿童一同坐在"蒙古包"里唱着小星星歌曲，边唱边做动作，让学前儿童感受到父母对自己的爱。

5. 结束活动：《卷花卷》收拾整理彩虹伞。

教师：彩虹伞花卷卷好了，让我们抬着它回家吧！

- 活动评价：

《幼儿园教育指导纲要》中指出："家庭是幼儿园重要的合作伙伴。应本着尊重、平等、合作的原则，争取家长的理解，支持和主动参与，并积极支持、帮助家长提高教育能力。"在活动中伴随着音乐，家长和孩子在蒙古包里一起唱《小星星》的歌，爸爸妈妈跟随着音乐节奏轻轻地摇着宝贝，摇啊摇，揉一揉、捏一捏、摸一摸、拍一拍、抱一抱、亲一亲，对孩子说着"我爱你！"孩子对爸爸妈妈说着"我也爱你，爸爸妈妈！"在这个环节里，家长和孩子情感交融，整个活动在爱的氛围中被推向高潮。这是一次体育活动，更是注重互动和情感交流的心理健康教育活动。让每一个孩子和家长在活动中感受到了快乐和感动，这对孩子的身心健康发展和成长都将是极其有益的。

二、 多领域的亲子活动

活动课程

互换角色

- 涉及领域：社会、语言
- 适合年龄：5~6岁(大班)
- 设计意图：

亲子关系是儿童最早建立的人际关系，是学前儿童人际交往的主要内容之一。随着学前儿童的年龄增长，自我意识也在不断成长，对父母的要求开始出现逆反，孩子缺少换位思考的能力、体贴和关心家人的态度……为了引导孩子学会与父母沟通，学会彼此理解，让孩子感受父母的辛苦，特设计该活动。

- 活动目标：

1. 理解父母、尊重父母、感谢父母、回报父母。

2. 学会换位思考，树立亲子之间要相互理解的意识。

3. 尝试用正确的方法和态度与父母交流沟通。

- 活动准备：

1. 知识经验准备：有帮父母做家务的经验。

2. 物质材料准备：绘本故事《猜猜我有多爱你》；情景表演的道具（玩具、桌子）；家长给孩子的信或录一段音频《孩子，我想对你说！》；柔和的音乐。

- 活动过程：

1. 手指游戏《大家都是一家人》。

（1）手指游戏：大拇指见面点点头，食指见面挥挥手；中指见面鞠个躬；无名指见面碰碰头；小拇指见面拉拉钩；大家都是一家人。

（2）教师：十根手指头是相亲相爱的一家人，缺一不可。那小朋友的家里都有哪些家人呢？（学前儿童介绍自己的家人）

2. 情景表演——父母的教诲。教师扮演家长，请小朋友上来合作表演。

（1）情景一：玩具扔满地（不收玩具，还对妈妈发脾气）

思考：妈妈为什么没有帮助乐乐收玩具？乐乐是怎样对待的？妈妈心情如何？

（2）情景二：为什么都是我不对？

思考：爸爸妈妈教育你的时候，你的感觉怎么样？你是怎么想的？今后打算怎么做？

3. 绘本故事《猜猜我有多爱你》。

（1）学前儿童边看故事图片，边听故事《猜猜我有多爱你》。

（2）提问：父母都为我们做过哪些事情？我们又为父母做过哪些事？如果我们是父母，会为自己的孩子做哪些事情？

（3）教师小结：父母对我们是百般呵护，无微不至，他们给了我们最无私的爱、最慷慨的情、最深切的期待，我们可以试着站在父母的角度去思考问题，增进对父母的了解，树立亲子之间要相互理解的意识。

4. 家长寄语《孩子，我想对你说》。

在音乐伴奏下，教师分别读出家长给孩子写的温馨话语（或播放家长给孩子录的音频）。

5. 教师小结活动情况。

让学前儿童更深刻地理解父母那深沉的、不求回报的、浓郁无私的爱。

- 活动评价：

在该活动中，以设计贴近生活、贴近实际、贴近心灵的活动为主，让情景在“矛盾”中展开，努力做到让学前儿童在活动中体验、感受，进而改变自己，达到爱父母、感谢父母、孝敬父母的目的，并形成和谐的亲子关系，为学前儿童的心理健康、人格健全做好导向工作。

在互动教学环节，以情景表演、绘本故事等形式调动学前儿童的学习积极主动性，让学前儿童通过交流，在经验分享中自我体验、自我认识，懂得父母对子女的爱远远胜于子女对父母的爱。最后的家长寄语《孩子，我想对你说》的环节，让学前儿童更加深入地体会到理解是沟通的桥梁，让学前儿童试着站在父母的角度去思考问题，树立亲子之间要相互理解的意识。

相亲相爱一家人①

- 涉及领域：社会、健康、艺术
- 适合年龄：4~5岁(中班)
- 设计意图：

如今的孩子都是家庭的“小皇帝”“小公主”，在家里有爷爷奶奶、外公外婆疼、爸爸妈妈爱，然而他们对自己家人为之付出的情况了解甚少。为了增进孩子们与家人的感情，培养孩子从小懂得关心他人的情感，特设计了“大手牵小手，亲亲一家人”的综合活动。

- 活动目标：

1. 鼓励学前儿童大胆表达自己的爱。
2. 尝试观察比较发现父母与孩子手的不同，提高学前儿童的观察力。
3. 通过印手掌的活动，让孩子体验到亲情的那股暖暖的爱。

- 活动准备：

1. 知识经验准备：有手印画的经验。
2. 物质材料准备：水粉颜料、宣纸每个家庭一张、兔子舞音乐。

- 活动过程：

1. 手指游戏。

一根手指头超级变变变，变成毛毛虫爬呀爬；二根手指头超级变变变，变成小兔子跳跳跳；三根手指头超级变变变，变成小花猫喵喵喵；四根手指头超级变变变，变成小螃蟹爬呀爬；五根手指头超级变变变，变成小鸟飞呀飞。

2. 观察父母亲的大手。

(1)教师：大手和小手都会变魔术，但是大手和小手有什么不一样呢？(爸爸

---

① 《幼教网》：http：//www. youjiao. com/e/20090721/4b8bcce9b9bbb. shtml 有改编。

妈妈的手大、粗糙、有皱纹，我们的小手小、柔嫩、光滑）

（2）家长与学前儿童一起仔细观察手，并及时回答学前儿童的提问，说说大手变大变粗糙的原因，引导学前儿童从中感受、体会成人抚育自己的辛劳。

3. 亲子游戏。

（1）爸爸妈妈手拉手。找一个适当的位子，印上爸爸、妈妈一起拉手的手印，仔细观察爸爸、妈妈手印的不同。

（2）印上自己的小手。在爸爸妈妈手印的中间印上自己的手印。

4. 在作品前合影。每个家庭在自己的手印画前合影，突出大手牵小手，亲亲一家人。

5. 我们大家跳起来。

（1）教师：小朋友真棒，和爸爸妈妈创作的手印画真漂亮。让我们和爸爸妈妈牵起手一起跳起来吧！

（2）每个家庭连起来围成一个圈，跳《兔子舞》，活动自然结束。

- 活动评价：

浓浓的亲情会使学前儿童感到安全，得到温暖。刻意渲染这种本已存在的氛围，为的是强化亲情呵护在学前儿童成长中的积极影响。学前儿童在家里常常有着特殊的地位，是被宠爱、被保护的对象。然而，作为一个独立的个体，孩子也应学会感激、学会报答、学会关心、学会爱。让每一个学前儿童从小成为和谐家庭中的一员，也是让他们学习做人的一个良好起点。也许爸爸妈妈之间偶尔会有争执，也许会有些不开心的事情，但大家始终是亲亲热热的一家人。

三、 学前儿童游戏活动中的亲子互动

游戏活动

小 鱼 游

- 适合年龄：3~4 岁（小班）
- 活动目标：

1. 通过亲子活动，增进与家人之间的感情。
2. 游戏中尝试与家人或同伴合作进行游戏。
3. 训练躲闪动作的灵活性、敏捷性。

- 活动准备：活动前检查活动场地是否安全。
- 游戏规则：父母面对面站立，手拉手织成网，学前儿童捉小鱼。父母说："捉鱼了"。学前儿童模仿小鱼游的动作躲闪开。被捕到了，学前儿童将替换一位家长，游戏继续进行。游戏时，学前儿童注意安全，以防磕着、碰着。

蒙眼障碍走

- 适合年龄：4~5岁(中班)
- 活动目标：

  1. 通过合作游戏，加深学前儿童与父母的感情。

  2. 培养学前儿童学会关心、帮助父母。

  3. 学前儿童学习用语言和行动帮助他人。
- 活动准备：消毒的眼罩若干；呼啦圈数个；小凳两个；终点标志两个。
- 游戏规则：

  1. 介绍游戏场地：将四个呼啦圈、两个小凳，按纵行排列，每个相隔约一米，终点各放标志一个，共设两组障碍。

  2. 学前儿童与父母自成一对，让父母将自己的双眼用眼罩蒙住，学前儿童拉起父母的手站在起点准备。

  3. 父母在学前儿童手拉手的牵引和语言提示下，顺次绕过呼啦圈、跨过小凳等一系列障碍，到达终点后，再返回起点。

  4. 没有踏进圈内，没有碰到小凳的胜出。而踏进圈内，没有碰到小凳的一对回到队中继续活动，直到全部胜出，活动结束。
- 5. 游戏进行几轮后，可以交换位子，让学前儿童蒙上双眼障碍走。

四、区域活动中的亲子教育

区域活动

我型我秀

- 适用区域：手工区、表演区
- 适合年龄：5~6岁(大班)
- 活动目的：

  1. 感受亲子合作表演带来的乐趣。

  2. 培养创造力、审美力，增强自信心。

  3. 能运用较完整、连贯的语言向同伴介绍自己的服装。

  材料准备：亲子时装秀的图片；时装表演的音乐。
- 活动内容：

  1. 欣赏亲子时装秀的录像或图片。

  2. 亲子默契大考验。由孩子选择配饰(如帽子、围巾、包包等)为自己和家人进行时尚搭配，完成整体造型。

3. 随音乐节奏，学前儿童与家人一同穿上自己设计的“时装”进行亲子时装秀的表演。

4. 评选三组配合最默契、最帅气的家庭组合。

我 爱 我 家

- 适用区域：娃娃家
- 适合年龄：3~4 岁(中班)
- 活动目的：

1. 体验角色扮演的乐趣。

2. 能按自己的游戏经验对物品进行归类摆放。

3. 提高语言能力、交往能力和合作能力。

- 材料准备：娃娃家玩具
- 游戏玩法：

1. 学前儿童自由选择角色，进入娃娃家游戏。

(1)学前儿童按自己的意愿选择“钥匙”进入“娃娃家”，扮演角色。

(2)学前儿童相互自我介绍，明确游戏伙伴的身份。

2. 教师以妈妈的身份带领小客人到娃娃家串门。引导小主人主动、热情地招待客人。

3. 听音乐结束游戏，学前儿童合作收拾整理娃娃家。

五、 日常生活中的随机亲子教育

心理学的研究表明，积极的亲子交往能使学前儿童成长为健康、快乐、善良、积极向上的现代儿童，因此，亲子教育是一种辅助日常教育的有效活动形式，是促进家长转变观念的有效途径，为完善学前儿童人格奠定了基础。

在幼儿园晨间谈话环节中开展亲子教育活动，教师可有意识地安排一些“我为××做什么?”“妈妈为我做什么?”等话题，让全班小朋友都来分享自己为亲人服务劳动的快乐，让孩子明白父母养育孩子的不易，父母也需要孩子的爱，促使孩子不断由“被爱”向“施爱”转化。在游戏中开展亲子教育活动，游戏是孩子的伙伴，孩子的一日生活都离不开游戏，教师在游戏中开展亲子教育会起到事半功倍的效果。如小班“我来当爸爸妈妈”的游戏中，让孩子背着书包抱着小娃娃走过独木桥，利用心理换位的方式对学前儿童进行亲子教育，体会父母呵护他们，养育他们的艰辛。结合节日、主题开展亲子同乐活动，如幼儿园在每学期开展的亲子手工制作、亲子游艺会、亲子运动会的活动中，通过与孩子的互动，促进学前儿童与家长之间的情感交流，让孩子和家长成为合作伙伴，使亲子教育活动朝着有效而健康的方向发展。

在家中，家长要认识到亲子教育活动过程中，除了发展孩子的认知、良好个性以外，亲子之间的情感交流应该成为生活教育中的最重要目的。孩子在生活中获得良好情感体验是其成长、发展的基础，孩子需要的是爱而不是知识和技能的灌输。家长在活动中还应注重孩子各种能力的培养而不是培养技能和技巧，和孩子一起通过尝试、体验、动手操作等活动，激发学前儿童的好奇心和探究欲望，发展孩子的认识能力。幼儿园亲子教育活动是一项多层面、多元化的系统工程，需要家庭、幼儿园的相互配合方能奏效，才能使每个学前儿童都得到全方位的、健康和谐的发展。

第六节　促进感觉统合活动

感觉统合是指大脑将从身体各感官传来的感觉信息，进行多次的组织分析、处理，做出正确决策，使整个机体和谐有效地运作，主要分为平衡统合、触觉统合、本体感统合、视觉和听觉统合五大方面。学前儿童的一些行为，如焦虑过度、攻击性行为、动作不协调等，在一定程度上是与感觉统合失调有关。治疗感觉统合失调的有效方法就是进行感觉统合训练，加强其大脑神经功能。感觉统合训练不仅是生理上和功能上的训练，也是重要的心理训练，感觉统合训练的器材颜色鲜艳、游戏玩法多样，如：滑板、滑梯、羊角球、独脚椅等，它们既可以单独使用又可以组合使用，不断地更新玩法，激发学前儿童的游戏兴趣，正符合学前儿童心理特点，对他们有很大的吸引力。感觉统合的训练过程都需要付出体力和一定的意志，学前儿童在活动中会尽力地克服各种各样的困难，对产生积极稳定的情绪和坚强的意志力都会有一定的作用。活动中，学前儿童需要遵守纪律和规则，友好地竞争，发展团队精神和与人分享的社会情感。幼儿园教师可充分地认识和利用这些影响力，更好地帮助学前儿童从参与感觉统合活动的过程中去获取这些价值。

一、　健康领域的感觉统合活动

活动课程

百亩森林的海盗

- 适合年龄：5~6岁(大班)
- 设计意图：

为了帮助学前儿童体验战胜困难的快乐，由此设计了一节大班综合活动课，鉴于学前儿童在之前已经有玩这些器械的经验，这次的活动通过情景式的游戏，扮演维尼和他的小伙伴经过重重难关帮助好朋友寻到了失去的宝藏。让孩子们带着角色参与到活动中，他们的兴趣更浓烈。

- 活动目标：

  1. 活动中有自信，体验成功的快乐。

  2. 强化姿势反应和双侧的统合，保持身体的平衡能力。

  3. 能初步判断自己的运动能力，不断挑战自我。

- 活动准备：

  1. 知识经验准备：玩过羊角球、平衡木。

  2. 物质材料准备：羊角球 6 个；平衡木 4 条；(S 形，直线形) 滑梯 2 个；瓶子若干；维尼头饰一个；跳跳虎头饰若干。

- 活动过程：

  1. 开始部分。

(1) 教师：前几天我找到了一张海盗藏宝图，想请请跳跳虎帮助我找到藏宝图的宝藏，你们有信心找到吗？让我们一起来宣誓：任何时间，任何地点，超级侦探，认真办案。

(2) 跟随维尼一起做热身操。

教师：让我们一起向快乐出发吧！

2. 基本活动。

教师：我们的身体活动好了，现在让我们一起看看藏宝图的线路。

(1) 持球过平衡木。

动作要领：双手保持身体平衡，抬头挺胸，眼睛向前看，一步一步向前走，用自己的方法把球运过平衡木。

(2) 骑羊角球绕过障碍物上滑梯。

动作要领：双手握紧羊角球的耳朵，坐在羊角球上，双脚蹬地带动羊角球往前移动，绕过树林 (绕的路线不限)，上山坡时双腿微微收一点，跳下去时往前，往远跳，学前儿童根据自己意愿选择想去的游戏，巩固平衡木及羊角球的玩法。

教师重点指导动作能力较弱的学前儿童，提醒学前儿童注意安全。(鼓励学前儿童大胆地跳下滑梯，帮助指导个别学前儿童的动作规范)

(3) 游戏：百亩森林的海盗。

玩法与规则：学前儿童分成男女站在场地两边 (教师边讲解游戏玩法边请一名学前儿童做示范)。首先我们持球走过平衡木，然后骑羊角球穿过障碍物，接着骑上滑梯，大胆从滑梯上跳下来，拿一个玩具，最后从两边返回将宝藏放在两边篓子里，“马”交给下一个小朋友。

3. 结束部分。

(1) 教师小结此次的游戏情况。

师：跳跳虎们，你们可真能干，拿到了这么多的宝藏，让我们一起来跳舞庆祝一下吧！

(2)跟随教师做放松运动。

- 活动评价：

“跳山坡”是这节课的重点地方，滑梯有一定的高度，学前儿童在看见这样的感统器材后都有些畏惧，更何况骑着羊角球跳下来。在第一次尝试的时候大家都有些畏惧，反而容易让自己摔跤，教师需要特别注意帮助动作或心理发展困难的学前儿童，鼓励他们战胜心里的恐惧，勇敢地跳下来，努力完成任务。并对普遍感到困难的动作、秩序或规则进行特别指导，由此也能增加师生之间的信任感。

羊羊运粮

- 适合年龄：5~6岁(大班)
- 设计意图：

踩高跷是我国传统的民间体育游戏，也是学前儿童非常喜欢的一项体育活动。该活动所选择的器材是高跷。走高跷是学前儿童比较喜欢的一项活动，学前儿童在走高跷时，可以获得平衡能力和动作协调性的发展。在该项活动中，设计者以动画片“喜羊羊”为原形，创设情境羊村门口由于下雨形成了一条条的小河，小羊们要出羊村就需要跨过条条不同宽度的小河(踩高跷跨过一定宽度的障碍)才能帮助羊村获得粮食。本次活动的意图是让学前儿童勇敢地迎接挑战，在不断克服困难中体验成功的喜悦。

- 活动目标

1. 愿意参与感统游戏，体验与小朋友和老师互动的乐趣。
2. 脚踩高跷跨过30cm左右的距离，保持身体平衡协调。
3. 能和同伴合作战胜困难，帮助“羊村”取粮食。

- 活动准备

1. 知识经验准备：学前儿童观看过踩高跷的表演，熟悉动画片第120集《踩高跷》的情节。

2. 物质材料准备：高跷每人一副；长橡皮筋3条；距离25cm，30cm，25~35cm的小河；玉米地场景；小奖品若干；活动音乐。

- 活动过程

1. 开始部分。

(1)天气越来越凉，我们想要好的身体就需要加强锻炼，我们一起来跳个舞吧！

(2)今天慢羊羊村长给大家带来个神奇的工具，它有很多奇妙的玩法，小羊们开动脑筋，咱们试一试可以怎么玩，等会儿展示你的玩法！

2. 基本部分。

(1)探索高跷的玩法。

小羊们自由探索高跷的玩法：大家可以自己玩，也可以与几个小伙伴一起玩，鼓励学前儿童想出不同的玩法，创造出高跷的多种玩法。(感受与同伴创造性玩高跷的快乐)

(2)学习踩高跷跨小河的方法。

情景：刚刚下了一场大雨，水都积到我们的羊村门口变成了一条小河了，那小羊们你们怎么用我们的高跷跨过小河呢?

①场地上有一条25cm宽的“小河”，观察小羊们的游戏情况。

②请个别学前儿童示范，引导学前儿童发现并掌握动作要领：用脚底中心踩在高跷上，双手要拉直绳子，脚踩高跷一只脚先跨过去，身体移动重心，另一只脚再跨过去。

③请学前儿童分散反复练习，教师观察指导，提醒学前儿童注意移动身体重心。

④提醒学前儿童从两边走回，遇到过不来的同伴可以扶着同伴的胳膊帮助其过小河。(互帮互助)

(3)游戏：小羊运粮。

情境：我们村里的食物不多了，需要小羊们去对面的玉米地背一些玉米回来，刚刚下雨太大了，又有一条宽窄不一样的小河了，小羊们等下过小河的时候可以选择自己合适的宽度过小河，我们看看哪些小羊勇士们可以勇敢地跨过去!

①介绍玩法及规则：

玩法：小羊跨过25cm，30cm的小河，第三条小河25~35cm可自由选择宽度，去玉米地取得一个“玉米”后跑回自己的队伍。第二位小羊等到前面的小羊跨过第二条小河时就可以出发了。规则：一次取得一个玉米，贴在背后，拿着高跷跑回队伍的后面。

②学前儿童自主参与游戏，教师观察指导，鼓励学前儿童尝试高难度动作。

3. 结束部分。

(1)学前儿童自由地在场地上听音乐捏捏腿，做放松活动。

(2)整理好高跷。

- 活动评价：

有情境的感觉统合游戏能更好地帮助学前儿童心理发展和社会性的发展。环节中有一片玉米地，有一只“小羊”发现对面的一片玉米地，就跑过去摘下玉米，教师可以引导学前儿童“别人东西我不拿”，在经过同意后方可帮助“羊村”摘取粮食。同时，情景式的语言引导学前儿童更好地遵守规则，同时保护了学前儿童参与游戏活动的兴趣。

二、 多领域的感觉统合活动

活动课程

剥鹌鹑蛋

- 涉及领域：健康、社会
- 适合年龄：5~6岁(大班)
- 设计意图：

学前儿童的生活教育离不开基本的生活技能和生活卫生习惯的培养。有时学前儿童情绪浮躁时，就可以进行一些精细活动，帮助学前儿童“静”下来，因此设计者设计了剥鹌鹑蛋的活动。鹌鹑蛋比较小，学前儿童在剥的时候需要保证蛋的完整，同时还要将蛋膜剥掉，这样就更加考验学前儿童的细致、从而发展精细动作。“自己动手剥”这一生活活动，就是帮助学前儿童在遇到吃些带皮、带壳、带包装纸的食品时，能不依赖于别人，自己动手剥，学习一些剥食品的技能。

- 活动目标：

1. 主动承担任务，积极参加剥蛋劳动。
2. 学习剥蛋的方法，尽量将蛋剥完整。
3. 能把剥下来的食品外壳或残渣放在指定的地方。

- 活动准备：

1. 知识经验准备：有尝试剥蛋的经历。
2. 物质材料准备：鹌鹑蛋若干；盆子；洗手。

- 活动过程：

1. 活动导入。

教师：今天中午吃鹌鹑蛋烧肉，还有好多蛋没剥，怎么办呢？

(肯定学前儿童主动承担任务的想法。)

2. 讨论剥蛋的方法。

小结：先将蛋壳轻轻敲碎，再慢慢剥下蛋壳，一定要仔细，尽量让蛋保持完整。

3. 学前儿童剥蛋。

(1)提出要求：蛋壳放在自己的小碗里，剥好的蛋放在中间的盆子里，蛋壳要剥干净。

(2)按要求完成任务：保持手的干净，注意卫生；慢慢剥，不着急，尽量保持蛋的完整；接在碗里剥，防止蛋掉到地上。

(3)学前儿童剥蛋，教师指导。

4. 结束劳动。

(1)师生一起收拾劳动场地。

(2)表扬学前儿童积极主动参加劳动的行为。

- 活动评价:

学前儿童尝试动手剥鹌鹑蛋，获得感知的体验，在活动延伸中可创设一些游戏，再提供多种可剥的食品，让学前儿童进一步练习动手剥、喜欢剥、会剥。以至于在日常生活中，除了自己的事情自己做外，还可以帮助家长做力所能及的事情。活动中可以引导学前儿童培养良好的卫生习惯，在剥食品时，不乱丢外壳和残渣，并能放在指定处。通过快乐的游戏活动使学前儿童的情感需要得以满足，进而促进其身心的健康发展。

宝露露编辫子①

- 涉及领域:健康、艺术
- 适合年龄:5~6岁(大班)
- 设计意图:

编织活动是一种游戏，学前儿童通过运用各种各样的条形材料，五颜六色的彩条进行编织，可以促进学前儿童的大脑发育，并充分培养学前儿童的观察能力、想象能力、创造能力以及审美能力。它把教育与游戏结合起来，寓教于乐，手脑并用，动静交替，学前儿童可以在玩中做，做中学，使整个教育活动变得生动有趣、丰富多彩。

- 活动目标

1. 体验合作操作游戏的乐趣。
2. 学习两人合作编三股辫。
3. 发展学前儿童小肌肉动作的协调性和灵活性。

- 活动准备

1. 知识经验准备:看过大人编麻花辫。
2. 物质材料准备:2人三根鞋带，橡皮筋40条。

- 活动过程

1. 出示彩色的鞋带，引起学前儿童兴趣

教师:小企鹅宝露露想要一条辫子，我们来学编辫子帮助它吧。

2. 出示编好的辫子，引导学前儿童编辫子

学前儿童2人一组，教师介绍编辫子的方法与要求:两人合作用橡皮筋将鞋

---

① 小企鹅宝露露:故事是描述一座被冰雪覆盖又与世隔绝的森林，里面住着一群可爱的小动物。片中一共有五个成员，故事的主角是一只充满好奇心又淘气的小企鹅PORORO，因为喜欢尝试新鲜事物，因此常常惹出小麻烦也为大家带来无限欢笑！一系列的故事就是围绕着他和他的朋友们而展开的。

带的一头扎紧，一人拿鞋带一端，另一人编辫子，编好后再用橡皮筋扎紧。

3. 展示学前儿童作品。

(1)学前儿童相互欣赏作品。

(2)师："我们把辫子送给宝露露吧"，体验成功的快乐。

- 活动建议：

在小区里投放彩绳、布条等材料，鼓励学前儿童运用相同的技法，练习编织技能。

- 活动评价：

教师应引导学前儿童在活动中协商如何分工，通过分工，使学前儿童更加明确活动的目的，合作性更强，以便更顺利地完成合作任务。活动后教师还应引导学前儿童将合作行为介绍给同伴听，帮助学前儿童共同分享、体验合作所带来的快乐与成功。

三、 学前儿童游戏活动中的感觉统合训练

游戏活动

混龄户外感统训练

- 适合年龄：3~6岁(小中大班)
- 活动目标：

建立良好的师生、同伴关系，让学前儿童在活动中感到温暖、心情愉快、形成安全感、信赖感。

- 活动准备

物质材料准备：各种感统器材，如：羊角球、滚筒、四轮车等，合适的场地布置。

- 游戏规则

玩法：请幼儿园各年龄段的学前儿童，根据班级以大带小的形式进行游戏活动。活动前班级老师介绍活动场地，布置和各种器材的玩法。大朋友照顾好弟弟妹妹，注意游戏安全。

规则：遵守每个场地教师的活动要求。

抱 一 抱①

- 适合年龄：3~4岁(小班)

① [日]二宫信一编著. 不一样的孩子、不一样的玩法[M]. 高傅译. 北京：中国青年出版社，2010. 2.

- 活动目标：

  通过身体间的接触达到放松状态，建立信赖感。

- 活动规则：

  1. 背一背：教师保持坐姿，邀请学前儿童贴到自己的后背。学前儿童一旦把手搭到教师的肩头，就表示学前儿童完全把身体交给教师了。接下来，教师要一边观察学前儿童的反应一边用双手从后面抱住学前儿童（轻轻抱住就可以了）。

  2. 抱一抱：对背一背没有抵触的学前儿童，可以让他坐在教师的腿上。学前儿童靠着坐，教师可以一边唱歌一边轻轻地左右摇晃。

  提示：轻度心理发展障碍的学前儿童讨厌别人接触自己的身体，或者很少有机会接触别人的身体。仔细观察就会发现，这些孩子经常身体绷得很紧，总是抬肩膀、用脚尖走路。让这样的学前儿童体会到放松的感觉，这个抱一抱的游戏就很管用，同时逐渐建立师幼之间的信赖感。

四、 区域活动中感觉统合训练

区域活动

弹 彩 球

- 适合区域：体育区
- 适用年龄：3~6 岁（小中大班）
- 游戏目的：锻炼动作协调、反应灵敏，练习手口一致的数数，培养团结协作、集体荣誉感等品质。
- 材料准备：皮筋布、小球
- 游戏方法：

  由 2 个小朋友玩，每个孩子分别拉住靠近自己一端或一角的拉手。各自同时往自己身前拽，协同一致网上抖。彩球被弹起后落下，接住、再拽、再抖，边玩边数数。一组或二、三组小朋友比赛均可，接住次数最多者为优胜。

履 带 车

- 适合区域：体育区
- 适用年龄：3~6 岁（小中大班）
- 材料准备：

  将纸和过塑膜连接成带状。

- 游戏目的：

锻炼全身大肌肉活动的力量，四肢的协调性和灵活性，培养团结协作的品质。

- 游戏玩法：

小朋友钻进履带，向前爬行，爬行中，履带不能掉落，率先到达终点为优胜者。此器械共有四个，可将全班小朋友分为四组，每组一个履带，爬行距离可设置为 10m 至 20m，本组一个小朋友爬完，换另一个小朋友进去爬行，全部优先爬完的小组获胜。

五、 日常生活中的随机感觉统合教育

学前儿童的一日生活的各项活动都离不开感觉统合，如：户外感觉统合游戏，游戏中学前儿童需要承受一定的生理负荷和心理负荷。因此要合理安排活动内容、强度和密度，有效地调节学前儿童生理、心理所能承受的范围。可参考以下几点：

1. 根据学前儿童不同年龄段。小班走平衡木，情绪易紧张，应配合鼓励或提供其他容易达到的轻松愉快的效果活动。爬一爬、与教师抱一抱会是个很好的选择，帮助学前儿童缓解紧张的情绪，在与教师身体接触上获得亲情的满足感。

2. 动静结合。在熟悉比较复杂的动作技能时，可以配合激励并提供能够感受自由探索的活动，如：自由探索小花园里的秘密，自由与同伴探索游戏或器材的新玩法等。

3. 灵活机动。天气过冷或过热，部分学前儿童容易产生畏难怕苦的消极情绪，竞赛活动容易因遵守规则或输赢造成过激情绪或生理负荷过重，都应配合适合放松的活动来调整情绪。

总的来说，教师在进行日常生活感觉统合的组织与观察中，眼中要有学前儿童，时刻关注学前儿童的活动情况并进行合理调整。

本章小结

本章共六节，分别从快乐的积极情绪、热爱学习生活、认识和接受自我、交往合作爱护环境、引导亲子同乐和感觉统合促进身心协调六个方面，通过大量的活动课程设计方案、实例和分析，介绍了心理健康教育在健康领域教学、多领域教学、游戏活动、区域活动、日常生活随机教育过程中的开展方式和组织形式，为学习者更好地领会心理健康教育课程含义，并在实践中加以创造性运用提供借鉴。

本章思考题

1. 如何培养学前儿童的积极情绪？教师如何发现并帮助学前儿童化解不良情绪？
2. 健康领域教学与多领域教学中的健康教育方式有何区别和联系？

3. 在学前儿童日常生活活动中健康教育方式还有哪些？结合工作实例谈谈心得体会。

4. 幼儿园教师如何引导家长增进亲子关系？举例说明。

5. 尝试设计一堂综合性的学前儿童健康教育活动课程方案。

推荐阅读

1. 麦少美、孙树珍. 学前儿童健康教育活动指导. 上海：复旦大学出版社，2005.

该书着重介绍了健康的一般理论和学前儿童健康教育的目标、内容；从学前儿童身体保健教育、心理健康教育、体育等方面阐述了学前儿童健康教育活动的内容、组织形式以及应当注意的问题。另外，该书安排了许多学前健康教育领域的真实、生动、有趣的案例，供学习者分析、思考和借鉴。

2. 饶淑园. 学前儿童心理健康教育与辅导. 广州：高等教育出版社，2013.

该教材编写以心理健康教育与辅导的理论基础、学前儿童心理健康评估、学前儿童心理健康发展性教育和学前儿童心理健康的辅助性补偿教育为逻辑线索展开，内容体系遵循科学性、系统性、可读性和操作性这一核心原则，促进学生理论联系实际、学有所获、学以致用。

3. 许思安. 学前儿童心理健康教育实务. 北京：清华大学出版社，2013.

该书编写结合普通心理学、发展心理学和心理咨询等多个学科的理论知识，以学前儿童心理发展的特点与需求为主线，用独特的视角、灵活的方法，针对当前学前儿童的常见现象或问题，提出相应有效的干预举措。全书分为三大板块：学前儿童心理特点分析、主题活动设计和个案分享、在理论与实践融合的基础上力求突出“实务”二字。该书可供高校心理健康教育课和幼儿园教师在教育教学实践中参考和借鉴，家长也可以通过阅读了解相关知识以更好地培养孩子。

本章参考文献

饶淑园．学前儿童心理健康教育与辅导[M]．广州：广东高等教育出版社，2013.
刘文．学前儿童心理健康教育[M]．北京：中国轻工业出版社，2008.
魏曙光．学前心理学[M]．天津：南开大学出版社，2014.
赵敏．学前儿童心理健康教育与教师心理健康[M]．北京：首都师范大学出版社，2008.
王惠萍，孙宏伟主编．儿童发展心理学[M]．北京：科学出版社，2010.
郭艳．在游戏中培养学前儿童的自我意识[J]．中国科教创新导刊，2008.
侯秀坤．学前儿童自我意识发展的途径和方法[J]．教育实践与研究，2003.
张丽萍．培养学前儿童的自信心[J]．学前儿童教育，1986.

许继红，渠静．中班学前儿童自我意识的培养初探[J]．学前教育研究，2001.
武建芬．学前儿童心理理论与同伴交往关系的研究[D]．华东师范大学，2006.
吕芳．4—5岁儿童合作认知的发展特点研究[D]．西南大学，2009.
高雪．浅谈学前儿童日常生活中的随机教育[J]．新课程(教育学术)，2010.
张继红．家长也来当教师——谈随机教育[J]．中华女子学院山东分院学报，1991.
刘建恒．感统训练融入儿童心理辅导教育模式及评价研究[D]．中南大学，2008.

第四章 健康教育团体辅导

学习目标

1. 本章导读：本章主要介绍学前儿童健康教育团体辅导的类型和组织形式。通过本章的学习，未来的学前教师要了解学前儿童团体辅导活动的作用和机制，熟悉在学前儿童团体合作、家庭氛围、膳食行为、师生关系和社会化发展各方面运用团体辅导方式促进其心理健康的特点，掌握团体辅导活动的设计方法。

2. 教学重难点：学前儿童健康教育团体辅导的设计。

3. 教学课时：教学 6 课时，实习 2 课时。

团体辅导(group counseling)亦可称为小组、群体、集体辅导，是在团体情境下进行的一种心理辅导形式，它以团体为对象，运用适当的辅导策略与方法，通过团体成员间的互动，促使个体在交往中通过观察、学习、体验，认识自我、探讨自我、接纳自我，调整和改善与他人的关系，学习新的态度与行为方式，激发个体潜能，增强适应能力的助人过程。① 团体辅导是幼儿园健康教育的一种形式，本章重点介绍团体辅导和一种特殊形式——心理剧。

对儿童来说，社会性学习是很重要的学习过程。团体辅导较之个别辅导能更有效地发展其人际交往能力。在团体中，通过团体成员间的一系列互动，参与者可以观察、体验人际关系如何形成，人际沟通如何进行以及各种微妙的人际反应，学习人际交往的技巧，增进与建立良好的人际关系。在团体辅导过程中，当团体凝聚力形成并增强时，会让团体成员产生强烈的归属感和认同感。成员会明确地意识到自己是团体中的一员，要保持和团体一致的认识和评价，会以团体为荣，爱护和保护团体的形象及荣誉，并且以同舟共济的精神去应付外界。在团体活动中，成员一直在彼此帮助，互相支持，分担相互之间的困难。每一个成员在帮助他人的过程中，会发现自己对别人很

① 《百科词条网》：http：//baike. haosou. com/doc/6750633-6965192. html.

重要。这种体验使人感到自己存在的价值，获得欣喜感和满足感，进而增强自信心。助人是快乐之本，受助是成长之源。团体是社会的缩影，也是社会的真实反映。在团体中，成员彼此提供行为示范，他们可以通过团体经验进行仿效性学习。团体辅导能够给成员提供接受反馈的机会，团体中他人的建议、反应和观点往往是很有价值的。在团体辅导活动中，成员间能够有更多的机会听到别人对自己的看法。团体的反馈比之个别情境的反馈更有冲击力，能够有效地改变自己的不良行为，发展适应行为。团体成员各自有着不同的背景和经验，对问题也会有不同的观点和理解。这种不同视角的多元信息，无疑为团体成员提供了丰富的背景资料，开启了他们的思路，也拓展了他们的视野。在团体中成员通过经验与感受的分享，产生"和别人一样"的体验，会降低自卫心理，彼此认同与关注。团体辅导为参加者提供了一个良好的社会活动场所，创造了一种信任、温暖、支持的团体氛围，使个体处于一个比较安全与温暖的情境中，因此很适合培养成员积极面对生活的态度，积极地评估自己。

学前儿童团体辅导是根据学前儿童心理发展的特征与规律，运用心理学等专业知识与技能，通过设计和组织一定的团体活动，引发团体成员的主观体验和感受，从而对其心理状态产生积极的影响，提高其心理健康水平的过程。它以学前儿童的心理需要为基础，以关注他们自身的成长为出发点，以促进心理健康为主线进行设计和实施，是学前儿童心理健康促进的有效途径，在当代幼儿园的教育工作中具有独特的发展潜力。构成团体的主要条件有四个：有一定规模(两人以上)；彼此相互影响；有一致性共识；有共同目标。团体辅导的功能在于以下四点：

(1)团体辅导以活动为本，强调主观体验，学前儿童喜闻乐见。学前儿童正处于心理和生理的发展变化期，他们面临着来自幼儿园、家庭、社会等多个方面的影响，其心理能力相对较弱，应对各类问题的经验少，其认识和行为容易在各种因素影响下向积极或消极的方向发展。同时，学前儿童的自我认识水平相对较弱，在对他们进行心理健康辅导时，如果只单纯讲道理，收效甚微。团体辅导采取以趣味性为主要特征的各种活动，强调学前儿童在活动中进行主动地参与和体验，其游戏性质使得他们乐于参与其中，他们更自然地展现自己的特长、发挥自己的能力、体会活动过程中可能带来的体验和认识。

(2)团体辅导满足了相同年龄段学前儿童共同的心理发展需要。预防学前儿童心理行为问题的出现，培养良好的心理健康素质，提升心理健康水平是心理健康辅导的首要目标。同一年龄阶段的学前儿童，心理发展基本上处在同一水平上，他们所遇到的问题基本上呈现出一种普遍性和规律性。因此，完全可以通过以班级和小组为单位的团体辅导，来促进同一年龄段的学前儿童在心理素质的整体发展水平上得到提高。团体辅导可以有计划、有目的地推动同龄学前儿童心理素质积极发展，预防因缺少关注、引导而可能发生的心理困扰。

(3)团体辅导为学前儿童心理健康发展创设了互动氛围。团体辅导应该是一种心灵与心灵的沟通，是一种人际间相互信任、相互帮助的友爱关系，是一种充满人性的氛围。团体辅导作为一种互动的过程，在民主、接纳、信任的气氛下进行，保证每个人都享有同样的人格尊严，享有同样的表达自己思想情感的权利，可以培养学前儿童的自我认同感和集体归属感。另外，团体提供了一个现实社会的缩影，使学前儿童感知日常生活经验，在安全、信任的气氛中学习好行为。因此，团体辅导是学前儿童心理健康发展的“安全基地”。

(4)团体辅导为学前儿童心理健康促进提供了新途径。当代儿童团体凝聚力和团队合作精神的培养越来越重要。这是个体辅导难以实现的，而团体辅导提供了新途径。个体辅导是一种“一对一”的方法，通常针对的是已经存在心理困惑或一般心理行为问题的儿童，而大多数处于良好心理健康状态的儿童并不能从中受益，他们需要不断地提高自身的心理健康水平，以应对将来的生活。团体辅导是“一对多”的心理健康辅导方法，通过一系列的活动，可以让很多儿童同时受益，同时获得心理上的成长。

(5)专业设计和良好组织的团体辅导是学前儿童成长的保障。团体辅导根本目的，是在专业化设计和良好的组织实施活动中，让儿童通过自身的主动参与来体会自我、理解他人与社会，从而逐步把握自己的思想、情感和行为，为真正走向社会，成为独立的社会主体奠定基础。团体辅导通过提供各种反映真实生活和学习现实的活动情境，使儿童身处其中，在与他人互动的过程中，在教师辅导员良好的引导下，逐步学习和养成健康心理素质。

心理剧是一种可以使患者的感情得以发泄从而达到治疗效果的戏剧。通过扮演某一角色，患者可以体会角色的情感与思想，从而改变自己以前的行为习惯。① 20世纪20年代，精神病理学家莫雷诺(J. L. Moreno)创造了心理剧，最初他是在儿童教育中使用了这种自发性戏剧，并建成了第一座心理剧剧场，随后又召开了国际心理剧会议，成立了世界心理剧研究中心。② 近年来，随着对心理健康教育工作的重视，学校心理健康活动的形式也丰富多样了起来，校园心理剧作为心理健康活动课程和团体辅导的特殊方式，逐渐被教育者认识与接受。目前团体辅导和心理剧这两种教育方式从大学到中小学的心理健康活动课堂，受到了学生的欢迎和好评。在幼儿园以游戏为主体的教育活动中，角色游戏和团体游戏一直是学前儿童喜爱、乐于参与的活动之一，把心理剧和团体辅导的形式在幼儿园教育中推广和应用，可以为学前儿童提供一个同伴心理互助平台，营造一个心理自助和互助的氛围，使学前儿童在轻松、快乐的扮演游戏中学习心理健康知识，学会调适心理状态，形成积极的情绪情感，协调各种人际关系，能达到“润物细无声”的教育效果，对学前儿童心理健康发展起到积极促进作用。有关团体辅导和心理剧的理论请参考相关书目，本章重点就学前儿童团体合作、家庭氛围、膳食行为、师生关系和社会化发展几个方面，运用团体辅导和心理剧促进其身心健康的活动设计进行介绍。

---

① 《百科词条网》：http：//baike. haosou. com/doc/2690218-2840486. html.

② 高思刚. 中小学校园心理剧[M]. 福州：福建教育出版社，2012.

第一节　快乐的集体

3~6 岁是培养学前儿童良好心理品质的最佳时期，也是促进社会性发展的重要阶段。这个阶段的学前儿童，从家庭走进幼儿园，接触到人生中的第一个小集体，开始群体生活，他们需要与老师、同伴等进行沟通、交往与合作。

由于现在的学前儿童家庭，独生子女占绝大多数，他们容易形成情感上的自我中心，当他们离开父母接触新的生活环境时，会表现出自私任性、不合群、交往能力较弱等明显的不适应，引起心理上的焦虑和失望。而家长又往往只重视孩子的智力开发，容易忽视培养孩子的心理和行为。学前儿童是特定的社会成员，为了使其能更好地适应集体生活，教师不仅要掌握学前儿童的身心发展的规律，还要研究学前儿童的群体问题，努力使群体对其中的每一位成员的心理和行为产生积极的影响。《幼儿园教育指导纲要》中也明确提出："建立良好的师生、同伴关系，让幼儿在集体中感到温暖，心情愉快，形成安全感和信任感。"可见，在学前儿童中建立良好的群体关系对其健康心理的形成和发展是何等的重要。

在开展日常教育教学的工作中，应结合幼儿园实际情况，有目的、有计划地组织一些符合儿童年龄特点的、有趣的、有价值的集体心理教育活动，适时引入儿童心理剧、学前儿童团体辅导游戏等多种形式的心理辅导，尽可能地为学前儿童创造机会和条件与同伴平等、双向交往合作。通过角色扮演、互动游戏，共同完成任务，让大家融合在群体之中，拥有良好、积极的心理体验，使不同需要的学前儿童在认知发展、克服自我中心、形成良好性格、改善同伴关系、发展道德品质和提高社会交往技能等方面得到促进，健康成长。需要说明的是，以下介绍的团体辅导和心理剧都是幼儿园工作中的一种初步尝试，还需要不断实践探索和完善。

一、　心理剧：小刺猬的大房子①

- 适合年龄：5~6 岁(大班)

  主角：小刺猬阿奇

  配角：小灰鼠、鼹鼠马文、兔子哈里、田鼠弗农、小青蛙比尔

  道具：扫帚、告示牌、小箱子、花盆、灯笼、吉他、抹布、盘子、茶壶
- 辅导目标：

  1. 唤起学前儿童的情感体验，感受同伴间的友爱之情。

---

① 该剧改编自：绘本故事《我的房子，大家的房子》，作者：[英]斯巴克斯著，戴维斯绘，林昕译.

2. 懂得美好的东西应该与别人共同分享，大家一起享受快乐才是真正的快乐。

3. 学会用宽容的心去对待身边的人和事。

- 剧情简介：

小刺猬阿奇住在一片很大的树篱中，但他讨厌别的动物到他家来做客。他每天都盯着大门，看看有没有人会偷着溜进他的房子里，无论白天和黑夜，阿奇时刻保持着高度警惕。一只路过的小老鼠想进去休息，阿奇拒绝了他。可是，夜以继日地守卫在家旁边太累了，终于，阿奇睡着了。小灰鼠顺利地溜进了他的家……醒来的阿奇发现自己的家发生了惊人的变化，面对眼前的一切，阿奇感受到小伙伴间真挚的友爱情谊、体验了朋友在一起的快乐，改观了“独我意识”，转变成为一个乐于分享的快乐孩子！

- 剧情：

第一场

（地点：阿奇家门前，门窗紧闭）

旁白：小刺猬阿奇一个人住在一间大篱笆屋里，他讨厌别人来家里做客。

阿奇（手拿扫帚，神气地站在门前）：我是刺猬叫阿奇，住在篱笆的房子里，屋里明亮又宽敞，自由自在很舒心。虽然只有我一人，可我一点儿也不在意，门前站岗来守卫，谁也别想住进去！

（这时，鼹鼠马文来到阿奇家门前）

马文：哇，多漂亮的房子呀！（用手比划）绿叶墙，蓝边窗，屋里暖和又亮堂！阿奇，我的家在地下，光线不好，又黑又暗，可不可以让我和你一起住？

阿奇（惊讶的样子）：什么？一起住?！不行，不行（不停地摇手）你看你身上沾满了黑泥，会把我的家弄脏的！

马文（哀求状）：阿奇，你就让我进去吧，我不会把你的家弄脏的。

阿奇（将扫帚挡在胸前，冷漠地拒绝）：不行！不行！就是不行！

马文：你说话真不客气呀！

阿奇（撅起嘴）：我就是不愿意你到我家里来，快走开！哼！

马文：走就走，有什么了不起！

（马文无奈生气地离场）

阿奇（自言自语）：想到我的家里来住?！没门！

（这时，兔子哈里来到阿奇家门前）

哈里：哇，多漂亮的房子呀！（用手比划）绿叶墙，蓝边窗，屋里暖和又亮堂！阿奇，眼看冬天要来到，我家寒冷又狭小，可不可以让我和你一起住？

阿奇（惊讶的样子）：什么？一起住?！不行，不行（不停地摇手）你看你啪嗒啪嗒地乱跳，万一把我家的地板踩坏了，那可怎么得了?！

哈里（哀求状）：阿奇，你就让我进去吧，我不会把你家的地板踩坏的。

阿奇（将扫帚挡在胸前，冷漠地拒绝）：不行！不行！坚决不行！

哈里（委屈地看着阿奇）：你说话真没有礼貌！

阿奇(撅起嘴)：我就是不愿意你到我家里来，快走开！哼！

(哈里叹气摇摇头，无奈地离场)

阿奇(一手叉腰，一手杵着扫帚，警惕地打量着周围)：我要盯着大门口，谁也别想往里溜！无论白天和黑夜，一刻不停来看守！(一手摸着下巴，一手杵着扫帚，做思考状)我还得想个办法阻止他们……哦，对了！竖一块告示牌——非请勿进！

(赶紧在家门口竖一块告示牌，上面写着“非请勿进”)

阿奇(捶捶胳膊)：忙了半天，好累呀！(伸伸懒腰，没精打采的样子)真想好好睡一觉！(揉揉眼睛)咦，迎面走来的是谁呀？

(一只小灰鼠背着包裹，正在东张西望地找房子，他在阿奇的家门前停了下来)

小灰鼠(惊呼道)：哇！多漂亮的房子呀！可不可以让我一起住呢？

阿奇(瞪圆了眼睛，嘟囔道)：我为什么要和你分享？这房子可是我一个人的，现在我要去睡觉了，你快走开！快走开！

旁白：自私的阿奇用扫帚赶走了小灰鼠，然后来到家门口的大树旁，蜷缩成小刺球，慢慢进入了梦乡……

第二场

(地点：阿奇家)

旁白：阿奇太困了，他很快就睡着了。这时，小灰鼠轻手轻脚地溜进了阿奇家。

小灰鼠(悄悄地打开门，偷偷地向里面张望着)：这房子可真大呀，里面还有这么多地方！阿奇一个人霸占着这么大的房子，还真是奇怪！

旁白：小灰鼠在阿奇的家逛了一大圈后，舒舒服服地躺在浴缸里洗着热水澡。

小灰鼠(躺在浴缸里泡澡)：真舒服呀！(陷入沉思，独白)可怜的阿奇一定很孤单，如果能让他明白分享是一件有趣的事情的话……(突然坐起来，惊喜状)我可以把这儿装扮得漂漂亮亮呀！(又犯起愁来，面向观众)但是我一个人怎么完成呢？

旁白：于是，他给鼹鼠马文打了电话……

小灰鼠(拨通了马文家的电话)：马文，你好！我是小灰鼠。

马文：哦，小灰鼠，你好呀，找我有什么事吗？

小灰鼠：我想装扮阿奇的家，希望得到你的帮助！

马文：阿奇对我不客气，我不愿意到他家里去！

小灰鼠：马文请你别生气，宽容来对待阿奇，一人生活太孤单，学会分享是道理，大家一起帮助他，合作装扮他的家，等他醒来有惊喜，快快乐乐真有趣！

马文(低头思考状)：这个嘛……(然后笑着点点头，作“OK”的手势)：OK！没问题！

小灰鼠：把朋友们都叫上吧！人多力量大！

马文：好的！(挂掉电话后，紧接着打电话给兔子哈里……)喂，哈里在家吗？跟你说一件事……(声音渐弱，灯光渐暗)

第三场

(地点：阿奇家客厅)

旁白：就这样，小动物们都接到了要去阿奇家的消息，阿奇的家里迎来了一批大部队！大伙一个接一个兴冲冲来到了阿奇的家门口，此时，他还在呼呼大睡呢……

(鼹鼠马文拎着两个箱子，兔子哈里背着一大包食物，田鼠弗农抱着一盆花，小青蛙比尔背着一把吉他排着整齐的队伍上场，小灰鼠站在家门口，迎接大家。小动物们来到客厅，大家围在一起，小灰鼠站在中间)

小灰鼠(清清嗓子)：大家注意啦！注意啦！阿奇家，虽然大，空空荡荡没有啥，我们一起装扮它，让它发生大变化！

小动物们(开心地点头)：好呀好呀！我们一起装扮它，让它发生大变化！大变化！

小灰鼠：说干就干！大家赶快行动起来吧！

小动物们(齐声说)：好嘞！

(音乐声响起，大家手持道具，各自忙活起来)

小灰鼠(手拿抹布擦墙)：我先把墙壁擦干净，涂上鲜艳的色彩！

马文(提着红灯笼)：红灯笼，天上挂，四周贴上美丽的画。

哈里(手捧花盆放在桌子上)：我来放上鲜花盆，还要修好坏掉的门！

弗农、比尔(一人洗餐具、另一人擦餐具)：洗洗洗，擦擦擦，我俩来把盘子刷，美味食物装进盘，大家一起来聚餐！

小灰鼠：对！咱们要准备一个很棒的宴会，邀请阿奇一起来参加，好不好？

小动物们：好！(开心地手拉手，围成一个大圆圈)阿奇家，虽然大，我们都来装扮它，朋友们，齐动手，家里有了大变化！大变化！

小灰鼠(满意地打量着四周)：嗯，一切准备就绪，我们一起去叫醒阿奇吧！

小动物们：好！咱们走！(小动物们下场)

第四场

(地点：阿奇家门前，窗户都打开)

小灰鼠(来到阿奇身边，轻轻地拍拍他)：阿奇，阿奇，你快醒一醒！

阿奇(听到叫喊声，从睡梦中醒来，揉一揉惺忪的睡眼，打着哈欠，伸了伸懒腰)：哎呀，是谁在叫我呀？

小灰鼠：(笑眯眯)是我，小灰鼠！

阿奇：小灰鼠?！你怎么还在这儿？(一下子惊醒过来)哎呀，不好！我的房子！(懊恼自责)我怎么睡着了呢？

旁白：阿奇赶紧跑到家门前，看着眼前的一切，惊呆了。

阿奇(气得直跳脚，大声嚷嚷着)：这可是我的房子！你们在干什么?！

小灰鼠(不慌不忙)：你先别着急，你也别生气，请往里面走，欢迎你回家！(双手朝着家门口做邀请状)

旁白：阿奇气冲冲地推开门，当他看到家里的情景时，阿奇愣住了，他不敢相信眼前的一切，这真的是自己的家吗？

（此时，小动物们都围了过来）

小灰鼠（试探的口吻）：阿奇，你喜欢吗？这是我们大家一起为你准备的。

阿奇：（惭愧地低下头，不敢看小伙伴，慢慢转向观众，羞愧地自言自语）也许，我以前真的做错了！（转向小伙伴，不好意思地说）伙伴们，对不起！以前是我太任性，不让你们进我家，惹得大家都不开心！（阿奇的脸上渐渐露出了微笑）我的房子变化大，温馨漂亮靠大家，谢谢亲爱的小伙伴，以后我的房子就是你们的家！

小动物们欢呼雀跃：噢！太好了！以后阿奇的房子就是我们的家啰！

小灰鼠：大家还在等什么?！我们的宴会开始啦！

（小动物们围坐在一起，音乐声响起，比尔、弗农弹琴唱歌，哈里、小灰鼠跳起欢乐的舞蹈，马文端来刚出炉的蛋糕，阿奇喝着热腾腾的茶，享受着身边的美好和惬意）

旁白：阿奇暗暗下了决心，现在，是结束一个人霸占房子的时候了！

阿奇：（开心地笑起来）还是人越多越开心嘛！

第五场

旁白：从那以后，阿奇再也不是一个人住了！阿奇的房子成了大家的房子，他打开了分享的大门，欢迎森林里的小动物们经常来光临！

（剧终）

- 活动评价：

现在的孩子大多数是独生子女，他们从小受到长辈们的溺爱。由于“独”的地位和待遇，他们往往任性、自私，以自我为中心，与人相处表现霸气十足。该剧主题明确，以“小刺猬打开分享之门”为主线，围绕学前儿童具有代表性的心理特点设计剧情，准确地掌握学前儿童的心理需要，适合学龄前学前儿童表演。剧中的心理问题表现清晰，剧情发展变幻起伏，解决方法有效，对白亲切童真，没有刻意的说教成分，从而为观众获得深刻的感悟和自我教育提供了空间，具有很好的心理健康教育意义。在组织、编排该剧时，教师应重点引导学前儿童理解阿奇内心的想法和变化，前后形成鲜明的对比，以增强效果。

二、 团体辅导

辅导活动

河里的小木船①

- 适合年龄：4~6岁（中、大班）

① 改编自：吴卫东．互动游戏与心理教师［M］．杭州：浙江教育出版社，2006.

- 活动目标：

1. 愿意与同伴积极互动，体验充满信任的团队氛围。
2. 初步理解游戏的基本玩法。
3. 能与同伴合作游戏，缩短空间与心理距离。

- 活动准备：宽敞的活动场地
- 活动过程：

1. 全体学前儿童排成两排，组成一条“河流”，并排两个孩子之间的距离要略大于一臂，有一个“小木船”在这条“河流”里旅行。

2. 请“河流”末端的一个孩子首先做“小木船”，他可以决定游戏的方式，如，他可以闭上眼睛，慢慢地笔直通过人群，或是旋转着前行，“河水”可以用温柔的手帮助“小木船”找到自己的路。“小木船”到了终点，就站在最后一个孩子的身旁，等待他的同伴到来，然后两个人并排站成一个新位置。此时，“河流”也就向后延伸了一段。

3. “河流”慢慢改变了位置，直到每一个孩子都当过“小木船”，游戏结束。

4. 讨论：作为小木船，你有什么感受？作为河水，你又有什么感受？

5. 教师小结学前儿童在本次活动中的表现，让学前儿童之间相互拥抱，并说出“有你们真好！”以此结束活动。

- 活动评价：

本活动是一种团体辅导形式的游戏，让学前儿童体会到，信任是交往、合作的一个重要前提，只有信任自己的伙伴，你才能将事情托付给他，你才能相信他说的话和他做的事。只有相互信任，大家才能毫无隔阂、亲密无间地合作，共同将事情做好。本活动创造了一个宁静、充满信任的氛围，让学前儿童体会不同的角色、不同的立场、不同的思考方式，在与人的相处和互动中，体验集体游戏的快乐。

给你涂涂爱的颜色①

- 适合年龄：5~6岁(大班)
- 活动目标：

1. 增强同伴友谊，加强彼此之间的了解与信任。
2. 学习与同伴友好相处的方法，感到自己在集体中是被爱的。
3. 发展团体中亲切友好的潜能，奠定和睦相处的基础。

- 活动准备：轻音乐
- 活动过程：

1. 导入活动。

提问：你们怎么向别人表示，自己喜欢他们？你们又从哪儿感受到别人爱自

① 改编自：吴卫东．互动游戏与心理教师[M]．杭州：浙江教育出版社，2006：122-124.

己？学前儿童自由表达自己的想法。

2. 暖身游戏“爱的颜色”，教师讲解示范游戏的玩法：

(1)大家闭上眼睛，双手互相摩擦，感觉手在摩擦时变热了，然后思考一下，现在你心中有多少爱。

(2)停止摩擦双手，把双手伸向前方，双手摸起来有什么感觉，它们温暖吗？双手充满力量吗？现在把心里的爱取出来，通过手臂把爱传输到手上。

(3)为你手中的爱找一种颜色。

教师：现在大家的双手被一种非常美丽的爱的颜色覆盖了。你们给自己选了什么颜色？我希望你们通过给小伙伴涂上爱的颜色来表示，你是多么喜欢对方，多么愿意和他在一起。

3. 互动游戏“涂颜色”，教师讲解示范游戏的玩法：

(1)睁开眼睛，开始用“爱”为同伴涂上颜色：先把手放在一个孩子的头上，然后用双手划着小圈开始给头涂颜色，然后向下，经过面颊、肩部、手部、腹部、腿部，再滑到脚上，并告诉他涂了哪种颜色。

(2)被涂上颜色的孩子开始给他的同伴涂色。

4. 游戏开始，教师重复上述的指导，直至所有的孩子都涂上了“爱的颜色”，游戏结束。

5. 谈话讨论，请学前儿童说说自己的感受：你被人涂颜色时有什么感受？你给别人涂颜色时有什么感受？你看到你的朋友给你涂的颜色了吗？

6. 小结：你在向别人表达爱的同时，别人也在爱着你，我们大家和睦相处，互敬互爱，这真是一种美妙的感觉！

- 活动评价：

为了真正与别人很好的相处，我们必须感到自己是被爱的。本次活动通过教师的引导，让不善于用言语表达的学前儿童，用肢体动作来表现自己“爱”与“被爱”的感受，使他们在心理上互相影响，行为上彼此模仿，经过认同、内化，融入到自己的心里，满足其强烈的被接纳、被认同等多种心理需要。本次活动的开展，不仅有助于发展团体中亲切友好的潜能，同时创造了使孩子长期和睦相处的基础。如果遇到特别羞怯的孩子，建议用另一种方式开展游戏，可以让孩子在想象的范围内设想一个他们信任的人，如父母中的一方，或最好的朋友。

第二节　幸福的家庭

“家”与每个人的生命息息相关，与每个人的理解紧密关联，家中不同成员对于家的感受也不尽相同。对于一个正在成长中的学前儿童来说，家几乎是他生活的全部。

家首先是满足学前儿童生理需要的重要场所，也是学前儿童社会化的首属场所，还是学前儿童接受教育的重要场所，因此，家对于学前儿童来说具有特殊重要的意义。

亲子关系是以血缘和共同生活为基础，以抚养、教养、赡养为基本内容的、父母与子女之间相互作用、相互影响所构成的自然关系和社会关系的统一体。① 亲子关系是一个重要的近体过程，对学前儿童发展产生着重要影响。亲子关系具有不可替代性、持久性、强迫性的特点。

在幸福的家庭中，和谐、融洽、民主、平等的亲子关系，是学前儿童心理健康的重要条件。和谐融洽的亲子关系使孩子有选择学习内容和方法的权利，因而他们的学习态度更为积极主动，思维更富于创造性，学习成绩也自然出色。同时，在平等民主的家庭氛围中，更有利于家长树立良好形象和威信，从而能更好地发挥家长对孩子教育的主导作用。要建立良好的亲子关系，可采用的方法有：父母行为的咨询与控制、亲子沟通和角色互换等。可以通过心理剧和团体辅导游戏多种方法，创设和谐的亲子氛围，把家庭生活活动变成家庭成员共同享受天伦之乐、体验人生幸福的过程。

一、　心理剧：　爱的对话②

- 适合年龄：4~5岁(中班)

  主角：小兔子跳跳、小雪；大兔子妈妈

  配角：小兔们——小白、红眼睛，灰灰，长耳朵，萤火虫6人，小青蛙4人，小鱼儿4人。

  道具：一片草地，一棵大树，有月亮的大屏幕背景图(图中有小路、小河、山丘)。

- 辅导目标：

  1. 体会和感悟父母的爱，反思自己对父母的爱。
  2. 学会对父母表达爱，进一步改善亲子关系。
  3. 学会爱，学会用语言、动作进行爱的表达。

- 剧情简介：

  静怡的月光下，郊外的田野上，大兔子与小兔子们(父母与子女)一段关于爱的对话。小兔子临睡前向大兔子表白并问道："猜猜我有多爱你"，毫无心理准备的大兔子说："喔，这我可猜不出来"，于是小兔子借助自己再熟悉不过的身体活动(张开手臂、举起手臂、脚趾头、跳起来)表达自己对大兔子的爱有多少，而机智的大兔子也领悟过来，用自己的身体活动，还有小河、山丘、月亮与小兔子进行对比来表达对小兔子爱的多少。

---

① 李阿芳. 亲子游戏中家长角色的个案研究[D]. 西南大学硕士学位论文，2008. 4.

② 改编自：绘本故事《猜猜我有多爱你》，作者：[爱尔兰]麦克·山姆布雷尼 著，[英]安妮塔·婕朗绘.

- 剧情：

地点：兔家园

开场舞蹈——森林狂想曲(兔子们一起跳舞)

旁白：森林里，住着快乐的兔子一家，大兔子妈妈和她的六个孩子——跳跳、小雪、小白、灰灰、红眼睛还有长耳朵。寂静的森林里萤火虫在伴奏，(舞蹈停止)小兔子们围着兔妈妈坐了下来。(萤火虫飞到一旁)

大兔子妈妈：宝宝们，时间已晚了，该睡觉了。

小白：妈妈，我们要听故事。

长耳朵：对，妈妈，我们要听故事。

大兔子妈妈：好的好的，大家快睡下。

红眼睛：妈妈要给我们讲什么故事呢?

大兔子妈妈：那我讲……(还没说完)

灰灰：(抢着说)我要听新故事，我要听新故事。

大兔子妈妈：好好好，新故事。

小雪：灰灰，你想听什么故事呢?

灰灰：嗯……(思考状)

红眼睛：(抢着说)听《喜羊羊和灰太狼》的故事。

小兔子跳跳：(摆手)不要不要，我不想听故事了，我们换一种玩法吧。

小雪：跳跳，我们怎么玩呢?

旁白：所有的小兔子都被吸引住了，好奇地看着跳跳，凑着耳朵仔细听。

(声音渐弱，灯光渐暗)

小兔子跳跳：妈妈，猜猜我有多爱你?

(萤火虫一段小舞蹈飞出来，停在旁边，看着小兔子们在玩什么新的游戏?)

大兔子妈妈：(笑着说)噢，我……大概……猜不出来。

小兔子跳跳：妈妈，我爱你有这么多，多得不能再多了。(站起来，手臂张最大)

小白：(也张大手臂)对，妈妈，我也爱你有这么多。

大兔子妈妈：是吗?那我爱你们这么……这么……这么多!

(把身边小兔子依次揽入怀中)

萤火虫：哇，这可真多啊!(交换位置，边飞边说，一边3只)

小兔子跳跳(点点头)：嗯，妈妈爱我们确实很多!

小雪：妈妈，我爱你，像我举得这么高，高的不能再高!(站直撑高)

大兔子妈妈：哈哈，我爱你们，像我举得这么高，高的不能再高!(妈妈也站起来举起手来)

旁白：小兔子们都跳起来想要碰到妈妈的手，可是怎么都够不着。

萤火虫：比我们飞得还高呢!(围小兔子绕一圈，说完飞走，灯光渐弱)

旁白：小兔子们跳起的声音吵醒了正在睡觉的小青蛙。

小青蛙蹦蹦：什么声音啊，这么吵！

小青蛙呱呱：我们去看看发生了什么？(跳出来停在小兔子们的身边，一边两只)

小兔子跳跳：妈妈，我爱你，一直到我脚趾头这么多。(坐在地上举起四肢)

(其他的小兔子也学着跳跳坐在地上举起四肢)

小青蛙蹦蹦：很多很多，这真的很多！(青蛙蹦蹦跳出来数指头)

大兔子妈妈：(笑着说)宝贝，我爱你们，从我一直到你们的脚趾头那么多！

(学跳跳指着自己的脚趾头划向其他小兔的脚趾头)

红眼睛、长耳朵：哇，妈妈太厉害了！

小雪：(迫不及待地)妈妈，我爱你，像我跳的这么高，高的不能再高！(起身跳了起来)

大兔子妈妈：可是，我爱你们，像我跳的这么高，高的不能再高。

(跳起来耳朵碰到了树枝)

小青蛙呱呱：真是比我们跳得还高呢！(跳起来说，说完跳走)

小兔子们(齐声说)：是啊，是啊，妈妈跳得真高，真希望我们也跳的像妈妈那样高！(围着妈妈跳起来，希望能再跳的高一点)

小兔子跳跳(大叫)：妈妈，我爱您，一直穿过这条小路，到远远的河那边！

所有的小兔子都看着跳跳吓得捂住耳朵。(小鱼一段舞蹈游出来)

小鱼：是谁？是谁？出了什么事？(从河里游过来探出小脑袋)

大兔子妈妈：宝贝，我爱你们，一直过了这条河，还要翻过了那座山！

(手指远方，转一圈)

小鱼：哦，那真的好远！(游过来又游过去，丈量距离，然后游走)

(悠扬的音乐响起，萤火虫，青蛙，小鱼伴随音乐轻柔的舞蹈)

旁白：小兔子们都困了，各自打哈欠，趴在地上一起抬头看着天空。

红眼睛：还有什么能比天空更远呢？(手肘撑着下巴，做思考状)

小雪：妈妈，我爱您，一直到高高的月亮。

小白、红眼睛、长耳朵(齐声说)：嗯，妈妈，我们爱您，一直到高高的月亮……

(慢慢睡着了)

大兔子妈妈：(有点惊讶)噢！那么远，真的非常远，非常远。(轻抚，亲吻小兔子)你们爱我真的非常远啊！我爱你们，从这里一直到高高的月亮，再从高高的月亮那绕回到这里……

小兔子们(睡梦中说)：真的好远好远……

(兔子们睡着了……萤火虫、青蛙、小鱼，一段轻柔的舞蹈后，停在自己的位置上慢慢入睡，灯光渐弱，轻柔的音乐伴奏响起)

旁白：这夜，没有兔妈妈的故事，小兔子们比以往睡得更安宁，沉静。或许，小兔子们还在梦中不断地在月亮和地球之间来回飞行，好好量出那究竟有多远。

(剧终)

- 活动评价：

现在的孩子，从小便在诸多长辈的百般呵护下长大，往往会因为过分的溺爱而形成以自我为中心的人格，从而只知道接受爱而不能奉献爱。本剧从小兔子们纷纷向妈妈表达“猜猜我有多爱你”开始，在与妈妈互相表达爱的过程中，向我们展示了小兔子们的挖空心思和大兔子的深情用意，让我们充分感受到了小兔子们的天真可爱和大兔子母爱的诗意。

剧中，大兔子的爱总能轻而易举地超过任何一只小兔子，因为母爱超过一切，母爱永远比孩子的爱多、高、深、远。而小兔子们在妈妈的引导下，挖空心思地表达对妈妈的爱，通过心理剧的表演，让学前儿童感受到爱应该是相互的，生活中父母在无私的赋予孩子爱的同时，也应该让孩子学会表达爱、付出爱，从而达到增进亲子关系的目的。

二、团体辅导

辅导活动

我爱我的家

- 适合年龄：5~6 岁(大班)
- 活动目标：

1. 增进家庭成员合作意识，让父母及孩子体会到和睦相处及相互信任的重要性，享受亲密的亲子关系。

2. 学会理解父母，愿意和父母成为朋友。

3. 家长了解家庭气氛对子女成长的影响。

- 活动准备：

1. 纸若干(A4)、卡纸若干、彩色折纸 4 叠。

2. 音响、麦克风、手提电脑、投影仪、数码相机(有数据线)。

3. 展贴板 4 大块。

4. 水彩颜色笔、蜡笔、胶水、双面胶、大透明胶、小透明胶、剪刀。

5. 眼罩、橡皮带、餐碟、筷子、食物(水果替代)、红绳、椅子 4 张(用来绑绳子)、礼物。

6. 打印好的分组纸条、父母入场时抽一张、打印好的“幸福家庭”图纸 4 张。

7. 用大红、粉红卡纸剪成的心形心意卡、用卡纸设计好的奖牌。

- 活动过程：

(一)开始部分

1. 老师致词：欢迎大家参见我们家庭成长营，愿大家能在我们成长营里，收获丝丝感动，触动点点思考，改善孩子与家长的相处方式，让教育更有效，家庭更和谐。

2. 出示团队合约：相互尊重、学会倾听、开放接纳、积极参与。

（二）基本部分

1. 说明活动安排：我们以小组为单位，开展小组间的比赛活动，大家对各自小组有信心吗？以小组为单位，为自己组想个爱的口号，团结游戏，相互鼓励。

2. 小组游戏：绘图《幸福家庭》①。

师：每个人心目中都会有一个对幸福家庭的定义，那幸福家庭需要哪些要素呢？请大家用图画、文字、剪贴等方式表达在这幅图上。

活动规则：

（1）以组为单位，每一个小组经过讨论，综合组员意见，绘制一幅大家心目中幸福家庭的图画。每组派出 4 名亲子合作完成绘图，家长从旁协助，可用卡纸剪贴造型。

（2）讨论时间限时 5 分钟，绘图时间限时 8 分钟。

（3）完成作品派一位小组成员解说这幅图的创造意图。

（4）游戏结束后评出奖项。

最佳造型奖、最佳构图奖、最佳解说奖、最佳创意奖等。（尽可能队队有奖，奖项贴在展示板对应的小组位置上）

3. 游戏——寻宝。

孩子蒙着眼睛，由父母带着走进礼物城，进行《寻宝》活动。

活动内容：礼物城是一个用红绳围成的长方形。孩子和父母分别站到长方形的三边，老师站在长方形的另外一边。父母不可以走进长方形内。孩子要通过自己的努力去拿到一份礼物，每人只能拿到一份，在孩子寻找礼物的时候，父母可以给自己的孩子一些指导，帮助他们找到礼物。

规则：

（1）戴好眼罩的小朋友先站在红绳外，听到口令后开始，原地自转 3 圈，然后钻进礼物城，家长在红绳外指导自己的孩子，但不能进入城内。

（2）拿到礼物要走到父母的身边才可以脱掉眼罩。

（3）活动结束，大家回到各自的组内用 2 分钟时间交流一下感受。

小结：孩子的成长需要家长的陪伴，无论是游戏还是生活，家长的适时指导，会给孩子更多选择和成长的空间。

（三）结束部分

1. 心意卡“我想对你说”。

平时很多话可能我们不敢说或懒得说，今天趁这个机会，我们把自己想和对

---

① 《百度文库》：“亲子团体培训活动方案”http：//www. docin. com/p-189844965. html.

方说的话都写下来给对方。孩子写或画想对父母说的话，父母写想对孩子说的话。

2. 分享感受，活动后把心意卡粘贴在展板相应的位置上。

3. 歌舞表演：我爱我的家。

- 活动点评：

通过团体游戏活动，各抒己见，发表自己的观点、看法，从中让父母和孩子相互了解对方感受和想法，以及对家庭观的认识和心目中家的要求。我们创造机会让大家一起讨论，从中引出话题相互交流，利用恰当的机会，设计并提出一些问题，让大家换位思考，把大家的想法和意见进行融合，呈现出一幅有爱的大家庭画面。这样的交流，一方面使亲子间拉近了距离，成了无话不谈的朋友。另一方面也使家长了解了孩子的内心世界，和孩子们所向往的美好事物。心理学家威廉·杰姆斯曾说过："人性最深沉的需要就是渴望别人的赞赏。"赞赏是一种良好的亲子沟通，是父母激励孩子不断上进的有效沟通方法。因此，在游戏的最后，我们用赞赏和鼓励使孩子的内心获得成就的快乐。鼓励孩子，赞赏孩子，使孩子在心理上更加愿意接纳父母。

爱的表达①

- 适合年龄：5~6岁(大班)
- 活动目标：

1. 激发父母、孩子彼此心底的爱。
2. 增进亲子沟通交流。
3. 学习新的沟通方法。

- 活动准备：

1. 领导者胸牌、墙上的贴画、团队契约、句式范例(白纸)、中性笔、题板、彩笔、实心球、绳子5米。

2. 提前写好白板主题(设计)、领导者姓名，把团体契约和墙面画好。

3. 全体成员着宽松的衣服，适合运动。

- 活动过程：

1. 开场介绍：介绍三位领导者的身份，简要介绍活动氛围，以及参加活动的成员。

2. 团体契约：相互尊重、学会倾听、开放接纳、积极参与。

3. 热身活动：零用钱。

活动目的：破冰、热身

① 《百度文库》："亲子沟通体验课方案" http://wenku.baidu.com/link? url = 6JA9-A-UT3kmslX1Ba5uTWhd9kbAifAdPNO1zrWO5RHWDBoAD9rquSPqAn4cmNTxBqfYp1e3MYRXwh2fnQ3uW_rzXPz2TNchp5c7mgNyvnu.

活动规则：所有成员围成大圈，规定家长代表五毛钱，学前儿童代表一元钱。领导者站在人中间，大家手拉手围绕领导转圈一问一答。领导："今天上街去买菜"。成员："买什么？"领导："买××。"成员："多少钱？"领导："×元钱"（或×块五）。这时所有人要迅速找到相应的钱数，找错的人要接受惩罚。

惩罚：请出错的人想一个最能代表自己个性特点的植物或者动物，并用动作表演给大家看。

惩罚的意义：（1）让大家更投入地进入热身，最大限度地打开内心。（2）为出错的人提供一个自我展示的机会，也是另外一种意义上的彼此认识。

4. 游戏1：微笑握手（破冰、彼此认识）。

活动目的：感受非语言信息的魅力。

活动引导：平时我们和一个陌生人认识时会怎样呢？（示范），"你好，很高兴认识你"。这是用语言在传递我们的友好。心理学上的研究显示，我们人际交往过程中有3成是通过语言传递的，那剩下7成呢？让我们来看看非语言（表情、动作、神态）的魅力。

活动规则：所有家长向前一步走，向后转，围成里圈，与外圈的孩子面对面。每一个都同自己眼前的人微笑握手，握手时不能说话，完全用你的非语言表达出"你好，我很高兴认识你"。直到握手到最后一个人，手不要放开。

游戏2：幸福家庭图。

活动目的：观察、了解并感受每个家庭氛围，促进家庭成员间的互动。

活动准备：题板、A4白纸、水彩笔

活动规则：每人画一幅自己的幸福家庭图，图中的家庭成员要用人以外的任何形象代替，之后向大家展示图画并说明寓意。咱们今天画画有个要求，就是画里面不可以出现人的模样，要用人以外的其他事物来代表你的家庭成员，大家不必担心画得像不像，也可以用简单的图形表示。

提问（孩子）：你喜欢什么样的家庭氛围？

提问（家长）：你感觉什么样的家庭氛围更适合孩子健康成长？

游戏3：地雷阵。

活动目的：让孩子和家长通过体验，能够换位思考，互相体谅。

活动准备：眼罩、保龄球

活动规则：家长蒙眼走到雷区的小兵，孩子在雷区外扮演探雷针。走雷阵的小兵需要把眼睛蒙上，开始走之前再转三圈；我们的探雷针呢，要在雷区外给小兵做指导，让他安全地走出雷阵。有起点和终点，不可以从两侧出去。在通过雷阵的时候，碰到一个雷，算轻伤，碰到两个雷算重伤，碰到三个雷，很遗憾，就光荣牺牲了。都明白规则了吗？给时间每个家庭商量一下。（发眼罩）

提问（家长小兵）：当你蒙上眼睛，什么也看不到的时候，你是什么感觉？

提问（探雷针）：你在指挥时，能感受到小兵的感受吗？

提问(探雷针)：你在指挥小兵走雷阵时是什么心情？

提问(家长小兵)：你能感觉到探雷针的这种心情吗？

提问(家长小兵)：如果下次再走雷阵，怎样才能更安全地完成任务？

提问(探雷针)：要怎样做才能指挥小兵更顺利地通过雷阵？

小结与思考：平时的生活中，你是扮演小兵的角色多，还是扮演探雷针的角色多？作为指挥者和被指挥者，你们之间是怎么沟通的？

5. 回顾和冥想。

所有人围成圈，引导大家轻轻闭上眼睛回忆今天的所有活动。

6. 心意卡“我想对你说”。

平时很多话可能我们不敢说或懒得说，今天趁这个机会，我们把自己想和对方说的话都写下来给对方。孩子写或画想对父母说的话，父母写想对孩子说的话。分享感受，活动后把心意卡粘贴在展板相应的位置上。

7. 歌舞表演《我爱我的家》，结束活动。

- 活动评价：

父母与孩子之间是一种特殊的人际关系，但随着社会生活压力、竞争的日益激烈，大多数父母为家庭生计而奔波劳累，慢慢地疏忽了与孩子的沟通交流，孩子对父母的了解也更少了，有的家长只停留在生和养的关系上，却忽略了孩子在精神层面上的要求和变化，没有把孩子当成对等的人，“创设和谐的家庭氛围、相互理解”对于家长来说遥不可及，所以改善亲子沟通永远是家长与孩子沟通的最好的前提。

在平日的生活中，家长是扮演小兵的角色多，还是扮演探雷针的角色多呢？活动中，家长是否能体会到孩子看不清前方的那种无助的感觉，在每个家庭中，家长更多地扮演探雷针吗，因为是过来人，很清楚地看到哪里有雷，哪里要小心，而孩子更像蒙眼走雷阵的小兵，需要有家长清晰的指导。只有两种角色互相信任、互相依赖、才能顺利地走出这个雷阵。

幸福和谐的家庭氛围需要家庭每个成员，共同努力营造和维护，相互信任、学会沟通、乐于爱的表达，让孩子和你有话就说，给孩子一份自由的环境，让孩子拥有一份自在感，培养孩子良好的亲情观念，让孩子觉得父母是随时随地都可以聊天的人，是个接纳他的人，是个肯定他有存在价值的人，是个能相互平等对待和交流的人，那么孩子才会将各种感受告诉家长，而家长也将真正成为幸福的家长！

信任之旅①

- 适合年龄：5~6岁(大班)

---

①《百度文库》：“团辅活动”http：//wenku.baidu.com/link？url = 9l2hx-KfFLJlpsu0trKySGSj6QK33sAVWpu67pkHaKF3OiWyjTFRbi4CBN211Zx1-MNpl31L6anAGYvBywLx21yTCrjM63fkDadKiglgVKa.

- 活动目标：

1. 体验“盲行”游戏，感受信任与被信任的感觉。
2. 理解亲子关系中，相互信任的重要性。
3. 理解“盲行”的真正含义，学习在亲子交往中，如何相互沟通。

- 活动准备：眼罩
- 活动过程：

1. 需要任意两人组合（亲子），分成多个小组，两两竞赛。
2. 其中 A 需要遮住眼睛，把手交给 B，B 可以虚构任何地形和路线。
3. 口述注意事项，指引 A 行进，如：向前走——迈台阶——跨过一条小沟——向左拐。
4. 然后交换角色，B 闭眼，A 指引 B 走路。

- 活动评价：

信任是交往、合作的一个重要的前提，亲子关系作为人生中形成的第一种人际关系，也是人际关系中最重要的一环，父母与孩子间如需建立起亲密关系，就必须先建立一种信任。活动通过亲身体验，让家长和孩子体会信任与被信任的感觉，作为被牵引的一方，应全身心信赖对方，大胆遵照对方的指引行事，而作为牵引者，应对父母（孩子）的安全负起全部的责任，对一举一动的指令均应保证正确、清楚。万一指令有错，信任受到怀疑后将很难重建。

勇于承担责任①

- 适合年龄：5~6 岁（大班）
- 活动目标：

1. 通过体验游戏，增强自信心、责任心。
2. 在亲子沟通中，学会勇于承认错误，敢于承担责任。
3. 掌握沟通的技巧和方法。

- 活动过程：

1. 大家相隔一臂站成两排。
2. 培训师喊一时，向右转；喊二时，向左转；喊三时，向后转；喊四时，向前跨一步；喊五时，不动。
3. 当有人做错时，做错的人要走出队列、站到大家面前先鞠一躬，举起右手高声说：“对不起，我错了！”
4. 游戏结束，请大家回到座位上。

---

① 引自百度文库《团体心理游戏案例》http：//wenku. baidu. com/link？ url = uib-93WguwZXhwniCTcU3NkmB29Pz1IkbtLrLQHqnjtGyp5YgYNF3ICFH8QLbWVy0yaPNt8h0lDB5PqTZNNTjDUTevHbkDgDPBzm8iuMoHm.

- 活动评价：

面对错误时，大多数情况是没人承认自己犯了错误；少数情况是有人认为自己错了，但没有勇气承认，因为很难克服心理障碍；极少数情况有人站出来承认自己错了。随着年龄的增长，孩子逐渐有自己的主张、见解，但却未必与父母的想法相同，在父母的眼中，孩子永远是孩子，现代父母必须了解孩子的想法，进行良好的沟通，以避免产生亲子冲突。父母子女双方要勇于承认错误，谁不对就该道歉：一方面让孩子知道，父母也是人，也有喜、怒、哀、乐的情绪，父母做错事勇于道歉，给孩子一个良好的身教示范，另一方面也培养孩子负责任的态度。沟通、尊重与信任是双向的、互动的，公平是孩子最重视的一种感受，设身处地去了解彼此的感受，以同理心对待，共创和谐、幸福家庭。

第三节　我是小厨师

食品是人类最基本的需要，人在饮食过程中产生着复杂的心理变化。饮食心理学通过外部感觉如视觉、皮肤感觉、嗅觉、味觉等几个方面引起人们的心理变化，产生喜欢、厌恶、恶心等心理过程，最终改变食物以适应人本能的需要。食物改变激素，激素改变心理，从而左右大脑指令。从认知心理学角度讲：人对食物的主观感觉直接影响其饮食行为。人类在研究饮食的过程中，知识和经验逐渐丰富起来，渐渐地将食物的颜色、味道以及食物整体形态的感觉与该食物是否好吃，味道甘美程度，甚至对自己的营养价值联系在一起，从而形成较固定的条件反射。①

学前儿童正处于身体和心理发育的迅速时期，科学合理的膳食营养，将会直接影响其身体和心理方面的发展与健康。如果学前儿童膳食营养缺乏，不仅会影响学前儿童身体的正常发育，而且会导致学前儿童某些心理活动和行为的改变，容易造成学前儿童出现自卑、退缩、孤独等不良心理特征，从而引起学前儿童的各种心理问题。因此，良好的膳食营养是保证和促进学前儿童心理健康的必要条件。② 在对学前儿童进行心理健康教育时，家长和教师可以对学前儿童讲一些有关食物营养和用餐卫生的常识，并通过多种形式，将这些常识慢慢渗透到他们生活之中，建立健康的膳食心理，从而培养他们良好的饮食习惯。

一、　心理剧：月亮的果汁③

- 适合年龄：4~6 岁（中大班）

---

① 张影．饮食心理学初解[J]．民营科技，2011(10)．

② 冯君．学前儿童营养膳食与心理健康培育[J]．黑龙江教育学院学报，2010(5)．

③ 改编自绘本故事《我绝对绝对不吃番茄》，作者：罗伦·乔尔德。

主角：查理和萝拉

配角：木星人、美人鱼

道具：餐厅的布景、木星的布景、绿色世界的布景、富士山的布景、海底超市的布景、月亮布景，餐桌、餐具、番茄、胡萝卜、豌豆、土豆、土豆泥、炸鱼柳

- 辅导目标：

1. 领会要以宽容的态度对待别人。
2. 尝试用“积极联想”的心理暗示克服偏食。
3. 养成积极乐观的心理品质。

- 剧情简介：

查理和萝拉是一对兄妹。查理聪明、懂事，而且很会照顾妹妹，但四岁的萝拉却是一个难缠的小女孩。这次爸爸妈妈给了查理一个任务——哄萝拉吃东西。萝拉非常挑食，而且她绝对、绝对不吃番茄。查理想到了一个绝妙的办法来哄她：把她不爱吃的胡萝卜称作“木星上的橘色蔬菜”；把豌豆称作“绿色王国的绿色雨滴”；把土豆泥称作“富士山山顶的松软白云”；把炸鱼柳称作“海底超市的美味食物”。查理运用丰富的想象力，使萝拉愿意尝试她不爱吃的食物。最后，萝拉竟然要求吃“月亮的果汁”。当然，这就是她之前绝对、绝对不吃的西红柿！

- 剧情：

第一场

（查理出场，萝拉坐在餐桌旁天真地笑。）

查理（独白）：我有一个小妹妹叫萝拉。她不但年纪小，也非常有趣。有时候，爸爸妈妈让我给萝拉准备晚餐。这是项很难的工作，因为……

（查理给萝拉摆好餐具；萝拉用手撑着餐桌，露出反感的表情。）

萝拉（独白）：我不吃豆子、胡萝卜、土豆、香菇、意大利面、蛋，还有香肠。我绝对不吃花菜、卷心菜、烤豆子、香蕉，还有橘子。还有我不喜欢苹果、米饭、奶酪、炸鱼柳。还有，我绝不……绝不吃番茄。

查理（独白）：我妹妹讨厌吃番茄。所以，有一天，我想到一个好方法来治她。

（萝拉正坐在桌子旁等着吃饭。查理边说边开始把所有的食物都收进柜子里。）

查理：太棒了，萝拉。因为，我们不用吃这边任何一样东西。我们不用吃豆子、胡萝卜、土豆、香菇，或是意大利面、蛋、香肠。也不用吃花菜、卷心菜、烤豆子、香蕉和橘子，也不用吃苹果、米饭、奶酪和炸鱼柳。

萝拉：也没有番茄咯？

（查理拿出了一盘胡萝卜。）

查理：绝对没有番茄。

（萝拉看着桌子，用叉子叉起胡萝卜，摇了摇头。）

萝拉：但是，查理……为什么这些胡萝卜会在这里？胡萝卜是给兔子吃的。

第二场

旁白：查理开始引导萝拉展开联想，设想兄妹俩把餐桌搬到木星上。

查理：萝拉，但是……这不是给兔子吃的。这些不是胡萝卜。它们是木星来的橘色蔬菜。

（萝拉盯着盘子，皱眉。）

萝拉：它们看起来就像胡萝卜。

查理：它们怎么可能是胡萝卜？木星不长胡萝卜的。

萝拉：那倒也是。

（木星人出场，端起盘子把胡萝卜放进嘴里，再把盘子递给萝拉。）

木星人：哦，真是美味，你也要来点儿吗？（模仿外国人说话的语调。）

（萝拉欣然地接过胡萝卜。）

萝拉：好吧！既然它们是从木星来的。

（萝拉咬了一口。查理在一旁笑。）

萝拉：嗯，还不赖嘛！

（萝拉说着，又咬了一口。）

第三场

（回到餐厅。接着，查理上了一盘豌豆，还放了一个小番茄在盘子边上。萝拉看见了盘子里的豌豆。）

萝拉：别想让我吃豆子。我从来不吃豆子。

（萝拉用手把小番茄弹开，再指着豆子。）

萝拉：豆子太小，又是绿的。

查理：但是，萝拉……这不是豆子哦！当然不是！这些是从格陵兰岛来的绿色雨滴哦！

第四场

旁白：查理又开始引导萝拉展开联想，设想兄妹俩来到格陵兰岛的绿色世界。这里所有的动植物都是绿色的。突然，雷声响起，从绿色的云里下出绿色的雨滴。

（萝拉一边想象一边开心地笑。）

查理：绿色的雨滴！

（萝拉高兴地撑起伞。查理把伞倒过来，做接住雨滴的样子，把豆子放到嘴里。）

萝拉：但是我不吃绿颜色的东西。

查理：太好了！那就多给我一些吧！

（查理边跑边跳起来做接绿色雨滴的样子。）

查理：绿色的雨滴，好耶！绿色的雨滴是非常稀有的哦！吃下去就会变得健康的不得了，就像我一样。

萝拉：嗯……也许我吃一两个看看。（萝拉也把豆子放进嘴里品尝。）哦！真好吃！

查理：好耶，太棒了！

第五场

（再回到餐厅。）

旁白：查理又在盘子边放了一个小番茄，但萝拉用盘子把番茄压住。这时，萝拉惊讶地发现桌上有一个很大的土豆。

萝拉：额！我不会吃土豆的，所以就别试了！

（查理又端来一碗土豆泥。）

萝拉：土豆泥也不吃。

查理：这才不是土豆泥呢！

第六场

旁白：查理和萝拉一起展开联想，设想兄妹俩爬上富士山顶。

查理：这是富士山最顶端的云朵。

（萝拉拿出勺子。）

萝拉：唔！好吧！这样就吸引我了。

（萝拉吃了一勺土豆泥。）

萝拉：嗯！我好喜欢吃云哟！

（萝拉又舀了一勺，两人向远处喊。）

查理和萝拉：真好吃！

第七场

（回到餐厅。）

旁白：萝拉又发现叉子上有一个小番茄，她顽皮地摁了一下叉子柄，番茄被弹飞了。查理快速地上了一盘炸鱼柳。

（萝拉噘起嘴，有点生气！）

萝拉：嗯，查理！它们看起来像炸鱼柳，我是绝对不吃炸鱼柳的。

查理：炸鱼柳？它们不是炸鱼柳。

第八场

旁白：查理和萝拉一起想象盘子里的炸鱼柳跳进了海里，变成了鱼。查理和萝拉跟着这些炸鱼柳游啊游，游到了海底超市。

查理：萝拉，它们不是炸鱼柳。它们是海底里最美味的食物。

（一群美人鱼游来。）

美人鱼：姐姐们，快来买这个，真的好好吃哦！

查理：萝拉，这是美人鱼最喜欢吃的。

萝拉：我跟妈妈来过这个超级市场，我每次都吃美人鱼最爱吃的东西。

大家：嗯，真的好美味哦！（查理和萝拉跟美人鱼边吃炸鱼柳边跳舞。）

第九场

（回到餐桌上。）

萝拉：我的肚子已经被橘色的蔬菜、好多的绿色雨滴、松松软软的云，还有海里的美食给塞满了。我吃不下任何东西了。（萝拉把盘子推开。）

查理：番茄呢？

萝拉：我从不、绝对、永远不吃番茄！（坚决地）

（萝拉手指向番茄。）

萝拉：查理，请你帮我拿那个。

旁白：查理不敢相信自己的眼睛。猜猜她指的会是什么呢？她指的正是番茄。

查理：但是，那是番茄耶！

萝拉：这才不是番茄。

第十场

旁白：萝拉想象自己坐在弯弯的月亮上，变魔术。揭开手绢，变出了一颗红红的小番茄。她反复看了看手上的番茄。

萝拉：这不是番茄，这是月亮的果汁。

（萝拉张开大口咬下去。）

萝拉：我最喜欢月亮的果汁咯！

（在唯美的音乐声中落幕，剧终。）

第十一场

（又回到餐厅。）

萝拉：你该不会真地以为它们是番茄吧，查理？

旁白：萝拉和查理大口地咬着番茄，果汁溅到他们的衣服上。两个人对望了一下，同时开心地笑了起来。

- 活动评价：

每个人都有不爱吃的东西，每个孩子都有偏食问题。一部改变自经典童书《我绝对绝对不吃西红柿》心理剧，生动地呈现了小朋友们的偏食心理，家长们该怎样发挥自己的想象力和聪明才智正确地引导孩子，这种联想的方式值得借鉴。该剧的主题鲜明、内容令人耳目一新、发人深省，具体表现为以下几个方面：

1. 取材针对性强。善于发掘日常生活中儿童偏食的题材，平凡的问题用不平凡的方式去诠释。贴近生活实际，适合4~6岁孩子的表演，对家长和孩子都具有较好的启发意义。

2. 剧情发展引人入胜，对白精彩，能准确地把握人物的心理特征，有角色间的心理冲突。从孩子角度去看问题，找到“绝对、绝对不吃”的理由，再试着将食物做有趣的联想，这比跟孩子灌输食物的营养价值更有说服力。

二、 团体辅导

辅导活动

参观蔬菜种植园

- 适合年龄：4~6岁（中大班）

- 活动目标：

1. 体验参观活动的乐趣，克服偏食的心理。

2. 认识蔬菜的名称，知道吃蔬菜、不偏食对身体有益。

3. 能遵守规则，有序地进行参观活动。

- 活动准备：

事先联系好参观蔬菜种植园的相关事宜。宝藏卡、游戏奖品、篮子若干。

- 活动过程：

(一)开始部分

1. 谈话导入，提出今天活动的内容及参观要求。

2. 游戏：找宝藏

规则：事先在种植园里藏一些宝藏卡，孩子们找到宝藏卡，在活动结束时可以兑换奖品。

(二)基本部分

1. 参观蔬菜种植园。

(1)幼儿说说喜欢和不喜欢哪些蔬菜。

(2)幼儿和教师随讲解员参观蔬菜种植园，请讲解员介绍各种蔬菜的生活习性和特征。是怎么种植疏菜的？吃了对人体有什么好处？

(3)有奖竞答：

讲解员就刚才的讲解内容提问，答对的幼儿可领取奖品。

2. 蔬菜采摘。

(1)介绍采摘的范围及要求。

教师提出需要采摘的量，避免浪费。示范讲解正确采摘蔬菜的方法。

(2)师幼一起采摘蔬果。

提醒幼儿采摘成熟的果实。

3. 蔬菜餐会。

(1)讲解员介绍哪些菜品是由我们刚才采摘的蔬菜做成的，富含丰富的营养物质和维生素，吃了对我们的身体有什么好处？

(2)师幼享受美味的蔬菜大餐，教师提醒幼儿不挑食。

(三)结束部分：

1. 小结活动：吃蔬菜对小朋友的身体健康很有益，不能挑食哦。

2. 兑换奖品。

(四)延伸活动：

1. 谈话活动：生活中我们吃的蔬菜种类很多，咱们平常吃的蔬菜有哪些？

2. 学习儿歌《不挑食》。

小乌龟爱挑食，一粒大米吃三次，脖子细细，尾巴细细，耷拉着脑袋没力气。

小老鼠爱挑食，只吃花生巧克力，脖子细细，尾巴细细，蔫头耷脑没力气。

小熊一点不挑食，米饭、青菜、肉和鱼，大口大口吃下去，脸蛋红红笑嘻嘻！

3. 看与不挑食内容相关的动画片。

- 活动评价：

胡萝卜小朋友吃了后，眼睛会变得更加明亮。西红柿里也有许多的营养，其中，维生素 C 能使我们的牙齿骨骼变得坚固，还能防止牙龈出血。芹菜中含有铁、胡萝卜素、多种维生素，还含有大量的纤维，有利于排便，对人体健康都十分有益。大蒜不仅能调味，还能杀菌。蔬菜里含有丰富的营养物质和维生素。所以，小朋友要多吃蔬菜，只有这样我们的身体才能健康。在生活中，成人对幼儿传授的这些知识，远不及一次与蔬菜的亲密接触来得直接。参观蔬菜种植园的活动，形式丰富多样，抓住了幼儿的学习特点。不仅，为孩子创造探究环境，激发认识的兴趣，体验发现的愉悦，还能拉近人与大自然的距离，感悟珍惜现在丰衣足食的生活，从而萌生珍惜食物、不浪费的意识。

天才小厨师

- 适合年龄：4~6 岁（中大班）
- 活动目标：

1. 感受食物的多样性，提高对饮食的兴趣。
2. 尝试根据菜肴搭配相应的食材。
3. 知道菜肴和食材的名称，了解合理膳食能使身体健康。

- 活动准备：

厨房场地及各种厨房用具若干套、各种新鲜的食材、照相机、大屏幕电视。

- 活动过程：

（一）开始部分

1. 谈话导入。
2. 教师介绍活动内容——以家庭为单位烹饪一道菜。

（二）基本部分

1. 小厨师选菜。

（1）小朋友和爸爸妈妈讨论，根据现有的食材，商量出一道简单的自己能够参与制作的菜肴。

（2）家长说出菜肴所需的食材及数量，幼儿按提示独立完成搭配和选择食材的任务。如番茄炒蛋就需要取三个番茄和两个鸡蛋。

2. 小厨师做菜。

（1）幼儿将取得的食材洗净，家长处理食材切好备用。家长边做边介绍菜肴的营养价值和备菜处理方法。如黑椒牛柳要将鲜牛肉切成条状再裹上湿淀粉和佐料腌制是为了肉质鲜嫩入味，洋葱切片。牛肉富含丰富的蛋白质和氨基酸对提高身体抗病能力、生长发育和肌体恢复都有很大的作用。洋葱富含蛋白质、膳食纤维、胡萝卜素、维生素 B1、B2、C、E 以及微量元素铁、锌等，有防癌、防感冒、降血糖、增进食欲等功效。

(2)家长边烹调菜肴边讲解做法，说说使食物既美味又能保持营养素的烹煮秘诀。学前儿童观察食物由生到熟的转变过程，还可以尝试让学前儿童自己调味。

(3)教师拍下每个家庭做菜时的精彩瞬间。

3. 美食分享会。

(1)学前儿童介绍自己参与烹调的菜肴名称，是用什么食材和烹饪方法制成的，有什么营养价值，对人体有何好处。

(2)品尝他人制作的菜肴，鼓励学前儿童尝试平时不爱吃的菜品。说说品尝食物的滋味。

(三)结束部分

展示刚才烹饪活动中的精彩掠影。谈谈自己对烹饪过程的感受和对食物的新认识和态度。

- 活动评价：

亲子活动《天才小厨师》，孩子们通过亲身体验厨师劳动，从先计划做什么菜，再到选食材、洗菜，最后在父母的支持下完成烹饪。不仅了解了食物的多样性、可塑性、营养价值及对人体的益处，还感知了食物由生到熟的烹调过程，从而产生自己对食物的感受与理解，并体会到美味食物来之不易，更加尊重别人的劳动成果。这种对食物的全新认识是从成人的讲述中所体会不到的。孩子们从食物外形、味道和营养等方面推销自己的菜肴，更是放大了心中的自信和成功感，从而提高了对参与美食活动及享受美食的兴趣，对幼儿健康饮食心理的促进是很有帮助的。

第四节 老师您好

师幼关系是一种心理上的人际关系，通过师幼各自的地位和作用在这种关系中得以体现。《3—6岁儿童学习与发展指南》指出：营造温暖、轻松的心理环境，让学前儿童形成安全感和信赖感。良好的社会性发展对学前儿童身心健康和其他方面的发展都具有重要影响。因此，师幼关系对于学前儿童的成长、发展，有着举足轻重的意义，因为一个具有良好素质和豁达胸怀的教师，能传递给学前儿童强大的正能量，营造友爱、和睦的氛围。

师幼关系具有三个特点：一是距离性。师幼关系是构筑在教师和学前儿童心理上的一种关系，由于个体之间心理差异，特别是教师和学前儿童的思想心智成熟程度的不同，会有一定的距离，需要通过沟通、引导来拉近距离。二是互动性。教师和学前儿童要通过教导、示范、反馈等不同的互动活动达到交流的目的，在这个过程中，教师占据主导地位，需要在这一人际关系中起到主要作用，自觉帮助学前儿童融入教育教学氛围；同时，学前儿童的思想会通过表情、语言、行为的反应也会反作用于教师，让教师了解学前儿童的动态。三是反向性。并不是说教师正面教育引导都会对学前儿童起到积极的作用，有时候不恰当的方式会对学前儿童起到反作用，这就需要教师采取科学适当的教育教学手段。

良好的师幼关系对学前儿童的成长有着巨大的帮助。《礼记·学记》云："亲其师，乐其友，而信其道。"特别是针对学前儿童来说，学前儿童具有很强的模仿性，他会对教师的思想、语言、行为进行模仿，比如他们会学着老师关爱身边的同伴，关爱身边的人；会学着老师以宽容的心态对待事情和人；反之亦然。良好的师幼关系和科学教育方法，直接影响着学前儿童心理的健康发展，有利于学前儿童保持正常的人际关系，和同伴和睦相处，在集体中受到欢迎和信任。

一、　心理剧：　歪歪兔的那些事儿①

- 适合年龄：5~6岁(大班)

  主角：歪歪兔、山羊老师

  配角：小鹿老师、乖乖兔、威威龙、其他同学(小猫、小龙)

  道具：餐厅的布景，餐桌、餐具、小红花、区域活动的布景，小汽车玩具、积木、美工材料，教室的布景、颜料、球筐
- 辅导目标：

  1. 感受老师无私奉献的爱。
  2. 增强师生沟通的能力，增进互相之间的信任。
  3. 领会正确处理师生矛盾的一些方法。
- 剧情简介：

  第一场：当班里突然换了陌生的老师时，学前儿童，特别是个别胆小的学前儿童，总会产生一些不安全感。为了证实山羊老师是否和老师一样爱和接纳自己，歪歪兔在吃饭时以多种方式试探山羊老师，当他在山羊老师那里得到了积极的回应后，紧张的情绪放松了，安全感满足了。

  第二场：当他在玩玩具时挨批评了，又开始怀疑山羊老师不爱自己，山羊老师得知后没有责怪他，告诉他："批评你是因为爱你，想让你变得更好，大家生活在一起，要遵守各种规则，有些事情不可以做。"歪歪兔记住了这句话，这句话也值得每一个孩子记住。在剧情的最后还让我们体会到了另一句话，那就是，规则当然重要，但爱和

---

① 改编自绘本故事《山羊老师怎么回事》，作者：陈梦敏文；绘本故事《汤姆挨罚》，作者：[法]玛莉-阿丽娜·巴文图，[法]克斯多夫·勒·马斯尼文，梅莉译。

宽容同样重要。

第三场：课堂上，歪歪兔一次次举手要求回答问题，山羊老师却总是没有点到他的名字，面对老师的忽视，歪歪兔很伤心：是不是老师不喜欢我了？——其实，别人的忽视也许不是故意的；即使是真地被冷落，优秀的孩子也能时刻保持自我，不用在意别人的冷落。

- 剧情：

第一场 歪歪兔，你别怕

小鹿老师(独白)：我是大一班的小鹿老师，我特别会讲故事，小朋友们都特别喜欢我，我也很爱我的孩子们。我这几天有事不在班上，我请来了山羊老师来帮忙。

山羊老师：小朋友们好！我是山羊老师，我给大家讲个故事吧。(讲故事)

乖乖兔(独白)：山羊老师和小鹿老师一样会讲故事，我好喜欢她。

歪歪兔(独白)：山羊老师和小鹿老师一样吗？我还比较喜欢小鹿老师。

旁白：美味可口的饭菜送来了，山羊老师给每个小朋友添饭菜，提醒孩子们坐好，手扶着碗，一口一口细嚼慢咽。大家饭、菜快吃完了。

乖乖兔：真好吃呀，老师，我还要吃。

山羊老师：我要奖励一朵小红花给乖乖兔，因为乖乖兔第一个吃完的，碗里吃得很干净，而且没有撒饭呢，真不错！(山羊老师给乖乖兔贴上小红花并添上饭)

乖乖兔：谢谢山羊老师！

旁白：威威龙也想戴小红花，可是他吃饭很慢，觉得自己得不到小红花，就把乖乖兔的小红花抢过来，戴在自己的胸口。

乖乖兔：老师，威威龙抢我的小红花。

山羊老师：威威龙，小红花是要通过自己的努力才可以得到哦。

威威龙(有点伤心)：我总是吃得很慢，得不到小红花。

山羊老师：你没有努力怎么知道自己得不到呢？不一定是要得第一才能得小红花哦，有进步老师也会奖励你的。

旁白：听了山羊老师的话，威威龙手扶碗大口地吃起了饭，不一会儿就吃完了。山羊老师奖励了他一朵小红花，因为，今天的威威龙可没有吃到最后一名。威威龙戴着自己的小红花，心里可高兴了。

(正在这时，歪歪兔却哭了起来)

歪歪兔(拉着小鹿老师的手央求着说)：小鹿老师，我不让你走。

旁白：小鹿老师轻声劝说可是歪歪兔没松手，山羊老师过去给小鹿老师解围。

山羊老师：小鹿老师有事，很快就会回来的。

歪歪兔(歪歪兔不理山羊老师，还是哭。一会儿，歪歪兔端着饭碗说)：我病了，头疼，我爸爸说病了就来接我。

山羊老师(用手摸了摸他的头，感觉不热，就说)：行，吃完饭老师给你量量体温，如果你发烧，老师就给你爸爸打电话，行吗？你先把饭吃了。

小鹿老师(独白)：歪歪兔还是不肯吃饭，一个劲地坐在位子上唠叨、掉眼泪。(走到山羊老师身边告诉她说)：别看他平时挺淘气，但是胆子小，今天看见陌生老师带班有些害怕。

山羊老师(独白)：为了尽快排除歪歪兔的心理障碍，让小鹿老师放心去办事，我得尽量接近他，增强他的安全感。

山羊老师(蹲在歪歪兔身边小声问)：这碗饭你是不是吃不下了？(歪歪兔点点头)今天你不舒服，这碗饭可以不吃了，多喝点汤。(歪歪兔坐着不动，不吃不喝)你为什么不喝汤呢？是不想喝吗？

歪歪兔(指指头说)我头疼。山羊老师(又摸摸他的头，不发烧，这时他小声对山羊老师说)：老师，我中午睡不着觉。

山羊老师(看着他那紧张的表情，笑着说)：没关系，如果你睡不着觉，老师就坐在你身边陪着你。

歪歪兔(开心地笑了)：那我一会儿就会睡着的。(山羊老师笑了笑，又摸了摸他的头)

旁白：歪歪兔不再哭了，转眼间把一碗汤全喝完了。山羊老师给他奖励了大红花。歪歪兔得到山羊老师的关爱之后，紧张的情绪放松了，安全感满足了。

第二场　歪歪兔，挨批评①

(小朋友们吃完饭都选择了自己喜欢的区域开始游戏)

旁白：歪歪兔吃完饭后来到了建构区，这时乖乖兔正在玩黄色小汽车，歪歪兔也想玩。

歪歪兔(伸出双手拼命抢，可是乖乖兔怎么都不肯松手)：给我，这是我的。

乖乖兔(很生气)：哼！是我先拿到的。

山羊老师(走过来，把他们拉开，温和地说)：小汽车是大家的，歪歪兔把小汽车还给乖乖兔，你玩别的，好吗？

歪歪兔(独白)：反正我也不想玩汽车了，我去搭积木吧。我要用好多好多的积木，搭很高很高的大楼。

(走到积木旁边向威威龙要积木)

歪歪兔：给我玩积木吧。

威威龙：不给。

歪歪兔：哼，你搭的大楼，太难看了。(一脚踹过去，大楼倒了)哈哈，真好玩！

山羊老师：你不高兴，也不应该搞破坏！快说对不起，然后，收拾好地上的积木。

歪歪兔(独白)：太不公平了！是他们不愿意分积木给我玩的。(向威威龙扔了一块积木)哼！你不再是我的好朋友了！

---

① 改编自绘本故事《汤姆挨罚》，作者：(法)玛莉-阿丽娜·巴文图，(法)克斯多夫·勒·马斯尼文，梅莉译。

山羊老师：歪歪兔，任何时候都不能做坏事。好吧，既然你不能和别人好好地玩，你就自己去画画吧！

歪歪兔(独白)：山羊老师一点也不好，我不喜欢她！(眼睛有点发涩了)

旁白：山羊老师看到了，走到了歪歪兔身边。

山羊老师：歪歪兔，你在干嘛呢？

歪歪兔(很沮丧地对山羊老师说)：我觉得挨批评一点都不好玩。

山羊老师：是的，歪歪兔，挨批评不好玩也会很难过。但是我批评你也是因为爱你，想让你变得更好。如果别人随便抢你的玩具，把你拼好的玩具推倒，别人拿玩具扔你，你会高兴吗？(歪歪兔不好意思地低下了头)大家生活在一起，要遵守各种规则，有些事情可以做，有些事情不可以做。

歪歪兔(看着山羊老师)：山羊老师，你小的时候，也挨过批评吗？

山羊老师：当然挨过了。(咣啮，旁边的小朋友将材料掉在了地上)

歪歪兔：他们是不是也该批评？(想了想)哈哈！捡起来就行了，不用批评，我去帮他们一起收拾吧。

山羊老师(抱一抱歪歪兔)：这样的歪歪兔，老师真喜欢！

旁白：歪歪兔体会到了有时候老师批评你也是因为爱你，同时明白了规则很重要，并且爱和宽容同样重要。

第三场　我的山羊老师①

旁白：金灿灿的阳光洒进来，照得教室亮堂堂的。可是，阳光没有钻到歪歪兔的心里来。山羊老师今天不知道是怎么回事，戴着大大的眼镜，却跟没看见歪歪兔一样。

旁白：上音乐课时

山羊老师：我想请一个小朋友唱一唱《拔萝卜》的歌，谁愿意试试？

旁白：歪歪兔把手举得高高的，可是，山羊老师的目光扫到他前面一排就定住了。

山羊老师：乖乖羊，请你来唱！

乖乖羊：一只兔子拔萝卜，拔呀拔呀拔不动；两只兔子拔萝卜，拔呀拔呀拔不动；五只兔子拔萝卜，拔呀拔呀拔不动……

歪歪兔(独白)：错了！错了！

旁白：歪歪兔心里直嚷嚷，山羊老师是怎么回事嘛？怎么不叫我歪歪兔呢？这首歌我昨天就会唱了！

旁白：上美术课时

山羊老师：我想请一个小朋友来调出绿颜料，谁愿意试试？

旁白：歪歪兔把手举得高高的，可是，山羊老师的目光越过了他，到了后面一排。

山羊老师：威威龙，请你来调！

(威威龙拿了黄颜料，又拿了红颜料……)

① 改编自绘本故事《山羊老师怎么回事》，作者：陈梦敏文。

歪歪兔(独白)：错了！错了！

旁白：歪歪兔心里直嚷嚷，山羊老师是怎么回事嘛？怎么不叫我歪歪兔呢？这个颜料我昨天就会调了！

旁白：上游戏课时

山羊老师：我想请两个小朋友来帮我抬球筐，谁愿意来？

歪歪兔(独白)：用不着两个人，我一个人就能搬动一筐球！

旁白：歪歪兔恨不得跳起来说：我！我！我！可是，山羊老师的目光在他身上停了一会儿，又移开了。

山羊老师：小猫、小熊请你们来吧！

旁白：歪歪兔的耳朵软软地耷拉下来，心里的委屈一点一点地蔓延开。山羊老师是怎么回事？

歪歪兔(独白)：她是不是不喜欢我了？

旁白：上数学课的时候，歪歪兔没举手。上手工课的时候，歪歪兔没举手。上故事课的时候，歪歪兔没举手。

山羊老师：年纪不大，胡子一把，爱吃青草，爱叫妈妈。歪歪兔，请你来猜一猜这个谜语。

旁白：就在歪歪兔胡思乱想的时候，山羊老师叫到了他的名字。

歪歪兔：是，是……长不大的老爷爷！

旁白：歪歪兔心里慌慌的，胡乱地说了个答案。他知道他猜错了，因为他根本就没有听见山羊老师说什么，他还在想着，老师是不是不喜欢自己了。

山羊老师：歪歪兔，你今天是怎么回事？已经好几节课没举手了。还有，就算我没有叫到你，你也要用心听才不会答错呀。是不是没听见我的谜语？我再给你念一遍吧，年纪不大，胡子一把，爱吃青草，爱叫妈妈。歪歪兔，请你来猜一猜这个谜语。

歪歪兔：是——羊！这谜语，我早就知道了！

旁白：更重要的是，她还知道了——山羊老师的眼里一直一直都有歪歪兔，只是，有时候歪歪兔没有发现这一点。别人的忽视也许不是故意的；即使是真地被冷落了，优秀的孩子也能时刻保持自我，不用在意别人的冷落。

(剧终)

- 活动评价：

人际关系是社会成员之间通过相互作用产生的心理和行为方面的影响关系，这种关系通过角色定位、心理暗示、言语沟通来实现。《歪歪兔的那些事儿》是以促进学前儿童师生之间的关系为主题的心理剧，反映了歪歪兔在幼儿园生活中所遇到的一些事，对于歪歪兔这样的孩子，教师不应认为孩子事多，而应意识到他是对爱和安全感等需要比较强烈，应像山羊老师和小鹿老师那样以极大的耐心，不厌其烦地一次又一次地证实自己对他的关注、爱和接纳，促进学前儿童心理健康发展。值得肯定的有以下三点：

1. 角色扮演亲切可爱。该剧采用了小羊、小鹿这样的性格温顺、心地善良、活泼可爱的小动物，根据学前儿童年龄特点以小动物的形象出现，让儿童感到亲切自然，有兴趣观看或表演下去。也易于引导他们接受真善美的事物，陶冶其情操、净化其心灵，教育效果明显。

2. 语言对话活泼诙谐。小羊、小鹿的对话充满童趣，一方面句式简单、词汇简易、修辞简洁，很符合儿童的阅读能力和水平；另一方面，使用的语言比较幽默诙谐，童趣盎然，能够激发学前儿童参与心理剧表演的兴趣。

3. 情节设置引人入胜。该剧针对师生关系设计了三场情景，情节设置既突出了主题，又切合学前儿童实际，准确把学前儿童不安、怀疑等心理表现出来了，使学前儿童能够很明了地把握住主旨，又不至于平淡无味，内容具有积极的教育意义。

二、团体辅导

辅导活动

我和老师一起玩①

- 适合年龄：5~6 岁
- 活动目标：

  1. 感受与老师一起游戏的快乐。

  2. 通过游戏增进对老师的了解，增强师生之间的情感。

  3. 能够与老师互动游戏，友好相处。
- 活动准备：有采访的经验，学习过游戏儿歌《挑礼物》，以及相互击掌的方法。
- 活动过程：

  1. 采访老师。

  教师：我想请大家玩一个游戏，这个游戏是这样的，你们可以来了解我，每个人提出一个你想知道的问题。比如：你喜欢什么？你害怕什么？

  (1) 学前儿童采访老师，教师回答问题并给一个拥抱。

  (2) 教师采访学前儿童，学前儿童回答问题后送给一个吻。

  2. 游戏：《挑礼物》。

  (1) 师幼共同念儿歌：《挑礼物》。

  (2) 教师讲解游戏玩法与规则。

  玩法：全班学前儿童一起念儿歌，教师逐个与学前儿童击掌，当儿歌念到最

---

① 本游戏来自吴卫东．互动游戏与心理教师．杭州：浙江教育出版社，2006；郭善瑗，王红芳. 新游戏大全. 武汉：湖北少年儿童出版社，2011，有改编。

后一个字"笑"时，教师与谁在击掌，就请谁上台和教师一起挑礼物(师问：挑不挑？如果学前儿童不挑，教师就挠他痒痒；如果学前儿童挑，就问挑什么？挑亲亲还是抱抱？学前儿童选择后对老师用动作表示出来)。

规则：儿歌念完后，最后一位和教师击掌的学前儿童才能上台挑礼物。

(3)教师与学前儿童一起游戏，鼓励学前儿童大胆表达自己的感受。

【儿歌】

澳洲鼠，真奇怪，肚子有个小袋袋，

袋中的礼物请你挑，不挑就让你咯咯咯笑。

- 活动评价：

师生关系是教师和学前儿童在教育教学过程中形成的相互关系，良好的、协调的师生关系是有效地进行教育、教学活动，完成教育、教学任务的必要条件。

为了师生友好相处，让学前儿童了解教师是很重要的。在这个活动"我和老师一起玩"中采用了两种游戏形式让学前儿童感受与老师一起游戏的快乐。挑礼物的游戏则是通过亲亲、抱抱的肢体语言，促进师幼关系，增强师生之间的情感。在快乐游戏的过程中，既增进了对老师的了解，又促进了师幼关系的良好发展。寓教于乐，快乐游戏，快乐学习。

拥抱我的老师①

- 适合年龄：5~6岁
- 活动目标：

1. 乐意与老师进行拥抱，感受拥抱的温暖。
2. 学习舞蹈《拥抱我的老师》。
3. 能用肢体动作表达对老师的情感。

- 活动准备：有与老师一起生活的经验，毕业分离不舍老师；舒缓优美音乐。
- 活动过程：

1. 故事导入，欣赏音乐《拥抱我的老师》。

教师：亲爱的孩子们，你们就要从幼儿园毕业了，三年的时光是多么的美好，老师看着你们一天天长大懂事，和你们一起唱歌、跳舞、玩游戏、画画、讲故事，你们聪明、活泼、阳光、可爱，你们是老师眼中的好孩子，老师很舍不得你们。

2. 学习主要动作与要求。

(1)旁斜下位波浪手：平脚碎步，旁斜下位四十五度双手同时做小波浪，小臂

---

① 改编自中国舞蹈家协会教学网，《拥抱我的小舞伴》http：//www. danceinchina. org/downland. php？contentid=1106283&dataflag=jxzlxz

随动。

(2) 上位摆臂：双手手心相对放于上位，双臂横向摇摆，手腕松弛，双脚打开与肩同宽，随手臂左右移动重心，动作舒缓，连绵不断。

(3) 小鱼吐泡泡：双手后斜下位小波浪，敞胸仰头，平脚碎步向右原地旋转一圈，仰头左右晃动，犹如小鱼吐泡泡。

(4) 拥抱老师：老师从第一排左起第一个小朋友开始，依次与每一个小舞伴深情地拥抱，拥抱形态不固定，随情感而发生。

3. 舞蹈：《拥抱我的老师》。

随着音乐完成动作，最后，老师拥抱每一个小朋友。

- 活动评价：

对于孩子们来说，老师的拥抱是鼓励、是赞许、是宽容。用爱心拥抱孩子，是对孩子进行情感教育的先决条件。此活动的设计就是为了促进师生之间的关系，通过活动中的拥抱等动作可以建立和谐的师生关系，对于促进学前儿童全面发展和教师自身素质的提高都具有深远的影响。在活动中主要是以亲切的拥抱等肢体动作来抒发情感，表现出老师和孩子之间的不舍，充分地表达了师生之间的情感。

第五节　我的理想

关于职业指导的研究发现，人对于职业的了解和选择需要经历一个很长的过程，人的职业态度不是面临就业时才有的，而是在童年时期就开始孕育职业选择的萌芽。因此，从儿童时期开始进行职业教育，可以在幼小的心灵中留下不可磨灭的印象，对儿童一生的职业发展有着重要意义。

学龄前儿童，从上幼儿园开始，就已经步入到了一个小社会，他们逐渐对社会的各种职业有一定的认识，他们也特别喜欢参与职业扮演的游戏，幼儿园开展的各种角色游戏区，如：宝贝厨房、彩虹医院、小邮局等，都是为了满足学前儿童的兴趣需要和心理发展需要而创设的。然而，在日常与学前儿童的沟通中发现，他们对各种职业的了解依然是比较片面、单一的。因此，需要通过开展丰富的社会实践活动，帮助他们更进一步地了解不同职业的特点、学习各种职业的技能，帮助学前儿童获得自我认识，树立职业理想，为学前儿童未来一生的职业发展奠定基础。

在孩子的每个成长阶段，都会有这样那样的不同理想，有的是长久的，有的是转瞬即逝的。在孩子的眼里，工作没有好坏之分，他们能看到的，只是某一个吸引他们的亮点。对于孩子的职业教育，不是给孩子划分工作的层次，而是带他们去体验、了解不同的职业，学到知识。所以当孩子对某种职业有热情的时候，成人应把握教育时机，对孩子进行积极的鼓励和引导，帮助孩子获得自我认知，激发学前儿童对未来职业的美好向往。

一、心理剧：长大我要当……①

- 适合年龄：5~6岁(大班)

  主角：小楠

  配角：浩浩、小田、小美、小欣、琪琪、鹏鹏、丁丁老师

  道具：小厨房玩具，洋娃娃、图书、小提琴、足球、画纸、彩笔、书桌、沙发
- 辅导目标：

  1. 在与角色的共鸣中发现自己的爱好和愿望。

  2. 知道通过努力，付出实际行动才能实现自己的梦想。
- 剧情简介：

孩子们一起纷纷谈论着自己长大以后的梦想。一向思维活跃的小楠，小班时候的梦想是长大后要当海洋馆的鲸鱼饲养员。但是，到前天为止她决定要当一名勇敢的消防员，大家对她的想法都觉得不可思议。由此，大家展开了各自的梦想之旅：小田想当一名小提琴家，小美想做一个好妈妈，琪琪想当一位像丁丁老师那样优秀的老师，浩浩则想成为一名汽车设计师。大家的这些想法，让还没有想到这个问题的小欣感觉到，自己也该想想长大后要做什么。

- 剧情：

场景一

(小楠、小田和浩浩三个小朋友肩并肩，躺在户外的草坪上看着天上的云朵)

小楠(手指向天空)：啊！小船！

小田(手指向天空)：那是滑滑梯！

浩浩(手指向天空)：这边的云是……小猫！

小田(手指向天空)：小楠，那个是什么啊？

浩浩：那是看起来很好吃的烤鸡。

小楠：那才不是呢！那是……鲸鱼！

小田(吃惊地说)：鲸鱼？

小楠：小班的时候爸爸第一次带我去海洋馆，那个时候我就特别喜欢鲸鱼，我想……等我长大了，一定要当海洋馆的鲸鱼饲养员，可以每天和鲸鱼一起玩游戏。

小田(不可思议地说)：啊？鲸鱼饲养员？

浩浩：果然跟别人想的不一样，小楠，你总是有奇怪的想法。

---

① 改编自动画片《南与乔老师》第20集，作者：〔美〕露意莎·梅·奥尔柯特。

场景二

（小楠、小田和浩浩从户外走进教室，这时小美正在玩“小厨房”，为她的“小娃娃”做“蛋糕”，小田进来后拿起图书坐在一旁翻看）

小楠（走到小美跟前凑过去，轻声地问）：小美，你有没有想过长大要做什么？

小美：你说我啊？这个嘛……（小美若有所思状）

浩浩（对着小楠做鬼脸，嘲笑着说）：其他小孩才不会像你一样，长大要当鲸鱼饲养员呢！哈哈！

小楠（生气地跺脚）：浩浩！（说完生气地跑过去找浩浩理论，他俩围着教室追逐，浩浩一边跑一边回头对小楠做鬼脸）

小美（边做“蛋糕”边自言自语）：我的梦想永远都不会改变的，等我长大了，我要当个好妈妈。

（小楠和浩浩听到后，马上停止追逐，大步走到小美跟前）

小楠和浩浩（一脸惊讶，同时说）：什么？好妈妈？

小美（一脸微笑地说）：我会把厨房整理得干干净净的，有的时候烤烤饼干，还要为家里的每个人做美味的食物。（双手合十歪着头作幻想状）

小田（放下手中的图书站起来，微笑着）：我相信你！小美，你一定可以实现这个梦想的。

小美（开心地语气）：谢谢你，我觉得等你长大后，一定可以成为一名优秀的小提琴手。

小田（不自信地说）：真的吗？

小楠（从一旁走过来）：是啊！我也觉得你一定可以的。

（灯光减弱，在舞台的另一边，一个聚光灯下，有一个穿着帅气礼服的小提琴手，一手拿着小提琴，一个拿着琴弓，正准备开始表演。此时，背景音乐起，掌声响起。）

（聚光灯熄灭，舞台灯光再次亮起）

小田（想象着那样的场面）：要是真能这样就好了。

浩浩（双手抱在胸前，侧身对着同伴，很神气的样子）：等我长大以后，一定要成为汽车设计师才行。

其他同伴（小楠、小美、小田齐声说）：汽车设计师？

浩浩（转过身面对同伴）：是啊！我不像你们只是想想而已，我可是按照计划逐步地在进行呢！

其他同伴（小楠、小美、小田齐声说）：计划？

浩浩：我想你们也都知道，我平时收集了很多汽车玩具，而且也喜欢画各种各样的汽车。

小楠（小声对其他同伴说）：难道说收集汽车玩具就能当汽车设计师吗？

浩浩（作生气状）：你真的不懂吗？我就是要朝着那个方向努力呢！等我真正当上了汽车设计师，那个时候正好是小楠想当鲸鱼饲养员的愿望实现的时候吧！

小楠：其……其实我也不是一直抱着小班时候的那个想法啊！

小美(好奇地问)：那么小楠，你现在又想当什么呢？

小楠：现在？嗯……这个嘛！(做思考状)到前天为止，我才决定要成为一名消防员呢！

小田：消……消防队员？不会吧！

小楠：是的！发生火灾的时候，我会穿着消防员的衣服，戴着面罩，跑在最前头，然后在熊熊的烈火当中，拿着消防水管对着大火，(双手作拿水管向上方冲水状)冲啊……冲啊……冲啊……怎么样，很酷吧？(双手叉腰，为自己感到骄傲的样子)

浩浩：哈哈！哪有女孩子当消防队员的呢！

小美：小楠，你的想法总是很特别哦！

小田：小楠，这个想法还是不太可能吧！每次玩户外攀爬梯的时候，你都不敢上去。

(小楠一个人坐在自己的座位上看着大家，其他同伴站在一起)

小美：我觉得你还是再想想吧！消防员真的不适合你。

浩浩：就是嘛！胆小的女生还想当消防员。

小楠：我才不是你们想的那样。(说完转过身去)

小田(转过身对其他同伴说)：她好像不高兴了。

浩浩(耸耸肩)：不管怎么跟她解释，她就是听不进去。

小美：反正到了明天，她可能又想做别的吧。

浩浩：哈哈，从鲸鱼饲养员变成消防员，明天不知道变成什么呢！哈哈……

小楠：为什么没人相信我！(生气地跑出教室，其他同伴追出几步，看着她离开)

小田(着急地)：小楠……

场景三

(小楠生气地来到丁丁老师办公室，丁丁老师正坐在书桌前看书)

丁丁老师：小楠，怎么了？(放下书，牵起小楠的手，走到书桌旁的沙发前坐下)

小楠(沮丧地低下头)：浩浩他们都不相信我长大以后可以当一名消防员，他们说我不勇敢，还说女孩子当不好消防员。

丁丁老师(摸着小楠的头，看着小楠)：那你觉得他们说的对吗？

小楠：可能我现在是像他们说的那样，不够勇敢，连攀爬梯都不敢上去，但是我可以从现在开始慢慢努力呀！我相信有一天，我能克服这些困难的。

丁丁老师：我相信你小楠，只要朝着自己的梦想一点点的努力，坚持、不放弃，就一定能成功。

小楠(自信地点头)：嗯！再说了，虽然现在没有女生当消防员，说不定等我长大以后，我就是第一个女生消防员呢！(小楠笑着看着丁丁老师)

丁丁老师：小楠好样的！(与小楠相互击掌)那，其他小朋友长大想当什么呢？

小楠：浩浩想当汽车设计师，小美……(声音减弱，灯光渐暗)

场景四

（小欣和琪琪坐在操场的树下聊天，鹏鹏在远处踢足球）

小欣（手上拿着折好的小青蛙）：琪琪，你上午教大家折青蛙，教得很好哦！我们都能听懂你讲的方法呢！你讲的时候，看起来好像老师啊！

琪琪：其实，我的梦想就是想当一名老师，就像丁丁老师这样认真优秀的老师。

小欣：哦？真的吗？

琪琪：嗯！所以我很喜欢把我学会的东西教给其他小朋友，这让我觉得自己已经是一名小老师啦！

小欣（手握拳头对着琪琪点头）：琪琪加油！你一定能当一名很好的老师。

琪琪：你看鹏鹏（伸出手，指向正在远处踢足球的鹏鹏）他将来可能想当一名足球运动员吧！

小欣：鹏鹏踢足球真的很棒呢！

小琪（转过脸对小欣说）：那么，你呢？你长大想当什么？

小欣：我？我还没有想好呢！不过也该好好想想了。

场景五

（小田在拉小提琴，琪琪和小欣在折纸，小美在玩做蛋糕的游戏，浩浩在在画小汽车，鹏鹏在踢球，小楠正在努力地爬上攀爬梯……他们各自做着自己的事情）

丁丁老师（走到舞台前面，欣慰地说）：真是让人惊讶！孩子们都逐渐长大，开始有自己长大后的梦想了。想一想，真的好奇妙，等他们长大以后都会实现自己现在的梦想吗？其实，爸爸妈妈和老师，只要你们长大后都能做自己喜欢的工作，能把自己喜欢的事情做好，就觉得很棒了。

（剧终）

- 活动评价：

我国正处于经济转型、体制转轨的变革时期，需要大量人才，但在人才供求关系上存在着不协调。一方面急需大量高水平技术人员，另一方面每年有为数不少的院校毕业生找不到工作。还有很多毕业生走上工作岗位却迟迟不能进入工作状态，或频繁跳槽。这不仅对用人单位造成损失，同时对学生个人职业生涯的发展更是严峻的考验。因此，在人生的启蒙阶段引导孩子有意识地去思考：我的特长有哪些？我喜欢干什么？我将来要做什么？等等，都是在为他们将来选择理想的职业奠定基础。该剧通过适宜的取材和明确的主题，用贴近学前儿童的生活实际的方式，向学前儿童呈现了具体、生动的情景，让小演员和小观众们获得自我认识的空间，为孩子们提供了一个思考、讨论的契机，具体表现在以下几个方面：

1. 主角与众不同的职业理想，虽然受到同伴的质疑，但是她依然能坚持，依然相信自己能通过努力去实践，这种正能量能对小朋友们起到积极的影响。

2. 剧中虽然只展现了几位小朋友长大后的理想，但是他们每个人都有自己的性格特点和不同的职业理想，通过这几位比较具有代表性的小朋友可以折射出许多其他小朋友们的不同想法，因此，容易使小朋友们产生共鸣，具有启迪作用。

二、 团体辅导

辅导活动

参观职业体验馆

- 适合年龄：5~6 岁(大班)
- 活动目标：

1. 体验社会角色，激发学前儿童对未来职业的美好向往。

2. 增强学前儿童的自我认识，进一步发现自己的兴趣与特长。

3. 知道各行各业与我们生活的密切联系。

- 活动准备：

1. 活动组织者提前选择好职业体验馆，了解其地点、开放时间、体验内容等相关信息，做好策划工作，向学前儿童家长宣传活动内容、地点，并提前通知出发地点和时间。

2. 活动前发动家长帮助学前儿童查找、搜集有关职业体验馆的图文资料，对活动进行充分了解。

3. 安全文明教育。

(1) 引导学前儿童行动听从小队负责人的安排，紧跟队伍，不掉队、不喧哗、不拥挤。乘车时不要将头手伸出窗外。

(2) 鼓励学前儿童在活动过程中要注意卫生文明，不乱丢垃圾，爱惜玩具材料，在活动过程中要注意使用礼貌用语。

- 活动过程：

(一) 参观场馆。

工作人员带领孩子们参观消防局、银行、烘焙店、育婴室、小酒店等多个适合学前儿童年龄段的体验场馆，并对学前儿童进行职业讲解和体验游戏的要求、注意事项等。

(二) 分组进行职业体验活动。

1. 根据学前儿童的兴趣爱好进行项目的选择和分组。5~6 人一组，每小组由一位教师负责带队。

2. 体验各自的社会角色。

(1) 教师配合场馆工作人员共同组织学前儿童更换着装，开始职业体验活动。

(2) 为自己负责的小组学前儿童拍照，记录体验的过程。

(3) 鼓励学前儿童使用礼貌用语，指导学前儿童有序使用玩具材料，并学习相关职业的专业用语。

(4)根据时间情况和学前儿童的兴趣需要体验不同的职业场馆，体验不同职业的劳动过程。

(三)活动结束，组织学前儿童集合。

1. 各小组负责教师指导学前儿童有序归还玩具材料，并整理自己的着装。

2. 清点人数，确认无误后带领学前儿童到指定地点集中。

3. 带领学前儿童有序上车，回幼儿园后由家长接孩子回家。

- 活动建议：

小朋友集体乘车的往返途中可以展开一些讨论活动，去体验馆的路上可以鼓励学前儿童相互交流，说说自己向往的职业是什么？为什么向往？回幼儿园的途中，可以请小朋友介绍自己今天的体验内容和感受。

- 活动展示：

将本次活动制作成展板，吸引其他班级小朋友及家长的共同讨论，内容可以有以下几个版块：

1. 整理小朋友在体验馆的活动照片，配上文字解说。

2. 小朋友以“我长大了想当……”为主题进行作画，家长帮助小朋友加以文字介绍。

3. 家长根据小朋友回家后的反馈情况和小朋友的思想变化撰写相关的活动评价。

- 活动评价：

社会的就业压力，让幼儿园的家长们都不自觉地带着孩子围绕着“高考指挥棒”在转，为孩子选报各种特长班，却无暇顾及在学前儿童的心理是否已经有了长大后的职业梦想，导致许多学生在高考填报志愿时比较盲目，进入大学以后，学习目标设定、人生规划普遍存在被动性、盲目性、盲从性，学习动力不足。这种情况能充分体现出职业启蒙教育阶段对孩子们的积极引导作用。组织本次活动，为孩子们搭建了体验生活、感受不同职业的机会，开阔了眼界，感受到了人生的丰富多彩。他们在不同职业场馆的亲身体验和实际操作中发现自己的特长和兴趣，为幼小的心灵播下了企盼的种子，激励自己树立理想，努力创造美好灿烂的明天。

我长大以后

- 适合年龄：5~6岁(大班)
- 活动目标：

1. 激发对未来的美好憧憬和向往。

2. 了解生活中各种各样的职业。

3. 能大胆地向同伴介绍自己的职业理想。

- 活动准备：

知识经验准备：

1. 小朋友对常见的职业性质有一定的了解。

2. 提前联系好几位工作性质具有代表性的家长，与家长提前沟通活动目标与过程，请家长提前准备活动中需要的资料或道具材料。

物质材料准备：

多媒体教室；医生、警察、空乘员、消防员等职业服装图片；家长演示 PPT 或相关道具材料；画纸、水彩笔等。

- 活动过程：

（一）欣赏不同的职业服装，激发兴趣。

1. 分别出示医生、警察、空乘员、消防员等职业服装图片。

2. 请小朋友说说这些职业服装所属的职业。

教师：你们知道这是谁的职业服装吗？他们的工作任务是什么呢？在生活中还有哪些职业呢？

（二）请小朋友说说爸爸妈妈的职业。

教师：你们爸爸妈妈都是做什么的？你们知道他们是怎样工作的吗？

（三）请爸爸妈妈介绍自己的职业，深入了解各类职业内容。

1. 请不同职业的家长穿着职业服装，向小朋友介绍自己的职业。

2. 家长们分别通过 PPT 或者现场道具演示等途径向小朋友介绍自己日常工作的环境和工作内容等。

（四）学前儿童绘画：未来的我。

1. 通过集体交流和同伴交流，帮助小朋友明确目的，引导小朋友绘画自己理想中的职业。

教师：长大后的你想做什么工作？工作的地方是什么样子的？你们会穿什么样的衣服上班呢？

2. 小朋友绘画理想职业，教师巡回指导，关注个体差异，帮助能力较弱的小朋友。

3. 作品展示，再次交流理想。

教师：请你向大家介绍一下未来的自己好吗？

（五）讨论如何实现美好的愿望。

1. 引导小朋友积极参与讨论。

教师：我们都有自己的愿望和理想，我们的年纪还小，不能向爸爸妈妈那样去工作，那么我们现在应该怎么做呢？

2. 教师朗诵儿歌，小朋友欣赏。

【儿歌】

我长大以后……

爱唱歌的我，长大后做个歌手；
爱画画的你，长大后做个画家；
爱跳舞的她，长大后做个舞蹈家……
一起学本领，长大后才能实现理想。

3. 教师小结。

教师：我们从现在开始学习各种各样的本领，知道很多的知识，长大后才能为人们做许多许多有用的事情。

- 活动延伸：

将小朋友的绘画作品《未来的我》布置成专栏，供小朋友在自由活动时相互介绍、欣赏。

- 活动评价：

幼儿园大班的孩子常常会跟同伴说起自己的爸爸妈妈职业是什么，有的孩子也会说起自己长大后的梦想，这时教师就可以抓住教育契机，为小朋友组织相关的活动，让小朋友深入了解各种各样的职业，从而意识到自己长大了要干什么。

小朋友的具体形象思维占主体地位，通过爸爸妈妈的亲自介绍和演示，能让小朋友们在生动的场景中感受到了不同职业的独特性质，让小朋友深入地了解到父母的工作，从而体谅父母的劳动，同时，在轻松、愉快的氛围中大胆地设想自己未来的职业，激发小朋友对未来职业的美好向往。

本章小结

本章分五节分别针对小朋友合作助人、亲子互动、膳食习惯培养、师幼关系、未来理想等方面的健康成长目标，介绍了开展心理剧和团体辅导活动的系列设计方案，通过分析各类活动，向学习者呈现了心理剧及团体辅导在小朋友心理健康促进工作的组织形式和应用方法，通过绘本改编和引荐方式，将来自小朋友日常生活实际情况再现，所提供的方案贴近小朋友生活，且生动活泼，适合中、大班小朋友开展。这类团体辅导和心理剧形式多样，便于组织，希望未来教师学习、借鉴，并创新运用。

本章思考题

1. 幼儿团体辅导与成人团体辅导有何异同？心理剧与幼儿角色游戏有何异同？
2. 创编一个关于同伴合作的幼儿心理剧。
3. 设计一个矫正幼儿偏食行为的团体辅导方案。

4. 怎样通过团体辅导建立师幼间的良好关系？

5. 怎样帮助幼儿了解社会职业，树立远大理想？

推荐阅读

1. 冯夏婷．透视学前儿童心理世界[M]．北京：中国轻工业出版社，2014.

该书从学前儿童怎样认识世界、怎样感受世界、怎样应对世界这三个方面，精选了36个具有代表性的问题，详细地向学前教师和家长介绍了学前儿童的心理世界。针对每一个问题，作者先通过几个小故事来引出学前儿童的心理现象，接下来分析心理现象产生的原因，再介绍心理学家针对此现象的经典实验研究和结论，然后分别给学前教师和家长提出教育建议，最后补充“重要参考”资料以增强阅读的愉悦感。全书具有很强的知识性、趣味性和实用性，对于读者了解和观察学前儿童的心理现状，走进学前儿童的内心世界具有很好的指导作用。

2. 尹建莉．好妈妈胜过好老师[M]．北京：作家出版社，2014.

该书既有国际视野，又具中国文化精髓，紧贴现实，呈现了优质教育的做法和魅力，首次把家庭教育著作提升到专业化水平。文笔流畅，可读性强，改变了长期以来教育著作晦涩艰深的现象，在普及现代教育理念方面形成的广度和深度都是前所未有的。直接推动了中国家庭教育的进步，标志着中国家庭教育理念与世界最先进水平的接轨，并开始对外形成影响力。

3. 风语者．每天懂一点饮食心理学[M]．北京：电子工业出版社，2011.

本书以饮食心理为基础，结合生理学、营养学等知识深入地解析了人们饮食行为背后的秘密。全面介绍了国内外诸多科学家，尤其是心理学家对饮食行为的研究，揭示了贪吃、馋嘴、挑食、偏食、暴饮暴食、爱吃零食、夜间进食、厌食等行为背后的真相，引导人们在认清饮食恶习危害的同时，从心开始，冲破内心的贪念，塑造适合自己的健康饮食习惯。

本章参考文献

高思刚．中小学校园心理剧[M]．福州：福建教育出版社，2008.

[英]斯巴克斯著．戴维斯绘．林昕译．武汉：湖北少儿出版社，2013.

李阿芳．亲子游戏中家长角色的个案研究[D]．重庆：西南大学硕士学位论文，2008.

[爱尔兰]麦克·山姆布雷尼著. 猜猜我有多爱你[M]. [英]安妮塔·婕朗绘. 梅子涵译. 济南：明天出版社，2013.

冯君．学前儿童营养膳食与心理健康培育[J]．黑龙江教育学院学报，2010(5).

张影．饮食心理学初解[J]．民营科技，2011(10).

郭善瑗，王红芳．新游戏大全[M]．武汉：湖北少年儿童出版社，2011.

赵敏．学前儿童心理健康教育与教师心理健康[M]．北京：首都师范大学出版社，2012.

[法]玛莉-阿丽娜·巴文图，[法]克斯多夫·勒·马斯尼文，梅莉译．汤姆挨罚[M]．郑州：海燕出版社，2008.

陈梦敏．山羊老师是怎么回事[M]．北京：海豚出版社，2012.

施晶晖．学前儿童社会性教育兼论儿童职业意识培养[M]．合肥：中国科学技术大学出版社，2010.

学前教研中心．幼儿园多元智能游戏活动教师指导用书(大班上)[M]．北京：中国农业出版社，2013.

吴卫东．互动游戏与心理教育[M]．杭州：浙江教育出版社，2006.

第五章 幼儿园生活辅导个案

学习目标

1. 本章导读：个案辅导是学前儿童健康教育的重要组成部分，它不仅渗透在孩子一日生活的每个瞬间，更应该扎根在教育者的教育智慧与技巧中。通过本章的学习，未来的学前教师要将心理辅导的理论和日常学前儿童教育经验结合起来，了解学前儿童行为和心理变化，熟悉案例辅导程序，掌握学前儿童生活中的情绪、学习、自我、社交和网络辅导的有效方法与策略。

2. 教学重难点：关于控制情绪，自我学习和网络辅导的有效方法。

3. 教学课时：教学 6 课时，实习 2 课时。

个案辅导是与团体辅导相对应的另一类心理辅导方法，是学前儿童健康教育一项非常重要的内容，也是学前教师们常年的工作任务。个案辅导是指通过鉴别、诊断分析和干预，解决儿童个别心理困惑的一种辅导形式。孩子们的身心问题有共性的一面，但更多的则表现为个性化的一面。面向全体学前儿童的健康教育和针对个别学前儿童的个案辅导，是幼儿园健康教育工作的两个方面，缺一不可。相比之下，个案辅导所需要的专业知识和技能要求更高，它是衡量当代学前教师专业水平高低的重要标志。因此，个案辅导的理论、方法和技能，应该是每一位学前教师必须熟悉把握的。

传统的个案辅导对象主要是针对心理和行为有困难的孩子，随着积极心理学思想的兴起，目前个案辅导的对象包括全体儿童、教师和家长，不再仅仅拘泥于学前儿童心理行为问题的防治。个案辅导步骤可以分为两大阶段①：第一阶段评估问题，确定对象的问题与症状，收集资料，诊断分析。第二阶段进行干预，制订方案、实施干预、效果评估和后续辅导。由于专业化要求水平高，辅导人员的匮乏和学前教师知识结构

① http：//www. douban. com/group/topic/1461556/.

和以往培训内容的局限，符合标准的辅导个案在幼儿园所见不多。目前许多幼儿园在该方面进行了尝试，以下介绍部分幼儿园教师有关学前儿童生活辅导案例分析，希望能促进该领域的实践探索。

在幼儿园的一日生活中，孩子们会用丰富的面部表情、手势、声音以及他们的肢体动作来表达自己的情绪情感。玩了有趣的游戏，他们会高兴得咯咯笑；吃饭没有得到老师的表扬会生气嘟嘴；和小伙伴争抢玩具没有成功时，会乱扔玩具。这一切情绪的外露源于孩子们心理发育不成熟，自我控制和自我调节水平较低，周围的环境很容易对他们的情绪产生影响。学前儿童处在个性、情绪、调控能力、意志自制力与坚持性等心理品质迅速发展的时期，更是培养他们健康心理行为的大好时机。教师天天和他们亲密相处，如果能时时处处细心关注孩子们这些情绪的反应，在一日生活的各个环节中，自然地将教育渗透其中，会产生潜移默化的影响，让孩子通过体验与感受，保持愉快的情绪，积极、快乐地生活。幼儿园的一日活动包括生活、游戏、教学、户外四个基本活动，健康教育与个案辅导需要融合这四大活动中的教育因素，挖掘教育价值，随时依据当时当地学前儿童的身心特点和需要，及时给予适宜的支持和介入，于无声处促进学前儿童健康发展。下面根据学前儿童健康教育的几个基本方面分节进行介绍。

第一节　积极的情绪辅导

情绪和情感是人对客观事物是否符合自己的需要时所产生的态度体验及相应的行为反应。它是心理健康的一个重要方面，是以个体的愿望和需要为中介的。① 喜、怒、哀、乐都是孩子情绪、情感的表达。积极情绪即正性情绪，是指个体由于体内外刺激、事件满足个体需要而产生的伴有愉悦感受的情绪。对孩子们而言，就是其身心需要被满足后的愉悦感受，是快乐、满意、兴趣、自豪、感谢和爱等。这是一种良好的心理品质。

无论是喜悦、感激，或是兴趣、希望、自豪……这些良好的感受，可以使孩子们乐意去探索大千世界，有创造、尝试的动力。积极情绪让他们更愿意与人交往、合作②，带来良好的人际关系，带来爱与幸福。

① ［美］保罗．艾克曼著．情绪的解析［M］．杨旭译．南海出版公司，2008.

② 郭小燕、王振宏．积极情绪的概念、功能与意义［J］．心理科学进展，2010.

一、 爱使积极情绪自然流淌

及时说爱①

当然知道，
太阳出来时，雪人就会融化。
心里还是会忍不住难过，
我要赶在雪融之前，热情地拥抱你。
大声告诉你：我想永远和你在一起。

这首小诗中淡淡的伤感抹杀不了浓浓的爱意，对雪人尚且如此，对幼儿园的宝贝及时说爱有多重要，从下面这个案例就可以感受出来。

案　例

爱的拥抱

中一班的孩子们进午餐的时候，孩子们大口大口地吃着，只有典典和瑶瑶根本不像在吃饭，更像数饭粒。为了激励一下他俩，我说："今天典典和瑶瑶要是能吃两碗，而且又不是最后一个吃完，就可以和李老师拥抱一下。"

"老师，我也要和你拥抱一下。"芷若一边说一边大口吃。典典和瑶瑶好像受到了触动，瞪着眼睛看着芷若。

"我也要和你抱！"……所有的孩子都叫开了。

"我不要听到声音，我要看到行动！"我的话音一落，孩子们吃得更香了！

这下子，两个小家伙撑不住了。"老师，你看看我，我也大口吃。"

中餐孩子们吃得格外得好，大家排着队来和我拥抱，调皮的焦暄勾在我的脖子上不下来；羞涩的承越看了我一眼，等着我主动送抱；童俊从背后拍拍我，搂了一下我的腰；而典典和瑶瑶则用劲地抱着我摇……

分析评价

不要让关爱变成压力和束缚。当孩子吃饭落后时，老师及时发现，是一种爱的关注。可是如果单纯地提醒和催促，甚至去喂她，都会成为孩子心中的压力，

① 摘自：几米. 森林唱游[M]. 武汉：海豚出版社，2011.

不仅容易造成他们产生失落、紧张和焦虑的情绪，也会让其他的孩子感到被忽略。这时，老师除了要坚持耐心的鼓励，带给孩子们信心以外，更需要灵活、有创意地用孩子们在意和乐意的方式方法去调节，去激励。

案　例

爱在师生间传递

晨间入园，童俊一进活动室就往我的嘴里塞了一个东西：“老师，快吃，这是我给你带的牛奶糖。”我欣然地品尝着香浓的糖果，真甜。

要组织游戏活动了，“请小朋友安静地坐下来，马上要玩游戏了。”提出要求后，我转身在黑板上准备着。“老师，你看看后面”，晗骏拉拉我的衣服。我一看，身后有个小椅子。“李老师，给你坐的！”小东西一脸的笑，我的心里则是一阵温暖。

孩子们起床后，我一边给女孩子梳头发，一边打喷嚏。“李老师，你要喝点水就好了。”均瑶说：“我去，我去。”思聪箭一样地冲了出去，不一会儿，一杯水就送到了我的手边。

备受感动的我决定在餐前组织一个小小谈心会。

“今天，晗骏给我搬椅子，思聪倒水给我喝，这么关心老师，我心里特别感动。平时，也有许多小朋友对我特别好，谢谢你们。可你们为什么对我这么好啊？”我说出了自己的心里话，并抛出了一个问题让孩子们去答。

“老师，因为你爱我呀，我的手疼了，你帮我吹。”

“老师，如果你不舒服了，就没有人陪我们玩游戏了，所以我们要对你好。”

“你给我梳头发，还天天给我们讲故事，所以你嗓子才不好的。”

孩子们你一言，我一语，点点滴滴全是我们平时相处的场景。想必，这就是孩子们对我的爱。

分析评价

当孩子大胆向老师表达关爱与依赖时，是他敞开心扉，向他人传递信任和爱。这些在积极情绪引导下的主动行为十分珍贵，要小心呵护，珍视悦纳，更应该及时热情回应。案例中的老师自然接受，并时时在细节处热情回应。就在这样互信互爱的师生互动中，自然构建了良好的师生、同伴关系，让学前儿童在集体生活中感到温暖，心情愉快，形成心理安全感和依赖感。

案 例

爱要大胆秀出来

一天，亮亮跑到王老师跟前说："老师，我要喝水!"老师抚摸了一下他的头，说："去吧。"他高兴地跑到饮水机前，接了一杯水走了。过了一会儿，他又回到老师面前说："老师，我还要喝水!"老师又摸了一下他的头说："去吧。"可是不到一刻钟，亮亮又跑过来了，说："老师，我又渴了。"亮亮这么频繁地喝水引起了王老师的注意，是他身体不舒服还是有别的原因呢？

王老师把小亮拉在怀里，轻声询问原因。亮亮低着头，半天不说话。看着这个刚转到班上不到一个月的"小伙子"，王老师鼓励道："没有关系，有什么事都可以告诉老师。"亮亮这才不好意思地说："王老师，我来找你说要喝水的时候，你两次都摸了我的头，我觉得你喜欢我。"王老师这才恍然大悟，亮亮不是要喝水，而是希望得到老师的爱抚。刚才老师的无意之举，恰好满足了他渴望与新老师亲密互动的愿望。王老师明白了亮亮的心思，又摸了摸他的头，笑着说："老师一直都喜欢你，只要你愿意，什么时候都可以来和我抱，不用非要在喝水的时候，知道吗?"听了王老师的话，亮亮高兴地点了点头，主动给了王老师一个大大的拥抱。

分析评价

教师要正确解读孩子的"弦外之音"，不要误读了孩子。也许他的反复无常、要求多多、分心、坐立不安、调皮、扮鬼脸的"小心思"背后，藏着的正是他想说爱你的方式，也是盼望老师爱他多一点的另类表达。特别是内心羞涩或是如亮亮这样要融入新环境的孩子，老师更要用心关注。亲爱的老师，请大方地秀出你的爱吧！使每个学前儿童都有一种被关爱、被接纳的心理感受，让每个学前儿童都认为"老师喜欢我"、"老师最喜欢我"。

上述三个小故事都充满了老师和孩子之间浓浓的爱，而老师的巧妙之处就在于能精确地识别和预见学前儿童的情绪情感发展的方向，用爱的力量开启了孩子自己的正能量。

为了让孩子产生并保持积极情绪，在实践中我们可以去尝试以下策略：

1. 优化情绪环境。在家庭、幼儿园营造良好的情绪环境，建立和谐融洽的亲子情和师生情。在注重满足学前儿童物质需要的同时，要充分考虑、尊重和满足其合理的精神需要。

(1)表情法：教师、家长要随时以亲切的微笑、和蔼的面孔出现在孩子的面前。可在班级开展“最美的笑”宝贝摄影展，让孩子的记忆中留下更多美好的瞬间。

(2)肢体法：适度地给他们以抚摸、拥抱等，让他们获得愉快、积极的情感体验。当孩子受欺负时，老师的拥抱比批评对方更能安慰孩子的心。

(3)挑战法：在保证安全的前提下，敢于放手，尽可能为他们提供必要的空间和条件，鼓励他们积极探索，以促进他们好奇心和求知欲的健康发展。如在大班开展“我选我”演讲活动、“每天故事大王”表演活动，充分激发孩子挑战自我，克服心理恐惧，勇敢秀出自己。

2. 利用成人影响。家庭中成人要学会控制自己的情绪给予孩子正确的情绪示范，教师要理智地对待每个学前儿童的情绪态度。

示范法：教师和家长首先应学会控制自我情感，无论遇到什么打击和不幸，都能始终以乐观的情绪和饱满的热情面对孩子、面对生活，而决不能把孩子当成发泄不良情绪的对象，成人要以自身的榜样作用影响学前儿童形成积极心态。

3. 正确的教育态度。教育者要多耐心倾听孩子说话，教育态度以肯定为主，多鼓励进步的地方，灵活运用正面的暗示和强化。

(1)倾听法：做孩子的朋友，经常单独或围在一起亲切地交谈，真诚倾听孩子们的奇思妙想和烦恼困惑。如在区角中开展“心情信箱”、“学前儿童日记卡”、“你的心事我最懂”等主题活动，让孩子们在谈话、绘画、表演中有更多机会，更科学合理地宣泄自己的情绪。

(2)暗示法：运用积极的暗示。如妈妈送女儿上学，当看到其他小朋友都不用家长送，就和女儿说：“我家小美和别的小朋友一样厉害，不用妈妈送是不是啊?”第二天孩子果然对妈妈说：“我要自己去上学。”

(3)强化法：当孩子做出正面积极的反应时及时肯定鼓励。如在学前儿童上学时对他做得不够好的地方进行鼓励，放学后对其在园里的表现给予一定的表扬和肯定，并告诉他具体做了什么事使自己进步了。

4. 强化活动体验。抓住和利用每个节日或活动中愉快的氛围，教师和家长有意识地主动与学前儿童交往，特别是多与胆小懦弱的学前儿童交往，鼓励他们敢于表现自我，及时发掘他们的积极体验，创造条件让学前儿童与小伙伴交往。如：教师要经常有目的地组织学前儿童自由交谈和玩“过家家”等交往游戏活动；家长要多带孩子串门，允许和欢迎孩子带小伙伴到家里玩耍；与孩子共同参加最重要的活动。如：母亲节为妈妈做贺卡，感恩节给家人送祝福，开展“快乐一家亲”家园亲子游戏活动，家长、孩子、老师玩在一起，乐在一起，加深并扩大孩子的愉悦体验。

学前儿童积极情绪的培养，要在具体的情境中进行，除了在日常生活中有意识地设置情境外，善于抓住随机的教育时机才是教师有智慧之爱的体现。以上几个典型案例，都是发生在生活中的点点小事，师生间言行举止中不刻意流露出的情感互动，真切感人。而案例中老师自然表达爱的方式，正是对孩子积极情绪最好的影响与传递，而这其实就是孩子需要的自然无痕的心理健康教育。

二、 改变消极情绪转危为安

成　　长①

在没有掌声的环境中
默默成长的孩子
长大后，才不会使尽手段抢镜头
不习惯遭受冷落

在没有玩具的环境中
辛勤成长的孩子
长大后，才不会将别人
也当作自己的玩具

在没有粉饰的环境中
野树般成长的孩子
长大后，才懂得尊重
一丝一缕的劳苦
才懂得感恩

孩子淳朴、浑然天成，成长环境会造就不一样的人生，作为教育者，我们不仅要营造良好的成长环境，更应该透过这首小诗，看到孩子的内心需要什么。

案　例

选　组　长

今天，是大三班的组长轮换日，孩子们都兴高采烈，因为他们都想当小组长为大家服务。唯有诗琪却一脸的不高兴，对此，我早有心理准备。昨天，有小伙伴提醒诗琪时，她就嘟着嘴说："我表现最好，我还要当小组长。"当时，我就顺着她的话说："这个小组长不错，还经常帮助浩哲，让他进步了。"

① 摘自吴晟：《成长》，中学生阅读：高中版，2003 年 第 8 期。

其实是已经暗暗埋下了伏笔。

轮到诗琪那一组了。首先第一个环节是听听浩哲的心里话。浩哲牵着诗琪的手，对所有小朋友说："我要谢谢诗琪帮助我，我现在变能干了，可以给小朋友们发蜡笔，每天画天气预报……谢谢诗琪。"说完小伙子还绅士地抱了一下诗琪，诗琪高兴地笑了。在大家的掌声中，我一边把她牵到我身边，一边说："大家看，诗琪以前是个很能干的小组长，在她的带领下，浩哲进步了，现在浩哲可以当组长了。我们就让他先来试试当组长，再请诗琪继续帮助他，和他一起为大家做事，好不好?"在大家的期盼中，诗琪点了点头。

"诗琪真棒！不管是小组长还是小组员，都可以为小朋友做事、关心小朋友，我们一起给诗琪和浩哲加油。"在老师的再次肯定中，诗琪高高兴兴地牵着浩哲回到了小组中。就是这样的几句话，轻松地化解了孩子心中的疙瘩。

分析评价

小组长适期轮换，这样才能力争让每个孩子都得到锻炼。换下来的"前任小组长"有些不情愿，要么愁眉苦脸，要么虽然让位了，可是会有好几天的心情不好；要么就是坚决不让位，哭闹不止。特别是大班的孩子，自我意识不断增强，如果简单就事论事，对孩子的心灵会造成负面影响。怎么办呢？案例中的这位老师的指导策略值得学习。她的提前关注和铺垫，说明老师在意和关心与孩子心理有关的每一件小事，非常细致。教师很有智慧，创设一个积极正面的心理环境暗示，引领孩子朝美好的一面发展。其实，教育工作就是这样，只要站在孩子的角度，考虑到孩子的心情，教师的要求就可以变成孩子自觉的行为。

案　例

教师家长两角色

我是教师，女儿学跳舞。老实说，她的动作不美，可是感觉不错，再加上她对跳舞的狂爱，我作为家长给她在幼儿园报名上了舞蹈班。一直以来，她都会回家表演她学的本领，次次兴高采烈，直至摔破了头，在家休息了一个月，再上幼儿园时她就开始有心事了。"为什么我总是跳得比其他小朋友慢呢?"我先听到了她的自问语，接着就听到了她说不愿意上幼儿园。在细细的询问中，我知道了原因：一个月没有去跳舞，没跟上节奏，让老师批评了！

“没有关系”，我这样安慰她，“老师批评你是因为她很喜欢你，希望你跳得更好。”再给她一点鼓励：“我们现在开始天天练习，你就会得到表扬的！”

为此，我特意抽出时间拜访了阳阳的老师，拿到了音乐曲子，回家来就陪着阳阳练习，练了一个星期，我就给老师打电话了：“老师，请表扬一下我的孩子吧！因为孩子的努力。”阳阳回到家来，很高兴，“老师说，我今天跳得比以前好了一点。”“那你为什么会有进步呢？”我循循善诱，“因为我很努力，我总在练习！”阳阳还有点悟性。“对，只要你一直努力，你就可以跳得好。”我给她又加了一点信心。就在我一点点的鼓励、老师一点点的表扬中，阳阳又跟上了大家的步伐。

分析评价

作为老师，碰到家长对我说：“老师，表扬一下我的孩子吧！”我会有点不以为然：“这个孩子今天没有做值得表扬的事，我为什么要表扬他呢！这样对其他孩子是不是有点不公平呢？”认为对孩子一定要奖惩分明。有谁想到，有一天我也会说出相同的话呢！在这件事情中，我的换位思考知道了老师的肯定对孩子来说是多么的重要。我的引导也让孩子站在老师的角度找出自己的不足，打开心结，表达自己的烦恼并付出积极的努力。在家园共育的紧密配合下，这种移情法的恰当运用理顺了孩子的烦恼，让孩子自己发现问题并经历成长。我希望阳阳每天以快乐的心情开始她的幼儿园生活，那么我们班上孩子的家长们也肯定是这种心情。所以，以家长的心情开展工作，一定会让孩子受益更多。

案　例

因材施教

数学活动中，博文充分显示了他的聪颖，总是第一个回答出我的问题，当然也得到了我不少的肯定。孩子一得意，自然就有些“志得意满”，不仅在我提问其他小朋友时，偷偷告诉答案，而且不给别人回答问题的机会。老师提出要求“举手回答”，他一定要抢答。有时别人答不出来，他还会说“这么简单都不会！”这种表现，打击了一些小朋友。

眼观博文变化，我也在不断调整策略。首先是提要求，学习倾听和等待；其次是请他当老师，对其他小朋友的回答给出评判。因为考虑到了个体发展的不同，又保护了学习的积极性，这两招还是比较有效果。可是，静心想来，博文还是没有摆正心态，骄傲依旧。于是，我在给孩子们出题目时，特意给博文提高了难度，给他点挫折，看他如何应对。那个题目，他还是答出来了，不过思考了5分钟，在大家都做完了题目之后，这下子他老实多了。

在我们班上，想独占鳌头还真是有些困难。无论是哪个朋友，我们都有必要让他们以平静的心态来学习和认同他人的长处。

分析评价

大班学前儿童有能力识别自己的情绪，能够用语言表达自己的情绪，并找出情绪产生的原因，甚至还能够提出解决问题的建议。经常开展“说心情”这样表达情绪的讨论，对于培养学前儿童独立思考，学会调控情绪，减少冲动和焦虑、抑郁，形成良好的心理状态是很有好处的。

随着年龄的增长，学前儿童的情绪也日益丰富和分化。积极的情绪发展，能使学前儿童自信心十足，心情安定愉快，参加活动情绪高涨、热情，接受能力强。相反，如果有消极情绪可使学前儿童产生逆反心理，做事缩头缩脑、虎头蛇尾，使身心失去平衡，长期所致形成心理缺陷或病变。因此，转变消极的情绪对学前儿童的健康成长具有重要影响。我们可以尝试以下有效策略：

1. 教孩子表达情绪。学前儿童一旦产生焦虑、悲哀或愤怒的消极情绪，不一定愿意或能准确地表达出为什么会这样，具体是哪种情绪，使别人不容易帮助他改善，但可以让孩子知道有了消极情绪，不用压抑自己，向信任的人一吐为快。这些不快乐的情绪并不是不可控制的，要改变考虑问题的方式。如用移情法，站在别人的角度观察事物了解对方的观点，体验对方的情感。可以引导孩子欣赏别人的情感，多让孩子换位思考，让孩子学会表达情感。比如问小孩：假如被小伙伴拒绝后你应该怎么办？这时候最希望别人为你做什么？

2. 帮助孩子控制情绪。要重视学前儿童情感表现和情感调控，培养学前儿童文明的道德行为习惯和良好的情感。当学前儿童的某些需要没有得到满足时，他们会表现出跺脚、哭闹等消极情绪。成人应给其提供适当的机会和场合，让其发泄出来，提高情绪情感表现的自控能力。如采用转移法，当孩子为了某件事情而闹情绪时，成人有意识地将其注意力转移到其他地方，还有冷却法，当孩子情绪十分激动时，采取暂时置之不理的办法，孩子自己会慢慢地停止哭泣。

3. 教会孩子调节自己的情绪。不满情绪的压抑有碍身心健康，应教育孩子学会控制和调节情感。如反思法，让孩子想一想自己的情绪表现是否合适。采用自我说服法，当孩子想妈妈伤心哭泣时，可以教他“好孩子不哭”。还有想象法，当遇到困难与挫折而伤心时，想象自己是个“大姐姐”、“大哥哥”、“男子汉”，这样能让孩子勇敢起来。

孩子有喜、怒、哀、乐，健康的孩子也会出现短时的消极情绪，但消极情绪表现得太过分，太频繁，如焦虑、恐惧、强迫、抑郁等情绪反复出现，就难以称得上是心理健康了。要给孩子营造一个愉快、自在、有安全感的交往环境，让孩子体验被呵护、受欢迎、想努力的力量，从而自然流淌出轻松、自信、坚毅的积极情绪。孩子们年龄越小，他们对肢体动作的感受就越敏感，幼儿园的孩子更需要老师的拥抱和亲近。要把爱秀出来，老师要用孩子们喜欢的方式去表达爱，如在他们的额头按大拇指印，摸摸他们的小脸，轻轻地拥抱、牵着他们的小手……如此种种都会让孩子们幸福满满。一个会表达爱的老师传递的是积极阳光的心态，这会让孩子们如沐春光。

“春天的脸，孩儿面！”孩子们在成长过程中其情绪的表现是动态而丰富的，外露、直观。成人的教育策略应该因时、因地、因人而异，时时关注，随时调整。身为老师，爱孩子是我们职业的根本。而如果再深入，用情用心用智慧与之相处，才能走入孩子的心，才能敏锐地观察到他们细腻的情感世界，了解到孩子的真实心理需要，那才是孩子们想要的幸福人生。

第二节　提高兴趣与学习辅导

心理学研究表明，人类的行为获得可通过直接经验和间接经验两种学习方式。认知理论学派、行为主义学派的研究强调直接经验的获得及强化。行为主义心理学家班杜拉认为，学习也可以通过榜样的示范——听、说、读、看别人怎样行为进行学习①，特提出了观察学习理论，学习就是人们通过观察他人(榜样)的行为就能学会某种行为，又称替代学习、模仿学习。班杜拉认为，观察学习是一种较为复杂的学习过程，人类习得的很多行为，主要是通过观察他人的行为及其结果而习得的。从观察模仿而产生的学习，既有外显的行为反应，又有内部心理活动，如注意、保持、动作再现和动机等，据此班杜拉把观察学习分为注意过程、保持过程、动作再现过程及动机过程等四个相互联系的子过程②。

学前儿童的认知活动会受到兴趣和需求的直接影响，他们会以极大的热情积极主动地探索和认识他们感兴趣、感到好奇和有需求的事物③。与成人所不同，学前儿童的学习主要以行动操作、以模仿为主，通过直接参与体验来获得经验，从而再创造。然而学前儿童的学习同时需要安全的环境，包括物质和心理的安全环境，特别是心理的

---

① 高申春. 人性辉煌之路——班图拉的社会学习理论[M]. 湖北教育出版社，1999：30.

② 艾伯特．班杜拉．社会学习理论[M]. 陈欣银，李伯黍译．辽宁人民出版社，1989. 1.

③ 韩进之. 教育心理学纲要[M]. 北京：人民教育出版社，1989.

安全氛围。成人在学前儿童学习活动中应多一点耐心和等待，多给予学前儿童积极的鼓励和肯定，为学前儿童营造一种宽松舒适的学习氛围。

牵一只蜗牛去散步①

给我一个任务
叫我牵一只蜗牛去散步。
我不能走太快，蜗牛已经尽力爬，为何每次总是那么一点点？
我催它，我唬它，我责备它，蜗牛用抱歉的眼光看着我，仿佛说：人家已经尽力了嘛！
我拉它，我扯它，甚至想踢它，蜗牛受了伤，它流着汗，喘着气，往前爬……
真奇怪，为什么叫我牵一只蜗牛去散步？
……
让蜗牛往前爬，我在后面生闷气。
咦？我闻到花香，原来这边还有个花园，
我感到微风，原来夜里的微风这么温柔。
慢着！我听到鸟叫，我听到虫鸣。
我看到满天的星斗多亮丽！
咦？我以前怎么没有这般细腻的体会？
我忽然想起来了，莫非我错了？
是因为一只蜗牛牵我去散步。

总用成人的眼光看待孩子的世界是有缺陷的。其实放慢脚步，静待花开，又是一片别样的风景。每个孩子都有自己的成长方式，作为教育者不应给得太多，灌得太多，而应该让孩子用自己的兴趣去观察，去模仿，去创造，我们更多的是去等待，去赞赏……

一、　用心探索兴趣的火花

案　例

它没有脚怎么走路呢？

有一天中午，吃完午饭的小朋友拿着自己的小椅子，坐在教室门前的走廊上，在温暖的阳光下，有的玩玩具，有的看图书还有几个小朋友围在走廊外

① 改编自：张文亮. 牵一只蜗牛去散步[M]. 北京：中国工人出版社，2010.

的花圃边，边看边说着什么。我没有立即去打扰他们，而在旁边听着。“这是什么呀?”“这是小虫”，“它在这里干什么呢?”“你看它在动呢，”“它没有脚用什么走呢?”文杰伸出手试着要去抓，可是又把手缩了回来，这时，泽桦走过来大声说：“这是小蛇呀!”听这么一说，有好几个人“呀”地往后退，看到我在旁边，连忙告诉我：“老师，这边有条小蛇呢!”我笑着告诉他们：“这不是蛇是蚯蚓，是一种生活在地里的小动物。”这时其他的小朋友也走过来七嘴八舌地说开了：“小蚯蚓你怎么会在这呢?”“它是不是生病了?”“小蚯蚓有没有嘴巴呢? 吃什么东西呢?”“它能听到我们说的话吗?”等等，小朋友的兴趣越来越浓，我心一动，这不就是一个非常好的科学活动吗? 我没有急于告诉他们答案，找了个玻璃瓶，放了一些土，把蚯蚓放在里面，告诉他们：“蚯蚓现在迷路了，想和你们交朋友。”孩子们商量了一下，一致决定：把它带回教室和小朋友们做伴。

接下来，我就设计一个关于“蚯蚓”的主题活动，孩子们的那个高兴劲，可别提了。

通过“蚯蚓事件”，小朋友对小动物的兴趣始终保持在最高点上。教室里的自然角中放置了他们收集的小动物，有蜗牛，西瓜虫等。另外，蚕宝宝的加入使得班级里的“小动物世界”更加丰富了。在自由活动时间，孩子们最爱去观察它们，关怀它们。

分析评价

孩子们对周围事物的探索无时无刻不在进行着。对于孩子们探索的火花，我们是否能发现，关键在于教师是否是个有心的人。孩子对周围事物探索的表现是不同寻常的，有时可能与我们的常规做法相违背。作为教师，我们应该学会善于把握教育契机，只有这样才能发现孩子探索的火花。

案　例

游戏规则的变动

“动物排排队”的游戏开始了，雨欣等几名小朋友没一会儿就把所有的动物按规律排好了，他们正确地掌握了游戏规则，并且没有任何错误地完成了所有的操作。可是很快他们对这个游戏就没了兴趣，坐在那里你推、我推，玩闹了起来。见此情况，我走上前问道："为什么这么快就不玩了呢?"他们异口同声地说："老师，这里的游戏太简单了，我们都会了，没有其他可玩得了，就觉得没意思了"。"是吗? 要不你们跟我一起进活动区，看看是不是真的没有好玩的了?"他们跟着我再次来到了益智区，我同样拿出了刚才他们玩的图卡，但是在规则上面做了一点点改变。这下，他们的兴趣来了，纷纷表态："老师，让我来试试，让我来试试。"当他们积极尝试时，我又增加了一些数字卡片和扑克游戏，并请两个没有玩过的小朋友参与其中，请雨欣来帮助他们，这下子，孩子们又都聚精会神起来了。

分析评价

兴趣是学前儿童学习的原动力，而学前儿童的能力与水平又是制约其发展的影响因素。当学前儿童对某个事物有着浓厚的兴趣时，便能在活动中保持愉快的情绪，处于积极主动的探索状态。案例中的这位老师值得学习，她关注到孩子在活动区的表现，并通过深挖教育契机、及时提供材料来提高难度，吸引学前儿童兴趣，引领孩子去发现、去探索，燃起新的学习兴趣。

二、用赏识增加成长动力

案　例

你做得真棒!

早上，我与配班老师带着全班幼儿到户外学做新操。我把新操编成小故事，边说边引导孩子们做。"天亮了，大家该起床了，打个哈欠，伸懒腰……做得真棒!我看看还有谁做得棒呀?"在我的鼓励下，除了穗穗没有做，其他小朋友都认真地做操。这时，我大声地对穗穗说："穗穗，伸伸懒腰!"穗穗摇摇头，又不好意思地低下头。我走她的身边，轻声说："穗穗，我教你好吗?"穗穗还是摇摇头，并扭身走到一边，坐在平衡木上看看我们。户外自由活动时，我找穗穗玩游戏，边玩边教她一些早操动作。开始时，她有点不好意思，玩着玩着，偶尔也能模仿我的样子做一些动作，我赶紧夸她做得棒。

为了帮助小朋友们尽快学会做操，我想了好多方法：离园前，让大家戴上小动物头饰，听着音乐做操；回家后，负责教爷爷奶奶还有爸妈一起做。孩子们参与性都很高。可是只有穗穗好像是凭心情在行动，一天练，一天不练的。任何时候，只要发现她在练习，我都会给她送上大拇指，并陪她练习。

就这样，一个月过去了。那天早上做操时，我突然发现穗穗做操了，而且跑到我身边很认真地做。那一刻，我高兴说："穗穗，你做得真棒！"穗穗高兴地笑了，做得更认真了。

分析评价

"慢热型"孩子适应性较差，对任何没有把握的事情容易出现退缩行为，害怕同伴笑话、老师批评。所以做任何事情都非常的"小心"，不轻易表露自己。同时由于孩子个性较敏感，不善于表达自己的想法，也非常在乎成人的评价。案例中老师耐心赏识、一直坚持陪伴在穗穗身边，终于等到了穗穗的改变。

三、 利用榜样的作用

案　例

小老师的功能

孩子们起床后，大家都坐在指定的位置，有的在整理衣裤，有的在聊天，有的在玩手指游戏，有的在打闹，我在帮女孩子梳头发，正想让孩子们安静下来欣赏故事时。突然，听到辉辉大声说："小朋友们请坐好，小手拍一拍。"没想到辉辉还很有号召力，好多小朋友都在回应他。我灵机一动，让辉辉当小老师，带着小朋友唱我们上午的歌曲，其他孩子也很配合辉辉，都在跟着辉辉一起唱歌。

当个别小朋友出现吵闹时，我并没有说话，只是安静地以一个旁观者的心态去看辉辉到底会怎么办？他是自顾自地唱歌，还是会做些其他的事情呢？这时辉辉再次模仿起老师的样子："小朋友们请安静，请安静！"其他的孩子也很听这位"小老师"的话，马上安静下来，然后辉辉又带着小朋友一起唱其他的歌曲了。很快我也帮女孩子们把辫子梳好了，我竖起大拇指表扬辉辉真是个"好老师"，他高兴地笑了起来。

分析评价

幼儿喜欢模仿，他们是天生的模仿专家，平时老师的一言一行都是他们追随的对象。在日常教育工作中，教师就必须以身作则，自觉主动地、长期地、不断地进行自我完善，不断提高自身素质，成为幼儿的榜样，并且通过榜样影响同伴。

案　例

模仿尝试成功

“烦死了！烦死了！”珉珉显得不耐烦了，一边嚷，一边把手里的剪刀和纸往桌上一扔。生了一会儿闷气后，他看了看旁边的果果。果果正在认真地看着墙上“好朋友”的剪法，边看边说：“中心线对准这，这样就可以剪了，这样才不会断开了。”果果成功地剪好了“好朋友”这个剪纸。珉珉悄悄地拾起剪刀和纸，开始了第三次尝试。他学着果果，先是走到墙边，把图示翻开看了看，再回到座位，拿起了剪刀。终于，把中心线对准了不能分开的地方，他剪的“好朋友”不再一分为二了。他成功了，露出了开心的笑容。

分析评价

在传统的纸工活动中，普遍采用的是集体示范讲解法，教师教一步，幼儿剪一步。幼儿的学习是在接受直接传授或教的过程中发生的，是被动的；他们获得的只是剪纸的技能，但没有经历自己探究和解决问题的过程。然而在区域活动中，通过珉珉的不断尝试，和向果果的模仿学习，他克服了焦躁情绪，取得了成功。这样的自主探究学习，对孩子们更有意义。

四、挖掘学前儿童创造潜能

案　例

孩子的审美眼光

美工区一直是孩子喜欢的小天地，画自己，孩子们可感兴趣了。子明一边画一边还自言自语："嘴巴、牙齿(照照镜子又画)、眼睛(在眼睛两边各画三条横线)。"我觉得奇怪，为什么他们会从画嘴巴入手，为什么在眼睛两边各画三条线呢？我想问他，但考虑到会打断他的思路，便强忍着好奇心继续观察。只见他照照镜子添画了两个小黑点，还快速地在眼睛下面画了两个圈圈。这时，我不断地提醒自己，别急、等待也是教师所必需的。看看他接下去还会画出什么新花样。

只见子明站起来，一会儿照照镜子，一会儿又动动手、动动脚、握紧拳头又打开，然后坐下来在嘴巴下面画一个圆(看样子像是在画身体了)，在圆的两边画两个"小馒头"，在"小馒头"的四边画上许多短线，大概是代表手指吧。接着他看看自己的作品，再看看我，好像等着我的夸奖。我用赞赏的表情问他："子明，你能给我介绍一下吗?"子明神气地说："好!"我指指眼睛两边的横线问："这是什么呀?""这是我的眼泪。"我惊讶他用绘画的方式表现了他的"悲伤"，简单的几笔还真表达了他复杂心理，若不是问他，站在一旁的我怎么也不会理解孩子的这种表达方式。于是我用赞赏的口气说："原来是这样，子明观察得真仔细。现在请你看看，还有什么吗?"(我的意图是引导孩子仔细观察，画出自己的脸型)"哦，还有后背。"孩子边自言自语边在小屁股上画个圆圈表示后背。当看到孩子为画自己的小屁股和后背而快速将纸翻来翻去时，我简直目瞪口呆，有哪位艺术家有如此独特的创意？如果不是在活动区里静心观察，我哪能发现孩子这么美妙的创意。

分析评价

学前儿童对区域活动很感兴趣，他们就是在"玩"中"学"，在"学"中"玩"的。然而教师在区域活动区中应是一位细心的观察者和倾听者，并及时捕捉学前儿童的探索需要，挖掘学前儿童的潜能，鼓励学前儿童创造。案例中的教师在整个活动当中，都是用积极赞许的眼光去引导学前儿童自发学习，大胆创造，最终完成了独特美妙的创造，这些都是非常值得学习的。

案 例

逆反促进创造

在幼儿园里，有个简单的模仿游戏很受孩子们的欢迎，那就是教师："请你跟我这样做……"，学前儿童："我就跟你这样做……"。可有一天，我正带着孩子在玩这个游戏，琳琳突然站起来说："老师，我不想像你那样做！"我一听愣住了，马上停下来问她为什么？她摇摇头说："就是不想！我想做和老师不一样的动作。"听完后，我想，如果强行拒绝琳琳，她一定不想继续玩下去了。于是，我说："那好，琳琳就和老师做不一样的动作吧。"游戏又开始了，琳琳做的每一个动作都和我不一样，我拍手，她就做舞蹈动作；我做小山羊，她就学花猫……好多小朋友低声说："老师，我也不想跟你做一样的。"看到孩子们对游戏规则变化比较感兴趣，我说："好，我们把儿歌改成：请你跟我这样做，我不跟你这样做。每个小朋友的动作都要跟老师的不一样。"游戏重新开始，孩子们特别的认真，他们创编了许多平时没有的动作。我看到了这样的变化比单纯地模仿更吸引孩子的注意力，而且孩子的反应能力、想象力和创造力都得到了发展。游戏结束后，孩子们仍然十分兴奋，都说："老师，这样真好玩！"

分析评价

要善于发现和抓住每一个教育契机，不要忽视和反对孩子的意见和想法，应该把学习的权利交给学习的主体——学前儿童。充分尊重、信任、激励学前儿童；进一步确立以学前儿童为主体的思想，千方百计调动学前儿童的学习积极性，鼓励学前儿童自主发展。

激发学前儿童学习创造潜能的策略有以下几个方面：

1. 激发兴趣。用眼看孩子的世界，用心探索兴趣的火花。常说"兴趣是活动最好的切入口"。教师要善于捕捉生活中的教育契机，要确立"以学前儿童发展为本"的理念，不断反思，向自己的教育行为挑战。如：用趣味性的教学方法，保护和鼓励学前儿童的求知欲望，使之形成较稳固的学习习惯，启发学前儿童探索，及时调整和引导，以游戏的形式来培养和发展学前儿童的学习兴趣。

2. 积极赏识。用赏识的眼光看每一个孩子，助力孩子成长。赏识教育是一种以人为本的教育，其核心就是"爱"。作为教师，有必要用赏识的艺术，满足学前儿童的心理需求，激发他们学习的兴趣，从而达到教育或教学的目的。在生活中渗透教育，如在日常生活中，当孩子遇到困难或不敢独自去完成，出现"畏难"情绪的时候，成人应积极鼓励，帮助孩子克服困难，常用鼓励机制，积极鼓励"你真棒"、"哇，你真行"，等等，抓住孩子好模仿、喜欢表扬的心理特点，努力为孩子创设宽松的精神氛围，让孩子放松心理，克服胆小的心理，做一个勇敢的孩子。注重体验成功情感，多开展一些体验勇敢精神的活动，为孩子创设锻炼和表现的机会，让他们在集体活动中，感知通过自己的努力所获得的成功，从而赢得同伴的赞赏。如开展“表演游戏”、“我是小勇士”、“我来说新闻”等活动，让孩子在活动中得到锻炼，体验成功的快乐，感受做一个“勇敢”的人的乐趣。家园沟通也很重要，针对启动缓慢型学前儿童的特点，教师要经常与家长保持联系，例如：微信、电话、邮箱留言等，运用多种互动方式沟通。同时，还可以开展“家长沙龙”的活动，组织一些家庭开展派对活动，让孩子得到锻炼。

3. 模仿学习。让别人的闪光点照耀在自己的身上。榜样的作用仍然不能小视，榜样对孩子的心灵是一股非常有益的阳光，而这种阳光是没有任何东西可以代替的。对于孩子求知欲的诱发，榜样的作用也是不可忽视的。榜样的力量是无穷的，尤其是对于身心发展水平较低的学前儿童来说，榜样的影响作用是很大的。在日常教育工作中，教师的一举一动都深刻地影响着学前儿童。同时，榜样总是具体的，形象的，适合学前儿童的身心发展特点，能够较容易地被学前儿童理解和接受，并为他们所模仿和效法。因此，学前儿童最崇拜并积极模仿的人就是教师。

4. 鼓励创新。要挖掘学前儿童潜能，创造更美的世界。创造力是每个孩子都具备的潜能，3~6 岁的学前儿童是想象力、创造力发展的黄金时间。他们思维活跃、可塑性强、想象力丰富，是创造力发展最有潜力的时期。但学前儿童创造力的培养不是一蹴而就，需要在日常生活与教学活动中有目的、有意识地培养，需要成人不断启发、引导。通过创设良好的教育环境，在活动中激发学前儿童的创造兴趣，培养创造意识，再充分利用学前儿童一日活动培养创造能力。以下几种方法值得推荐：

(1)“好样的，你能行。”平时为了给孩子锻炼的机会，常会叫孩子帮助做一些力所能及的事情。经常用“好样的，你能行”这样的话去激励孩子，孩子们就会增加自信心，认为自己能做好，敢于去尝试，去创造。

(2)“说下去，我爱听。”学前儿童时期的孩子尤其爱幻想，创造力是运用已有的知识、信息，通过新颖、独特的思维产生新的知识。因而他们常常能产生意想不到的新想法。对此，我们不要充当孩子创造性思维的“杀手”，而是当“帮手”。

(3)“打破砂锅问到底。”学前儿童会对任何事物都充满好奇心与兴趣，总会出现“打破沙锅问到底”的情况，这正是创造力的萌芽，要时常捕捉学前儿童的闪光点，唤起兴趣，激发他们的创造力，让学前儿童能勇于创造、乐于创造，培养创造精神。

孩子多么聪颖啊，他们会观察蠕动的蚯蚓，并在老师的引领下去探究它的秘密；遇到困难时，他们会去观察并学习同伴；还有坚持自己的独特。要给幼儿园老师点个赞，老师的指导话语给了孩子们多大的鼓励，多大的信心。正是有了师生间积极的语言、亲切的态度，使孩子们感到心情舒畅，对生活中各种事物充满了兴趣和好奇，他们跃跃欲试，没有顾虑，这才是孩子们向世界、向自然、向生活学习和观察的根源。正如《指南》中提到的"要充分尊重和保护学前儿童的好奇心和学习兴趣，帮助学前儿童逐步养成积极主动、认真专注、不怕困难、敢于探究和尝试、乐于想象和创造等良好学习品质"。

第三节　自我成长辅导

幼儿园孩子在成长的过程中，最让他喜悦、自豪、快乐的事情，莫过于能自信地对别人说："我长大了。"这也是孩子身心发展必经的成长历程，这是他们的自我意识不断萌芽、壮大的过程。关注孩子的心理健康，就必须了解孩子自我意识发展的规律，帮助孩子自觉开启自我意识，自主产生自我意识的觉醒与发展。

自我意识就是自己对所有属于自己身心状况的意识。即自己认识自己的一切。它包括认识自己的生理状况、心理特征以及自己与他人的关系。它是由知、情、意三部分组成的。"知"即自我认识；"情"即自我体验；"意"即自我控制和自我监督，也是孩子自我成长的必经阶段。①

学前儿童在 3 至 6 岁期间是自我意识形成与发展的关键时期，是其人格发展的敏感期。从整体上来说，自我意识在个体的心理发展中，是个性形成和发展的重要条件；从局部方面来讲，自我意识的作用主要体现在自我概念的作用上。自我概念有两种作用：其一是对态度行为的调节、控制作用。其二是自我教育的推动作用。如果能充分利用学前儿童自我意识形成这一敏感期的良好时机，对其进行适当的引导与培养，协助学前儿童自我意识的积极发展，对其健康人格的形成将起到事半功倍的效果。

我不是完美小孩②

我知道我不是一个完美的小孩，
但你们从来也不是完美的父母，
所以我们必须互相容忍，辛苦坚强地活下去
大人希望自己孩子的脑袋里，开出智慧的花朵，
而别人孩子的脑袋里，最好只是一堆杂草。
大人都爱说孩子是他们的一面镜子，
孩子说什么做什么，都是大人的反射，
要让孩子有好模样，大人应该先做好榜样。

① 邢强、陈丹丹. 儿童的自我意识与心理健康[J]. 教育导刊：下半月，2009(7).
② 摘自：几米. 我不是完美小孩[M]. 武汉：海豚出版社，2011.

可是，我不想要变成好模样，也不需要好榜样，
我要自己长大，变成自己的样子，
我讨厌变成别人的镜子。
大人喜欢嘲笑别人的孩子是温室里的花朵，
却又努力培养他们自己的孩子成为温室里的花朵。

正如诗中所说，孩子不是我们手中的软陶，我们也不要用完美去摆布他们。因为他们是上帝的恩赐，是全新而独立的自己。孩子们的成长是他们自己的路，而不是我们的作品，不要包办、不要摆布，用自己的理想去牵制他们，让孩子们学会自己经历，自然成长吧！

一、 换位思考认识自我

案　例

生病后的关怀

大家正在午餐时，昊昊突然呕吐起来，桌上、地上都是呕吐物。一些孩子看到后都围过来，捂着自己的鼻子说着：“真臭，真臭！”有的孩子则皱着眉头一副讨厌的样子，有的孩子则偷偷地笑起来。这时，我连忙带昊昊去厕所，轻轻拍着昊昊的脊背，待昊昊停止呕吐后，我问孩子们：“刚才昊昊为什么吐了？”“可能生病了。”“那你们生病时，感觉怎样？希望别人怎样对待你？”“我上次生病很难受，妈妈照顾我。”这时，佳佳、依依走过来学我刚才的动作，有的孩子去拿杯子放上水让昊昊漱口，还有的忙着拿餐巾纸给昊昊擦嘴。还有的孩子上来拍拍昊昊的背，希望他能舒服一点。月奇小朋友想了一会说，“老师，请医生帮他看看吧！”随后班上的值日生和教师一起将他送到了医务室。

分析评价

昊昊呕吐了，活动室中一定会有不好闻的味道，出于本能反应，学前儿童一定会比较排斥并嫌弃生病，所以才会有的笑、有的皱眉头，这些表现虽然可以理解，但会让生病的孩子心里更难受。对此，教师并没有直接指出孩子们的不对，而是通过自己贴心的照顾给孩子们做了一个关爱他人的示范。同时，以耐心引导孩子们通过体验昊昊的心情，感同身受，再自发自觉地去关心身边的同伴。因为

能关爱他人，孩子们成长中迈出的一大步。

二、信任尊重突破自我

案　例

让幼儿设计春天

春天来了。开展什么样的活动能让小朋友们有兴趣、有新鲜感呢？我把这个问题抛给了孩子们。

“小朋友们，想想看，我们一起找出在春天里最好玩的活动，下个星期我们一起玩。”我的一句话激起了孩子们的兴趣。我把孩子们分成了两组，分别讨论：春天里好吃的食物、有趣的游戏。一组用手机录音记录，一组我旁听。

“我们可以放风筝啊！”诗宇第一个提出了建议。

“妈妈说放风筝要天气好，才能玩。还要地方大，好跑。”响响说出了自己的经验。

“我们幼儿园操场大，可以玩。”

“那如果下雨就不能玩了。”

“我们可以听天气预报啊，天晴的时候就放风筝。”

在不断的商讨中，孩子们达成了第一个共识：放风筝。

随后，“用伞转雨”玩的建议被商量出来了，又被小朋友否定了，因为如果淋雨会生病。再接着又有“画春天的树”的活动被确定了，因为幼儿园棵棵参天的大树是孩子们的最爱……孩子们的灵感就这样被挖掘出来了。本来是一次讨论活动，可是因为这是自己设计给自己玩，孩子们一天都兴致勃勃，时不时有人贡献出新点子。于是，我们又收获了“奶奶教我们包春卷”、“小葱会长大”等有趣的活动。

在接下来的一周的活动里，孩子们可高兴了，玩到谁的点子，那一天他的胸膛都挺得特别高！

分析评价

幼儿园里常见的活动方案都是老师预设，偶有生成内容也是根据学前儿童突发的兴趣点来进行，很大程度上对学前儿童自我意识有局限。案例中老师的举措值得赞赏。她把主导权回归给孩子，让学前儿童参与到春天这一活动设计中，看似很难，但是孩子们却乐于挑战，并且挑战成功，那么多对春天的认知就来源于孩子。这是教师对孩子们的能力有充分的了解，并给予充分的信任和尊重，创造机会让孩子们表现自我，同时突破自我。

三、 有福大家分享

案　例

大家来分享

在宝宝餐厅，鹏鹏、佳颖、品策点了很多自己喜欢吃的食品。今天上菜有点慢，好不容易端上了一盘猪肉片，没多久盘子里的猪肉片就所剩无几了，这时品策拿起了剩下的猪肉片准备独自享用，旁边的两个小朋友可不答应，异口同声地说："不能都拿走的，快放下来，我们也要吃。"品策说："我先拿到的，当然归我了。"说完就准备将东西往嘴里塞。两个伙伴可不答应，就这样一场风波开始了，你推我，我推你，结果不小心戳到了佳颖的眼睛，佳颖哇哇大哭，引来了很多观看的小朋友。这时值日生琪琪来到了，她问："佳颖你干嘛哭鼻子啊？"旁边的小朋友你一句我一句地讲述事情的原因。琪琪说："那怎么办呢？"孩子们都发表自己的意见，有小朋友说："品策这样做是不对的，因为别人也想吃。"有的说："他应该把猪肉片撕小点给大家一起分享。"看见大家都这么说，品策虽然有点不情愿，可还是把手上的猪肉片分成了三份，三个小朋友一人一份。

分析评价

成长有时意味着妥协。在这个过程中，孩子们有时必须放弃"自我"，站在别人角度思考问题或是因为群体的需要委屈自己。案例中品策先拿到猪肉片自己吃，没考虑其他小朋友的需要。大家众口一词的"分享"，使他不得不调整自己的言行。在这个过程中，老师一直没有参与，因为"如果大人过早地介入幼儿的争端，那么势必会剥夺他们形成重要人际交往能力的机会"①。而且孩子并没有表达这个需要，他们自己在经历，自己在解决。无论对或错，成长的味道就是五味杂陈，孩子们得学着接受和体验。

① ［美］格温·斯奈德·科特曼，李旭晴译．学前教师88个成功的教育细节——让学前儿童试着自己解决问题［M］．华东师范大学出版社，2010.

四、 鼓励自我管理

案 例

集体荣誉感

班级的元旦庆祝会结束了，因为时间关系，孩子们心里有些遗憾，感觉没有很好很充分地展示出二班的实力。我和孩子们说好：留待毕业典礼再弥补。相信，那时才是二班真正的实力展现。在这次活动中，我看到了孩子们那令人感动的“集体荣誉感”。记得第一次带孩子们到隔壁小学去彩排，得知要“出门”，孩子们相当兴奋。我把带队出发的任务全权交到了三个小队长的身上。三列队伍整齐有序，小队长们精神抖擞，时刻在关注自己的队员，唯恐他们站错了队。就在出发的那一刻，我听到了振威大声叫喊：“我们要出去表演了，大家给我表现好一点，听到了没有？”“听到了！”孩子们回答的震耳欲聋，却让路人乐不可支。也就是这一问一答，让我意识到孩子们真的长大了，他们知道维护自己的荣誉，知道要把最好的一面展现给大家看。

分析评价

伴随着孩子们的长大，团结乐进的品质、积极的团队荣誉感都开始在孩子们心中萌芽。案例中孩子们的表现非常鲜明，他们很愿意把自己最好的一面展现出来，让大家看到：他们真的长大了。而教师的“放权”也非常适宜，这来源于老师对孩子能力的了解，对孩子发展需要的尊重。

案 例

孩子们成长了

现在的承越小朋友会来到老师身边说：“李老师，我的爸爸出差了！”家中有了什么新鲜事情他都会说一说，上课还会主动举手回答问题。要知道，以前的他不仅对老师的示好埋头不予理会，而且老师点名请他回答问题，他会吓一跳。

海盟会指着几个谁也认不清的数字对我说：“老师，你看，这个是不是很像数字7呀！”要知道，以前的他就算老师求着他画数字，他都会说：“老师我不会写，我累了!”

陶缘会大声地带着小朋友讲述图片上的故事，还会用上“因为”、“所以”。要知道，以前的她在活动中注意力总会停留在自己的衣服、鞋子上。

幂幂的绘画作品现在常被老师点评欣赏。要知道，以前的他动手能力不强呀。

经典在活动中回答问题那叫一个积极啊。要知道，以前的他只有在玩玩具时才会表现好。

烨成抢着帮大家做事，有时也会举手噢。要知道，以前的他只有吃饭得到的表扬最多。

分析评价

“横看成岭侧成峰，远近高低各不同。”以欣赏之心，从不同的角度去观察孩子，就会发现每个孩子都有自己的改变，这改变对孩子而言就是成长。作为老师，观察孩子变化的过程其实就是陪伴他们成长的过程。案例中这位老师内心很温暖，点滴细小的评价中满满的都是对孩子的爱意和认可，这样的欣赏是孩子们的自信之源，更是对孩子们长大的真正认可。

自我成长辅导的策略有以下几种:

1. 支持鼓励，让学前儿童积极参与到各种活动的组织和设计。人的才能是在活动中培养的，也是在活动中展示的，孩子的成长亦是如此。每位学前儿童的潜能和特长，成长与否，都是在丰富的活动中得以印证。而幼儿园的一切活动都是因孩子而存在，我们要突破思想束缚，让孩子来设计他们需要的成长活动。

2. 宽容肯定，陪伴孩子面对成长中的各种问题。孩子们都是独立的个体，都有自己的秉性，在成长中会出现各种各样的问题，教师切不可用统一的标准来要求他们，更不可过度苛责，而要做到因人施教，既要善于发现每名学前儿童的不同闪光点，更要当他面对问题和困难时，支持他、陪伴他去面对、去解决。

3. 客观评价，陪伴孩子正确认识自我，突破自我。对学前儿童而言，良好的自我评价和第三方评价能帮助他们真实和相对客观地认识自己，建立自信，明确不足，形成良好的人格发展的敏感期。老师要多方拓展孩子对自我的观察比较，对同伴好友的观察比较，让他们既能发现别人的变化，也能感受自己的改变，不断成长。让他们知道，只要自己比以前进步了就好，不要和别人比较。

4. 体验成功，陪伴孩子悦纳自我，感受长大的快乐。学前儿童的成长体验有一个不断深化的过程，并有一定的顺序。同时，自我体验又易受暗示。教师和成人要用积极良好的情绪暗示他们的各种有效行为，通过正能量的引导鼓励学前儿童体验自身的优势，感受成长的愉悦。具体地说，一是鼓励孩子多尝试变化带来的快乐，让孩子们从情感上感受开心自信、愿意分享自己的点滴进步。教师可以开展一些教学活动，如《我长大了》、《画画我自己》、《谁最能干》、《我的优点和缺点》，引导学前儿童从教师和他人的评价中认识自己。感受到集体良好氛围对自己的肯定帮助，感受到自己的进步和变化。二是实施最近目标法，给孩子时时调整其能力范围所能及的目标，密切关注其点滴进步，并及时鼓励，树立"我能行"的潜意识，鼓励其大胆尝试，再提出新的目标，不断超越自我，促进其发展。小班幼儿可以多开展家园互动活动，让孩子们能够在父母的帮助下展示自己可爱天真的一面；中班幼儿可以开展"时装秀"，"故事大王"，"我是播音主持人"等活动展示自己的不同特质；大班幼儿可以在元旦晚会，六一庆祝会上认识自我的特色，展示自我的优势，感受大家和集体的好评。三是给学前儿童良好行为以积极的评价与反馈，积极的评价与反馈是对学前儿童情感最有价值的响应，不但能使学前儿童体验到快乐和满足，提高学前儿童在集体中的地位，激起继续上进的愿望，还让学前儿童获得成功感，也能增进成人与孩子之间相互亲近与理解的情感，增强教育的感化力量。四是在各类活动中，帮助学前儿童尽力完善自我。如建构有效的主题活动，了解个体自我与客体的不同，欣赏自己的各个方面；帮助学前儿童找朋友，使他们建立良好的个体与群体关系，从而增强他们的自信心；建立学前儿童成长记录袋，是"我"的作品、"我"的活动记录，让教师、家长、同伴都参与到这成长的记录中来。通过记录袋，让学前儿童体验自我的成功，形成初步的自我成就感。观看别人的记录袋时也能鼓励自己。

在孩子的成长过程中，成人最重要的是静心陪伴与支持。无论家长或老师，有时退而近观也是非常重要的。就在幼儿身边静静观察，更能读懂孩子们成长过程中的众多信息，帮助我们采取适宜的策略方法去支持他们应对成长中的各种问题。

第四节 社会交往辅导

孩子们在成长的过程中要与他人进行交流和相互交往，有的时候会发现有些孩子能很快适应，与伙伴们相处得很好，而有些孩子不仅不能适应，反而会闷闷不乐。学前儿童的社会交往就是不断感受他人，学习他人的过程。学前儿童从出生到六岁，心理活动不断变化，无论是在家庭、社区或是幼儿园，孩子都在不断感受情绪的体验，尝试调节和表达，逐渐形成亲密而安全的人际关系，发展探索环境和学习的能力。在生活中孩子与他人交往的点点滴滴，都是每个孩子独一无二的体验，也都是孩子心理健康发展的关键点。

学前儿童在社会交往中向他人学习成长，是孩子心理发展的重要条件。学前儿童与家长、教师和其他小朋友的友好相处中，体味自己的存在感和充实感，促进其身心健全发展。他们与周围人和其他学前儿童的交往直接影响着促进言语发展、激发智能活动、增长情绪反应、发展社会行为、形成个性特征等心理发展的各个方面①。因此，学前儿童的社会交往不仅是个体社会化的途径，也是促进心理健康的发展，评判学前儿童心理健康的标志之一。

学前儿童的社会交往是指他们在社会生活和实践中通过与人和周围环境的接触、交往、合作，掌握社会规则及语言或非语言性的交往技能来逐步适应社会的过程。学前儿童的社会交往中有三个重要他人，影响着他们的认知、情绪和社会适应等方方面面的心理健康发展，即：家长、老师、同伴。促进学前儿童心理健康要关注孩子与这三个“重要他人”形成的交往与关系。

别人家的孩子②

从小，我们都有一个伴儿，
他(她)是影子一样，
在身边，你却看不到。
他(她)时常出现在，父母的嘴边。
当你考试不好的时候，
当你学习偷懒的时候……
他(她)都会跳出来，嘲笑，讽刺，
仿佛他(她)是天生的胜利者，
你是父母大人亲生的。
谢了，伴我长大，又即将，
出现在我们的孩子身旁。

如果你是诗中的这个孩子，你会苦恼吗？你会因为亲爱的父母和同伴们总是注意不到你的精彩而暗淡吗？一定会吧，其实每个孩子都是独一无二的个体，总有属于自己的那一抹光彩和风景，只是每个人都有这一双慧眼吗？

一、　协助家长进行辅导

家长是孩子的第一任老师。众所周知，亲子关系是人类所有关系中最初形成的情感，也是最纯粹的情感，它是任何情感都不可能比拟或代替的，直接影响着儿童心理尤其是人格的构建和发展。学前儿童虽然已步入幼儿园，但是父母仍然是儿童主要的

① 日本文部省．幼儿园教育要领．2006，29(2)：493-495.
② 摘自：几米．别人家的孩子[M]．武汉：海豚出版社，2011.

交往对象，也是学前儿童心理发展的最主要的“重要他人”。家长的经验和言行都在潜移默化地影响着学前儿童认知经验的发展，直接影响学前儿童情绪和情感、个性和社会性的发展。据相关研究发现，父母对学前儿童的要求与其攻击性行为呈正相关；父母对学前儿童的情感亲密程度与其退缩行为呈负相关；学前儿童对父母的依恋程度与其退缩行为呈负相关。如果父母经常对学前儿童采取严厉的态度，不关心学前儿童的心理感受，学前儿童就会很自卑，觉得自己一无是处。相反。如果父母经常赞扬学前儿童，对其每一个小进步都予以关注和表扬，学前儿童就会很自信，感觉自己非常棒。和谐的亲子关系可以让学前儿童建立对周围世界的安全感和信任感，敢于独自探索周围的环境，形成最初的独立自主精神，形成完整、健康的人格结构。与此相反，不和谐的亲子关系则是学前儿童出现社交困难、暴力冲动、自私、自闭等一系列心理问题的根源。现代社会更加倡导亲子陪伴，重视父亲在教育中的角色。

案　例

爸爸的陪伴

这次家园亲子活动的主题是“爸爸陪我来拍球”。每对父子都兴高采烈地拿着球，找空地方练习。旺旺也不例外，可是不一会儿就看见旺旺低着头抱着球，一个人走到一旁自顾自地坐着，脸上一副紧张、茫然的神情。

爸爸随后也轻轻地跟过去对他说：“旺仔，你看！爸爸可以连拍3个了，你为什么不拍呀?”旺旺胆怯地小声说：“我不会。”爸爸说“不要紧，我教你!”旺旺迟疑地站了起来，跟着爸爸再次开始练习。刚开始他连球都控制不了。爸爸没有着急，走上前摸了摸他的头，示意了一下手掌的正确姿势，再拍打示范，然后把球递给了旺旺。旺旺试了一会儿，没有成功，眼神里又有些着急，爸爸再次上前，又开始了示范指导。一次又一次，十分钟过去了，旺旺终于成功拍打了两个球，他高兴地笑了。虽然动作不是很熟练，但是喜悦之情却洋溢在旺旺的脸上，爸爸也兴奋地向他树起了大拇指。

分析评价

只有少部分的孩子胆小是天生的，大部分是后天造成的。比如，父母一向对孩子过于严厉，或是父母对孩子过于保护，都会使得孩子在陌生场合过于紧张，无所适从。案例中的父亲以一种男性特有的豁达和自信影响着孩子，让孩子克服了畏难的情绪，无形中让孩子学会了像父亲一样不怕困难，敢于尝试，观察练习。这种体验使孩子面对未来的一切，都能付诸正面的心理能量去尝试和挑战。

案 例

妈妈的领悟

班上来了一个新生成成。他帅气又聪明，很受小朋友喜欢。没几天，大家都和他成了好朋友，有几个孩子还特别听他的，总是围着他转。这天自由活动时间，又有几个小同伴和他一起进了活动区玩搭建游戏。

“老师，成成骂我。”不一会儿，就有小朋友到我身边告状了。我特别惊奇，这是怎么回事呢？我把成成叫到了身边。

“他不听我的，他就是个傻瓜、蠢蛋！”成成嘴里一下子蹦出两个词。

“成成，这些话特别不好听，你以后不要再说了。”我连忙制止。

“可是我妈妈就是这样说我和爸爸的呀。”成成给出了答案。

和孩子进行了沟通，得到了他以后不再骂人的承诺，我在离园时留下了成成的妈妈。听了我的反映，成成妈妈不好意思了，连忙解释：“我对他们父子俩说着好玩的，不是故意骂人。”“可是你的无意识却被孩子学到了，所以一定要注意在孩子面前的言行。”我的叮嘱让妈妈连连点头。

分析评价

父母是孩子的第一任老师，他们的言行举止常常被孩子们模仿学习。案例中成成小朋友的回答理直气壮的背后有另一层意思：妈妈可以说，为什么我不可以说？而妈妈的解释更说明了她并没有意识到父母对孩子的教育作用，没有明确孩子最重要的学习其实就来源于家庭。所以，老师除了指出妈妈的问题以外，后期更要跟进，帮妈妈明晰家庭教育的重要性。

教师要协助家长做好家教工作，辅导重点如下：

1. 父母的言传身教是孩子最有益的学习途径。父母既要为孩子创造一个和谐健康的家庭环境，形成教育的共识，更要牵手长辈、老人，树立家庭教育的目标，做有教育和人文素养的优秀家长，全面成为孩子的学习榜样。

2. 要特别重视父子之间的依恋关系，父亲要多参与到孩子的教育中来，与妈妈携手，形成教育个性的互补。与母亲的保护式的、温情式的交往方式有所不同，父亲与学前儿童间的互动大多是动作及技能性的，他们更支持学前儿童的独立和大胆的探索。这对孩子的成长学习非常有利。

3. 构建亲密的亲子关系，营造学前儿童乐意学习的氛围。家长要参与到孩子的成长和学习中来，多多陪伴孩子，并把孩子看作家庭中平等的一员，学会换位思考，与其民主平等地沟通，真正从学前儿童发展的需要出发，学会做一名可亲可敬的家长，不仅能增强孩子的幸福感，更能在和谐的家庭氛围里增强孩子向父母学习的意愿。

二、 注重师生间的互动

孩子渴望老师的关注，更希望在互相沟通中能得到老师的宽容、理解、支持和尊重。在沟通中学前儿童能够感受到教师对他的关注、尊重，使学前儿童有一种被重视的感觉，感到自己为教师所关心、喜爱，从而得到愉快的情绪体验。这种积极的情绪体验，有助于学前儿童保持活泼、开朗的情绪，增强对教师的喜爱和信任，乐于接受教师的引导和帮助，形成师生间健康的学习关系。

案 例

教师期待效应

这学期班上来了两个新朋友，飞扬、俊森，每个孩子各有特点。飞扬、俊森经常暗中PK，既有点互不服气的意思，又能在与班上“老生”发生矛盾时，互相联合。在这两个小男子汉的PK中，我经常被累及。上课点飞扬回答问题时，俊森会把手举得更高，意思是：“请你注意我。”请俊森出来完成任务时，飞扬会跑过来说：“老师，你刚才在和俊森说什么呀？让我也听听吧。”最有趣的是：俊森还会数我上课点了别人几次，点了他几次。所以，对他们俩我既各尽其才，又尽量做到公平。

这天，要玩体育游戏了，考虑到飞扬与小朋友们的关系略好一些，又有参加体育项目的经验，就让他带队。这一下，俊森不乐意了，说：“李老师，你为什么不考虑我呀？我也很想当队长。”“这当然是有原因的，但是，我想等一会再告诉你，可以吗?”我给他提出一个等待答案的要求。

在接下来的滑板训练中，飞扬确实把队长的工作做得非常出色，可是俊森就有麻烦了，不断地有小朋友告状：“俊森撞我！俊森把我挤出来了……”

我抓住机会，把俊森要的答案给了他：“现在知道，为什么你不能当队长了吧！你不能爱护和帮助身边的小朋友，这就是你和飞扬的差别。如果你能把他的这个优点学到，那你就可以当小队长了。”俊森这才服了气。

分析评价

孩子们聪明又有个性，俊森直接对老师的安排提出了质疑，表达出自己的需求。可见平时的班级氛围是开放的，孩子们才会有这样的表现。更能看出老师非常尊重孩子，没有强硬要求孩子执行老师的安排，而是聆听他们的心声，并给予重视，但又没有急于给予答案，而是让孩子从事件的经过中去观察、比较，找到问题的答案。当然，"教师的期待效应"还应该包括对调皮孩子的耐心教导，让他有"队长"锻炼的机会，这样既能保护孩子们的个性发展，又能让孩子们真正获得愉悦的学习体验，得到成长。老师自身的公正会渗入到孩子的记忆里，成为他们无形中学习的榜样。

案　例

老师的疏忽

一到班上，苗老师把华华牵到我面前说："修老师，华华居然翻到我的钱包，还把一张钞票撕得粉碎。"说着，把物证放到我面前，我一看，非常生气。上周在开展活动"超市购物"时，老师要求每个孩子带一元纸币到超市和同伴一起购物时用，华华没带，就偷偷把别的小朋友的钱抢过去用了。老师狠狠地批评了他一顿，并与家长取得联系。他回家后，遭到父母的"严厉管教"，老实安静了几天。今天，他竟然把苗老师的钱给撕了！这更要批评了，我又把华华叫过来，说了他。

事后，我不禁反思：华华这样和钱过不去，到底是为什么呢？我决定好好了解一下。

午睡前，我与华华闲聊起来，经过温和的引导，华华说出了真情。原来，苗老师请他帮忙到钢琴边拿书，没料到碰掉了放在钢琴上的钱包，有钱掉了出来。一看见钱，他便想起了上次爸爸、妈妈和老师的批评，惊慌之下想把钱撕掉以免再挨批评。

听华华说完，我不禁深深地自责。由于老师没处理好上次事件，才导致了这次事件的发生，难怪这些天华华沉默了。我及时向华华说了对不起，因为老师一气之下，没有弄清楚原因就批评了他。

接下来，我经常和华华谈心，有意安排他为大家服务，并及时给予表扬，树立他在同伴中的威信。一段时间后，华华果然甩掉了思想包袱，恢复了往日的天真活泼。

分析评价

案例中的老师在处理小朋友撕钱一事上，由方法简单，不当，转变为细致认真，很有典型意义。特别是当华华第一次犯错误时，教师处理方法过于简单，导致孩子沉默寡言，肯定会影响到孩子的心理健康。可贵的是，当老师意识到自己过去的做法不恰当时，立即进行了事后的补救，帮助孩子重新树立起自信心，呵护了孩子的心灵。

教师如何提高自身的心理修养和学前儿童交朋友？

1. 放低老师的姿态，真正成为孩子的朋友。老师是孩子成长过程中的伙伴，是他们除家庭之外，更易模仿和学习的榜样。但老师也是平凡普通人，同样会出现这样或是那样的问题。更需要老师在自我调节和不断的反思中，认识和改正自己的问题，让学前儿童感受到老师的平等与尊重，形成良好的情感互动，这也是学前儿童是否愿意、喜欢和教师沟通、学习的关键。

2. 尊重、呵护，发掘孩子独特的光彩。师生沟通过程中常会因学前儿童年龄小，语言表达能力不强，主动与人沟通能力差，教师的权威地位等原因阻碍了沟通，造成双方沟通的困难或沟通无法进行下去的情况。学前儿童的主体性其实非常鲜明，比如他们喜欢和善、耐心、公平、对学前儿童有兴趣的教师，不喜欢严厉、批评、责骂、惩罚儿童、脾气坏的教师。学前儿童渴望得到成人的关注，要求自主，要求被赞扬和被认可，愿意承担一定的责任。因此，学前教师要利用自身的榜样作用影响学前儿童，尊重学前儿童，对学前儿童被赞扬和被认可的需要要适度满足。在师生的沟通中，让学前儿童感到教师对自己是欣赏的态度，创造机会使其主体性得到充分的发挥和表现，使他们意识到自己在这个世界上是有价值、有力量、有能力、有用处的，乐于与教师进行情感与认识上的交流。激发学前儿童的积极情绪，强化良好的行为习惯，增强学前儿童的自信心。

3. 淡化教师的主导，支持学前儿童自主学习。教师要适当淡化自己主角的角色，在教育和教学的过程中既要有统一的要求，更要给儿童的自由探索留有余地，同时，对儿童主动积极的探索行为表示理解和认同，并与学前儿童一起，分享他们在探索的过程中得到的收获和体验。儿童此时是主动的讲解者和介绍者，而教师扮演着忠实的听众和耐心的支持者。支持学前儿童自主学习要贯彻几条原则：

（1）平等原则。教师在日常生活中要注意创设主动与学前儿童沟通的时机，放下做教师的架子，虚心向他们“请教”，试着做孩子们的学生，向他们学习。

（2）尊重的原则。与学前儿童沟通时教师要以积极的态度尊重学前儿童，认真地倾听他们的诉说，对诉说的内容要做出积极的反应，如点点头、微笑、询问、运用鼓励性的言语、身体的接触等，使学前儿童感到与教师交流中有一份被关注、被重视的感觉，由此产生心理的极大满足，使学前儿童与教师的情感产生共鸣，带给学前儿童积极愉快的情绪体验。

（3）接纳的原则。当学前儿童在学习的过程中遭遇到冲突或挫折时，往往希望寻求成人的同情和接纳。如成人对学前儿童表现出接纳，会有效地缓解甚至消除学前儿童的心理紧张和情绪不安。即使在学前儿童所作所为不合情理的情况下，教师也要接纳学前儿童，等他们情绪“风雨”过后，再与学前儿童细作讨论。学前儿童更能接受教师的引导和帮助，从而有效地保护了学前儿童的自尊，更好地解决问题。

(4)适时的原则。在学前儿童的学习中，教师要注意把握介入的时间、地点，考虑学前儿童所处的环境以及学前儿童的生理状况及情绪。通过这些调整与学前儿童沟通，积极寻求主动与学前儿童沟通的契机。如学前儿童在专心致志于某一件事或很入迷地玩游戏时，教师最好不要打扰他，当他完成了或需要帮助时，你再抓住这样的时机与他沟通，会使沟通的进程收到意想不到的效果。当然，鼓励儿童的自主性学习并不是一味地以儿童为中心，教师适时、适度、适当的指导也很有必要。通过“沟通”这个渠道让我们有了更公正、更客观地了解学前儿童内心世界的机会，同时也与学前儿童建立了彼此互相信任、尊重的情感。为学前儿童心理的健康发展提供了一个宽松、和谐的环境氛围。

三、 同伴交往辅导

案　例

小朋友相互帮助

“老师，请您帮我系鞋带。”“老师，请您帮我拉上拉链。”这一声声求助，常常出现在学前儿童起床时或如厕后。每到这时，我就要忙前忙后，顾得了这个就顾不了那个。

这天起床后，我正忙着放桌子，只觉得身后有人跟着我，回头一看是丹丹，她用期待的目光望着我，怯生生地说：“王老师，您帮我拉一下背后的拉链吧。”我边拉边问她：“你为什么不让云云帮你拉呢？你们不是好朋友吗？”“她不帮我。”丹丹不假思索地脱口而出。“真的吗？”我很惊讶。第二天起床后，丹丹又站到我跟前，我把她拉到身边说：“我给你出一个主意，保证云云会帮你的。”她睁大眼睛，似乎对后面的话很感兴趣。“下次穿衣服时，你先帮她拉背后的拉链，好吗？”我对丹丹说。第二天下午起床后，在我的暗示下，丹丹主动帮云云拉拉链，云云很高兴。

等小朋友回到活动室后，我表扬了丹丹和云云，夸她们是互相帮助的好朋友，希望小朋友都向她俩学习。我告诉孩子们，要想得到别人的帮助，先要学会帮助别人，当别人遇到困难时，如果我们主动去帮助他们，到了自己也需要帮助的时候，就会有很多人来帮助你。

在这件事中，我有意识地运用激励的方法鼓励幼儿主动尝试与同伴协商、沟通，互相帮助，借此以点带面，激励全班幼儿参与学习，培养他们的合作意识，也提高了他们的交往能力。

分析评价

随着学前儿童年龄的增长和认知能力的提高，其活动范围也扩展到家庭以外，同伴关系逐渐成为学前儿童交往的主要方面，也是他们学习的重要途径。同伴交往在学前儿童的社会化过程中起着独特而无法替代的作用。在和同伴的交往中，学前儿童能获得在和成人交往时无法学到的一些生存规则，幼儿园的活动中要有意识地培养儿童这方面的能力，鼓励儿童与伙伴交往，包括一些性格比较内向的孩子。儿童只有在不断的实践中才能摸索出如何与他人交往的道理来。

案 例

正确处理孩子间的冲突

今天下午，一向文弱胆小的婷婷突然像一只发怒的小狮子，对着班上的“调皮佬”小刚又吼又叫，又抓又踢，嘴里不停地反复嚷嚷：“还给我！还给我！”吓得一向“张狂”的小刚连忙从荷包里掏出一只小熊猫圆珠笔。噢，我明白了原来是小刚抢了婷婷的画笔。

事后，我批评了小刚，指出他抢别人的东西不对，同时，我也找来婷婷，问她为什么动手打人。她委屈地说：“是他先抢我的画笔，他以前老是欺负我，妈妈说了，谁要是欺负我，就让我揍他。”我耐心地向婷婷解释：“随便动手打人是不对的，和小朋友在一起要团结友爱，小刚也许是喜欢你那只漂亮的画笔，想看看，你可以让他还给你，也可以告诉老师。”听了我的话，婷婷说：“以后，我不打人了。”

分析评价

在幼儿园里，经常会发生类似的事情，孩子们不是吵闹起来，就是打了起来，甚至有的幼儿脸上或身上“挂了彩”。面对这种现象，家长应该怎么办？有的家长把孩子带回家，不让自己的孩子和那些调皮孩子玩，其实，这总不是办法，孩子终归要走向社会，面对各种各样的困难和各种各样的人；有的家长则不问青红皂白冲到别的孩子面前，指责别的孩子，甚至对着别的孩子又吼又叫，扬言说一些“打死你”之类的话；也有的家长像婷婷妈妈那样教孩子还击，无形中会使孩子失掉很多朋友而变得孤僻，不合群或者变成欺负别人的“小霸王”，这些都不利于儿童的身心发展。教师在辅导中要注意分辨和引导，改善不良的状况。

促进同伴交往的策略有：

1. 帮助学前儿童学会与同伴之间的互动。孩子的社会性发展须在人际交往的过程中完成。人际交往中既有竞争，又有合作，既有“和平”，又有“冲突”。可以引导孩子充分感知这种同伴间交往、学习的快乐，更要引导孩子们正确面对问题，如先使孩子平静下来，说明理由，再引导学前儿童理解对方，明白争吵或打架都解决不了问题，只有彼此合作，团结友爱才能解决问题。对那些常常具有攻击性行为的学前儿童，应根据不同的类型，及时采取相应的教育方法，因势利导，使其有所改变，和伙伴友好相处。

2. 创造条件，鼓励孩子在同伴间交流、学习。共同的兴趣、互懂的语言，使得孩子们很自然地想在一起玩耍、游戏，当这种交往需要得到满足时，他们就会感到特别高兴，而愉快的交往经验可以提高学前儿童的自信心，而自信心的增强又会引发更强的交往主动性，两者相互促进，形成良性循环。无论是幼儿园还是家庭，都要创造孩子与同伴间一起生活、学习的机会，通过学前儿童与同伴的互动与交流，逐渐发现和认识自我，再扩展到发现和理解他人，并自然习得，收获更多。

3. 教给学前儿童一些必要的交往技能，增强解决问题的能力。学前儿童时期的交往常常带有“自我中心”倾向，成人要帮助学前儿童，从自我中解脱出来，体验分享、合作、谦让、助人、抚慰、给予的快乐，体验关心与被关心的快乐，学习怎样对同伴的友善行为回应，怎样给同伴以关心、帮助，怎样了解同伴的内心感受，包括在什么时候应该说些什么话，作出什么样的表情和动作。在日常生活中，帮助学前儿童树立助人意识，这样的支持比单纯让孩子模仿别人，效果会更好，能让学前儿童更好地掌握交往技能，感受到集体游戏的欢乐和被同伴接纳的自豪。

4. 共历挫折，冲突中相伴成长。在儿童与同伴的社会交往中，最容易出现心理健康问题的就是在冲突的情境中。冲突情境既可能是让儿童与同伴产生各种心理问题，又可能是提高其社会交往并促进心理健康的转机。所以在冲突情境下，正确处理儿童与同伴的社会交往就显得很重要了。面对冲突，引导儿童学会思考其他的解决办法。这种方法不但改善人际关系，还增强儿童的社会适应能力。站在他人的立场上思考也是帮助儿童解决冲突的好方法。让学前儿童把自己想象成是对方，再考虑对方会有什么反应和感受。在选择他人的观点和感受的基础上把自己的观点协调起来。

案 例

自己和自己比

绘画活动结束后，老师把几张特别出彩的幼儿作品贴在展示墙上，让大家欣赏。下午离园时却发现有两幅画不见了，经过一番调查，原来是娟娟把画藏起来了。在老师耐心询问下，娟娟才说："我不喜欢他们的画被贴起来。"老师一下就明白了，绘画是娟娟的短板，她不高兴别人比她画得好。

幼儿园里，老师正进行小红花评比。静静看到别的小朋友陆续得到了奖励，自己却没有，开始不高兴了。等到老师给成成小红花时，她站起来，大声说："老师，成成不爱护玩具，还不好好洗手，不要给他小红花。"老师笑了一笑，说"你觉得红花应该给谁呢？"静静举起了自己的小手，马上有小朋友说："静静总是说别人的不好，也不能得红花。"静静的小嘴撅得更高了。

看到孩子们的表现，老师开展了谈话活动"夸夸我的好朋友"。请孩子们互相发现同伴的优点，如有的小朋友会帮助人，有的小朋友长得高，有的小朋友歌唱得好听……在互相夸奖中，每个孩子都得到了来自同伴的肯定，都感受到我们有自己的优点。这时，老师再适时引导，使孩子们明白：每个人都有值得别人学习的地方，我们要学习别人的优点，不是为了和别人比第一、第二，而是为了让自己比以前有进步。

分析评价

无论孩子还是成年人，都会有或多或少的嫉妒心理，这是正常的。孩子的嫉妒通常表现为哭闹、情绪失落，甚至会有肢体的摩擦。上了幼儿园后，学前儿童与同伴的接触多了，进行比较的机会增多，特别是在同一件事情比较时，总觉得自己最棒。类似案例中的告状、心情不好的情况天天可见。所以，当娟娟不能拥有同伴一样的待遇时，嫉妒心使她直接地将自己的不快归咎于自己所嫉妒的人和事上，进而对之产生破坏，以发泄自己的怨气。而静静则表现得不服气、不高兴，甚至当众揭发受表扬学前儿童的缺点。为此，老师要对这种情绪给予理解并正确疏导。

嫉妒如果过度了，那将是幼儿向他人学习的最大障碍。不仅会影响学前儿童对待同伴进步的心境，而且还会使其产生负面的压抑感，给心理造成无穷的烦恼，从而影响学前儿童健康人格的形成。如何帮助学前儿童克服嫉妒之心？

(1)正确转化。嫉妒心强的孩子往往自尊心强，有荣誉意识，教师可以因势利导，将嫉妒之意转化为良性的竞争意识，鼓励孩子们学习他人的优点，通过自己的积极努力，变得更好。

(2)正确认知。嫉妒心强的孩子往往由于自身某种方面的不足而产生嫉妒情绪，他们往往缺少安全感。教师要告诉孩子，无论他是怎样的，老师也一样爱他，每个人都有自己的优点，不要和别人比较。

第五节 网络时代辅导需求

随着科学技术的发展，电子产品越来越精致，操作也越来越简单，而孩子接触电子产品的时间也越来越早，许多孩子从 1 岁多开始就会玩 iPad 等电子产品了。许多家长说，我们用的是儿童电脑学习机，下载很多学习软件，孩子很喜欢自行探索，在电脑前学习。许多知识就这样不教而会，给家长带来了不少轻松与惊喜。可众所周知，过度使用电脑就会产生危害，青少年儿童容易网络成瘾，儿童若长时间与电脑相处，对其思维和记忆、情感、品德等各方面将会产生不良的心理影响。那么电脑游戏真的是避之而不及的洪水猛兽吗？信息技术会让孩子游戏成瘾陷入了恶性循环吗？

如果您能记住①

如果您能记住，您走一步，我要走三步才能赶上。
如果您能理解，我观察世界的眼睛，比您矮三英尺。
如果您能让我试试，而不是把我推到前面，或挡在后面。
如果您能满怀爱心地感受我的人生，
而不剥夺我自我决定的需要，
那么，我将长大、学习、改变。

我们往往将自己的想法凌驾于孩子之上，电脑游戏该不该玩，总是由大人说了算，可是大人也不一定什么都知道。

① ［法］马迪．金：如果您能记住．摘自董进宇著：《培育优秀子女的规律》，中国妇女出版社，2006。

一、过度使用电脑的危害

案 例

只会在电脑上画画

一次美术教学活动中，大多孩子在积极画画，只有一名小朋友拿着笔在纸上乱画，我问他为什么要这样做，他满不在乎地说："我只会在电脑上画画，不会在纸上画。"说着还哭闹起来。事后通过与家长进行交流才知道，该幼儿从幼儿园回到家就一直在玩电脑，当父母问他在幼儿园的情况时，他总是说幼儿园没意思，和小朋友在一起不好玩这样的消极话语。过度沉迷于电脑的学前儿童，会造成感情冷漠、生活热情下降，出现自我封闭的倾向。

分析评价

家长反映①，孩子吃饭时要把电视开着看动画片，不看就不吃饭；睡觉前要玩会 iPad 游戏，不玩就在床上翻来覆去；就连上厕所也拿着手机。南京的李先生最近发现，仅仅四岁的孩子已经迷恋上了电子产品，本来以为这些影像图文并茂的电子产品能开发智力，同时能减轻自己带孩子的负担，但事实证明，孩子如今离开他可以，离开电子产品就浑身不适。电子产品不仅是孩子的"视力杀手"，当家长发现孩子一天不接触电子产品就怅然若失，心中总惦记着，寝食不安，影响了学习和休息，就表明孩子可能患上了电子产品依赖症。

在信息化社会，孩子不可能不接触或使用电子设备，许多家长认为该类产品的应用软件具有开发智力、辅助学习的教育功能，孩子能从中获取父母不能给予的知识。其次，不少家长普遍感觉到，各类电子产品似乎具有一种"魔力"，能让孩子瞬间被吸引并且安静下来，有了这位"电子保姆"的看护，父母们倒也颇感轻松。但电脑不能成为孩子的"保姆"。电子产品终究只能提供色彩丰富的二维画面，无法向儿童提供复杂的感官信息，存在缺陷。对电子产品依赖过重会使得孩子在心理上变得很孤僻。这样的放任之下，孩子年幼，自制力弱，很快会迷恋上电子产品，当发现孩子患上了电子产品依赖症，悔之晚矣！等他们

① 摘自新华网南京6月9日专电(记者朱旭东)。

长大后再来大声训斥他们，或采取强行没收、责备等方式，这样会使孩子口服心不服，有时反而会产生极端行为，表现为情绪抑郁、多愁善感、精力不足、寡言少语，不愿参加社会交往活动和体育锻炼，既在人际交往方面能力很差，又不能融入现实生活。孩子分辨现实和虚拟的能力比成人差，容易沉溺于虚拟世界，产生不良影响，陷入恶性循环。既大大降低了孩子的社会适应能力，其思维活动也会受影响。

二、 成长不是人机对话

案　例

人机对话有缺陷

家长刘女士说，4 岁女儿文文每天都会玩一段时间的 iPad，iPad 是制服女儿的“杀手锏”，每当她又哭又闹不听话的时候就会把 iPad 拿出来。刘女士表示，一点都不担心女儿沉迷其中，因为沉迷久了她自然就会厌倦。并且 iPad 上也没有游戏，全是一些学习软件，女儿跟着里面的内容学得很是起劲。

分析评价

家庭对电脑游戏的认识要正确，不能为了家长自己省事或追求短时效果，而放任孩子沉溺其中。家长千万不要以电脑代替孩子的其他玩具和丰富多彩的游戏。学前儿童经常玩电脑还会阻碍口语表达能力的发展。电脑只是单方面的，“人机对话”也只适用于有了丰富知识经验的成年人，不可能告诉孩子什么可以做，什么不可以做。不善于与人交流，只会与电脑相处的孩子，不仅在口语表达能力上存在缺陷，而且也不利于良好道德观念的形成。为此，有关专家提醒家长不要以为孩子长时间独自遨游电脑是爱学习的表现，是专一的。

值得一提的是，成人在操作中给予孩子一定的指导并与孩子进行交流，对他们正确地使用电脑是大有好处的。根据儿童心理发展的特点，孩子 4~7 岁时正是发展社交能力的阶段。如果这时让孩子学电脑，过早让其单独与电脑打交道，难免会对他们的身心发育产生不良影响。

三、 盲目模仿的危机

案　例

盲目模仿影视作品的危害①

某村3名均不足10岁的男童在一起玩耍时，模仿起一部动画片中灰太狼“烤羊肉”的情节，其中一个孩子将另外一对亲兄弟用绳子捆在树上，随后点燃了两人脚下的杂草，两名被捆儿童由于一时无法逃跑，最终被严重烧伤。由于伤情太重，当晚8点多钟，小哥俩又被转入市第一人民医院救治。盲目模仿影视作品，少年儿童悲剧频发，两个孩童的惨剧令人震惊。其实，“模仿电视剧受伤害”的案例时有发生，多数是因为少年儿童单纯模仿各类影视作品危险动作而造成了不良结果。

分析评价

专家建议10岁以下的小孩特别是学前儿童尽量不要玩电脑，主要是因为电脑对他们的视力、人体机能、生长发育、学习成长都极为不利。心理学专家指出，儿童被电脑游戏吸引，沉湎于电脑屏幕打斗画面中，认为这才够刺激、好玩有意思。年幼的孩子往往是非观念模糊，因而有的孩子与小伙伴一碰面就拿别人当怪兽打闹，如上面的案例。还有的不愿和小伙伴们玩耍，不愿和父母在一起交谈，不愿与外界接触，讨厌上幼儿园。整天和电脑、电视厮混在一块儿，迷恋于屏幕画面，在网上想入非非，与现实生活混淆，思绪像脱缰的野马，独来独往，百无禁忌，纵横驰骋，俨然是个不可一世的英雄。最终，形成交往、表达等各方面落差和错误认知。

四、 网络是把双刃剑

案　例

玩电脑游戏也有好处

妈妈说，每天都会给儿子洋洋玩二十分钟小游戏，周末，如果吃饭表现

---

① 中国江苏网《三顽童模仿灰太狼“烤羊肉”情节玩绑树点火，两人被烧伤》(记者 童金德)。

好，还会再奖励十分钟给他。他从三岁多就开始玩，玩的游戏有小熊祖玛、厨房连连看、保护橘子、颜色感染、森林冰火人、冰火小人闯关、小球找钻石、收集宝石的小怪……刚开始，他玩不过时，会叫我帮他玩，看我玩过后，他就会玩，后来，他都找到答案了，就不用我去帮他玩了。我也会陪他一起玩，因为他不认识字，如果我不在旁边，有些游戏就玩不起来。这样的好处就是，他现在很认真地在学认字，而且进步神速。我认为适量玩些小游戏，对锻炼孩子的逻辑推理能力是很有好处的，我儿子现在不光是喜欢玩游戏，还会画游戏，画得最多的就是森林冰火人。

分析评价

作为家长要引导孩子，如果孩子喜欢玩游戏，家长不要一味地遏制，可让孩子适当地玩一会甚至是陪孩子玩玩，目的是让孩子明白电脑是一种辅助工具，就是服务人们的。除了可以玩游戏，还可以工作，要让孩子学会怎样去好好使用这种工具。比如孩子问你问题，你可以让孩子通过网络寻找答案。

但由于孩子年幼，一定要有时间限制，可以和孩子约定一个玩的时间，到时间了就不玩了，这样慢慢地，孩子就学会了去控制自己。作为家长你也不用总是不放心、监视孩子，要培养孩子良好的习惯。

随着科技进步，幼儿园、家庭纷纷开始用电脑对孩子进行智力开发。电脑给孩子带来了许多新的感受和发现。电脑游戏强大的声光影功能，灵活自主的人机“对话”、“交流”，为学前儿童的学习、生活和教育带来了新的气象。同时我们惊异地发现不少孩子在不知不觉中成了电视、电脑、手机游戏的奴隶。这些孩子每天除了睡觉时间，几乎都是在电视、电脑、手机游戏前度过的，每一个电视节目都不会“放过”，根本不愿意离开电视机，心思完全被游戏占据，哪里也不想去。而家长即便不乐意也无能为力，几乎各种手段用尽都不见效。眼看着他们的宝贝慢慢变得既不愿和别人说话，也不愿参加活动；既在人际交往方面能力很差，又不能融入现实生活，性格变得孤独、怕羞，情绪不稳定，缺乏应有的生活常识，缺乏学习能力，不能适应社会。他们只有坐在电脑前才能心安，如果满足他打游戏的欲望，他反而变本加厉，作息时间紊乱，严重时甚至连吃饭睡觉都成问题。由于他们人际关系不良，不但内心痛苦，精神也会随之消沉、颓废，无法感受人类美好的情爱。由此陷入了恶性循环，大大降低了孩子的社会适应能力，其思维活动也会受到抑制，致使反应迟钝，学习效率降低，长大后难以适应社会。

教学实践中可以尝试一些相应的对策：

1. 控制时间，学会计划。现在的家庭中，孩子缺乏玩伴，快节奏的生活使许多家长也让孩子与电脑游戏相伴，实属无奈，每个孩子都渴望别人注意自己，却未能引起周围人的关注。要看到学前儿童正是在与同伴及成人的游戏和交往中，开始从自我中心的“壳”中解脱出来，逐渐理解和掌握群体生活中的社会规范，并养成协作精神与合群性的个性品质。孩子在无聊、吵闹时就塞给他一部手机、iPad，那么久而久之家长和孩子依赖“电子保姆”，而电脑的过多介入，无疑会形成一堵屏障，将学前儿童封锁于家中。当然，也不必因噎废食，只要适时、适法地控制电脑游戏时间，与孩子制定相关约定，电子产品就能成为孩子接触世界、自主探索的新工具。可采用一些方法：(1)限时法：在给孩子使用电子产品时，应监督好孩子一定要注意时间别太长，减少孩子看电脑、看电视，尤其是游戏的时间。每次最好控制在10~20分钟以内。中途可以让孩子稍微喝点水，把注意力转移一下，教孩子在玩这些电子产品的时候经常要有意识地眨眼睛。(2)计划法：可以给孩子制定好计划，规定孩子必须每天完成某项任务，比如帮忙做家务、整理玩具、看看书，才能赢得一定的看电视或玩电子产品的时间。父母的态度非常重要，讲好的事情就不要随意变更，只有自己做出良好的表率，孩子才能看到很好的榜样，从父母身上获取力量，从而更好地达到自我控制。

2. 优选内容，亲子同享。在孩子思维能力的发展上，电脑有很多优势，不应成为一种阻碍，而应成为一个现代化智能化的好帮手。教师和家长应尽可能地抽时间陪伴孩子，对电视节目进行甄别，着重引发学前儿童学习的兴趣，优选一些内容健康、语言规范、情节生动的内容，有针对性地挑选适合孩子的认知发展水平的电脑软件。也可以指导学前儿童根据自己的兴趣自主选择，在饶有趣味的活动中，最大限度地发挥自己的创造力和想象力。活动中应注意以下几点：

(1)分享：成人时常和孩子一起看、一起玩，交流分享，互相学习鼓励，使孩子从电脑中获得有益的认知与体验，避免成为孤独的“电脑人”。可以尝试应用多媒体电脑讲故事，让学前儿童用电脑来编写故事，以发挥他们的想象力；可以引导孩子利用电脑画笔玩着色游戏，为画面涂上各种颜色或改变原有颜色，让学前儿童体会到创作的乐趣；可以引导孩子玩动脑筋小游戏，电脑棋类游戏，既增进亲子感情又丰富孩子视野。

(2)沟通：因为学前儿童自控能力弱，贪玩心重，在操作电脑时就会不由自主地产生一种游戏感，因此要不厌其烦地去纠正和引导。可以一边玩一边引导，帮助孩子提高理解水平，引导学前儿童把注意力集中在学习的内容上，而不是操作行为本身。如果孩子喜欢绘画，可以让孩子通过计算机绘画，这样孩子会产生一种成就感。自己就会脱离那些枯燥的游戏。同时也能了解到孩子的内心想法，轻松融洽、亦师亦友，是一个好的沟通机会。

3. 做电脑的主宰而不是俘虏。让孩子认识到电脑再先进也是为人类服务的，只能做电脑的主宰，而不能成为电脑的俘虏，被电脑所禁闭。和电脑再亲热，也不能代替人与人之间的亲密感情、人际交往和交流。在孩子学电脑用电脑之时，不可让孩子整天厮守电脑，钻进去而成为“网虫”，注意培养和塑造孩子的自我健康人格。特别要警惕孩子以电脑为媒介，玩电子游戏机，沾染赌博、暴力等不良习气，误入歧途，导致违法犯罪。可采取以下方法：

(1)兴趣转移法：如果孩子缺少陪伴、缺少关怀、缺少交流、缺少有趣的活动等，那孩子的内心世界就很容易沉浸到电脑、iPad或智能手机里面。其实，生活的乐趣很多，电子游戏只是其中非常小的一部分罢了，所以，父母多陪陪孩子吧！当孩子离不开电视或电脑时，或听不进别人的劝告时，家长要想办法转移他们的注意力，不要总宅在家里，与孩子快乐地走到户外去，让大自然的美好来渲染孩子的美好心境吧，大自然赋予我们的东西比电子游戏要有趣多了。

(2)寻找朋友法：有玩伴的童年没有孤单，会有更多交流的乐趣，而且大一点的孩子们喜欢和同龄人交往，如果有几个好朋友在一块，那种玩耍的快乐会让孩子忘掉电子游戏。打电子游戏就是与冷冰冰的电脑交流，怪不得游戏上瘾的孩子离开了游戏会感觉更孤独，而且容易患上自闭症，慢慢不喜欢与人交流了。但人生活在社会上，人与人之间不能缺少交流，这也是人们情感的主要传输方式，友情比电脑更会让人心里感到温暖和舒适，所以父母不妨为孩子找几个好相处的小朋友，让他们一块儿做游戏和玩耍。

(3)游戏结合法：要将孩子学用电脑中的内容与现实生活有机地结合起来，把电脑中了解到的知识、游戏运用到生活中。如平时多让孩子和小朋友玩耍，表演在电脑中学到的歌舞等，也可以将游戏体验设计成真实游戏，模仿亲子节目内容，挑战接触生人，单独去购买东西，或去完成某一项任务。通过与自然和社会的接触，可使孩子去品味人生的酸甜苦辣，完善自我，养成敢于面对现实、承受挫折、谦虚谨慎、勇于进取的个性品质。

总之，家长要牢记：以防范为主，让好习惯伴随孩子，适当限制是必要的；放手但不放任，相信孩子的自制力，宜疏不宜堵。发现不良的倾向要坚决反对，要循序渐进的改变，直到彻底杜绝，让孩子完全拒绝电脑，这是不现实的。没有健康的情感，便没有完美的童心，更不利于健全人格的形成。但电脑游戏绝非电脑内容的全部，电脑更多的是用来接收信息，获取知识，帮助学习的工具。不能拒绝电脑，但是面对电脑游戏的诱惑，家长应该帮助孩子正确认识它，决不能忽视对儿童健康情感的培养。只要教育引导得好，电脑完全可以成为孩子们学习的有力帮手。因此，怎样教育引导最有效，怎样使孩子避免电脑游戏的不良影响，这是所有老师与家庭应该积极努力做好的功课之一。

网络不仅在改变世界，更新人们的思想与思维模式，而且对孩子心理成长的影响越来越显形，越来越深远。上述案例呈现的问题不仅在孩子身上常见，在成人身上一样显现。所以，老师给予人文的理解、理智的分析很重要。如果强迫孩子不接触，就会引发孩子的逆反心理，或是强化孩子的渴望心理，不利于孩子的心理健康。以这些心理问题入手，采取最佳应对之举，取其利，杜其弊。该坚持的，一定要做到，如帮助选择游戏或观看内容，限定操作时间……让网络智能设备更好地服务于孩子们的成长，不要危害孩子们的心理健康。但是，网络智能设备的吸引力实在太大，如何用好它是一个长期的历程，容不得丝毫松懈，特别是当前许多幼儿园引用电子白板、多媒体液晶屏等智能终端设备进入孩子的常规学习生活中。更要警醒：用在该用之处，不能用它替代活动中传统的师生、生生互动模式，因为在人人互动中，有更多情感因素存在，这是学前儿童心理健康教育更重要的部分。

本章小结

本章对学前儿童生活辅导案例进行了介绍，依次就学前儿童情绪辅导、学习辅导、自我辅导、社交辅导以及网络辅导的策略方法和案例进行了描述和评价，强调了学前教师和家长以关注学前儿童心理健康的角度观察、解读孩子的心理诉求，以心理学的理论与案例相结合剖析孩子的心理变化与辅导策略之间的关系，为未来学前教师提供一些切实有效的具体做法。学好本章知识技能对教师解决学前儿童一日活动中心理辅导问题，提供了个案辅导的有效经验。

本章思考题

1. 论述个案辅导和团体辅导的异同点。
2. 日常生活中如何开展学前儿童心理健康个案辅导？
3. 教师和家长如何配合对学前儿童实施个案辅导？
4. 如何看待孩子玩电脑？
5. 写一份学前儿童心理辅导案例报告。

推荐阅读

1. 张亚军主编．学前儿童成长记发展个案研究[M]．上海：华东师范大学出版社，2013.

该书是一本指导教师如何个别化、个性化地观察和教育学前儿童的手册，介绍了六种最常见的不同类型在园发生的真实故事，通过鲜活的案例，具体指导教师如何应对各种性格的孩子。该书记录了几十个孩子的成长足迹，呈现了一个个鲜活的成长故事，上百个幼儿园活动场景与镜头。

2. 陈泽铭、王先达主编．优秀学前教师教育艺术 99 例[M]．上海：华东师范大学出版社，2011.

该书由六大板块组成：以爱育爱，爱满心田。主要围绕德育与心理健康以及学前儿童如何学会做人来写的；教之有道，专业成长。主要是围绕教师的“教”以及如何通过“教”促进教师的专业成长展开，阐述了教师对学前儿童要授之以渔而非授之以鱼。

本章参考文献

中华人民共和国教育部．中小学心理健康教育指导纲要[M]．北京：人民教育出版社，2001.

教育部教师工作司．幼儿园教师专业标准[M]．北京：北京师范大学出版社，2013.

郑晓边主编．学校心理辅导实务[M]．北京：人民卫生出版社，2011.

郑晓边著．心灵互动——学习、生活、择业、家庭辅导手记[M]．武汉：华中师大出版社，2004.

郑晓边著．心灵成长——校园生活中的健康心理与辅导[M]．合肥：安徽人民出版社，2006.

俞国良主编．现代心理健康教育[M]．北京：人民教育出版社，2007.

徐光兴主编．学校心理学——教育与辅导的心理[M]．上海：华东师范大学出版社，2009.

吴增强主编．学校心理辅导通论：原理·方法·实务[M]．上海：上海科技教育出版社，2004.

佐斌主编．心理健康教育[M]．武汉：湖北少儿出版社、华中师范大学出版社，2014.

张亚军主编．学前儿童成长记发展个案研究[M]．上海：华东师范大学出版社，2013.

陈泽铭、王先达主编．优秀学前教师教育艺术 99 例[M]．上海：东师范大学出版社，2011.

李雁宁等著．爱孩子没那么简单——学前儿童成长精选案例[M]．上海：华东师范大学出版社，2013.

徐慧主编．学前儿童教育心理实践活动案例[M]．北京：高等教育出版社，2009.

第六章
家园合作辅导方法

学习目标

1. 本章导读：本章介绍了家园合作系列辅导案例，诠释了好爸爸妈妈的含义，分析了隔代养育的问题，尝试提出了家园联系中的辅导方法，强调了社区邻里辅导的价值和节假日辅导的意义。通过本章学习，未来教师要了解家园合作辅导的任务，掌握家园合作辅导的策略，熟悉家园合作辅导的具体方法和要求，教师要学习影响家长的智慧，让家长逐步意识到自己也是儿童教育的主体，有责任与老师、幼儿园合作，共同培养孩子全面发展。

2. 教学重难点：家园合作辅导的策略；亲师互动的方法。

3. 教学课时：教学 6 课时，实习 2 课时。

当一个孩子走进幼儿园的那一时刻起，就意味着幼儿园和家庭以孩子为纽带，建立起了一种共进的合作关系。正因为有了这样的携手，才让孩子们体会了下面这首小诗中的幸福。

幸福在哪里

童话中，每一个人的幸福都不一样！
所以，妈妈，我要找找
老师，我要瞧瞧
我想找到，找到我的幸福。
在朗朗欢笑中
在嬉戏玩耍时
甚至于在和小朋友生气后嘟起的嘴角上
还有我迎着晨光高高兴兴上幼儿园的脚步里
我好像都看到了幸福的样子
原来，

幸福，是小朋友间亲密的话语
幸福，是老师对我甜甜的微笑
幸福，是爸爸妈妈深情的拥抱
幸福，是爷爷奶奶慈爱的叮咛
幸福啊，幸福就是浓浓的爱的味道……

小诗给我们再现了温情的画面：老师、小伙伴和爸爸、妈妈、爷爷、奶奶……生命中的友人、亲人都围绕在孩子们的身边，这其中的每一个参与者对孩子而言都有特别的意义，缺一不可。正因为有了他们的陪伴，才有圆圆满满的爱，让孩子们的成长没有缺憾，这是浓浓的幸福味道，这也是家园携手合作的力量，它凝聚了所有爱，形成爱的最大合力，让孩子们的童年快乐而有意义。所以，静心探究家园合作意义重大，无论是教师、父母或是长辈，不同的教育方式、教育背景和教育氛围，都会对孩子的成长产生不同的影响。

家园合作教育是指幼儿园和家庭都把自己当作促进学前儿童发展的主体，双方积极主动地相互了解、相互配合、相互支持，通过幼儿园与家庭的双向互动共同促进儿童的身心发展。本章将分节论述家园合作教育中的几个主要方面的辅导案例，尽管它有别于严格意义上的家庭治疗，但作为未来学前教师，学习一些来自一线教学的教师们如何开展家庭教育辅导工作经验，将不无裨益。

第一节　好爸爸好妈妈

在幼儿园里开展的各类亲子活动中，如果大家仔细观察，就会发现那些左手牵着爸爸，右手牵着妈妈的小宝贝们，脸上的笑容格外灿烂。有着父母的陪伴，其中的幸福好像特别浓烈。所以，心理健康的孩子们都成长于一个幸福的家庭。在这样的家庭里，身心愉悦的父母创造了自如交流的亲情氛围，以健康的家庭教育培育健康的孩子。他们陪伴孩子以正确的心态去体验和感受人生；他们以明智和感恩的心与幼儿园老师达成教育的同步；他们言传身教，在潜移默化中成为孩子们学习的榜样；他们用实际行动说明：真正在孩子的成长过程中一直起着关键作用的是孩子的父母。

猜猜我有多爱你①

“妈妈、妈妈我跳得多高我就有多爱你”，小兔子笑着跳上跳下。

“我跳得多高就有多爱你。”兔妈妈也笑着跳起来，她跳得这么高，耳朵都快碰到树

① 山姆·麦克布雷尼. 猜猜我有多爱你[M]. 北京：少年儿童出版社，2007：16-22.

枝了。

这真是太棒了，小兔子心想，我要是能跳得这么高就好了。

“妈妈、妈妈你看我爱你，像这条小路伸到小河那么远”小兔子喊起来。

“我爱你，远到跨过小河，再翻过山丘”兔妈妈又说。

……

小兔子竭力想表达出自己对妈妈的爱，认为自己的爱到了极限，可是妈妈的答案都在她的极限之外，妈妈的爱总是那么强烈。不仅是妈妈，爸爸对孩子的爱何尝不是呢！

一、　情感上的正确呵护

案　例

孩子问题在哪里

芊芊是个漂亮的小姑娘，一对小酒窝特别可爱。只要一得到表扬就会露出她的小酒窝，笑起来特别甜。可是只要一受到批评就说：“我明天不上幼儿园了！”并大哭起来。

瞳瞳的东西从来不让其他小朋友碰，也不愿意和小朋友分享。特别是他的小椅子，小朋友坐了他的椅子，就马上一掌推上去抢回椅子，不管老师提醒多少次要对别人说：“小朋友对不起，你坐了我的椅子。”仍然收效甚微。

班上的孩子多数对于画画都特别感兴趣，只有畅畅一个人每次画画都不开心，每画一下就嚷嚷：“老师，我好累啊！”便不愿意再画了，总是一张白纸发下去，一张白纸交上来。

分析评价

孩子的行为多半和家长的教育分不开，芊芊不愿接受批评，受挫能力差的表现也是有原因的。芊芊的爸爸妈妈给了她过分的保护，在平时教育她的过程中多半是以表扬为主，很少有批评的时候。即使芊芊不对，也会帮她找各种的理由推脱。芊芊生活在阳光下，不懂还有灰暗，就是因为这种过分的保护才使得芊芊的受挫能力变差。

瞳瞳是家里的独生子，爸爸妈妈爷爷奶奶都宠着他，家里有什么好吃的东西都先让他一人享用，任何要求家长都尽量满足。久而久之，自然出现了自私的问题。加之没有兄弟姐妹，不懂得合作、分享、谦让、奉献等，就形成他以自我为中心的思想观念。

畅畅的妈妈总是以孩子还小来帮畅畅推脱，只要畅畅不愿做的事情从来不强迫。在生活上，妈妈全部包办代替，畅畅完全没有锻炼机会。慢慢地，畅畅形成了极强的依赖感，对很多事物失去了兴趣更不会主动尝试解决未知的难题。

上述的案例都是家长的过分溺爱导致的。这个年龄阶段的孩子，家长多半认为“孩子还小，等他们长大了，自然就懂事了”，这种教育观念为孩子的教育埋下了一颗定时炸弹。孩子的很多毛病，都是小时候养成的，就像得病一样，病得轻的时候好医治，到了病入膏肓的时候，也就拿它没办法了。到他们长大后，连自己都知道有这样那样的毛病时，已经为时过晚。因此，孩子的良好行为习惯，要从小开始培养。

教师指导家长改善孩子情感的策略包括两个方面：

对于家长：(1)首先要跟家长进行沟通，指出家长的溺爱对孩子的成长有害，与家长之间加强交流指导，教给家长一些科学育儿的知识。(2)定期召开家长会，为家长讲解育儿中存在的问题。(3)请幼教专家为家长做家庭教育指导的知识讲座或印发家教知识答卷，对家长进行深入系统的家教指导。

对于孩子：(1)培养他们的独立处事能力，教育他们不要遇事就哭闹或退缩，要想办法解决。(2)多鼓励孩子学会与其他孩子合作、分享，多发现孩子的闪光点。

案 例

孩子撒娇的消退

又到吃饭的时间，航航一家人正吃饭。家里养的小狗从门缝里钻了进来，航航见了就要把它赶出去。妈妈说“你快吃，不要管它。”航航一下就赌气了，说：“你不把它赶出去，我就不吃饭了。”妈妈听了就很生气，训了他几句。航航不但没听妈妈的，反而哭着跑了出去。奶奶见了就着急了，正准备把小狗赶走，爸爸赶紧把奶奶的手拍了拍，示意她不要管。妈妈并没有去追航航，招呼大家快点吃饭。航航哭了半天觉得没意思，自己走回饭桌，扯了扯妈妈的衣服。妈妈问：“你想吃饭吗?”“想!”航航小声地回答着。“那你去跟小狗道个歉，自己坐下来吃吧。”航航跟小狗说了声“对不起”，坐在桌子旁快快地吃起饭来。

分析评价

孩子的任性是父母长辈的思想观念所决定的。如今的家庭中，除了孩子的父母亲，还有爷爷奶奶和外公外婆，都围着孩子转，孩子想要什么，他们就给什么。孩子是他们手心里的宝，只许爱护，不许伤害。况且他们还认为现在经济条件好了，给孩子吃好点、穿好点、玩好点是应该的。尽管孩子有什么不对的地方，他们也认为孩子还很小不懂事而不去纠错，反而去迁就孩子。正因为父母长辈的百般宠爱，我们的独生子女们才更加会“撒娇”。

在案例中，航航对父母提出了自己的要求，一旦要求达不到，就对父母发脾气，他觉得这样做父母就会满足自己的要求了。而航航的父母对航航的不合理要求坚决地予以说“不”，杜绝了孩子在乱发脾气上尝到甜头后，用这个方法来满足自己不合理要求的状况。

教师要指导家长改善呵护孩子的方式，对于任性的孩子辅导策略包括以下三个方面：

(1)家长对孩子的要求要统一。在教育子女问题上，有分歧和不同意见是正常的。但家长在孩子面前应保持一致，否则不仅要求无法实现，降低教育效果，而且会产生不良的作用，让孩子更任性，因为他有“靠山”。

(2)家长对孩子的要求要合理。对子女的要求要符合儿童发展水平和特点，尤其要从自己孩子的具体情况出发，不能“别人就是这样做的”、“我们是为你好”等这样简单的说教，从而不加分析、不加区别地将某种要求强加在孩子身上。

(3)家长要理解和尊重孩子。理解和尊重是家长和子女感情沟通的桥梁，也是实施家庭教育的前提和基础。家长要善于观察、发现子女的变化状况，对他们的合理要求表示理解，并通过恰当的方式给以满足。对于不合理的要求，家长切忌独断专行，要给孩子说话的机会，即使说得不对，也要用道理说服。

二、 培养节俭的消费习惯

案 例

过 生 日

洋洋三岁的生日要到了，爸爸妈妈很早就开始对她许诺：“礼物嘛，就芭比娃娃、遥控汽车，选一样，生日当天就去动物园，生日蛋糕一定是少不了的。”

依照这个计划，洋洋爸爸带孩子到商场去看玩具。洋洋看中了一辆128元的遥控汽车，又拿起了99元的一套芭比娃娃。在洋洋妈妈的坚持下，她也很懂事地放下了遥控汽车，拿着芭比娃娃高高兴兴地走出了商场。

到了动物园，洋洋自己走着，偶尔累了，不免向爸爸撒个娇要求抱一下，不一会儿也自觉要求下来自己走。动物园还是很大的，一天下来妈妈都累得够呛，洋洋倒是兴致极高，全程基本上自己走完。

当然，小孩子要小性子的时候还是有的，带她选购蛋糕时，洋洋自己开口说了要求："要个圆圆的，大大的。"看来看去，选定了一个98元的大蛋糕。要知道家里除了她没人吃这个，于是妈妈建议她买个24元的小蛋糕。这下洋洋开始瘪嘴了，洋洋爸爸马上心疼地说："难得过个生日，不就是个蛋糕吗？何必让孩子心里不舒服。"洋洋妈妈断然拒绝了，并开始给洋洋做工作："为什么我们出门最好坐公共汽车，不打的呢？""的士要十几块钱，贵。"洋洋答得倒是蛮顺。"这个大蛋糕很贵，而且太大了，吃不完多浪费啊！爸爸妈妈赚钱还是很辛苦的，你不能乱花爸妈的钱。""我赚钱买。"洋洋很自信地说。妈妈说："好，等你自己有钱了，你再给你自己买，现在就买这个小的蛋糕，你去给阿姨钱"。洋洋乐颠颠地去付了钱。过生日时，小小的蛋糕依然带给洋洋很大的快乐。

分析评价

孩子在父母的宠爱下不知人间疾苦，成天生活在蜜罐之中，衣来伸手，饭来张口，小手任意一指，我要这个，必定有人花钱买下送入手中，让孩子从小养成了不好的习惯。当孩子真地步入社会时，反而会束手无策，不知该怎么办。父母也只是普通家庭，不能再满足孩子各种各样的金钱愿望。与其那时后悔，不如从现在起就培养孩子正确的金钱观念与合理的消费习惯。

教师要指导家长，改善孩子的消费观念，建立合理的理财方式，其策略包括：

（1）做到家园一致，告诉孩子钱从哪里来，钱有什么用。无论是觉着孩子还小、理解力不够，还是认为跟孩子谈钱是一件"俗事"，总之有不少父母不愿意正面跟孩子谈钱的问题。他们既不告诉孩子钱到底有什么用，也不跟孩子解释家庭的经济状况。其实，孩子需要对钱有一个最基本的正确认识，知道钱是生活的组成部分。这样，以后向孩子灌输正确的理财观念时，比如"不要有多少用多少"、"靠自己的劳动获得零用钱"之类，孩子才能比较顺利地接受。

（2）帮助学前儿童养成存钱的习惯。别看孩子还小就忽视了培养他们储蓄的习惯。可以为学前儿童购置一个存钱罐，把他们自己的零花钱存起来，然后教导孩子认识需要的东西与想要的东西有何不同，和孩子一起制定一个目标。比如暑假结束前想要一个娃娃，这样能够让孩子有个明确存钱的目标。

（3）通过开展专题活动，培养孩子的正确理财和消费意识。有的孩子存了钱可是不知道如何去消费，这个时候教师可以开展相关专题活动，在活动过程中及时指导孩子正确的购物。如给孩子一个钱包，养成积蓄的好习惯；让他们知晓什么该买什么不该买；尝试学习记账，知道不能大手大脚、铺张浪费；放手让孩子自己去尝试购物。

三、 合理运用期望效应

案 例

爸妈的期望让我好累

东东特别乖巧、生活自理能力强，从来都不要老师操心。可就是总闷闷不乐的，和小朋友在一起做游戏时也提不起兴趣。因为这样，我每天不忘多注意她一下。打电话给她家，爸妈的语气与态度也很好，也找不出原因。

离园，是小朋友最期待的，可这段时间东东每到临近离园时总是眼眶湿湿的、瘪着小嘴巴，妈妈来接她也不愿走，问她原因，她也只是红着眼睛不说话。慢慢地，东东的变化更大了，要她画画，不动手；学唱歌，不张嘴；跳舞做操更是坐在板凳上不愿起来。我觉得，是时候要找东东妈妈谈谈。这一聊，让我顿悟，东东的变化为何而来。

“老师，东东最近上课做游戏是不是不认真？画画，唱歌都跟得上吗？”东东妈妈一脸着急，但东东在旁边皱着眉头眼泪都要出来了。

“老师，我希望您能对东东严加要求，我和她爸爸都特别重视对她的教育，每天放学之后还送她去不同的特长班学习。我们一定要在起跑线上让她优于同龄的孩子！”听到这里，东东的眼泪再也抑制不住，放声大哭起来。

案 例

竞选升旗手

进入大班后，孩子们又多了一个展现自己的机会，当升旗手！下一周就由我们班举行升旗仪式，由谁来当升旗手就成了孩子们和家长之间最热门的话题。

于是我开展了一次小小的竞选仪式，请有意愿当选升旗手的孩子们参加竞选。可让我没想到的是，家长的重视程度大大地超出了我的想象。子宁家全家总动员，有帮孩子准备衣服的，有帮孩子写演讲稿的，还有找广告公司给孩子印竞选海报的。而一晨的妈妈更是想利用“送礼”的方式来让儿子当选升旗手。

分析评价

可怜天下父母心，所有的父母对子女都寄予厚望，但是这并不代表所有的子女都能实现父母的愿望。家长的期望应该让孩子“跳一跳，够得着”，应根据孩子的实际情况进行合理计划。如果家长设定的期望值比较合理，并且能给孩子创造一个独立成长的空间，孩子就会乐意接受安排，并充分地发挥自己的潜能，期望效应就是积极的。上述案例中，东东的父母给了东东过多的压力，这对东东的自我意识乃至健康都非常有害。父母要关注孩子小小的成功，并表扬他的每一次努力和每一个进步，可以与孩子共同学习并感知世界，而不是像老板一样告诉孩子什么该做、什么不能做。这种强迫会使孩子产生逆反心理，固化已有的错误和弱点。每个家长都希望自己的孩子是最优秀的。上述案例中，家长没能帮助孩子摆正心态，相反将自己的紧张情绪转嫁到了孩子身上，对于孩子良性竞争心态的培养是不利的。家长要鼓励孩子努力争取，当孩子遭遇挫折，家长能做的就是帮助孩子保持自信心，微笑着面对下一次挑战。

教师要和家长一起，正确运用期待效应，其策略包括：

(1)用培养孩子兴趣的办法来引导孩子学习。爱因斯坦说：“兴趣是最好的老师。”孩子一旦对某方面的知识感兴趣，就会主动地去学习。如德国教育专家卡尔·威特教儿子读书就是从培养其认字的兴趣开始的。他在教先天不足的小威特读书时，先买来许多连环画和图册，把其中有趣的故事讲给他听，然后对他说：“如果你能识字，这些书自己都能看明白。”有时他不把书中的故事讲给小威特听，而是对他说：“这画上的故事非常有趣，可爸爸没有时间给你讲，你先自己看吧。”就这样，大大激发了小威特识字的愿望和兴趣。

(2)在游戏中对学前儿童进行知识教育。即依据学前儿童的年龄特点，引导他们在游戏中学习，使他们在欢乐之中，不知不觉地学到知识。如领孩子去公园玩，当看到一盆盛开的菊花时，父母可以让孩子数一数一共有几朵菊花，还可以当场写“菊花”二字教孩子认。如果看到几棵松树，可以引导孩子区别哪棵树大，哪棵树小；哪棵树粗，哪棵树细；哪棵树高，哪棵树矮。

(3)教师要牢记沟通的要点：正确引导“望子成龙”的家长，教师要帮助孩子树立自信心，提醒家长切勿利用“唠叨数落，肆意打骂”的不明智教育做法；教师要帮助家长通过培养孩子良好的心境、利用暗示、目标、计划等策略去激发孩子学习的欲望；培养孩子良好的学习习惯，提高探索兴趣；教师和家长不能过度强求、操之过急、拔苗助长。

什么是“合理期望”？从孩子的角度讲，中国父母望子成龙，希望子孙出人头地，光耀门楣，这样的期望让中国的几千年来实施的就是精英教育。虽然社会发展到今天，略有改观，但大体趋向没有动摇，连最快乐的学前儿童时期也因不适宜的期望而倍感压力。案例中，孩子们的呼声让人心疼。我们真应该切切实实地建立对孩子的“合理期望”，真正明晰：不管教育的形式表现有多么复杂，其本质应该是建立在对生命个体成长需要的了解和尊重之上，读懂孩子，才能让教育实现真正的育人价值，才能真正让孩子体验人生的快乐！这才是我们家长正常的教育心态，才不会出现以上案例中家长对孩子呈现的呵护无度、用钱无数、期望无限的状态。当一个成功的父母并不是一件容易的事情，并不只是简单爱就可以达成美好期望，需要家长们用情之时要有心、有智慧，这才是爱的最高境界，这才是孩子健康成长的基点所在。

第二节　爷爷奶奶隔代养育

在中国，由于特殊的国情所至，隔代疼是孩子们成长中的幸福所源，也是问题所源。在爷爷奶奶、外公外婆眼里和心里，那小小的乖孙孙、好宝宝，凝聚了他们心中所有的爱与疼，恨不能摘下天上的月亮，只要宝贝们想要，长辈们都千方百计去办。这样的爱，如果爱之有法，那当然对孩子的健康成长有帮助，如果溺爱无边，所产生的负面问题也让人头疼至极。所以，家园合作中，对爷爷奶奶隔代疼爱的这一现状的关注至关重要，这也是学前儿童身心健康教育中不可或缺的。

我爱爷爷奶奶①

小时候，爷爷抱着我上街看热闹，
小宝宝长大了，要给爷爷捶捶腰。
小时候，奶奶摇着我入睡梦里香，
小宝宝长大了，要给奶奶唱歌谣。
爷爷、爷爷我爱你，我是听话乖宝宝。
奶奶、奶奶我爱你，我是孝顺好宝宝。

可以看出小孩子特别喜欢在爷爷奶奶、姥姥姥爷身边玩耍，为什么？答案很简单：因为可以得到老人的庇护。无论是爷爷奶奶，还是姥姥姥爷，都会宠着孩子，护着孩子，不会让孩子受一点委屈，但是由祖辈家长因过度疼爱孩子而“护短”，致使孩子出现了一些问题，从以下案例就可以看出。

① 儿童歌曲．我爱爷爷奶奶．百度音乐网：布奇音乐。

一、 溺爱和迁就

案 例

奶奶的误导

豆豆是一个活泼好动的小男孩，他的父母由于平时忙于工作，所以周一至周五都和爷爷奶奶一起生活。周六上午要参加绘画班，周日上午又要参加英语班，所以和父母的接触时间很少。由于祖辈的宠爱有加，所以豆豆比较任性，也比较霸道，不太喜欢分享，容易生气。

在“贴人”游戏过程中，豆豆和民民都想和成成站在一起。豆豆拉着成成的手说：“我们站一起吧！”可是民民说：“是我先站到他旁边的，你走开！”这句话激怒了豆豆，豆豆用手指头指着民民说：“你才走开！”就这样你一句我一句地吵起来了。在这个过程中，民民不小心踩到了豆豆，豆豆马上踩了回来，而且不只踩了一脚。事后，我问豆豆：“你为什么那么凶地对民民，还要踩他脚？”豆豆倔强地歪过头，说：“是他先踩我的。”我说：“可是明明是他先走到成成旁边的啊，他踩你也不是故意的。”豆豆说：“奶奶说过，别人打我，我一定要打回的。”

分析评价

通过案例中豆豆的表现可以看出，他在同伴交往中存在着以自我为中心的现象。现在的学前儿童中，这是一个比较普遍的现象，为人处世总以自己的兴趣和需要为出发点，很少关心他人。在自己的兴趣和需要受到影响时，他们往往情绪变化过快或过激，出现一些不友好的甚至有攻击性的行为，如骂人、踢人、推人、对别人吐口水、争抢玩具等等。

豆豆出现上述中的争吵和“打还”事件是有原因的，原因就是豆豆的奶奶是这样“教育”他的，从小就灌输给他不吃亏的思想。在他奶奶看来，或许这是疼爱孙子的表达方式，因为害怕孙子在外面吃亏，受人欺负。正是这种不正确的教育方法导致了豆豆频繁地出现攻击性行为，以至于成为了豆豆的习惯。

教师如何辅导这样的隔代教养方式？其策略包括：

(1)开展专题家园活动“爷爷奶奶教我做人”。请一些做得好的爷爷奶奶和大家分享教育经验，知道溺爱孩子教养方式的害处。当孩子哭哭啼啼地告诉你被人欺负时，家长们不要再给孩子灌输以牙还牙的思想，也不要呵斥孩子的“无能”，应该接纳孩子的情绪，把孩子搂进怀里，让孩子感受到你的关爱。等孩子情绪平静后，你可以试着跟孩子交谈，了解原因，并和孩子一起分析起因结果。还要试着让孩子自己想办法怎么解决问题，孩子一时没有主意或是说出的方法不合适的时候，要适时引导，帮助孩子分析每种做法可能会产生的后果，让孩子自己去选择。

(2)进行社会交往技能的训练。通过系列教育活动，帮助豆豆学习掌握与同伴交往的基本技能，文明礼貌、互相谦让、团结合作，告诉豆豆只有这样才会被大家喜欢，才真正有自己的好朋友。

(3)组织各种形式的游戏，促进豆豆与同伴之间合作，逐渐体验到友好合作带来的快乐，从而慢慢调整自己的各种行为，让自己变得被大家接受，喜欢。

案 例

爷爷的替代道歉

“圣瑜，爷爷来接你了”听到老师的呼唤，正在和小伙伴玩城堡搭建的小家伙腾地站起来，顺手把已经成形的城堡一推，“哗啦”建构器材散了一地，其他小朋友的成果毁于一旦。而圣瑜还意犹未尽，居然一脚踏扁了当砖块的牛奶大纸箱，然后牵着爷爷的手就准备走。

“圣瑜，你这样做是不对的。”老师说。爷爷看了老师一眼，批评的话是说了，可是明显很无力。

“圣瑜，你现在可不能走，你得和小朋友说声对不起，并且把玩具整理好！”我拦住了家长。

“我可不收拾，我要和爷爷回家了。”小家伙说得理直气壮。

“杨老师，我来帮他收拾玩具，代他道歉啊。”爷爷连忙上前准备代劳。

“圣瑜爷爷，请您先在外面等等，让圣瑜把玩具收拾好了您再接他。”我有礼貌地拿了一张椅子让爷爷坐在门外，然后关上了门。圣瑜一看，低着头一声不吭地开始收拾玩具。

分析评价

孩子的不当行为一般与不当的教育方式有关。圣瑜的表现来源于爷爷的过度呵护。现在的孩子非常聪明，他以为爷爷在场，老师或多或少也会给爷爷面子，不会当着爷爷的面批评他，会轻易地原谅他的不当行为。

此时教师的辅导策略是：

(1)老师要让孩子明白：如果犯了错，无论是谁，老师一定会坚持正确的做法。

(2)老师也要理解长辈疼爱孩子的心理，事后应主动与爷爷谈心，让爷爷明白这样做的目的是为了孩子好，缓解爷爷的心疼和不理解心理。

(3)老师应该让爷爷看到老师对孩子一如既往的爱，而且是持续正确的爱，这对爷爷奶奶也是一种无声的传递，一种积极的触动和影响，无声的浸润和濡染。

二、 过度保护

案　例

不会的缘由

格格小朋友红扑扑的脸蛋，忽闪忽闪的眼睛，惹人喜爱。吃饭时，格格总是坐着不动手，等着老师来喂她吃。上幼儿园的孩子，吃饭应该是力所能及的。我对她说："格格是一个能干的小女生，我们自己吃饭会更香!"她哭喊着："我不会，我不自己吃嘛。"我用手帕拭干了她睫毛上的银豆豆，轻抚着她的额头说："格格是个聪明的孩子，不会自己吃饭哪行，老师教你好吗?"格格头摇得像拨浪鼓："有人喂我吃，我干嘛要学呢？在家里，都是奶奶喂的"。显然，"不会"成了她拒绝自己吃饭和做力所能及事情的托词和挡箭牌。

分析评价

以上可以看到格格的生活自理能力比较弱，产生这样的结果显然与奶奶的呵护有关，家长过分的溺爱包办代替。格格在家中主要由奶奶照料，由于隔代宠爱，奶奶很多事情都亲力亲为，喂她吃饭，帮她穿衣服，导致孩子在家中生活自理能力得不到很好的锻炼，缺少练习机会，久而久之她就跟不上她的年龄阶段所应该有的生活自理能力。辅导策略有：

(1)教师与家长进行交流。建议家长能与幼儿园配合，构建家园合力，让孩子在家中也能在生活自理能力上得到锻炼。建议学前儿童的爸爸妈妈多与学前儿童相处，让父母担负起教育的重任。鼓励家长对孩子进行正面引导，并提供机会让学前儿童进行尝试。

(2)教师和奶奶也进行交流，从学前儿童发展的角度来建议奶奶学会放手，让孩子在家中也能锻炼自己的自理能力，提高其灵活性；同时，让奶奶也初步具备正确的教育观，不要总包办代替。

(3)采用"以儿童教育儿童"的方法，利用其他孩子良好的进餐行为进行示范，促进同伴之间的相互学习和交往，让格格建立羞耻心和荣辱心。同时，注意安排格格与年长儿童交往，让她在哥哥姐姐的良好榜样强化下，习惯成自然。

案 例

奶奶帮孩子背书包

放学时幼儿园门前水泄不通，围满了接孩子的家长，已成为现代社会一道“靓丽的风景线”。

当奶奶第一时间出现在门口时，奶奶会马上为尚清卸下肩膀上的书包，递上水或一些吃的东西。

我问尚清：“这书包并不重，为什么不自己背啊？”

她眨着眼睛答到：“出了幼儿园就不用背书包了，奶奶会背，在幼儿园才自己背。”我还是没理解，这是什么道理？

奶奶不以为然地说：“孩子还小，这么重的书包，会把孩子压变形的。而且，孩子没了书包，你看多开心啊，一路上又蹦又跳的，还经常给我讲今天在幼儿园学到东西呢！”我有点理解尚清刚才这么说的原因了。于是又问道，“您一直就这么习惯帮孩子背书包吗？”

奶奶说道：“这是孩子大了，从她上小班起，我就一直负责接送，那会儿，尚清一出幼儿园门，就要我抱着她，不过那样也好，不用担心孩子贪玩，会发生什么意外……她妈妈在时，总是嫌我抱孩子、背孩子，但事实上，孩子已经习惯了被我这么宠着，我要不抱她，她就一直哭一直闹，没办法，不过她还小，我抱得动！”

旁边正好是位爷爷接孩子，听见我们的谈话，说道：“我接孩子时也替他背书包，有时想想，不应该这样，可是已经习惯了。”

我又问道：“这样娇惯孩子，不怕他们以后什么都不会做吗？总不能帮他们做一辈子吧！”奶奶的回答出乎我的意料：“哪有那么严重！这个不用急，该会的时候自然就会了。”

分析评价

通过案例发现，奶奶并没有培养孩子独立性的意识，孩子们理所当然接受，爷爷奶奶理所当然付出，双方达成了共识。隔代教育中学前儿童的独立能力较差，独立意识不强。祖辈过分溺爱，缺乏正确的儿童观、教育观，给予孩子较少独立处理事情的机会。在爱的蒙蔽下，祖辈们总是尽量为孩子做完所有事情，一心想给孩子最好的成长环境，不让他们受任何挫折。但是祖辈们不知道，培养孩子自己动脑思考，自己处理事情的能力，从小树立起“自己事情自己做”的观念，哪怕是象征性的，也会对养成孩子自理、自立、自主的意识和能力非常有好处。以下是辅导策略建议：

（1）以家长会的形式组织班级祖辈参加。针对祖辈家长的特点，不能只是罗列枯燥的理论知识，要从隔代教育的问题入手，有针对性地进行教与学，要让祖辈们真正了解孩子，懂得学前儿童时期，不是拼命学写字的时候。

（2）指导祖辈们树立正确的儿童观，好孩子的标准不只是听话，爱学习。给孩子自由探索的空间，别怕麻烦，孩子会发展得更好。对于孩子力所能及的事，让他们去做，尝试培养他们独立做事的能力。

（3）在班级开展独立性教育，背书包是自己力所能及的事情，奶奶没有必要替代做。应该教育孩子们，自己的事情必须自己完成，而且要让孩子明白，奶奶年纪大了，要帮助奶奶做事情，懂得尊敬老人。

（4）鼓励放手。以鼓励为主，但不能纵容，要求她做的必须去做，至于做的结果，不管如何都应得到表扬，以滋长她的自信。对孩子适度的放手，给其适当的锻炼机会，多与孩子沟通，给孩子更多的时间。

三、传统思想的束缚

案　例

老人的“隔辈疼”

贝贝的爸爸妈妈特别忙，接送孩子的任务全部落在爷爷身上，可是每次请家长配合的事情，爷爷总是以“不知道啊！”“没听说。我只管接送”！回应教师，让教师不知如何与他交流。

离园前，教师在黑板上贴了一个通知，请家长帮助孩子收集家里的废旧物品，丰富孩子们的活动区，天天的奶奶看到这个通知，很不乐意地说：“怎么让孩子自己带东西呀？再说了，怎么能让孩子玩这些废品呢？”

为了鼓励幼儿准时来园，教师准备了漂亮的贴纸，早晨来园的时候，奶奶送倪裳来园迟到了很长时间，教师对倪裳说：“倪裳加油，希望你明天准时来园，你就可以有漂亮的小贴纸了。”可她的奶奶说：“昨天我们就没有得到，今天特意早出来了还是迟到了，老师你就给孩子一张贴纸吧！”

分析评价

通过以上案例我们不难发现“隔辈疼”这句话是有一定道理的。有些家长因工作忙碌或长期不在孩子身边，教养孩子的责任就完全落在了老人身上，而老人的精力有限，只重视吃喝生活方面。因此在配合幼儿园教育方面，不一定是不理解教师的良苦用心，只是年事已高，心有余而力不足。由于年龄的差距，有时候教师会感到他们没有年轻家长容易交流，有时候还容易产生一些小误会。这主要是因为大多数老人的教育观念比较陈旧，与年轻家长在观念上存在着一定的差异。他们认为只要孩子身体好，不生病就行了，对于孩子出现的一些不良行为不太关心。因此从心理上不重视与教师的交流与沟通，也不重视教师的看法。

如何做好爷爷奶奶的辅导工作?

(1)作为老师，我们要充分理解老人的心情，不要动不动就说老人糊涂，不明智。

(2)不要强求他们像年轻父母一样支持配合工作，即使他们有不对的地方，也不能与其争执。

(3)对于那些思想比较陈旧的老人，教师要努力通过自身良好的形象，待人接物上的周到，以及专业水平使老人逐渐改变对“学前教师”的看法，赢得老人的尊敬、信任与支持。

(4)如果有一些事情实在无法与老人说清楚，教师可以和父母谈，让父母协助我们做老人的工作。还可以以家长会的形式组织班级祖辈参加，告诉老人一些教育原则和教育方法，告诉他们迁就孩子并不是爱，要对孩子有要求，从小培养孩子的独立能力。

在一般老人眼里，孩子永远长不大，永远需要庇护。孩子好似系在手中的风筝，即使放飞到空中，线也依然系在手中。老人最容易成为“好好先生”，对孩子的任何要求都屈从迁就。卢梭曾说过：“你知道用什么方法确保你的孩子成为不幸的人吗？唯有百依百顺。”话中的哲理，值得老一辈深思。

四、 优良的家风家教

案 例

重阳节的礼物

金秋美，重阳到。一个登高望远、品糕赏菊的日子，一个敬老爱老的日子。在这个特殊的日子里，苹果班里的小宝贝们正热火朝天地开展着“感恩敬老，祖孙同乐”的亲子活动，宝贝们给爷爷奶奶表演了合唱《买菜》，还原了爷爷奶奶生活的点滴；诗朗诵《爷爷奶奶我们想对您说》表达出了宝贝们尊老爱老的情怀；在歌曲表演《给爷爷奶奶捶捶背捶捶腿》中，宝贝们用稚嫩的童声唱出对爷爷奶奶的深厚情感；在与台下爷爷奶奶们互动的环节中，老人们更是激动得热泪盈眶，都不敢相信眼前这些可爱的小家伙们，还是家里的那个小霸王，娇娇公主吗？都忍不住去亲吻、拥抱他们；最后宝贝们将自己亲手绘画、制作的贺卡赠送给了爷爷奶奶，悄悄在老人耳边说出一句句诚挚祝福的时候，所有的爷爷奶奶脸上都洋溢着幸福的微笑。当班上年龄最小的果果和奶奶一起回到家，果果神秘地将没去参加活动的爷爷拉在一边，从兜里掏出两个大白兔奶糖，塞在爷爷手里，祝爷爷重阳节快乐。听到孙女的话，爷爷笑呵呵地说："爷爷老了哟，吃不动糖果啦！"果果脸上充满了失望的表情，她很认真地想了想，边给爷爷捶腿边朗诵了一首诗给爷爷听，一旁的奶奶假装吃醋了，果果连忙扑到奶奶怀里撒娇，说奶奶收的礼物比爷爷多好多呢。晚上远在国外的爸爸妈妈打电话回来，果果向爸爸妈妈讲述了今天班上组织的活动，介绍自己送给爷爷奶奶的礼物，让爸爸妈妈放心，自己已经会做好多事，还能帮奶奶择菜了。

分析评价

家风是一种潜在无形的力量，影响着孩子的心灵。孩子只有在优良家风的熏陶下，才能出类拔萃。虽然果果的爸爸妈妈不在身边，从小是由爷爷奶奶带大的，但是由于良好的家风家教，果果在爷爷奶奶教育下知道孝敬父母、师长和老人。现在许多年轻的爸爸妈妈都没有做到这点。细节决定成败，家长从小要重视自身的修养和修为，才能教育和培养出道德品质优秀的孩子。每个人要孝敬父母、团结友爱、勤俭节约、诚实守信、遵纪守法、忠于职守、热爱祖国，逐渐优化社会风气，改善人际关系，使社会更和谐、民族更团结、祖国更富强。家庭辅导的重点在于：

（1）父母要立足家庭，面向社会。虽然说每个家庭都是特殊的，都有各自不同的传统家庭文化，家风也有独特的个性。但每个家庭都是与社会生活息息相通的，孩子们长大后要进入社会，融入社会。建立家风，必须要了解社会的发展趋势和对未来成员的要求，使家风既有家庭的个性特征，也要适应社会的需要。只有建立具有时代特征的家风，才能使孩子的将来能立足于社会。

（2）父母要加强自身修养。家风是家庭全体成员共同制定、共同遵循的行为规范。但家风的决定者，或者说起决定作用的还是父母。有什么样的父母，就有什么样的家风。家长的自身修养至关重要。要把孩子培养成为什么样的人，父母必须先成为这样的人。这不仅是以身作则的问题，而是父母的人格决定家风的方向，自然也决定孩子发展的方向。

(3)利用家庭集体教育影响孩子。所有家庭成员要统一思想、行动一致，哪个家长都不能放任自己，谁也不能迁就孩子。也就是说，教育孩子不能只靠某一个人，而是一个教育的整体，而这个教育的整体，实际上就是家风。

常言道，家庭是圃，孩子是苗。家风如雨点，它随风潜入夜，润物细无声，小苗只有在雨露的滋润下，才能健康成长。孩子只有在优良家风的熏陶下，才能出类拔萃。“家有一老，如有一宝！”，正是老人们的辛苦付出，分担了年轻父母的压力。在中国的社会现实中，老人参与孩子的教育是必须面对的教育现状，他们从来都不可能被分离。在教育实践中也会发现爷爷奶奶长辈们的教育优势。如案例中反映出的祖祖辈辈代代传承的优良家风、家教，正是通过这些长辈们的身体力行，在孩子们身上得以延续。长辈们在生活细节上的重视，更是孩子们身体健康的重要保障。而案例中折射出的对孩子无私的爱，也正是家庭情感的温暖所在，是孩子们的幸福所在。同时，爷爷奶奶参与到孩子的教育中，让教育元素更加多元和丰满。所以，老师们要做有热情、有智慧的老师，有策略、有方法地去欣赏和发现爷爷奶奶们在教育中的积极作用，去接纳、去吸引他们、参与、辅导他们用好爱的方法。

第三节 家园联系和辅导

幼儿园与家庭，是两个背景不同的场所，因为孩子而建立密切联系。孩子们在这两个教育环境中去学习和体验，从而获得成长。所以，当孩子们离开幼儿园，回到家庭时，只是进行了教育环境的转换，是有效的持续性的教育衔接，而不是教育的断层。这样，孩子在心理上才不会无所适从。

一、 家园协调达成共识

案 例

小小“两面人”

萱萱是我班一个年龄比较小的孩子，已经上半年幼儿园的萱萱，在幼儿园时总是独立地把自己的那一份饭菜吃得光光，每次活动区结束后总是自己收拾自己的玩具，乐意照老师的要求做，经常受到老师的表扬，是个爱劳动、讲礼貌的好孩子。可她的家人却说，她在家时每餐都要奶奶喂，边玩边吃，吃得很慢，而且比较任性、自私、没礼貌，还经常骂人，自己的衣服都要妈妈帮助她穿，简直是个小“两面人”。

和家长交流中得知这种孩子在家与在幼儿园表现不一致的情况屡见不鲜。许多孩子在幼儿园里表现得很乖，守纪律、听话、有礼貌、懂事等等，但在家里却是唯我独尊，对家长发号施令、蛮横霸道、凡事都让成人帮忙。经常听到家长这么说：“孩子就是听老师的话，在家里可淘气了，谁的话也不听。”

分析评价

导致学前儿童在家庭和幼儿园之间存在着行为习惯方面的脱节现象事出有因：一是生活环境不同，人的行为方式会有不同。孩子的生活环境不同，是使孩子的行为有了“两面性”的最大因素。孩子在幼儿园与小朋友生活在一起，学前儿童之间有榜样作用。而且，每个孩子自尊心强，同伴在一起，谁也不甘落后，尤其是当教师表扬某个学前儿童时，就会激起其他孩子的表现欲望，在教师的正确引导、积极鼓励下，又有同伴的影响，孩子们在幼儿园表现得都很出色。在家里就不一样了，家庭是亲子之间的相处模式，孩子容易被当作一个受哺育关爱的宝宝，而不是学习、行动的主体。二是因为家园教育不一致或家庭成员教育不一致引起孩子的“两面性”。有的父母教养、教育的方式不当，使孩子在家时任性、撒娇，家长说什么也不听。相反，有的孩子由于内向，不善交往，集体面前不敢讲话，而在家里同父母一起时，有说有笑，好像变了个人，其实这与孩子生活的环境有关。总之由于环境的变化，教育手段、教育对象的不同，很容易使孩子出现不同的性格表现，将幼儿园教育与家庭教育紧密结合，家庭气氛与幼儿园生活合二为一，这将更有利孩子的健康成长。辅导策略包括：

(1)加强与家长的沟通，保持家园一致的教育方式。

(2)建议父母之间要协调沟通好，达成协议，并且以身作则。处处给孩子做榜样，要求孩子做到的，自己首先要做到，并给孩子树立威信。

(3)孩子做得对的给予表扬，做错的尽量与孩子讲道理，鼓励比批评更有效果，但不要一味地迁就孩子。

(4)淡化孩子的“两面性”行为，对孩子的点滴进步及时鼓励与肯定，引导孩子向好的方面发展，多看、多学、多讲，让孩子多明事理。

(5)不要过分溺爱孩子，要严爱结合。爱是一种强大的力量，大人在孩子面前起表率作用，孩子有无理要求时，可以引导孩子转移注意力。

二、 真诚沟通消除误解

案　例

亲师沟通中的误解

海峰是个比较内向的男孩，不太主动与老师说话，也不知为什么上午9点前后老是尿裤子。开始的几次，老师会马上打电话给家长，住在幼儿园附近的奶奶很及时地来给他换裤子，后来索性把换洗的裤子放幼儿园，以便备换。到底是什么原因导致孩子老是尿裤子？是近期身体不适吗？问他妈妈，却说没什么事，可能是太顾着玩了，没把这事放心上。在后来的几天中，老师有意识地在8点半左右提醒他去小便，可他往往会说没有，却还是会尿裤子。一天早上，家长送孩子入园时，在楼梯口刚好碰到了海峰，他手捧一大瓶旺仔牛奶，边走边说："奶奶，我喝不下了。"奶奶说："牛奶营养好，喝完吧！"我听到了，便小声说"海峰奶奶，像海峰这样最好早上少喝牛奶。"海峰奶奶顺手拿过海峰的牛奶说："那我们以后牛奶都不能喝了……"

杰杰是这学期刚插入大班的，在第一次手工活动"做花灯"中，我发现他不会使用剪刀，别的小朋友都在听完老师的讲解后，开始快乐地操作起来，按实线剪得又直又光滑。可杰杰却不知道剪刀怎么拿，试着用大拇指和食指去拿，对着线又无从着手。老师帮他纠正了拿法，并让他试着剪一剪，他的动作很笨拙，眼看着别人快成功了，他又着急又无奈。傍晚家长来接孩子时，老师与他妈妈说请给孩子买把圆头剪刀，让孩子在家多练练，可以剪直线、剪曲线、剪些形状，使用剪刀对小肌肉发育的好处，再加上自己做完一件手工作品也有成功的体验。杰杰妈妈说："在家里剪会剪得乱七八糟的，孩子不会剪也没关系。"

分析评价

在这两个案例中，海峰奶奶对老师的建议产生了误解，她希望孩子多吃一点，这样有利于孩子的成长，但老师却是从另一角度给她提了建议，此时的沟通不是最佳时机。而杰杰妈妈显然并不了解大班孩子的学习与发展情况，能剪最好，不会也没关系，顺其自然，对老师的建议抱着无所谓的态度。

面对不同的家长，我们应选择性地运用一些策略，让家长体会到老师对孩子的爱，对孩子浓浓的责任心。

(1) 真诚沟通是前提。教师要热情、真诚、主动，教师要切实树立为家长服务的思想，把家长作为平等的合作伙伴，真心实意做家长的朋友，耐心倾听他们的意见，切实帮助家长解决在育儿过程中遇到的问题。同时要换位思考，对家长产生的急切情绪及冲动要冷静思考，学会体谅。

（2）育儿知识勤宣传。帮助家长们了解3~6岁儿童学习与发展特点，建立对学前儿童发展的合理期望。有计划有目的地采取合适的方式，指导家长树立正确的育儿观念，掌握科学的教育方法，动员他们参与幼儿园的开放活动、亲子游戏活动等，让家长了解学前儿童的学习方式和特点，建立家园之间良好的互动。

（3）捕捉细节夸优点。善于观察，捕捉一日活动中学前儿童有价值的细节，并及时反馈给家长，让家长看到老师工作的踏实，并感受到老师的专业性。

（4）温馨提示要适宜。幼儿园有个别孩子存在一些不良的行为，如争吵、争抢玩具等。面对孩子的不足，我们应选择与家长沟通的适宜时机，不要在接、送时有别的家长在场的时候沟通。如特意安排家访，用婉转的语气写个小纸条，指出孩子的不足，再提出一些具体的建议，希望家长共同配合促进孩子的健康成长。

案　例

任性的龙龙

龙龙是个非常任性的孩子，最突出的一点是什么事情都由着他的性子来，他不满意、不高兴就不愿意干。在幼儿园里只爱听表扬，不接受批评，爱发脾气，耍小性子。连续几天早上，龙龙上幼儿园闹情绪，老师问家长原因，原来龙龙每天早上起来都要闹，看一会电视或找理由哭闹一两次，闹得全家人束手无策。一天下午放学后，路过幼儿园附近商店时，商店里琳琅满目的小玩具又吸引了他的注意，非要再买一个玩具。妈妈说家里的玩具已倒掉了几箱，没有同意给他买，于是龙龙就趴在地上大哭大闹，还又踢又打，让妈妈走开，怎么哄都无济于事，为了摆脱自己在公众场合的难堪，为了让孩子高兴，妈妈答应了他的要求。

分析评价

随着独生子女的增多和生活水平的提高，学前儿童任性现象越来越严重。独生子女是家庭的中心，在家里好几个大人围着一个孩子转，而父母毫无节制地满足孩子的任意要求，要星星不给月亮，任意迁就孩子，不注意爱的质量，使孩子被浓厚的“爱”包围而感受不到爱，使之形成了以自我为中心、任性霸道的性格，缺少良好的行为习惯，不善于接纳别人等。所有任性的孩子大多数都是在这样一个教育模式中成长起来的，孩子对妈妈提出要求—妈妈拒绝—孩子继续哭、闹—妈妈妥协。妈妈屈服于孩子的无理要求，总有不可辩驳的理由，为了上班不迟到，为了摆脱自己在公众场合的难堪，为了孩子更高兴……这些饱含“母爱”的理由，会让孩子更任性，让妈妈付出母亲的自尊和权利，而且付出换来的只是孩子更任性，换来的只是孩子暂时的快乐和妈妈暂时的轻松。殊不知一味的妥协，一次一次的忍让，只会把问题搁置下来，“腐蚀”了孩子成长的根基，为孩子将来的生活埋下隐患。针对龙龙的这些特点，我们专门进行家访，找龙龙的爸爸妈妈交流沟通，家长尝试着配合老师一起帮助龙龙改掉任性的毛病。其策略有：

(1)晓之以理，动之以情。孩子的是非观念正是在学习处理各种具体事情的过程中逐渐形成的，当孩子提出不合理、过分的要求时，家长应注意采取正面教育的方式，给孩子把道理讲清楚，这样做不对，为什么不对，怎样做才是对的，帮助他提高分辨是非的能力。

(2)延迟满足给孩子选择权。当孩子有要求的时候，如果家长觉得这个东西不是非常急需的，家长也可延迟满足孩子的要求。这样既满足了孩子又让孩子学会了等待，期望已久的东西拿到手，幸福感也会比马上得到要高很多。同时，可以给出孩子一定范围内的主动权，让孩子根据自己的需求学会选择和等待。

(3)巧用惩罚让孩子体验后果。有些时候孩子在任性的时候，可以适当运用惩罚手段，让孩子体验下后果，为自己的任性吃一点苦头，让孩子学会下次不再靠任性来解决问题。需要注意的是惩罚不是体罚，另外这个后果不能太严重，是在孩子的承受范围之内。

(4)冷处理或转移注意力。孩子注意力易分散，易为新鲜的事物所吸引，要善于把孩子的注意力从他坚持的事情上转移到其他新奇、有趣的物品或事情上。当孩子由于要求没有得到满足而发脾气或打滚撒泼时，大人可暂时不予理睬，给孩子造成一个无人相助的环境，不要露出心疼、怜悯或迁就，更不能和他讨价还价。当无人理睬时，孩子自己会感到无趣而让步。事后，家长对孩子简单而认真地说明这件事不能做的原因，并对他说“相信你以后会听话的”之类的话来鼓励他。

辅导的重点在于：家庭内部要统一，不能是一个家长一个样，而且家长、老师也要言行一致，一旦许诺答应孩子就要做到。家庭关系要和谐，一个被爱滋润，在民主和谐环境中成长的孩子，会被鼓励采用合理的方式来沟通，这样的孩子也会远离任性。家长、老师要学会控制情绪，不要被孩子的情绪左右，一定要平静理智地帮助孩子。孩子的模仿力很强，家长和老师理性沟通，给孩子起到一个榜样作用。要有耐心，给孩子改变和成长的时间。

三、 爱的叮咛与教育延续

小朋友假日里去郊游①

爬过小山岗，
趟过小溪流，
小蝴蝶贴上你的小衣兜，
小海螺装进我的小竹篓，
从小就从你的手中摔落小纽扣，
微笑我的情谊，
追赶小天牛……

盼啊盼，盼啊盼，不论暑假还是寒假，对于孩子们来说总是充满无限的想象与期待：在假日时光里，和山水谈情，与花草私语，和大自然亲密接触，让快乐得到无限延伸，让生命历程多一份律动和斑斓……这是一种乐在其中的享受。但对于大多数家长来说，在共享天伦之乐的同时，还有着无数的烦恼和担忧……

案 例

假期前家长的担忧

伴随着孩子们的欢呼声，一年一度的假期已经到了。孩子们欢呼雀跃，不少家长却犯起了愁。萱萱爸爸说："放假了，很多父母忙于工作，由爷爷奶奶代管，而老人带孩子往往过多注意的是安全与饮食，年龄大了也不可能陪着孩子玩，孩子就和电视成了好朋友，不让看电视，孩子就大哭大闹"。辛巴妈妈问："假期如何看护孩子，让孩子既安全又快乐?"有些家长也会觉得"管不住孩子，孩子每天不知道做什么，好像除了玩就是睡……"

分析评价

暑假快到了，无论对孩子还是成人，这都是一个值得期待的假期，可以共享天伦之乐。许多家长为怎样才能更好安排和照顾孩子假期的学习和生活，让孩子度过一个快乐、充实的高质量假期而烦恼。其实让孩子好好玩是对的，可是这个玩很有讲究噢。辅导建议是：

① 郑伊楹．小朋友假日里去郊游．宝宝吧：儿童歌曲。

(1) 朋友亲人来访，可以让孩子们这样玩：邀请邻居小朋友来玩，尝试当主人，学习招待客人，给小弟弟妹妹讲讲故事、表演节目、分享自己的玩具……在玩中学习如何招待他人，服务他人。

(2) 出门游玩，可以张开眼睛，张开嘴巴，说说看到的景、人、物、事；动动小手，做做简单的公益活动，把垃圾入篓。

(3) 在家休息时，科学安排学前儿童一日活动：每天有选择地让孩子偶尔看看电视(家长可选择一些探索频道的科教节目和人文节目)，时间30分钟之内；制订一个共同阅读、玩游戏或画画、剪纸，做手工等活动的时间。在玩中既可以增强孩子们动手能力、互助能力，又有利于开发智力，还可以让孩子们在玩乐中增加亲情。最重要的一点是安全(家居安全、交通安全)。加强对学前儿童进行的安全教育，增强他们的安全意识和自护自救能力。

孩子们离开幼儿园，进入到另一种场景中时，就会呈现出不同的状态来。因为他们面对的人不同了，他们的心理也会产生放松或是紧张的新反应。老师对孩子情绪情感的理解和包容，对家长的辅导都特别重要。无论教师或家长，只要有教育的慧心，无论何时何地，都有教育的契机和教育的价值所在。

第四节　社区邻里生活辅导

对孩子而言，与同伴在一起的相处是人生中的重大事件。在幼儿园与小朋友游戏，回家后与小邻居结伴玩耍，他们的交往由此扩大，形成自己的交际圈，并从中获得相对多元的丰富的交往关系，体验到独生子女缺少的妥协、分享等人生情感，感受人生的丰富，形成健康的心理。①

朋友，我想对你说②

天热时，你是解渴降温的冰激凌
天冷时，你是冬天暖暖的烤火炉
下雨时，你是为我遮风挡雨的伞
生病时，你是那立竿见影的良药
朋友，我想对你说：
烦恼时，你是我倾诉对象
无助时，你是我精神支柱
痛苦时，你是我坚强后盾
无聊时，你是我忠实听众

① 黄锐主编．学前儿童行为分析与教育对策[M]．北京：中国轻工业出版社．2012：16.
② 惠鲻．朋友，我想对你说．书通网：关于感恩朋友的诗歌(2)，2013.

诗歌中反映出，朋友在自己的生活中是多么重要！朋友给予了我们莫大的帮助，所以应在孩子幼小的时候帮助他们学会结交朋友，让童年快乐成长。

一、　过度保护导致社会适应困难

案　例

教养方式的遗传

康康是个非常聪明的孩子，会认很多字，很喜欢看书，所以知识面非常丰富，深得家人喜爱。不过在幼儿园里，他通常都是独来独往，从来不会主动跟小朋友交往，他不愿意、也不擅长跟小朋友打交道，别的小朋友玩的时候，他总是拿一本书坐在没有人的角落一个人看书。有时想走过去和小朋友玩，又有点畏畏缩缩、不敢向前。由于太过内向胆小，康康很难融入幼儿园的集体生活当中。我也经常问家长，反馈孩子的情况。从而了解到，孩子的爸爸长期在外地工作，康康是妈妈和外公、外婆一手带大的。康康的妈妈是独生女，也是父母的掌上明珠，从小父母就对她非常宠爱，为她打理、包办好了一切。有了孩子之后，康康妈妈把父母对自己的教养方式，原封不动地迁移到自己孩子身上。每次她带康康出去玩时都会将康康紧紧牵在手上，连让孩子单独坐在旁边都不放心，怕康康和其他小朋友玩时会扯皮，会吃亏，以免双方家长也会产生矛盾闹得不愉快。所以妈妈总是不放手让康康独自和同伴交往。

分析评价

通过案例发现，康康内向胆小的问题，其实是因为妈妈的教养方式出现了偏差。过分保护是在父母怕孩子吃苦受累的思想支配下产生的。父母过于小心，不让孩子干这做那，让孩子逐渐养成胆小怕事的性格。家长对孩子保护过度，导致孩子畏首畏尾。家长不能过度保护孩子，剥夺孩子体验的过程与机会。你不让他跌倒，他就永远不知道跌倒的滋味。父母不可能保护孩子一辈子，当有一天他跌得更重时，可能就爬不起来了。如何辅导?

(1)改变家长的教养观念、态度和教养方式。孩子的问题是家庭问题的载体，孩子的行为有了问题，也不能仅仅从孩子身上去找，而要从整个家庭，从孩子所有的教养人身上入手。例如，在班上找一名热心的妈妈家长和康康妈妈做朋友，把她好的教养方式传递一些给康康妈妈，慢慢消除对自己孩子过度保护的心理。

(2)让孩子多跟同龄人交往。“胆量是在交往中锻炼出来”，家长从小要为孩子提供与小伙伴交往的机会，到小朋友家串门、做客，与邻居的孩子一起玩，等等。孩子特别需要与同龄人交往，这是孩子与大人的交往不能代替的。孩子上幼儿园，最重要的不是学知识，而是体验社会化的过程，让孩子从中学会与人交往、沟通的技巧。孩子的交往能力，是随着交往机会的不断增多而逐渐提高的。

(3)提供轻松开放的交往环境。教师像妈妈般关怀他，与他交往。在教室里，主动拉他的手，亲切地与他说话，建立融洽的师幼关系。平时找机会亲近他，抚摸他的头、身体，与他进一步靠近。尽量抽时间和他坐在一起，陪他玩游戏，让班内性格开朗的孩子主动和他讲话，带他到园内各游戏场所玩耍，使他能够多结交几个小伙伴，多参加集体活动。我们班有很多小朋友都住在这个小区里，离园后我让这些小朋友带着他一起游戏玩耍，建立起友谊。

二、 争强好胜影响朋友关系

活动案例

不受欢迎的孩子

今天的晨间接待中，我遇到了这样的一件事，班上的煜彤小朋友带着她的妈妈进幼儿园，径直走到尚清的面前，说：“尚清，你以后别来我们家玩了，我们不欢迎你。”看到如此情景，我连忙走过去询问原因。这时从煜彤妈妈的口中我才了解到，原来昨天是周末，尚清去了煜彤家玩，看中了她的玩具，就一定要煜彤送给她，还威胁如果星期一不带来，就要班上小朋友都不跟她玩。煜彤的妈妈还说因为这件事影响了孩子的上学的情绪，一直吵着不来幼儿园。我了解情况之后，仔细询问了尚清，她只是一直说煜彤答应送给她了，所以尚清就要煜彤一定要带来给她。对自己的行为她没有感到任何不对。离园时我及时与尚清的妈妈进行了交谈。面对孩子的行为，尚清妈妈也对我说了一些情况，她说家里的玩具并不缺，孩子对玩具有很强的占有欲，一旦她看上的东西，她就要千方百计的得到，而得到之后一没兴趣就扔在角落里不玩了。家里的玩具柜中还有一些没有拆过的玩具。

分析评价

由于父母的过分溺爱，无条件、没有限制地满足尚清的各种买玩具的要求，也没有对尚清买来的玩具怎样使用进行教育，从而增长了孩子霸占玩具的欲望，尚清也在不知不觉中形成了这种习惯。到了别人家更是不懂克制，习惯向别人要玩具，这样就引起了别人的反感。虽然孩子喜欢和他人交往，也有交往的兴趣，但是缺乏必要的社会交往技能和经验。毕竟孩子年龄还小，在与人交往时，无法正确体验自己的真实情感，不能恰当地表达自己感受，也不能正确地观察与了解自己，更无法准确地把握别人的心情和意图。

我与卢尚清的妈妈进行了交谈，达成教育的一致，让卢尚清妈妈配合教育，做到几点：

(1)对买玩具的次数加以控制，最好在孩子表现好的时候以鼓励的方式买玩具作为奖励，所选择的玩具要有一定的教育价值。

(2)在家中应教育孩子如何管理自己的玩具，包括分类收拾，运用玩具学习某技能，与父母交流玩玩具的心得等等。

(3)教育孩子去别人家时应有的礼仪，如不随便动别人家的东西，不向别人要东西等等。

(4)对于孩子所取得的进步要重点强调，夸大好的行为，让学前儿童了解怎样才是一个文明的孩子。我在班上也进行了一些社会性教育，如玩具大家一起玩、如何去做客等等，让学前儿童了解如何进行礼貌的交往和分享玩具。

三、 关爱他人 邻里友好

活动案例

探望生病的小朋友

- 活动背景

这几天我们班晓风在家浴室洗澡时，浴室门不慎脱落砸在了他身上，他身上多处划伤，特别是手臂尤为严重，内外缝了十几针，这段时间都在家休养没来上幼儿园，大家在点名时常常念到他。于是我结合感恩课题，组织孩子进行“你有难，我来帮；你生病，我关心”的活动。我们和小朋友通过共同商讨，一致决定共同制作爱心卡，共同准备爱的礼物，到家里去看望受伤的晓风，我们想通过这次爱心大行动让小朋友们送上自己的一份爱心，表达自己的一份关心，同时让小朋友体会到同伴之间的友谊、关爱，也让他们感到集体的快乐。

● 活动流程

1. 引导学前儿童回忆生病的感受，激发对生病朋友的关爱之情。

讨论：当生病的时候有什么感觉，会最想谁？想想看，我们班上谁需要我们的关心呢？

让学前儿童进入主题讨论，体会孤单、寂寞、害怕的心情，为探望活动打下基础，激发学前儿童对生病同伴的关爱之情。

朋友生病了，去看望病人的时候应该怎么做？让学前儿童知道怎样做一个讲礼貌，有爱心的好孩子。

2. 小朋友间共同商讨关心小朋友的办法。

想想用什么方式表达对生病小朋友的关心？让学前儿童想出各种关心同伴的办法。引导学前儿童结合日常生活经验，从不同的角度思考问题，在学前儿童获得了爱的认知，产生了爱的情感后，引导学前儿童把认知、情感落实在行动上，教给学前儿童相应的积极的行为方式。

3. 师生共同一起制作“爱心”卡。

操作活动：制作爱心卡、准备爱的礼物，一句祝福的话。生活中有许多的人需要得到我们的关心，我们应该怀着感恩的心去迎接生活，每个小朋友从小要学会关心周围的人，特别是生病的同伴。学会用多种方式表达自己对同伴的友爱，体验关爱他人的快乐与幸福。

4. 关心身边亲人、朋友和自己。

到晓风的家探望。在探望过程中，让学前儿童进一步感受关心同伴的乐趣，体会生病同伴的心情。最后师生一起将祝福语和去看望的照片粘贴在感恩主题活动展板上，做好宣传活动。让小朋友体会到同伴之间的友谊和关爱，也让他们感到集体的快乐，同时学习关心身边的亲人、朋友和自己。

孩子祝福的话：

祝晓风身体健康。

希望晓风早一点好起来。

希望风风早点去上幼儿园。

我们好想你。

祝晓风永远快乐。

希望我们做的卡片你喜欢。

祝你万事如意。

晓风我们大家都爱你。

分析评价

在这次献爱心活动中，小朋友参与意识非常浓厚。通过集体讨论，他们一起制订关爱计划。老师帮每位孩子把想对风风说的话写在纸上，让小朋友将他们想送的祝福画上在彩纸上，然后还签上自己的姓名，制作成爱心卡。大家还精心准备了"玩具、水果、牛奶"等爱心小礼物。给魏晓风小朋友送上自己真心的祝福，孩子们到了风风小朋友家后，纷纷把自己准备好了小礼物送给他，大家七嘴八舌地问着：你生病好了吗？你什么时候来上幼儿园呀？你还痛吗？看着风风的小脸蛋上洋溢着的笑容，是件多么幸福的一件事情呀！通过这次活动，孩子们用自己的方式表达了对生病小伙伴的关心，体验到关爱他人、帮助他人的快乐。我觉得孩子在参与这活动中受到的教育意义远远胜过这活动的本身。播种一个行为，收获一个习惯；播种一个习惯，收获一个个性；播种一个个性，收获一个命运。我常常用这句话来励志我和我的孩子们。的确，一个人的行为习惯对其性格塑造和后天成长有着非常重要的影响。让孩子们在生活中关爱亲人、伙伴、老师，关爱所有需要帮助的人。

中国人常把孩子分成"圈养"和"放养"两种，通过观察，我们会发现："放养"的孩子往往会更开朗、大方，更容易适应和融入新的环境。而与邻居小朋友的交往，就是一种适当的放养，正如动物界中狐狸妈妈把孩子推出洞穴一样，这就是一种爱和成长的方式。所以，我们可以理解妈妈爱孩子、呵护孩子的心，但也一定要坚定地告知家长：正确的方法不是去给孩子屏蔽掉生活中所有不好、所有的问题，而是陪伴孩子形成如何发现问题、解决问题的能力。而事实上，任何人身上，都会有好的特质。如果孩子能学他人所长，爱他人所优，这才是教育的成功。孩子间的交往，也考验成人间交往的层次和水平，爸爸妈妈们是粗暴直接去干扰和激化孩子间的问题与矛盾，还是如老师所言教给孩子正确的交往方法，陪伴他们寻找朋友间交往的快乐，答案是不言而喻的。邻里和睦，往来友爱，这曾是中国千百年社会构建的温情场景，而今应该在孩子身上不断延续，而不是逐步消逝。

第五节 快乐的儿童节

"六一、六一，大地穿上花衣，小朋友们手拉手，庆祝自己的节日……"，哼唱着这首欢快而又熟悉的旋律，快乐、幸福的情绪自然洋溢。对孩子们而言，节日意味着惊喜和收获，意味着可以和父母家人一起出外游玩，意味着有趣的世界在用好玩的方式来庆祝……节日包括了各种亲情和友情的情感表达，更是儿童认知社会的最好形式。对孩子们面言，健康积极的情感体验需要在一定的活动情境中进行，因此，快乐的儿童节正是丰富学前儿童的情感世界的教育主题。

写给孩子的诗①

孩子，当爸爸妈妈第一次把你软软的身体抱在怀里
我们就发誓：要把爸妈岁月年华流进你的时光里
爸爸妈妈会让你
每晚在温暖的臂弯里甜甜睡去
梦里是妈妈的吻和爸爸健硕的双臂把你高举
于是你勇敢地像风筝在天上飞
你的小手把爸妈从浮华世界拉回本真
天籁般的哭泣和欢笑比财富和荣誉更迷人
爸妈想用感恩来为你建一个家
家里堆满数不清的礼物
而你——
是天赐给爸妈最好最美的礼物

从这首小诗中我们可以感受到这世间上最伟大的爱——父母之爱。这爱犹如园丁栽培花朵的辛苦，犹如绿叶映衬红花的无私，这是“春蚕到死丝方尽，蜡炬成灰泪始干”的爱。但孩子需要什么样的爱？什么样的礼物能让孩子真正快乐呢？

一、 孩子需要的节日礼物

案　例

孩子想要的礼物

“六一”儿童节到了，不少父母都甘愿为孩子奢侈一把。但什么样的礼物能让孩子真正快乐，一套漂亮的衣服？一件精美的玩具？让我们静静地来听听孩子们的心声吧！

临近“六一”老师总会问孩子们最想得到的礼物，孩子们的答案往往出乎老师的意料。贝贝说：“我想做的事爸爸妈妈不让我做，希望这天他们能让我做自己喜欢的事”；圆圆说：“我希望‘六一’能和好朋友热热闹闹一块过，不用听妈妈的话上辅导班，也不用待在家练习画画和弹钢琴”；平时内向话不多的轩轩说道：“我希望六一可以到游乐场开开心心地玩好多好多的玩具，做错事爸爸妈妈都不会批评我。”

① 改编自：赵巍. 写给孩子的诗·雨后亭亭的博客：博文分享，2011。

分析评价

许多年轻的父母对孩子的早期教育都非常重视，但是，一些家长对孩子早期教育的规律和方法不甚了解，在孩子的早期教育中陷入了强迫孩子学习的误区。不少家长忽视节假日的辅导作用，不能劳逸结合安排孩子的生活。为了“不要让孩子输在起跑线上”，不管孩子愿意不愿意、有没有兴趣，硬性地给孩子安排了一些学习内容，如节假日也让孩子参加各种学习培训班，或者为了不让孩子去玩，硬是把孩子关在屋子里，逼迫孩子学习。不少家长认为，这是爱他们，想他们更快地成长；平常对孩子呵护有加，凡事为孩子做主，这是爱他们，给予他们最好的保护；即使有时批评孩子，对他们发脾气，甚至“动手”教育，那也是爱他们，避免他们走弯路。“为了孩子好”，很多父母煞费苦心。虽然这样做的动机是好的，但是，这种做法带来的效果却是不佳的。因为，学习知识，要靠孩子自身，要靠孩子学习的主动性，而主动性则来自对学习的动力和兴趣。一味强迫孩子学习，会使孩子产生厌学情绪。更为严重的是，会很大程度地影响孩子将来的学习兴趣。因此，俄罗斯教育家乌申斯基说：“没有丝毫兴趣的强制性学习，影响孩子求知的主动性和积极性发挥。这不但不能取得良好的效果，还会损害孩子的身心健康。”正如专家所言，不要给爱标价，而是送孩子一份尊重，给孩子一次选择。

因此，针对性的辅导策略是：

(1)协助孩子成长，学会逐步放权。尊重孩子的自主权，尊重孩子自己的选择和尝试，并给适当的指导和帮助。平等地对待孩子，使他们在慢慢学会独立的同时，感受到自我，这样他们才能更加快乐和幸福。

(2)在游戏中对学前儿童进行知识教育。即依据学前儿童的年龄特点，引导他们在游戏中学习，使他们在欢乐之中，不知不觉地学到知识。

(3)想让孩子主动学习，家长要以身作则，在家里要给孩子营造一个读书的氛围，不能你在那里看电视却让孩子去学习，孩子心里肯定是不情愿的。最好的办法就是你和孩子一起看。当孩子养成良好的习惯后你再放手。

(4)劳逸结合很重要，如果总是让孩子学习却没有休息时间，不仅没有好的学习效果，而且还会累着孩子，家长应该科学地安排孩子学习和休息，有机安排好节假日孩子的社会实践和快乐成长。

二、 孩子需要的角色体验

案 例

让每个孩子有分享的机会

今年的“六一”我准备以《白雪公主》的故事为剧本给孩子们排一个儿童剧。可是在角色选定方面难倒了我，角色有限全班近30个孩子怎么选呢？没有被选上参加节目演出，或者不是节目的主角，多少会让孩子有些失落，甚至是哭鼻子，父母更是看在眼里，急在心里。

我和孩子一起看《白雪公主》电影，寻找自己想演的角色。一看电影，孩子就被小矮人们迷住了，迪斯尼动画中载歌载舞的小矮人们，比如喜欢打喷嚏、特别善良却喜欢用“唱反调”来表达自己情绪的“喷嚏精”。当最后公主复活，与王子过上了幸福生活时，满心喜悦的公主亲了喷嚏精一下，这一下，可把从小有自卑感的小矮人感动得眼泪汪汪，他表达自己受宠若惊的方式，就是连打了七八个大喷嚏！

佳凝没被选上演白雪公主，看完后她喜欢上了喷嚏精，觉得他才是七个小矮人中最有个性的一个，她觉得喷嚏精因害羞、自卑表现出来的与众不同有趣极了，“要是演得好，小喷嚏精比白雪公主还吸引人！”

毕竟小矮人的角色也是有限的，欣宜连小矮人也没有争取上。我就鼓励她，让她争取演一棵树，在剧中身披道具绿叶一动不动地站着，风来了才摇摆身体，烘托气氛。当排练时欣宜在绿叶装里憋出一身汗来，我马上借此机会对她讲明“不论主角配角，演出光彩来才是好角色！”“没有小角色，只有小演员。”她听后特别自豪，演出更带劲了。

可就算是这样，也有部分孩子没能安排上角色。这个时候我增加不少幕后人员，比如有“魅力的提词员”和“助理导演”。当出演主角的孩子老是记不住台词，“提词员”就派上用场了，由她站在挡板后面来提醒。要是孩子在背台词的过程中能在理解角色的基础上，乐此不疲地给剧中人物增加许多有趣的动作和搞笑的台词，她就成了一个能调动全场气氛的“助理导演”。另外还有“服装师”、“发型师”、“场务”等等。

一台节目下来，人人参与，每个人都有自己负责的部分。既满足了孩子的表演欲望，演出也非常的成功。

分析评价

在很多幼儿园，年复一年的儿童节大都要准备很长时间，反复排练演出的节目，累了老师，苦了孩子，甚至打破了正常的一日活动。本该是孩子的节日，却让孩子感受不到快乐，这是令人心痛的事情。常常说要以人为本，但很多时候，却忽视了以哪些人为本，忽视了孩子，忽视了孩子的感受。“六一”儿童节，是孩子们的节日，主角应该是孩子，真的应该问问孩子们到底想怎么过，怎么过才快乐。孩子如果在自己的节日都不快乐，所谓的精心准备还有什么意义？排练节目，不能说是坏事情，但让人人都参与、人人都出节目，也是非常困难的事情，于是少部分孩子就成了表演者，大部分孩子成了观看者。表演者为了做到最好，反复排练，渐渐失掉了兴趣；观看者由于没有过多的参与，也是兴趣不大。案例中的教师机智地多加入了一些角色，让每位学前儿童自主自愿地参与其中，以孩子为本，充分考虑到孩子的感受，是值得我们学习的。

辅导的策略是：

(1)身为教师，要体谅家长的心情。每位家长都希望自己的孩子能够登上舞台，有展示自我的机会。教师能够体谅家长的这种良苦用心。

(2)教师在编排节目时，既要考虑集体节目又要考虑具有学前儿童特长的小型节目。

(3)和家长一起携手去筹备，得到家长的认可，获得成功感。为了满足孩子们想当主角的愿望，可以在班级里加演一场，不但小朋友的其他长辈可以来，还可以邀请家长参与活动，与孩子互换角色表演，满足他们的表演欲望，也可以向附近小区的居民开放。

三、 兄弟姐妹关爱互助

案 例

哥哥姐姐传帮带

对于大班下学期的孩子来说，这是在幼儿园度过的最后一个儿童节了！为了让这最后一个“六一”变得既有意义又难忘，我们组织了一次由大班、中班和小班学前儿童进行结对的尝试，开展了“关爱弟弟妹妹、大带小献爱心”一日互动活动。

中大班的哥哥姐姐每人带领一个小班学前儿童作为自己的弟弟或妹妹，自己照顾弟弟妹妹，带他们喝水、如厕、一起游戏。有的带弟弟妹妹去理发店，帮弟弟妹妹们理发；有的带弟弟妹妹们到娃娃家去玩，请弟弟妹妹们做小客人，还有的和弟弟妹妹们一起表演节目，他们唱呀、跳呀，别提有多开心啦！通过简单有趣的角色游戏、桌面活动、表演活动，大家都力图表现自己对小班弟弟、妹妹的关爱、安抚。小班学前儿童大多数很开心地投入到哥哥姐姐引领的活动中去。只有少数学前儿童表现出不安、害怕并黏着老师不放。通过老师的引导和帮助，孩子们逐渐和大哥哥大姐姐产生了亲近感、依恋感，能快乐地融入游戏、生活活动中。

分析评价

现在的孩子在家都有父母、祖辈的照顾，个个都是家长的掌上明珠，缺乏同伴间互相关心、团结友爱的精神，只需要别人的疼爱、关心，却不知道该如何关心别人，给别人一点爱。如何对学前儿童进行关爱教育？案例中“大带小”的活动，不仅满足了独生子女的大班学前儿童当哥哥姐姐的愿望，而且很好地培养了他们照顾弟弟妹妹的责任意识。在关心照顾小班弟弟妹妹的同时，萌发了大班学前儿童做哥哥姐姐的光荣感和爱护弟弟妹妹的情感。而小班学前儿童在哥哥姐姐的带领下感受到哥哥姐姐的本领和关爱，很好地激发了小班宝宝乐意上幼儿园并参与幼儿园活动的愿望，同时培养了他们的交往能力和适应环境的能力。

辅导策略是：

(1)通过开展“我是大班的小朋友”一系列活动，帮助孩子树立了自己是幼儿园小朋友中的“大哥哥大姐姐”的意识和自豪感。

(2)建立全园性的班级结对活动，体会团结互助、关爱他人的情感。

(3)通过各种形式，如“传统民俗节日”、区域游戏及日常生活等多种教育模式，创设适宜的成长环境，让学前儿童学习做人的道理和方法。

节日永远是孩子们的兴奋点！那一天，礼物、心愿等所有美好的一切都会被成人尽力去实现。家长如此，老师亦是如此。细细分析上述案例，最终解决问题的点在于“有没有叩响孩子的心”，即成人所给予的是否恰好是孩子心里想要的？有没有站在孩子的角度去考虑，这正是许多成人欠缺的。正如中国那句古语所言：“善启迪人心者，当因其所明而渐及之。”当孩子们的想法被尊重，情感被理解，愿望被重视，他们才会从这个世界获得真正的快乐。如果在前期节目设置时，能考虑到把全班集体性的节目与个别特长学前儿童的节目相结合，也不失为一种办法。

本章小结

本章通过亲子联系、隔代养育、家园合作、社区生活、节假日辅导几个方面，将家园合作辅导的系列案例以及相应策略进行了介绍，用一线教师平时工作和生活中最真实的案例，引导学习者正确理解幼儿园与家庭的双向互动关系，促进未来教师能够和家长互相理解，帮助双方正确认识家园合作的内涵，互相支持，努力协助家长树立素质教育观念，积极参与对孩子的心理健康促进过程，切实提高家长家园合作的实践能力。幼儿园只有和家庭密切配合，同心合力，才能实现家庭教育与幼儿园教育的和谐统一，共同架起家园共育的彩虹桥，促进学前儿童全面健康发展。

本章思考题

1. 论述家园合作辅导的意义和策略。
2. 好爸爸妈妈的标准是什么？
3. 论述隔代养育的利和弊。
4. 撰写社区生活的辅导问题与对策调研报告。
5. 设计幼儿园“六一儿童节”活动方案。

推荐阅读

1. 崔利玲．稳住成长的脚步——建立家园合作新机制[M]．南京：江苏教育出版社，2013.

作者以陈鹤琴“幼稚教育是幼儿园与家庭共同的责任”为指导，从实践层面梳理幼儿园与家庭的关系，提出建立幼儿园与家庭互动机制的理念，增强幼儿园与家庭的横向联系与沟通，倡导家庭介入幼儿园的管理与决策，帮助家长、教师和管理者走出教育的误区。该书对“起跑线”“天才”等敏感而现实的教育问题进行了剖析，提供了“家长学校”“亲子活动”等众多案例，提出家园共育的101条主张，具有很强的操作性和指导性。

2. 刘儒德．家园合作共育新苗——学前儿童家长及教师读本，中国劳动社会保障出版社，2014.

家园合作教育是新时期深化幼教改革的一种必然趋势，也是贯彻落实《幼儿园教育指导纲要》的要求所在，该书在这一课题研究与实践基础上编制而成，分规范公约篇、幼教工作者体会篇、学前儿童家长感言篇内容阐述。

3. 基础教育教学研究课题组．幼儿园家园共育指导，高等教育出版社，2014.

该书诠释了在《3~6岁儿童学习与发展指南》引领下的家园共育的基本理论和实践操作要领，明确家园共育的目标和内容，探索家园共育的教育途径与方法，通过案例解决幼儿园家长工作中存在的困惑，提出相应的家园共育实施建议，为幼儿园教师提供具体的指导。该书可作为幼儿园教师、教研员和园长培训教材，也可供学前教育研究者参考使用。

4. 吴邵萍．家园共同体的建构——幼儿园家长工作的方法与策略，教育科学出版社，2011.

如何与不同家长打交道，这是每个教师每天都会遇到，也常常感到困惑的问题。该书的作者是一位有创新精神的园长，多年来带领她的团队，探索幼儿园家长工作的方法和策略，并在实践中不断反思、总结经验、完善提升，最终集结成这么一本资料丰富、分析全面，闪烁着实践智慧和人文关怀的幼儿园家长工作手册。读完本书会了解到：教师与不同类型家长沟通应采取的不同策略以及需要注意的问题；年轻教师开展家长工作的常见误区及其解决方法；教师组织各种工作前需要做哪些准备，如何实施，需要注意哪些问题；当教师与家长发生冲突时，园长应当怎样做。

本章参考文献

中华人民共和国教育部. 幼儿园教育指导纲要(试行). 北京：北京师范大学出版社，2001.

汪秋萍、陈琪. 家园沟通实用技巧[M]. 上海：华东师范大学出版社，2013.

倪牟双. 幼儿园教育与家庭教育[M]. 北京：首都师范大学出版社，2008.

朱家雄，张亚军. 给学前教师的建议[M]. 上海：华东师范大学出版社，2010.

何桂香. 幼儿园家长工作指导[M]. 北京：北京师范大学出版社，2012.

赵忠心. 家庭教育学——教育子女的科学与艺术[M]. 北京：人民教育出版社，2001. 6.

薛春光. 班级经营润滑剂——给孩子一种带走的能力[M]. 北京：首都师范大学出版社，2009. 6.

李生兰. 幼儿园与家庭、社区合作共育的研究[M]. 上海：华东师范大学出版社，2003. 8.

关松林主编. 幼儿园家园共育指导[M]. 北京：高等教育出版社，2014. 7.

第七章
学前教师的健康修养

学习目标

1. 本章导读：学前教师的健康影响其教育能力，教师的健康修养也是学前儿童健康教育的必要条件。通过本章学习，未来的学前教师要熟悉教师的身心健康要求与学前儿童成长的关系；掌握提高学前教师心理素养的措施，正确理解教师职业压力、动机与角色、人格与情绪以及人际关系方面的问题和调适方法；了解教师生涯特色与发展规律，掌握教师生涯规划和调适方法。

2. 教学重难点：教师健康要义和压力应对方法，学前教师生涯发展规划。

3. 教学课时：教学 6 课时，实习 2 课时。

教师的个人适应与专业成长，关系着学前儿童健康成长与发展。要有身心健全的下一代，就必须先有身心健康的教师，尤其是在学前教育阶段，教师是协助学生社会化与人格发展的关键人物。幼儿园开展健康教育工作，需要有健康修养的教师，即具备良好的健康教育和心理修养能力，通过组织积极的活动教学来促进学前儿童健康成长，实现幼儿园教育工作目标。

第一节　学前教师的心理健康

学前教师的心理健康决定了学前儿童的心理健康发展水平。学前教师的心理健康标志与第一章论及的学前儿童心理健康标志应该有所区别，主要是要考虑身心发展和职业上的要求。

一、　教师心理健康

心理健康没有绝对标准，但心理健康者除了自己以外，至少要爱一个人。心理健康的评判标志至少有三条：

1. 心理健康者要有愉快的情绪体验。

一位学前教师说："自己无能，很少有高兴的时候。"从字里行间可以看出，这位教师有着错误的自我观念和错误的情绪体验。体验是人对自己和周围环境的一种认识，它制约着人的情绪与行动。能否正确认识自己，是心理健康的一个重要标志。过于贬低自己就是自卑。自卑感是一种不良的体验，它常常是情绪不愉快的根源。不良的自我体验难以产生愉快的心情，而长期痛苦的心情又会加重自卑感，这种恶性循环正是许许多多心理求助者的困惑所在。因此，促进心理健康首先得正确认识自己，随时调控心情，要审时度势地选择好自己前进的坐标，不为失败所困，不为名利所累。

2. 心理健康者要有高效率的心理社会机能。

心理健康者是讲究实效的，他们具备良好的感知觉能力，想象丰富，颇具创造力，思维活跃，学习工作效率高，人际关系和谐。人际交流是人的社会功能的重要指标。有的人长年闭门造车，与人老死不相往来，生活在个人孤独的世界里，不受人欢迎，社会功能严重受损。有位教师埋怨："平时我对大家都不错，但在自己生病以后，竟无一人来看我！"这种结果说明：对大家"不错"还远远不够，必须与人真诚相依、休戚与共。交朋友若只是蜻蜓点水、萍水往来、互相利用，这样的交往缺乏质量效率，其结果使自己不得人心。人的心理与社会功能的提高是一项长期任务，也可以说是人的终生追求目标。只要加强自身的心理修养，善于学习，不断实践，扬长避短，就能提高操作效率，增进心理健康水平。

3. 心理健康者能保持一种动态的调适状态。

心理健康不是一个静止的理想状态，绝对、永远心理健康的人是没有的。绝大多数人处在健康与不健康的边缘状态。人生活在大千世界中，社会在进步，人也得变化。保持心理健康将是一个动态过程。现代社会人口增多，环境恶化，竞争激烈，人人都会面痛苦。痛苦并不可怕，关键在于调适。心理健康者不仅能保持愉快的心情，而且善于提高自己的心理社会功能水平，直面痛苦，有所不满，有所追求，把心理保健的钥匙掌握在自己手中。

二、 健康科学观的延伸

1. 整体健康观

自 1947 年世界卫生组织提出了健康的定义："健康是人的生理、心理和社会适应的完善状态，而不仅仅是没有疾病和虚弱现象"后，现代人又提出了整体健康观，在世界卫生组织的三分法基础上，又增加了智力和精神方面。哈恩认为（1998），健康应该涉及七个方面：（1）健康的生理维度：体重、感觉能力、强壮程度、生理协调程度、耐久水平、对疾病的敏感性、恢复正常的速度等。（2）健康的情绪维度：情绪的强度、情绪的速度、情绪的平衡程度、人对情绪的调节程度。（3）健康的社会维度：人际敏感、人际表现、合作，助人、同情、理解等。(4)健康的智力维度：智力低下、智力偏低、智力中等、智力偏高、智力超常。健康的智力包括：获取和操作信息的能力，辨别事物价值的能力，做出决定的能力，特别是关于健康方面的问题、信念或观念、解决问题的能力等。(5)健康的精神维度：指人们的宗教信仰和实践、对待生命的态度，以及与有生命的物体的关系，关于人的行为的本质等。(6)健康的职业维度：职业的稳定性，职业的压力，职业的紧张程度，职业的收入，职业中的人际关系，职业环境等。(7)健康的环境维度：一是世界本身的质量问题，如空气、水、气温等，二是我们对待世界的态度和行为方式。汤纳特尔等人还提出了健康教育的心理学模式，认为人们的健康行为是由三个因素决定的：自我效能、控制焦点、健康控制焦点。自我效能是指一个人对自己完成任务的能力评价，认为自己完成任务的能力越高，其自我效能就越好；控制焦点是人的一种基本观念，即是什么在控制自己的命运；健康控制焦点是指人们在健康归因方面的观念，即什么在控制自己的健康。健康教育的主要任务就是使人们形成正确的信念，通过认识改变来改良人们的行为方式，形成健康行为。

2. 心理异常

美国心理异常诊断与统计手册(DSM-IV)给心理异常定义："产生于个体身上或与当前心理压力(如心理痛苦)或无能力(如损害一个或多个功能)联系的，或显著增加死亡、痛苦、无能力或自由的危险的，且有临床显著行为和心理症候群或行为方式的状态。""心理问题"是指心理异常的不严重状态，或是心理异常出现的持续时间没有达到心理异常的标准所规定的时间。心理异常时的主观感受是判断心理状况的一个重要参考，个体常常出现以下特征：(1)痛苦感；(2)心理-生理机能紊乱；(3)我向关注；(4)异常心理固着。

多数学者认为，对心理健康的诊断，应注意两个问题：一是对问题的判断要慎重。可能对人的一生的方向都有影响。尽量不要给予一个定论性的评价。二是判断要具体分析，应该从主观感受和心理功能的受损程度来判断来访者的心理是否健康。

对心理异常的判断还要正确认识如下观点：

(1)心理疾病不等于道德品质败坏。在心理健康中，不能忽视或回避道德与心理健康的相互影响；不能以单一、绝对的观点看待道德与心理健康的关系。

(2)心理问题是常见的现象。心理问题和生理疾病一样，是经常发生的，导致心理问题的动因是永远存在的，甚至是个体无法回避或逃避的；心理疾病是能够康复的；要维护心理健康，同样重在预防。

(3)心理疾病的康复是缓慢的。

(4)青少年的心理问题往往是成长中的问题。

3. 心理健康研究前瞻

教师心理健康问题研究的重点在于测评和干预两方面，自然科学和人文社会科学学者正携手合作，使研究方法呈现综合化、计算机化、生态化、跨文化、生命全程化的发展趋势。心理健康研究涉及人的全部心理现象，包括心理过程、心理状态、人格诸方面。心理健康就是人格健全，心理健康的要素建构必然遵循健全人格的心理结构。

(1)心理健康者内部心理和谐发展，机能高度发挥。他们的需要和动机、兴趣和爱好、智慧和才能、人生观和价值观、理想和信念、性格和气质都向健康方向发展。他们的内心协调一致，言行统一，有所追求，能正确认识和评价自己的所作所为是否符合客观需求以及社会道德准则，能及时调整个体与外部世界的关系，遇见挫折和痛苦能及时调适。

(2)心理健康者能正确处理人际关系，发展友谊。他们在人际交往中显示出自尊和他尊、理解和信任、同情和人道等优良品质。他们开朗、热情、坦诚，虚心倾听他人意见，在日常交往中不随波逐流，不孤芳自赏，能够使自己的行为与朋友、同学协调一致，对人际关系和社会适应能谋求建设性的改变。

(3)心理健康者能把自己的智慧和能力有效地运用到能获得成功的工作和事业上。在学习和工作中，他们受强烈的创造性动机和热情所推动，有效地发挥自己的能力，勇于和善于创造，其成功会带来满足和愉悦，再形成兴趣和动机，使生活内容更加充实。

针对未来的学前教师，至少有三方面的工作可以做：

其一，建立一个正常学前教师群体的心理健康结构模式。通过文献综述和理论分析，可以认为，心理健康结构中下述要素更为重要：学习动机、情绪状态、自我观念、自我控制、生活态度和人际关系。

其二，编制一套信度效度高、适合未来学前教师心理健康普查的量表。人格测验已有很多成品工具，它们存在许多操作上的问题，如何结合学前教师的生活实际特点，设计一套科学、易行的心理普查量表，并以此作为心理建档和为教育教学工作提供反馈信息的工具，是摆在学前教育机构选拔教师的主要任务之一。

其三，探讨一套实用、有效的干预措施。测评工作不是心理健康研究的最终目的，而是评价干预效果的手段。是否有一套紧密结合幼儿园教学过程特点、适合幼儿园教师心理健康成长的干预方法？普通学前教师该怎样结合教学工作，参与心理健康干预？所设计的测评量表是否能较好地监测干预的效果？这些都是要进一步探讨的目标。

第二节　学前教师心理修养

教师的心理修养表现在调适压力的复原力。在社会重大变革时期，幼儿园教师工作压力不断增加，师生、亲师之间的矛盾与恶性事件不断增多，对教师职业提出了严峻挑战。

一、　教师心理压力

(一)教师心理健康现状

教师的工作影响层面相当广，教师身心健康问题已日受重视。教师是育人的专业工作者，需投入大量的心力和情感，但其成就无法获得立即的反馈，故最易产生职业倦怠。当今研究教师工作压力与职业倦怠已成为教育界的重要议题。研究发现，教师容易遭受工作压力与职业倦怠，教师工作倦怠与教师离职、旷职及退缩行为有关，其对学生学习的品质亦有重大影响。

造成教师工作倦怠的成因有：教师很少或没有参与作决定的机会；由于教师调任和流动的减少，使教师晋升不易；家长对教育措施的苛求；财经方面的困难，薪水增加有限，教师所获得的报酬不够；教师遭受言语或人身攻击；教师工作量大为增加；遭受到非自愿性的调任，或申请调任不被采纳；学前教师薪酬低、责任重，学前儿童出现意外事故常常成为替罪羊，得不到社会尊重。

教师心理适应困难的比例较一般人高，也较其他行业为高。学前教师是基础教育团队的重要组成部分，她们的工作质量关系着国家未来发展之命运，所以，学前教师心理保健是幼儿园应正视的重要课题。

(二)教师工作压力

1. 教师工作压力概念

教师工作压力亦称教师职业压力(occupational stress)，是教师因职务上所赋予的要求、期望和职责所感受到的压力。教师压力也可定义为：由教师的工作而产生之负向情感(如生气或沮丧)的反应症状。对于教师工作压力的研究包含两大方面：教师压力情境和压力反应。压力情境指产生压力的外在客观环境或事件，它是一种或数种刺激；压力反应指个人主观对外界刺激的适应或引起的紧张压迫感。

2. 教师工作压力来源

柯礼柯夫列举 51 项教师压力来源，并调查英国 257 名教师的压力，发现工作压力产生之四个因素：学生的不良行为，不足的工作条件，时间的紧张感，不好的学校风气。西克思编制教学事件压力量表，请芝加哥地区 4,934 位教师填写后，得到四个因素：暴力和学生常规，行政管理的紧张，专业的工作要求，教学的功能。克拉克编制教师职业压力因素问卷(TOSFQ)有 30 个题项，经分析得 5 个因素：专业的不足，校长和教师间专业的关系，同事之间的关系，班级教学和常规指导，工作负荷过重。台湾师范大学辅导中心调查台北市教师压力，发现其因素为：人际关系，工作负荷，教学要求，学生行为。

综合上述教师工作压力来源的研究结果，可知教师工作压力来自许多方面，并不是单一向度或单一因素，不可仅用一单纯的因素分析，必须同时分析多元性、多面性之因素。教师工作压力来源应该涵盖环境的、人际关系的、教学的、心理的、组织的、社会的等等方面。

3. 教师工作压力反应

教师压力反应为三方面：行为的、情绪的、身心反应症状(如喝酒、压抑、退缩、攻击、冷漠、离职、失眠、胃病、心脏病、高血压等)。柯礼柯夫等对英国综合教师调查得出各种压力症状，依次是疲劳、挫折、愤怒、紧张、焦虑、压抑、神经质、头痛、心跳很快等。

有关工作压力与后果的关系，许多研究均支持高压力的工作结果必然降低工作效率，影响身心健康，并影响个人的成长与认知。在教师工作压力与工作满意的研究中发现，个体受压力时会产生疾病，尤其是人际关系不良和工作受挫时，均会产生不良的生理反应。当个体长期面对压力时，自主中枢系统会阻碍免疫系统的功能，影响内分泌与荷尔蒙激素的协调，当免疫系统失调时，疾病就容易产生。在性别方面，女性教师在不良学生行为压力方面比男性教师大，而男性教师在行政和文书工作中有较大压力。从压力症候来看，女性教师在头痛、流泪和疲倦三项比男性教师多发生。教学方面，年轻资浅教师在处罚学生、维持班级秩序、对行政主管的态度方面比资深教师压力大。在离职意愿上，女性教师比男性教师高。综上所述可知，女性教师比男性教师工作压力大，资浅教师比资深教师压力大。

4. 教师工作压力应对方法

(1)对教师的建议

压力是正常现象。当压力构成个人身心伤害和效能降低时，便须加以调适。压力调适的第一步，是对压力要有正确的认知，能区分长期压力和短期压力，良性的压力和有害的压力。当压力来时，相信压力虽是危机，但也蕴藏机遇，进而主动地适应压力。专业态度适当的教师，工作压力较低。因此，对态度不当而感受很大工作压力的教师，应时常检讨自己的教学态度，端正专业态度，要爱学生，热爱教育工作，具有教师的敬业精神，并改变权威和严厉的管教方式，提高教育专业素养。有了适当的教学态度，便能与学生建立和谐亲密的关系，也能有效地进行教学和辅导工作，因此能降低工作压力。

教师的压力因素，除了学生的学习和不良态度之外，还有人际关系、角色、工作负荷、专业发展方面的压力，可见教师也应发展人际关系的能力，理清角色，善用时间，并参加研习。教师平日应从事正当的娱乐活动，练习松弛技术。而当压力太大造成障碍时，必须求助心理医生和辅导专家的帮助。

(2)对教育行政机关的建议

与幼儿园行政人员的关系常是教师压力来源的因素之一，要降低教师工作压力以增进教学效率，幼儿园行政人员应检讨、改进其行政和领导方法，并且重视教师心理卫生工作，如开展教师娱乐活动、协助教师调适工作压力。此外，学前儿童的学习和行为问题也是教师压力的主要来源，幼儿园应推行生活化教学，协助教师建立保教常规，辅导学前儿童健康成长。

幼儿园和教育行政机关应加强新教师的教学辅导，多举办研习会与观摩会，并提供教学资料，以增进教学及辅导学前儿童的能力。同时，增加年轻教师参与幼儿园行政关系的沟通，使其了解教育法规和行政运作的轨道，以减少行政的压力。

教师的专业态度是教师行为的心理倾向，直接影响教学效果。为使教育更能达其成效，应加强在职教育，提高对教育的敬业精神，并对教师之工作倦怠感予以改善。

学前教师师资培养政策对教育成败产生直接的影响。师资培训机构应重视建立一体化教育环境，加强敬业精神的培养，教师职业态度的陶冶，教育学术的研究，并注重教材的建设；加强辅导知能的训练，一方面熟练对学前儿童的辅导技术及保教管理，另一方面借助幼儿园培训促进教师的知识技能，增进教师本身调适工作的能力，与同事、学前儿童、家长建立良好和谐的关系；落实实习教师的教学辅导，使新教师很快适应幼儿园保教环境，并且统一教育思想与教学方法。

（三）教师面临的内外困境

1. 个人面临的困境

（1）教学能力：许多学前教师自开始工作后便一直采用单调的教学方法，很少有机会去了解专业方面的新知识，当客观要求有所改变时，便显得心有余而力不足，一时不能转换过来。

（2）时间压力：学前教师的工作时间几乎是整个白天，且丝毫没有弹性，一个萝卜一个坑，几乎完全被限在幼儿园。

（3）生涯定向：学前教师的生涯发展机会受限，大多数教师的生活怏怏无劲，难以找出值得发展的方向与有力资源。

（4）经济条件：学前教师的待遇较低，很难满足社会转型期的物质生活，社会经济地位停滞或下降，使得教师连起码的精神要求也难以实现，更无劲头维持传统教师的尊严。

（5）沟通能力：学前儿童教学工作容易使教师养成指导与命令的沟通模式，在讲求民主开放的社会里，必须互相尊重，坦诚、平等对待，才有商量余地，教师对儿童、上级、同事、家长及家人的沟通方式与能力显然有改进的必要。

（6）感情生活：学前教师阴盛阳衰，生活圈子狭窄，适婚年龄女性教师晚婚、失婚普遍，情感创伤。

（7）家庭生活：学前教师的家庭大多是双职业生活，平日各忙各的，下了班又必须料理家事，几乎很难有全家相处谈心的时间，到了寒暑假又不易做妥善的安排，家庭中总要有人必须在这种生活状态中牺牲自己的权益，造成难以弥补的遗憾。

2. 幼儿园工作环境

（1）班级竞争：学前教师在形式主义的笼罩下，加上家长的推波助澜，经常呈现一片竞争风气，各班之间争个你死我活，教师的沉重压力可想而知。

（2）幼儿园环境与设备：许多幼儿园环境较差，教育的基础设施捉襟见肘，无法提高教学活动空间的水准。

（3）园长的领导风格：许多园长视幼儿园的资源为己有，任意摆布教师，教师敢怒不敢言，只好以消极的工作态度来回应，心情郁闷。

（4）幼儿园风气：在社会环境功利至上的影响下，幼儿园内部也逐渐形成利益小团体，彼此告状、搬弄是非、挑拨离间、冷嘲热讽、明争暗斗，严重毁损教师的形象。

(5)工资与退休制度：由于经费不足，许多教师工资卑微，提前退休，影响工作士气。

(6)考核、升迁：现行考核升迁制度名目繁多、不合理，促使教师不安心工作，人心惶惶、人人自危。

3. 学前儿童行为习惯影响

(1)师生关系：传统的教师权威被淡化后，师生关系有了新的形态，教师若不适应学前儿童的自主性，会影响到师生关系的建立。

(2)学前儿童不良行为习惯的影响：受到社会风气与家庭结构的影响，学前儿童的偏差行为愈来愈多，教师对班级常规的要求不易达到，实难有对策可施。

(3)学前儿童学习意愿：教师的努力教学却引不起学前儿童学习向上的动机，挫折与无力感往往降低敬业的态度。

(4)大班级教学：班级人数众多，程度参差不齐，要进行正常化教学确有实际困难，教师在理想与现实之间不知如何是好，只好过一天算—天。

4. 家长方面的干扰

(1)不关心子女教育：家庭的教养方式会影响学前儿童在幼儿园的表现，有的家长毫不理会子女的学习情形，也不愿配合教师的措施，在无法沟通的状况下，增加教师的心理负担。

(2)干预园务影响教学：有的家长过于关心子女的学习，常对教师做无谓的干扰，并利用媒体，借着舆论的力量来牵制幼儿园的运作，影响教师的士气。

二、　教师角色与动机

1. 教师角色的特性

(1)多元性：教师的工作繁杂而多元化，不能只是单纯地扮演一种角色，在家庭，幼儿园、社会中必须同时扮演多种角色行为，不但自己容易混淆、迷失，亦容易引起社会大众的关切与质疑。

(2)变动性：随着互联网的快速发展与人们需求的变化，幼儿园内传统的权威管理与教学的模式，亦受到更多的挑战，必须不断求新求变，才能满足儿童与家长的要求。这些快速的变迁令教师措手不及，一时调适不易，顿生无谓的困扰与无力感。

(3)冲突性：由于多元化的价值体系和诸多现实与理想的差距，常常引发争执与矛盾，使得教师在认知与情感的方面，产生不少的无奈与冲突。

2. 教师的角色要求

幼儿园是培育儿童健全人格、促进良好生活适应的起始场所，其成败在于师资的水平。教育的目的在于师生彼此的团结协作，促进儿童智能与健全人格的发展。一个优良的教师，除需具备丰富的专业技能、精熟的教学技巧外，更重要的是需有健全的人格与健康的心理状态。心理健康的教师才能透过教学历程影响学生，培养出身心健全的良好学生，以实现教育目标。有怎样的园长，就有怎样的幼儿园；有怎样的教师，就有怎样的学生。教师是学生心目中的重要人物，是学生认同的楷模，在师生日常接触中，最能发挥潜移默化的功能。教师是联系过去传统文化、现在社会需要与未来社会理想的关键人物。教师在我国的传统社会中，由于身负传道、授业、解惑三重责任，所以地位一向崇高，受人尊敬。一日为师终身为父的观念是根深蒂固的。这些理想化的要求给教师带来挑战。

3. 教师的多重角色

现代教师的角色是多方面的，在教学角色中扮演了教师、家长、医生、辅导员等多种角色。老师一方面是教学者，以传递知识、文化；另一方面是评鉴者，以促进教学效果，并负起为社会选择人才的责任。由师生关系来看，教师等于是家长，幼儿园像个大家庭，学前儿童在幼儿园是否能感受到家庭的温暖，有安全感、有爱、有归属感、有自尊，能够自我充分发展，要看教师是否能扮演好这一家长的角色。教师也必须扮演辅导者的角色，协助学前儿童控制个人情绪，积极活动，发展健全人格。就学前儿童的行为问题而言，教师必须扮演医生的角色。学前儿童到幼儿园经验不足，心智尚未成熟，行为可能有所偏差，需要老师的帮助。学前儿童可能会行为生病、心理生病、价值生病、道德生病，这时老师就要像医生一样耐心诊断、配处方，帮助学前儿童解决病痛。

幼儿园是一个小型社会，每个人的想法和行为方式并不完全相同，教师是连接学前儿童与家长的一座桥。教师在幼儿园组织构中又是被领导者，须接受园长的领导，兼具参与或执行各项行政措施之权利与义务。园长是幼儿园的主要决策者，居于策略层次；保教主任等行政人员负责执行或管理行政业务，居于管理层次；教师主要职责在于从事教学工作，属于技术层次。有时教师因兼任行政工作处于中间层次。无论教师是居于技术层次或中间层次，都为幼儿园组织中的一员，积极参与并执行幼儿园决策是其职责之一。

教师角色行为应包括的内涵有：为社会模范的代表，包含道德的概念；给予学生正确的评价与判断；指导学习知识与技术，并指导发现学习方法及学习过程；仲裁学生之间的争论；侦查规则的破坏者；确立学生认同与模仿的目标与方向；帮助学生控制行动；帮助学生建立自信及成为自我支持者；奠定团体学习气氛及做好团体领导角色；作为学生的父母代理人，照料学生指导其表现客观态度及行为；反对成人给予学生挫折感；与学生建立温暖的关系并分享信赖；给予学生希望，满足学生心理需要。许多学者认为，一个人拥有多重角色时就可能产生角色冲突。教师产生角色冲突的比例颇高，角色冲突导致紧张、焦虑、压力，降低工作效率，影响师生发展。

4. 教师动机研究

研究探讨教师成就动机与学生评定教师、学生学业成绩之关系发现：教师成就动机中，工作取向与竞争交互作用，对学生评定教师有影响，工作取向、竞争均偏低倾向的教师，在学生所知觉的好教师上被评定较优；教师成就中精熟度高的教师，在学生所知觉的好教师上被评定较优；教师不同程度的成就动机，对学生的学业成绩没有影响，唯教师有低工作取向时，其所教的学生在语文科及三科总分上成绩较高。由此建议：不再过分强调教师太高的工作取向成就动机，以免过度的工作要求，导致教师影响学生行为产生负面反应；安排各类新智能的成长机会与挑战情境，促使教师发挥较高精熟度的成就动机。

探讨动机理论对振奋教师士气的关系，学者们提出建议：鼓励教师实现抱负目标，有效激励教师士气；尽速改善教师工作环境，符合多数教师期望；弘扬尊师重道传统，提高教师社会地位；主动支援教师教学，增进教师对教育机构之认同；力求公平公正，研究激励教学的考核办法；了解不同背景教师动机，设计各种激励士气方案；加强沟通联系，继续推动教育行政工作的主动性。

学者们认为，教育行政机构要设法针对教师各项需求与动机来加以满足，如必须从工资结构、教师福利的调整改善着手，给予教师更多的进修机会，并允许其参与教育决策与运作，使她在生理、安全与归属感上的需求能充分获得后，才能朝自尊和自我实现的更高境界迈进。

三、　教师人格与情绪

1. 教师人格

随着社会急剧变迁，教师亦无可避免地受到前所未有的冲击，也开始产生许多心理适应的问题。根据美、日等国的调查，教师确实在身心适应方面存在着许多的问题，除了生理方面常见的职业病外，罹患精神症与神经症的人数亦不低于生理病患者。从心理卫生的观点来看，在一般人中约有 0.3%~0.9%的比率有较严重的精神疾病，而适应不良的人比率更高达 10%以上。因此，虽然教师团体的性质与其他行业有所不同，罹患精神疾病而需要住院治疗的比例并不高，但无法在校园内胜任工作的教师人数也愈来愈多。

任何偏差行为皆可视为适应困难的症状。教师遭遇困难，无法以自己的能力、经验去克服，或无法改变自己的行为模式去调适环境的需求时，便可能诉诸病态的行为，以满足需要或解除危机。任何症状从心理卫生的观点来看，皆可视为个体不能以社会所允许的建设性方法去解决其困难。

教师的人格异常亦可视为教师在成长过程中所累积的心理困境，无法循正常渠道得以疏导，长期形成的人格反应形态。当然，也是个人特质、家庭养育、学校教育与社会文化背景下的产物。教师师资大多来自师范院校，在整个教育过程中，甚少有淘汰的情况发生，即使已有严重的精神症状，只要身心尚未完全崩溃，皆可拖过学习毕业；而这些潜在的“问题教师”到了服务学校，不出若干时日，便成为学校与教育行政单位难以解决的负担。一般教师在面临更有压力的工作，以及个人或家庭等诸因素的影响，亦会在个人职业发展的某一阶段产生身心失控的现象，形成行为或人格异常。

目前，教育机构处理不适任教师工作的措施仍停留在消极的处理方式上。一般都先调整课程、班级，再不然就让其请假治疗，最后不得已才予以离职，整个过程视教师为烫手山芋、人人畏惧，缺乏关怀的态度与积极作为。

要有效辅导人格异常的教师，必须先改善教师的工作环境与条件，创造温馨和谐的校园气氛，减轻教师的工作与生活压力，使身心皆有良好的调适；其次，要有适当的法规与福利制度来保障与照顾心理失常的教师，结合政府、社会与家庭的力量协助其治疗与康复，使其有能力再回到教育岗位或终生得到适当的照料。人格异常的教师更需要主管、同事、学生与家人的尊重与关注，让其维持良好的人际关系，以产生改善的机会。

2. 教师的自我认同

教师在多元变化的环境中要先培养自己正确的认知，唯有对自己的角色先予以接受与肯定，方可化消极为积极的态度与作为，不畏外来的冲击与挑战，在工作岗位上，愉快而有效地执行教育的任务。

教师要认同自己的教学者、辅导者、管理者三种角色。

在教学角色上，要调适学前儿童个别差异的需求，以启发而非灌输的方式来教导儿童；在活动内以民主的态度和专业学术水平来指导学前儿童，开拓他们知识的视野，增进主动积极的求知动机；不断研究和进修，充实自我，订阅各类专业书刊，掌握电子文献检索方法，引导自己并帮助学前儿童学习最新的知识和技能，以达成教学相长的目标。

在辅导角色上，搜集与建立学前儿童基本资料，愿意倾听学前儿童的心声，主动发现问题；端正教育态度，以辅导的观念与做法帮助学前儿童通过自我了解、自己动手，增进解决问题的能力；学前教师要了解自己的人格特质与能力限制，适当发动同行和家长，寻求有效的知识资源；提供家长亲子知识和技能的咨询，直接协助父母，间接受益于学前儿童；以身作则，运用人格影响力，做学前儿童行为榜样。

在管理角色上，真正体会管理工作的本质，以服务的态度对待学前儿童；讲求公平公开原则，尊重师生合理的意见；注重沟通协调的方法，务必做到师生心服口服；建立良好的人际关系和以感情为基础的民主领导方式；熟悉教育政策法令，以积极的态度来诠释、执行；全力支持同行教师的教学工作，帮助全体学前儿童顺利学习与成长。

3. 教师的身心调适

教师唯有自己先有健全的身心状态，才有可能在教学、辅导、行政管理工作上发挥最大效能。教师的身心调适包括①：

(1)保持身体健康，充分激发生理的能量，才有充沛的体力来应付日益繁重的

① 郑晓边主编：学校心理辅导实务[M]．北京：人民卫生出版社，2011：314.

工作。

(2)坦诚开放，了解自我，并承认自己的缺陷与不足。

(3)接纳他人，勿以自己的标准强加他人，充分尊重他人的个性。

(4)放弃神话式的权威身份，平等地对待学生或他人。

(5)生活作息弹性安排，调整纷乱的生活步骤。

(6)肯定自己的专业地位，积极追寻专业成长。

(7)塑造平凡充实的家庭生活，掌握亲密的人际互助。

(8)培养多种兴趣与爱好，动静交替，既可增进教学水平，又可训练体能、滋润心灵。

(9)结交工作与休闲伙伴，一起分享成就、分担忧虑，集思广益，携手克服人生困惑。

(10)发掘与善用有用资源，创造更多选择的可能。

4. 教师焦虑之原因

(1)专业能力不足；(2)生活形态的改变；(3)工作情境的挑战；(4)家庭与婚姻问题；(5)个人性格的影响；(6)生理疾病或伤害；(7)经济压力。

5. 过度焦虑之预防

焦虑的存在与出现是必然的，如何将其维持在合理的程度与范围内，不至于妨碍个人的整体功能，是每位教师所必须了解与实践的课题。下面是一些可行的预防方式：

(1)定期身体检查；(2)情绪倾诉；(3)短暂休息；(4)学习放松；(5)均衡营养；(6)定期运动；(7)充足睡眠；(8)拟订工作计划；(9)面对现实；(10)分散压力。

克服焦虑的方法可分为以改变个人生理状况为主的药物治疗，以改变个人的观念和心理为主的心理治疗，及以改变个人行为为主的行为治疗。近年来，团体治疗、家族治疗、短期式治疗、催眠治疗等方法亦经常被使用。

药物治疗使用的目的在于消除焦虑感，以及因焦虑而引起的生理症状。治疗焦虑症的药物种类及功能不一，一般常用的有抗郁剂、轻镇静剂、抗焦虑剂、抑制剂等，需要由精神科医生指导选用，切勿擅自服用，亦避免服药时又同时饮酒。原则上有症状出现时才服药，有的在症状消失后就可停药，有的则需要较长期服药；如果药量有逐渐增加的倾向，就要防止上瘾，并考虑更换药物。虽然药物可改善焦虑的症状，但仍需同时注意环境的因素及个体本身调适的能力，才能真正解决当事人的问题。根据研究，药物治疗可对强迫症与恐惧症有很好的疗效，但大多数的焦虑症不需要用药。

生理反馈治疗是指应用特殊的仪器设备，把人体内部不自主的生理功能，如心跳、血压、皮肤温度、皮肤电位及肌肉的松紧度等量化，经由数字或声音等视听信号立即反馈给人们知晓，然后，借由尝试错误的学习过程，学会操纵这些看得到的信号，进而指导自己控制与焦虑有关的生理功能，学会放松自己，减缓焦虑的症状。

当焦虑症急性发作时，往往由于心理自卫机制无法顺利运作，因此产生一种捉摸不定的、茫然的、连自己本身也无法了解的、莫名的恐惧感觉，而在采用抗焦虑药物的紧急处置后，生理的症状稳定下来，仍需以心理治疗为重点。

行为治疗就是透过行为的分析与适当的学习，使当事人对引起焦虑的情境进行再认识与再适应，在面对焦虑的问题时能采取不逃避、面对且解决的处理方式。一般常用的行为技术有减敏感法、松弛法、肯定训练、思考停止法等，而沟通技巧的训练在消除焦虑及增进协调机制方面特别重要。认知的技术也同样可协助人们管理焦虑。传统的许多修身养性的方法，如气功、超觉静坐、瑜伽、冥想等亦能透过自我暗示来放松自己，消除紧张不安。

四、 教师人际关系

1. 教师人际关系相关研究

研究校长和教师之间沟通的实际状况发现：沟通的障碍来自语文因素、人为因素、组织因素以及环境因素；校长的沟通意愿很高，但教师不高，校长对校内的沟通状况比教师持更乐观的看法；学校各项会议引不起教师的兴趣，且报告占用太多的时间；基层沟通的内容以行政业务较多，上级沟通则以行政业务及教师福利并重，教师希望校长多关心切身问题；学校的沟通方式以会谈及会议较多，信函及刊物等书面沟通较少；学校的层次化及分部化对校长和教师的沟通有影响；学校太大对校长和教师之联络有所不便，对校长是否接受善意批评也有影响。由此提出沟通的建议：

(1)鼓励教师参与校务工作，以激励士气，提高工作效率。

(2)应利用沟通的反馈作用，了解教师对校务的看法。

(3)校长要多体谅教师，以激发其工作热忱。

(4)加强校内各单位的协调联系，以促成和谐合作的气氛。

(5)多举办非正式的活动，以加强彼此之间的友谊。

(6)改进学校会议的方式，以提高教师发言的兴趣。

(7)增设有关沟通课程，以利校长及教师进修。

2. 加强师生沟通

在传统的观念中，师生关系虽相当地密切，但老师与学生间却保持“师尊生卑”，以及为师者拥有绝对权威的不平等地位。随着时代进步与社会潮流的演变，过去这种崇拜教师权威和强调老师单向传授教学的方式，至今已不足以发挥有效的教育功能，甚至造成师生间严重对立、冲突与冷漠的现象。事实上，在科学技术快速发展与多样性的变迁之下，学生有无数的问题和困扰，需要老师来加以了解与辅导，因而师生间的良好沟通，即成为老师与学生融洽相处之基石。

在推动师生间建立良好的沟通过程中，身为教师者在这方面应扮演主动、积极的角色，使学生通过与老师的相互交往，对老师真诚的关爱与信任有所反应，并学习老师在表达与倾听等方面的沟通技巧，达到师生间良好的双向沟通。

增强教师的沟通能力需要做到以下几点：

(1)教师应适当地表达对学生的关爱；(2)口语言词应精简，思路要清晰，比喻要恰当；(3)积极地倾听与适度地反应；(4)设身处地去了解学生；(5)保密与承诺的适当使用。

3. 促进教师人际交往的方法

(1)时常给予别人适当的赞美；(2)重视人际间的互助关系；(3)弹性处理问题的态度；(4)与人相处要讲究礼节；(5)控制与疏导自己的情绪。

案例

一堂保教结合的音乐课①

今天，小班活动是“小鸟找窝”。活动前，老师弹奏入座音乐，幼儿从各活动区或厕所走向教学区，保育员帮助刚从厕所出来的两名幼儿整理衣裤，又提醒动作慢的幼儿：“比比看，谁的动作最快?”待幼儿坐定，开始作律动时，保育员在一边巡视每一位幼儿，发现没有系好鞋带者，就悄悄上前帮他系好，老师点头表示谢意。活动开始了，老师头戴“鸟妈妈”头饰，每位幼儿头戴“鸟宝宝”头饰，头饰的色彩和形象都很美丽。鸟妈妈给每位鸟宝宝准备了一个色彩亮丽的小呼啦圈作为“鸟窝”。音乐欢快流畅，教师语音清晰柔和，动作舒展漂亮。这一切把幼儿一下子带入了情境，孩子们兴趣很浓地注视着鸟妈妈。当鸟妈妈要求鸟宝宝飞起来时，每个幼儿都把自己的双臂张开，飞起来了。然而，没飞多久，就有几个鸟宝宝因碰撞而互相扭打起来。鸟妈妈立即把他们隔开了，并请全体鸟宝宝回到座位上，要求他们：“你们要团结友爱，不要去碰朋友，好吗?”孩子们齐声回答：“好!”可是，音乐响起不久，碰撞的现象又发生了，甚至还有几个小朋友准备打人，幸亏保育员及时制止。老师开始焦急了：“孩子们，谁再碰撞朋友，妈妈就不喜欢他了!”当孩子们又一次飞起来时，保育员快速地把幼儿座椅往后移，并轻声提醒幼儿：“散开一些，退后一点。”活动空间一下子增大了，碰撞扭打现象随之消除了。接下来，老师顺利地教幼儿学习了“小鸟吃虫”的动作，玩了“小鸟找窝”的游戏。活动结束后，老师请幼儿自己把头饰放进筐里，把呼啦圈送回运动区。保育员则照顾幼儿喝水、上厕所。

这堂成功的音乐课反映出教师与保育员的工作周密细致，配合默契。教学活动中的保育工作细微而重要，来不得半点粗心。在上述活动中，保育员在活动前做好巡视，帮学前儿童系好鞋带，活动过程中对学前儿童扭打进行制

① 郑晓边．现代幼儿心理保育与教育[M]．武汉：武汉水利电力大学出版社，1999：10-13.

止，对场地空间及时调整，与幼儿教师明确分工、点头示意、密切配合均反映出好的保教结合质量。教学活动中的每一个步骤都包含保育的内容，若不做周密细致的分析与思考，工作不到位，就可能导致教学失误，对孩子产生不利影响。

总而言之，这一活动说明，教学活动中的保教结合越自然、越细致、越深入，教学活动就越容易得到幼儿的喜欢，越容易获得成功。

（朱红玉，长沙学前儿童师范幼儿园）

分析评价

在教学过程中如何实施保育？在一堂普通的教学活动课中，教师和保育员如何合作？这是学前儿童保教工作者长期以来讨论的课题。“小鸟找窝”活动，已经超出了严格意义的音乐课范畴，它是培养孩子知、情、意、行的综合保教过程。这里暂不从课程学的角度来讨论，而是就其中的保教结合问题，谈一些看法。

《幼儿园工作规程》中有关保育员的职责规定：保育员要在教师指导下管理学前儿童生活，配合教师组织教育活动。案例中的保育员所做的工作应该是称职的，她与教师配合默契，工作主动，甘当配角，用绿叶的朴实，衬托了红花的娇美，使一堂音乐课教学顺利达到预期目标，让孩子高兴，教师满意，管理人员称道。保育员的工作能有这种收效，确实令人欣慰。

但是，从现代保育的观点看，文中所称的保教结合，只是“经验”意义上的结合，是目前许多园长、教师，乃至保育员自身所理解的“狭义”结合。之所以称为“经验”，是因为长期以来，保育理论尚未完善，保育工作分级目标、具体内容和评价体系均未建立，广大的保教人员还在摸着石头过河。保育员“帮助孩子系鞋带、站在一边巡视、照顾学前儿童喝水和如厕……”，这些于无声处见精神的行为难以数量化，只是一种经验描述，离现代学前儿童保育工作的科学化、制度化相距尚远。称之为“狭义”结合，是因为它只重视“绿叶”的配合作用，忽视了红花与绿叶之间的广义关系。从文中可以看到，老师是鸟妈妈，孩子是鸟宝宝，而保育员只是“小保姆”，她似乎缺少主人感，只有参与和“打工”的角色体验。

绿叶常青，绿叶不会昙花一现。应该说，园长、教师和保育员都是绿叶，都在衬托孩子们这些祖国未来的花朵。绿叶是群体，需要相互理解与合作。保教结合，要渗透到学前儿童保教工作者的观念、情感和行为中。文中的那位老师，可否在学前儿童活动前协助保育员做些“整理”工作？能否和保育员共同拟订教学计划，安排好活动场地？是否也请保育员戴上鸟妈妈的漂亮头饰来共同参与这项“家庭”活动？保育员能否寓教于保，鼓励孩子自己系好鞋带，自己的事自己做？可否系统地学习学前儿童教育的技能技巧，对孩子的心理行为问题进行保育，而不是简单地“制止”？

保教有机结合，这的确是个难题，有许多问题尚须深入探讨。只要我们建立起保教结合的观念，摆正绿叶和红花之间的关系，在保教过程中不断探索，终有一天，我们不再是摸着石头过河，而是在保育和教育的南北两岸架起科学的桥梁。

（郑晓边）

第三节　教师生涯发展

一、　教师生涯特色与发展

教师生涯是一种“无生涯的工作”。教师生涯与一般生涯不同之处在于教师生涯没有职位高低之别，除了在行政工作上有校长、主任、组长之分外，无所谓晋升的问题，所有教师身份都相同，因此有人教学40年，身份始终如一。所以说，教师生涯是一种“无生涯的工作”。

教学是一种孤寂的专业工作。教师的主要工作是教学，在教学的历程中，虽然有协同教学或教学研讨会，可以共同策划教学活动或彼此分享教学工作的甘苦，毕竟机会不多，在大部分的教学活动中，教师必须让自己整个人投入其中，以自己的认知与观点来面对学生、评量学生的学习结果，可谓是教师自己策划、自己执行、自己考核，此等工作要持续至退休。

教师工作对象的同质性大于异质性。教师的工作每天所面对的对象都是年龄相近的学生，这些对象的认知发展、人格特质、价值观等，从发展心理学的角度来看，大都可以预期的，而且大部分在同一个阶段的特征中，因此可说同质性较大。

教师与工作对象的年龄差距逐渐增大。教师本身的年龄逐年增加，因此，初任教师时，与学生年龄差距不大，可能是“大哥型”或“大姐型”的教师，然后随着年龄的增长，与学生年龄差距增大，而成为“爸爸型”或“妈妈型”的教师，最后则为“爷爷型”或“奶奶型”的教师。

教师生涯发展阶段有多种理论解释。

1. 四阶段论

Fullor以文献探讨、深入的晤谈以及检查表等方法，探讨教师的成长过程中各阶段教师所关心的课题：

（1）教学前的观察时期。这是个人在学生时期的学生角色，对教师是观察、批判的态度，甚至往往带着敌意面对教师。

（2）实习阶段的焦虑期。这是开始接触实际教学的实习阶段，最关心的是自己的教学和教室管理能力问题、对教材内容的精熟程度，以及上级的视导评价等等，此期的焦虑紧张是十分明显的。

(3)教学情境的关怀期。这个时期固然要关心前一时期的种种问题，也要对教学上的种种需要或限制多加关心，更会将个人的学习转移到和实际教学情境有关的事物。

(4)对于学生的关怀期。虽然许多教师在职前教育阶段就能表达出对学生的关怀，却并不能真正适应或满足学生的需要，往往要等到自己能适应教学的角色压力和负荷之后，才能真正地关怀学生。

2. 三阶段论

Pickle从专业的角度探讨教师生涯发展的历程，认为教师的成长主要涉及：

(1)专业方面。包括从事教学工作所需的知识与技能、对教育工作的使命感，以及为公共执行教育任务所必须发展的情绪中。

(2)个人方面。包括对自我与他人的了解、成就需求与个人特殊风格。

(3)思考方面。包括抽象思考、批判思考及前瞻性思考等。每位教师自任教师到退休为止，均在这三方面寻求提高进步。新进教师在其职前的教育中，已拥有很多的专业知识和技能，但在个人思考方面则尚待继续学习，教师们在多年的教学过程中，不断地吸收经验，教学相长，而成为经师与人师兼备的教师。

3. 八阶段论

Fessler依据多年研究教师生涯发展的结果，将教师生涯从步入教师职业至资深成熟教师的发展过程，分为八个主要的阶段：

(1)职前教育阶段；(2)实习导引阶段；(3)能力培养阶段；(4)积极发展阶段；(5)挫折调适阶段；(6)稳定停滞阶段；(7)生涯低落阶段；(8)退休落幕阶段。

4. 五阶段论

Steffy依据人文心理学派自我实现的理论，从个人发展的角度将教师生涯分为五个阶段：

(1)预备阶段。此一时期主要为新进教师，新进教师需要三年左右的时间才能进展到其他阶段。此阶段教师的最大特征是对新角色的适应与准备，在行为上常表现理想主义、精力充沛、开放、有创意、成长导向等特质。

(2)专家阶段。此阶段的教师对所任教的科目拥有多方面的信息，不仅能愉快胜任教学，而且能充分掌握学生的动向，班级管理几乎完美无缺。

(3)退缩阶段。此阶段可分为三个小阶段，初期的退缩：此时的行为表现颇为沉默寡言，较少参与活动，没有创意，不会积极做反应，教学上不至于有任何差错，因此不易发现与一般教师有多大的差异。持续的退缩：此时会出现较多批评的言语，对许多教学上的研习或探讨不做任何反应，且常持严厉的态度评论他人，从而可能破坏人际间的和谐。深度的退缩：退缩教师在意识上此时已脱离教育的领域，因此常表现不当的教学行为，对学生造成伤害。

(4)更新阶段。此一阶段的教师多半发现自己已有初期退缩阶段的征兆，而产生厌烦不安的情绪，于是设法采取积极的反应方式，集中精力克服困难，同时也依赖外在的支持。

(5)离开阶段。由于当初进入教师行列的理由不再存在，或已到强迫离开的年龄，因此教师将其重心放在未来的规划上。

上述有关教师生涯发展的研究，有从理论推演者，有实证研究者，虽然大都以时间作为阶段来说明，但实际上教师生涯的发展并非呈直线的模式。

二、 影响教师生涯发展的因素

1. 社会学习理论观点

Krumboltz 等人从社会学习理论的观点，认为生涯发展的历程错综复杂，受许多因素相互作用的影响，其中最主要的有下列四项：

(1)遗传因素及特殊能力。如性别、智力、肌肉协调、特殊才能等，均可能限制或影响个人学习经验与选择的自由。

(2)环境与特殊事件。如就学与训练机会、社会变迁、社区背景、家庭等非个人所能控制的因素，对个人的学习与抉择有很大的影响。

(3)学习经验。包括如教育或职业技能、个人生涯计划等工具式学习及如个人偏好、态度等联结式学习。

(4)工作技能。此为上述各项因素相互作用下的产物，如解决问题的能力、价值观、工作习惯、认知历程及志向等。而个人早期所培养的工作技能，又会影响往后的学习经验与结果。

2. 生命旋律动态观点

Schein 认为生命的历程主要是由个体身心成熟的发展，个体事业的发展与个体感情、婚姻与家庭的发展等三种旋律交织而成的一种“生命旋律的动态关系”。每个个体生命旋律的发展不同，三条生命弧线的起伏也就不同。因此每个人在不同的生命旋律中都会遭遇困境，只是每人的困境不同，所遭遇的危机也不同。

教师的生涯困境或危机，除了来自于生命历程中固有的困境或危机，在成为一名教师的社会化历程中也有困境或危机：

(1)工作环境不合适。(2)不良的工作习惯和态度。(3)缺乏创新求变的动机。(4)人际关系不佳。(5)能力成长受限制。(6)工作压力太大。

三、 教师生涯发展的调适方法

1. 学习为自己规划发展性的教师生涯

如何统筹教师的生涯发展计划和学校组织的结构，使教师成为快乐的专业人员，Hall 认为个人和组织之间要统一协调，生涯发展的管理或设计应考虑：评估生涯发展的时空情境因素，探索自己生涯发展的动机和机会，组织有层次结构的设计；搜集生涯发展相关的信息资料，根据个人的价值、兴趣或经验、潜能等，了解组织中的生涯发展机遇；设定生涯发展的具体目标，统筹个人的人生目标和组织未来的发展目标；发展达成具体目标的策略或计划，形成计划，把握关键步骤，设计具体的活动方案；促成生涯发展目标与计划的实现，包括问题解决和适应技巧的运用等；达到生涯发展的确实完成，是实现或完成生涯发展目标最后的阶段。

2. 肯定自己已拥有的能力与技巧

如流畅的书写能力，生动的表达能力，问题的解决能力，分析、评鉴性的思维习惯，运用图书、仪器、设备的能力，视导监督、组织群体的能力，与人协作的能力，说服他人的能力，面对群众处理意外事故的能力，有效掌握和运用时间的能力，计划和组织与工作相关活动的能力，从事长远目标之方案计划的能力，理解和运用数字符号的能力，使用视听、电脑辅助工具的能力，和他人沟通的能力，消除矛盾化解纠纷的能力。

3. 建立一个成功教师的信念与态度

一是确立自己的教学信念。虽然教师生涯是一种无生涯的工作，教师可能终其一生都是教师，但教师本身应了解自己这辈子要成为怎么样的教师，完全掌握在自己的手中。要成为与时俱进的教师，应随时检查自己的教学思想。

二是设定适当的目标。目标定得过高的人容易过着紧张而痛苦的生活，唯有设定努力的方向，并持之以恒，脚踏实地去实践，才能过充实而又有意义的生活。

三是勇于不断地接受挑战。教师所面对的对象虽然同质性较高，但教师与学生年龄的差距会随着时间而逐渐拉开，在转型中自己的思想逐渐保守，而面对的学生却逐年年轻，价值观日益不同，挑战也大，要成为教师生涯的赢家就要勇于不断地接受挑战。

四是掌握教育的信息。教师应具备接受、处理、储存与传送信息的能力，尤其是与自己的专业有关的信息。如新的教育理论、课程标准、教育政策、教学方法等，教师必须随时注意，加以吸收且融合于自己的知识体系中，并且在适当的时候传送出去。要获得这些新的信息，教师应敏锐地延伸自己的触角，如多阅读专业书刊、多听专题演讲、多参与研讨会或再进修。

五是合理的时间管理。时间价值的产生在于自己对时间的控制。能充分利用时间，善于控制时间，必可提高时间的边际效益。建立自己每天的时间轨道，过着有计划、有规律的生活，按照顺序每日实行，用心设计每日活动，控制自己，辨别事物的功用与价值，不拖延，不让时间无谓的损失，必可成为成功教师。

六是运用有效的沟通技巧。教师的生活是一种沟通的生活，每天面对学生必须把知识、态度或技巧传授给他们。面对家长必须让家长了解学校的生活，也必须知道学生的家庭生活。面对同事了解彼此任务或学生的生活，教师必须不断地沟通。沟通不良，会影响学生的学习，造成家长或同事的误解，让自己有挫败的感觉。成功的教师必须用有效的沟通技巧，要能明白自己所有传送的信息，以明确的方式、善用多种渠道、用诚恳的态度、注意双向的交流，如此才能达到事半功倍的效果。

七是调适工作压力。教师的生活充满了各种压力，这些压力来自于学生、家长、同事、组织的管理、工作负荷、社会的期望以及自身的人格特质与角色扮演。适当的压力，可激发教师的潜能，增加教学的成效。但过重的压力，却造成教师身心的不适或不良影响，降低教学的成效，因此成功的教师应能察觉压力的来源及其程度，并善于用各种压力调适方式，来充实自己的生活。

第四节　学前教师成长心得

人们普遍认为学前教师就是和一群天真无邪的孩子打交道，所以又年轻又漂亮，什么烦恼也没有。但是，当真正走进她们的内心世界时，才会发现这是一个身心非常丰盈的职业群体。作为学前教师，每天要面对孩子，面对家庭，面对当前社会对教师的高标准高要求，这一切使多数教师承受了很大的心理压力，个别教师存在着一定的心理问题。“生活就像一团麻，有许多解不开的小疙瘩”。学前教师工作中的困惑、竞争、压力，同事间的矛盾，社会上的一些偏见，都是客观存在的，不可能一时消除，但是在这些客观因素面前，教师并不是无能为力的，可以立足现实，切实关注自身的心理健康，调整好心态，让笑容在脸上绽放。心理健康的学前教师有环境适应与自我调节能力，教师个体要维护和促进自身心理健康，一方面，个体要能够适应不断变化的环境，另一方面，社会与组织要能够为个体发展创设健康和谐的环境。

就基层幼儿园教师群体而言，其感受到的心理压力常常来自六个方面：

(1)来自社会的偏见与压力。(2)幼教改革中的现实压力。(3)理想与现实的矛盾冲突。(4)工作上磨难不断的困扰。(5)对学前教师的评价不完善。(6)特殊环境人际关系的刺激。

学前教师的心理健康从根本上说还得由学前教师自己管理。一个优秀的学前教师应该能够处理好两个方面的关系——既关注孩子的心理健康，同时也重视自己的心理健康。优秀的教师能承受巨大的压力，但绝不应让自己一直处于压力之中以至于身心俱损，影响工作和生活的正常进行。基层幼儿园教师如何维护自身的心理健康呢？以下按照教师心理健康成长的几个主要方面用案例来说明。

一、塑造阳光心态，展现个性之美

你改变不了事实，但可以改变态度；
你改变不了过去，但可以改变现在；

你不能控制他人，但可以掌握自己；
你不能预测明天，但可以把握今天；
你不能样样顺利，但可以事事尽心；
你不能左右天气，但可以改变心情；
你不能选择容貌，但可以展现笑容。

教师心得

成长中的我

参加工作已经快两年了。还记得刚走上岗位的自己那懵懵懂懂、手忙脚乱的样子，现在回忆起来别有一番滋味。第一次进入班级，特别担心孩子们会对我这个新老师保持距离，没人搭理。但恰好相反，孩子们热情地围坐过来尽情地表达他们对我的好奇："你是什么老师呀?""你为什么会来我们班上呢?""你住在哪里呀?"如同记者招待会似的访问后，顿时我的心也没那么紧张了，反而感到安心和自信多了。从那天起，我真心实意地爱上了这群天真可爱的孩子们，决心用满腔热情投入到教育工作中。

大班结束后迎来的是一群哭闹不停的小可爱们，因为没接触过小班的孩子，我又一次陷入了紧张和焦虑中。孩子们与家长分离的焦虑，我作为年轻教师与新生家长的沟通障碍，教育教学中的困惑等等让我产生了想要逃避的念头，这样的念头让我不知所措，焦虑万分。就在这个时期，是他让我走出了焦虑。那天午睡的时候，我寻着从角落里发出的微弱哭声，竟然是小小，他从入园第一天就没有哭过，不知怎么今天哭得这么伤心。走到他的床边，蹲下身小声询问："小小，怎么哭了?"小小看我来了，赶紧擦干眼泪："我想妈妈。曾老师，你陪着我吧，你陪我，我就不会哭了。"听完小家伙的话，一股暖流涌向心头。小小眼中的老师也许就像妈妈一样，有我陪着他，就会让他产生安全感，情绪能够得到缓解。于是我安静地坐在他身旁，不知不觉中小小睡着了。那一刻我觉得被孩子需要的感觉真好。

就这样一个又一个学期，我也在成长着。从不自信，不坚定，到现在认同、悦纳自己。感谢在我一路成长中帮助过我的同事及领导，更加感谢一直默默陪伴着我的孩子们，因为，我和他们在一起成长。

分析评价

从教师质朴的文字叙述中，仿佛让每一位教师都找到了刚进入幼儿园工作时的影子。这样的心路历程熟悉而又亲切，如此的耐人寻味。其中饱含着挣扎、焦虑、矛盾、困惑和痛苦，一旦解决了自己内心的问题后，换来的即是和这位教师一样的成长与进步。每一位新教师都是枝头不起眼的茧，在耐心、勇敢和睿智地磨炼之后终将破茧成蝶。

学前教师个人应当正确认识和评价自己并及时调整个体与外部世界的关系，遇见挫折和痛苦能及时调适。只有个体心理健康才能实现教师团队心理的和谐，需要做到：(1)教师团队要建立良好的人际关系，形成互相理解、尊重的氛围。(2)构建公平竞争，互相合作的平台，提高每个教师的积极性和荣誉意识。(3)班级教师搭配要合理，从教育经验和技能两方面出发，做到各尽其能，团结协作。(4)团队要给予教师更多的支持和激励，尤其是在一线岗位上工作了10年以上的教师，团队帮助他们正确面对职业倦怠和事业起伏中的不良情绪。

心理健康的学前教师他们人格完整和谐，有正确的人生观和价值观；热爱生活和工作，真心呵护着每一个孩子；敢于挑战和超越自我；当面对消极、自卑等不良情绪时能够及时地调控，而不是一味地逃避、钻牛角尖或者直接放弃。

良好的个性品质和正确的价值观能够帮助学前教师在工作和生活中获得智慧和人格魅力的升华，智慧之美如同纯洁轻盈的蒲公英，落在哪里都能开出美丽的花儿，吸引和感染着每一个路过她身边的人。

教师心得

我可以如此夺目

刚刚踏入幼儿园，我内心多少是有些胆怯的。第一次登台，舞蹈肢体动作是那么不自然，第一次开展教学活动被一群小不点闹得不知如何是好。可是我对幼教事业的热爱，让我不言放弃。每天提前来园看骨干教师的教学活动，自己对着视频苦练舞蹈，积极地与身边的伙伴沟通交流，我始终相信功夫不负有心人。

机会都是给有准备的人。记得在青年教师技能大赛时，面对我最怕的“演讲”环节，我极度重视：将工作中真实的教育案例润色成为演讲稿，每天睡前背诵，并对着镜子练习动作、表情，还强迫同组的老师帮我听听指导。下班后自己留在单位加班制作幻灯片。比赛时，别提多紧张了。可我，仍抓住候场的空闲，在走廊里面对着玻璃，一遍遍地念着、背着，大约都快30遍了吧。进入考场，我淡定地站立在专家、领导和老师们的面前，声情并茂地开始了我的演讲。演讲结束，听到掌声的那一刻，我知道我的努力没有白费，我的付出让我特别夺目。

分析评价

改变态度，塑造阳光心态！不能改变事情就改变对事情的态度，改变了态度就有了激情，有了激情就有了奋发向上的斗志，结果就会变化。心态影响人的能力，能力影响人的命运。生命的质量取决于你每天的心态，如果你能保证眼下心情好，你就能保证今天一天心情好，如果你能保证每天心情好，你就会获得很好的生命质量，体验别人体验不到的靓丽生活。

每一名教师都是一个不同的个体，呈现出不同的发展方向。因为青年教师找不准自己的定位，出现困扰。所以，管理者要支持有悟性、有冲劲的青年教师向更高层级跃迁；青年教师更要给予自己肯定、鼓励，帮助自己明晰：当一名静心于教育的学前教师，在这平凡的岗位上，认真付出，得到孩子和家长的认可。

真正热心于学前儿童教育的教师都累都苦，如果我们没有良好的心态，整天自怨自艾，生活就会失去意义。心情阳光了，生活也会充满阳光。态度改变了，我们的工作和生活也会改变。让我们行动起来，塑造阳光心态，做快乐幸福的学前教师。

二、 学会悦纳自己， 做有温度的教师

我们要学会悦纳自己，就如兰花开得幽寂；
不必去羡慕玫瑰红艳得热烈，就如梅花放得冷傲；
不必去妒忌水仙清秀得娇柔，就如百合绽得雅致；
即使只有一棵大树栖息，也像鸟儿一样快乐无比；
即使只有一顶草帽挡雨，也像鱼儿一样欢欣恣意；
即使只有一弯月亮做伴，也像虫儿一样欢唱不息；
只有这样我们的人生才会更欣悦，更滋润。

教师心得

别样的幸福

身为幼儿园老师，还是有些委屈的！无论你对孩子们如何用心、用情，当他们从幼儿园毕业那天，就意味着你将一天天在他们的记忆中变得模糊，直至消失。若干年后，长大成人的他们，或许会去看望大学、中学，甚至小学老师，但鲜有幼儿园老师。可能，当他们翻阅成长相簿时，会指着你的照片说“这是我幼儿园老师!”但不再记得你姓甚名谁。这些和你的付出是多么不对等啊。可这委屈是无力改变，这淡忘也是无可指责的，因为人生的记忆就是如此啊，越早的记忆淡忘得越快。但是，总有些别样的幸福，让身为幼儿园老师的我们笑颜如花！

“老师，长大了，我要和你结婚!”人世间最单纯，最诚挚的第一次求婚应该献给幼儿园老师了吧！那小小男子汉，眼睛发着亮，把发自心底的爱庄严地宣告。

那坦荡，让你绝对相信：这就是爱的承诺！

学前教师应该是收获礼物最丰厚的人吧！一张绘图纸片，一个小球，一小段铅笔……只要是孩子们眼中的宝贝，就会被当作礼物塞入你的手中；半片掰碎的饼干，捏得黏手的巧克力……只要是孩子们觉得好吃的，就会被当作美味强行塞入你的嘴中分享。

学前教师应该是享受最多拥抱的人吧！那小小的手搂着你，软软的身体靠着你，把你当妈妈、当朋友，当一切他们最亲近的人。伤心时，他们抱着你哭，把鼻涕送给你；快乐时，他们抱着你笑，把亲吻送给你！

于是，那委屈啊就被一点点融化，化成心底止不住的幸福！

分析评价

爱是教育的基础，只有用真心的爱才能唤起真心的爱。这位教师之所以会获得孩子这般的“深爱”并感受到这份爱，与她平日工作中处处有爱，时时感受爱有着密切的关系。教育中总有“遗憾”，也许你会遗憾光阴荏苒，他们不再记起你的容貌和姓名，但请你记得“十年树木，百年树人。”学前儿童如同一棵稚嫩的树苗，你用爱的营养去浇灌他们，回馈给你的则是一片绿色森林的祥和世界。所以希望每一个学前教师都能够教会孩子爱别人，爱自己，爱这个美妙的世界。

什么是学前教师自我心理管理核心？即做个内心有温度的教师。学前教师实施心理自我管理的途径与方法又是什么呢？我们可以尝试做好以下三点。

1. 要用心去捕捉感受生活和工作中充满爱的人与事。每一个孩子都是落入凡间的天使，他们用最纯真的心看待这个世界，用崇拜的目光默默注视着老师。孩子们小小的心灵里有着闪闪发光的美好品质，需要教师精心地去呵护。

2. 教师要学会给予爱。我们给予孩子的爱应是：尊重、包容、呵护、相信、欣赏、支持和鼓励等。

3. 将爱的教育渗透于学前儿童的一日生活中，这里涵盖了师生之间的爱，生生之间的爱，亲子之间的爱。总之，爱的教育最大的收益即是孩子健康人格的发展。

教师说故事

能爬上树顶的青蛙

从前，有一群青蛙组织了一场攀爬比赛，比赛的终点是一棵非常高的大树。一大群青蛙围着大树看比赛，给它们加油。比赛开始了，老实说，蛙群中没有谁会相信有哪位会到达树顶，他们都在议论：“这太难了！谁能蹦得上去呢？”“它们绝不可能成功的，树太高了！”听到这些，一只接一只的青蛙开始泄气，除了几只情绪高涨的还在往上爬。群蛙继续喊着“这太难了！没有谁能够爬到树顶的！”

越来越多的青蛙累坏了，陆续退出了比赛。但只有一只青蛙还在不停地往上爬，一点没有放弃的意思。最后，除了这一只青蛙其他的都退出了比赛。它费了很大的劲，终于成为唯一一只到达树顶的胜利者。很自然，其他所有青蛙都想知道它是怎么成功的。有一只青蛙蹦过去问那只胜利者，它哪里来那么大力气跑完全程？这时，大家才发现，那是一只聋子青蛙！

分析评价

永远不要听信那些习惯消极悲观看问题的人，因为他们只会粉碎你的梦想与希望。总是记住你听到的充满力量的话语，因为所有你听到的或读到的话语都会影响到你的行为。所以，一定要保持积极和乐观才可能获得最后的胜利！

一个人的心理健康与否，生活得是否快乐，有一个重要指标，就是能不能愉快地接受自我，即“悦纳自我”。悦纳自我包括三方面。第一，接受自己的全部，无论优点还是缺点，无论成功还是失败。第二，无条件地接受自己，接受自己的程度不以自己是否做错事有所改变。第三，喜欢自己，肯定自己的价值，有愉快感和满足感。只有真正做到如此，才是“悦纳自我”。

一个悦纳自己的人，并不意味着他的一切都是完美的，而是说他在接受自己优点的同时，也了解自己的缺点，很坦然地承认了自己的不足之处。然后，不断克服缺点，注意自我形象塑造，把握自己的做人准则，不断完善自己，更加自信地面对生活，走向成功。

三、学会换位思考，获得他人信任

当你身处困境的时候；
当你感到无助的时候；
请不要轻言放弃。
无论何时；
总有一双手会将你搀扶；
总有一个拥抱会为你取暖；
总有一句问候会给你安慰。
他们是你相亲相爱的家人；
是你患难与共的挚友；
是你风雨同舟的伙伴；

抛弃内心的束缚；
信任他们，肯定自己；
那才是最美好的你。

懂得沟通，懂得换位思考才能获得他人的信任和理解。人与人之间少不了的就是换位思考，它是与人相处的一个十分重要的技巧，客观上也就要求我们将自己的内心感受，如情感体验、思维方式等与对方联系起来，站在对方的立场上体验和思考问题，从而与对方在情感上得到沟通，为增进理解奠定基础，架起一座便于沟通的桥梁。

教师心得

老师说话算数①

“下雪了！下雪啦！”早晨，几乎每个孩子都是这样快活地叫喊着跑进教室，一张张冻得发红的小脸，掩饰不住喜悦的心情。是啊，这是今年的第一场大雪，连大人都觉得惊喜，何况是孩子！

今天的活动是《认识冬天》，孩子们的发言比以往任何时候都积极。当我问：“下雪的时候可以干什么？”孩子们几乎异口同声地说：“堆雪人、打雪仗！”一双双眼睛里闪烁着期待、激动的光芒。小寒小朋友站起来说：“老师，去年你领我们打雪仗，我的雪球还打在你身上呢。”教室里更兴奋了。这个说：“洋洋的雪球打进我的衣领里了！”那个说：“我的雪球打得可准了，老师中了好几弹！”……我正想领他们出去欣赏雪景，见孩子们兴趣这么高，便说：“一会儿老师领你们出去玩，好不好？”“好！”孩子们高兴地欢呼着，有几个还跑到我身边，亲昵地拉着我的手说：“老师，你真好！”活动结束后，又有区域活动，又是听故事，不知不觉时间就过去了。看看离进餐只剩下不足半小时了，我想：孩子们又要穿衣服，又要上厕所，怪麻烦的，干脆就不出去了。有些孩子不时地问我：“老师，什么时候出去玩？”我应付了一会儿干脆说：“今天不能出去玩了，小朋友去洗洗手，准备吃饭！”听了我的话，孩子们像泄了气的皮球，我听到几个孩子在说：“老师说话不算数！”接着又有几个说：“对，老师说话真不算话！”我有点儿火，但一想，是啊，孩子并没有说错，作为一名老师，整天教育孩子要说到做到，自己却没有以身示范。愧疚之感油然而生。我亲切地对孩子们说：“老师错了，没有说到做到，等你们吃完饭，老师再领你们出去玩，好吗？”这次孩子们用怀疑的目光看着我，只有零星“好”的声音，夏添轻声问：“老师，是真的吗？”我坚定地说：“是真的。”这时，孩子们才放心地欢呼起来，孩子们对老师仍然是信

① 郑晓边．现代幼儿心理保育与教育．武汉：武汉水利电力大学出版社，1999：10-13.

任的！

吃完饭，我遵照诺言领孩子们出去玩，听到他们叽叽喳喳地说："老师说话算数！""老师没骗我们！"……望着孩子们如小鸟般快活地跑进雪地，看着他们可爱的身影，我好像分不清哪是孩子们哪是雪。

我明白了"以身示范"的真正含义，老师是孩子们模仿的榜样，点滴小事都要给孩子们以正面影响，用一言一行去浇灌孩子们纯洁的心灵。

（孙晓华，山东威海市高技术产业开发区第一幼儿园）

分析评价

的确，老师在孩子们眼中是非常受尊敬的人物，孩子对老师充满了信任，老师的言语在孩子们看来句句是"真理"。试想，如果我们老师说话不算数，不能做到率先垂范，孩子会产生什么样的感受？想必会失去孩子的信任。

我们国家所倡导的核心价值观中提到"平等"、"公正"、"诚信"、"友善"。教师要在学前儿童、家长和同事面前建立一个相互信任的良好关系，首先做到真诚待人，公平处事；其次是学会换位思考，有效沟通。《论语》中提到"己所不欲，勿施于人"。要以一颗宽宏的胸怀，站在他人的角度考虑问题，才能获得学前儿童、家长及同事的信任、尊敬和认可。

"如果没有信任，在教育世界中生活的人就没有了'本体性安全'，就无法在已知、熟悉、构想与未知、陌生、行动之间搭配桥梁，就无法生成尊重感和责任感，更无法生成'诚实（荣誉）和爱'的道德品质。教师是学生成长道路上重要的引路人，能获得学生的信任是教师的极大荣誉和最高追求。"①

学前儿童与教师之间的信任是维系良好师生关系的纽带，孩子们只有处在一个充满信任、安全的环境中才能获得心理上的安全感，保持精神愉快，自由地发挥其创造性和想象力。

四、　学会合理宣泄，保持身心愉悦

弱者任思绪控制行为，
强者让行为控制思绪；
当你因沮丧自暴自弃；
当你因悲伤自怜自艾；

① 张益群. 智者之道——教育信任的构建. 中国教师杂志，2012：10.

当你因自卑自惭形秽；
你就这样与之对抗；
沮丧时，引吭高歌；
悲伤时，开怀大笑；
自卑时，换套新装；
不安时，提高嗓音；
恐惧时，勇往直前；
时刻注视自己的目标；
才能获得成功的希望。

学前教师的学习和生活不全是鲜花和美酒，风雨坎坷在所难免，有时候会感觉生活和工作充满痛苦，自己的努力得不到他人的肯定，感觉前途一片黯淡无光。如何在困难和挫折面前不被压到，不被自卑感控制，不怀疑自己的能力？学会合理宣泄是一种良好的自我保健的方式。这就像水库里的水，如果太多就有冲垮堤坝的危险，此时为了保证大坝的安全，就要通过泄洪把多余的水释放出去。

教师心得

向园长倾诉

“李园长，我一定要找你评评理，要不我明天就请假不来上班了。”王老师一脸怒气地冲进了办公室。

“别着急，坐下来慢慢说！”我轻声安抚着，并拿过椅子请王老师坐下。

瞬间，她的眼泪就下来了，看样子她受的委屈可不小。

坐在椅子上，王老师如竹筒倒豆子一般，一股脑儿地说了个痛快。原来是有位家长不理解她对孩子的教育，向其他的家长表达了对她的负面评价，家长们又把话传到她这里，工作一向认真负责的王老师非常生气，可是又不能去质问家长，只好跑到我这里来了。

听完了王老师的倾诉，我首先是表扬她没有冲动与家长碰面，然后肯定了她在工作上的付出，更帮她合理分析：无论是同事、领导还是家长，都不会因个别家长的误解而否认她的工作。而且家长在气头上的话我们不必太在意，在日常工作中要一如既往地用自己的实际工作去化解，如果有合适的机会，再进行适当的解释。

随着对话的慢慢深入，王老师的情绪也渐渐平缓。最后她自己不好意思地说：“李园长，你说的道理我都明白，就是那一会儿气上来了，非要找个人说一说。”

我笑着说：“没关系，开心或不开心，你随时可以找我谈一谈。”

分析评价

要知道，我们每一个人都会生气，这是人的天性，是我们最难控制的情绪之一，对此，要给予宽容和理解，并友善地给予正面疏导。老师也是平凡人，他们也有自己的困惑、苦恼、喜悦和希望。而有时候，生气、发火是因为承受的压力太大，是一种宣泄的表现。此时管理者面对教师的倾诉，需要做到：(1)安静倾听；(2)给予理解；(3)正确疏导。

学前教师要提高自身的心理健康素质，首先要从自我层面切入。本案例中王老师的倾诉就是自我调节的一种方法，可以缓解心理压力，让积存在心里的不快得到释放、宣泄。而园长耐心的倾听、理解的姿态、包容的胸怀就是对王老师情感上的支持，会让老师感到欣慰。当老师得到理解，情绪稳定时再理性梳理，帮助老师找出问题的缘由，老师从情感上也更容易接受。所以，幼儿园的管理者一定要学会做一个善于倾听的人，在老师对你表达真实情感时或是内心想法时，请不要带有任何主观的看法，而要以情接纳，并集中智慧想出有益于老师缓解心理压力的策略和方法，让老师愿意对你推心置腹。而学前教师同伴间亦应如此。

教师心得

教师的情绪自控

孩子们到了大班下学期，还有半年就准备进入小学做一名小学生，家长希望老师能够教授一些小学面试的知识，例如拼音、算数等，可是幼儿园有规定，不准搞一些类似的培训。所以作为老师，我非常清楚一定要努力做好家长工作，与家长面对面沟通，解除家长们的疑虑和担忧。可还是有家长不断地跟我说："老师，你要是能教就教嘛！我可不想孩子输在起跑线上，别人家孩子学了以后，我家孩子会赶不上的！你不教这些，我们就要到私立的机构去学，真的很麻烦！"不管我怎么解释，还是无法说服家长。压着烦躁，我耐心劝说着直到家长离开。接着又开班务会商讨工作，班级王老师跟我在下周活动设计上又出现了分歧，这下我实在忍不住了，大声说："刚才家长闹，现在你又和我唱对台戏，你烦不烦呀。"年长的王老师看了我一眼，说："我知道你心情不好，等你缓过劲来我们再商讨吧！"说着，她安静地走开了。看着她的背影，我突然意识到了自己的问题。把一腔的怨气转发到同事身上，这是多么不成熟呀。真要感谢王老师的包容，没有与我发生冲突。

分析评价

人格魅力最重要，发火不发火只是外在表现。发火是因为承受的压力太大，是一种宣泄的表现。要知道，我们每一个人都会生气，这是人的天性，是我们最难控制的情绪之一，一个成功的人处事能力高于工作能力。做人要厚道，予人以温暖，润物细无声，说来容易做起来难。

一个能够把握工作的人确实不应该随便发火，教师应学会自我减压，别把一些小事看得太重，这样会减少发火，也不用自己忍得那么辛苦。当过重的工作压力导致教师心理空间被严重挤压扭曲时，可以多跟同事沟通，这是宣泄自己内心压力的好方法之一，面对问题心态上改变一点，会更宽容豁达。因此，要学会合理宣泄，宽容和等待。

五、找准发展定位，提升职业幸福感

“我要做怎样的老师?”成为教师专业发展定位的首要问题。学前教师专业发展分为以下几个阶段：

1. 初任期，教师在职业发展的萌芽状态，是建立自信，积累经验的阶段。
2. 探索期，教师进入提高专业技能，完善自我的重要阶段，逐步成为实践型和知识型教师。
3. 成熟期，教师已拥有丰富的教育经验，对于班级管理也能够做到游刃有余，是从经验实践逐步走向科学实践的重要阶段。
4. 学者期，逐渐成为将经验、知识与教育智慧融为一体的巨匠型教师。

教师应当深入了解每一个阶段的专业发展重点，找准定位并拟定适合自己专业发展的目标，不断在实践中学习，在理论中升华，朝着职业的“最近发展区”跳一跳，够一够。逐步在实现发展目标的过程中获得职业成就感和幸福感。

教师心得

幸福花开

我，每天迎着朝阳灿烂而来，踏着夕阳的余晖疲惫而归，总是那样忙忙碌碌，却始终无怨无悔，默默地耕耘在教育热土上，用心浇灌着朵朵幼苗，使他们茁壮成长。

我，孩子称之为“妈妈”；家长称之为“让我们放心的老师”；领导称之为“信得过的班主任”。

我，担任班主任工作近十年，工作中，不断开拓，勇于创新，摸索出一套学前儿童习惯养成法；我本人，被评为区最受孩子们喜欢的教师，家长最满意的教师，区师德标兵，模范班主任。

我，不仅关注孩子的个性成长，积极开展主题活动，陶冶学生良好品格，还擅长家园联系。

将“爱”进行到底

“谁爱孩子，孩子就会爱她，只有用爱才能教育孩子。”作为一名教师要爱护孩子，体贴和关心学前儿童，让他们真正感受到老师对他的亲近和“爱”，这是顺利开展一切工作的基础。研究学前儿童是教育取得成功的必要条件，最好的途径是通过活动观察。一要了解家长普遍的文化层次，二要研究学前儿童的个性特征，了解个人的生活环境，掌握哪些是安静的乖宝宝，哪些是特别需要注意的淘气小顽皮等。十几年来我的工作宗旨就是要让每一个孩子都快乐地度过在幼儿园的每一天，既教书又育人！关爱每一个孩子，使他们快乐充实地学习；努力使他们在获取书本知识的同时还学会做人。对于孩子，我以宽容的心态去对待他们的每一次过失；用期待的心态去等待他们的每一点进步；用欣赏的目光去关注他们的每一个闪光点；用喜悦的心情去赞许他们的每一份成功。为加强学前儿童的养成教育，我在多年的班主任工作中形成了自己一套系统的“学前儿童习惯养成法”：生活卫生习惯的养成(小班)，行为习惯的养成(中班)，学习习惯的养成(大班)。我在中大班长期坚持每日值日生制度，由值日生协助老师积极参与班级日常工作，如晨检、带操、整理活动区、开关厕所水管、收发图书等，和小朋友们一起讨论制定各项管理员职责，使每个孩子都成为集体的小主人，不断强化责任意识。宝贝们快毕业了，他们在幼儿园学会了团结、合作、互助，还学会了各种本领。

我用自己的辛勤换来的是孩子的成长与发展，在我的辅导下学前儿童参加各级各类绘画比赛中获得全国省市区一二三等奖不计其数。在棋类、舞蹈、钢琴等各项比赛活动中，我辅导的学前儿童成绩名列前茅，我的真心付出让自己找到了自身的价值。

慧心致力教学

什么是“慧心”？“慧”就是智慧，“心”就是细心、潜心的意思，就是在平时的教育教学中运用智慧去上课，潜心细心地探究教学过程，使课堂效果更上一层楼。从园内考核课到参加市级比赛，我从失败反思中一次次地归纳总结教训，提升自己的教学经验。我不怕辛苦，在教学前总会虚心向其他老师讨教上课经验，我很喜欢学习，只要是对自己有帮助的，我都会挤出时间去学习探讨。一点点的积累，一点点的收获，就像造房子一样，有了坚实的基础，才能越造越高。

记得全区开展语言教学活动比赛，园长和保教组与我沟通，希望接下任务，当时我有点为难，因为我知道自己的强项不在语言活动上，但是园长和主任却始终抱着一个坚定的信念：你一定能行！压力是暂时的，只要一步一步踏踏实实往前走，付出就一定能得到回报！于是我在她们的鼓励下认真准备，选择内容，准备材料，拟定实施过程的策略等，每一次试教我们都认真交流想法，反复修改，为下一次执教做铺垫。尽管当时自己对语言活动没有充分把握，但那一段时间在她们的“逼迫”下，我还是比较出色地完成了教学比赛活动，获得全区二等奖。而接下来我又连续参加了多个教学比赛，都取得了优秀的成绩。现在回想起来啊，我必须承认的是，当时所做的这些工作，包括案头的、实践方面的，对我以后的专业成长都打下了一个非常重要的基础。

多年的探索，也让我琢磨出了一点，那就是做一名学前儿童喜欢的学前教师并不难，如果你能学会认同、学会共享、学会回应。我解释给你听：首先学会认同，就是认同孩子的世界，要能够“蹲下来看孩子的世界”，不仅仅是身子要蹲下来，心也要能蹲下来，把自己变成一个“孩子”，真正走到孩子的心里去；接着就是学会共享，教师要“当真地和孩子玩”，这种玩不是做给别人看的，也不是做给孩子看的；最后学会回应，要回应孩子关注的热点，学会对学前儿童的问题进行判断，这是考验教师情感和智慧的问题。要想成为一名学前儿童喜欢的教师，这种思考是绝不可少的。

“教学有法，但无定法，贵在得法！”这句话说的还真是有道理。在这个阶段，我更加如饥似渴地学习。把握每一次听课、研讨的机会，通过阅读、网络、生活各个途径展开学习。在集体教学、与孩子交谈、自我反思当中，总结收获与不足，总结成功与“失败”。

搞好教学不仅是以口去问，对于一些好的文章书籍的阅读也是必要的，如《给学前教师的一把钥匙》、《学前儿童教育》等各类杂志，都有非常好的教育功效。不仅是这些，在教学环节的准备、师幼互动等方面，也要得心应手应对。我的成长小故事就像相机的胶片一样，一张一个小片段，连成一串，变成了我的成长动画片，见证着我的快乐成长。

我一直认为自己是非常幸运的。因为不仅有幸福幼儿园这个平台提供我发展机会，而且在我成长过程中还受到了很多优秀老师的指引，幼儿园的李园长，保教主任邢主任和一些有经验的教师，都给了我点拨和鼓励。事实上，和她们探讨是快乐的，她们帮助我解决了许多实践困惑，是她们教会我“用崇拜的眼光去看孩子”，也是她们真正让我发现孩子的“那口井”比我想象得要深得多！

分析评价

以上三个案例中提到“爱”、“幸福”与“慧心”综合起来即是用智慧去爱人，才会看到幸福花开，而不是用情绪。爱的智慧是隐忍、谦卑和自省。采人之长，以补我之短，这不仅应用在与成人的交往中，亦可用在教师与学前儿童之间的互动中，教师永远不要低估一个孩子的智慧与创意。

亲其师而信其道。《学记》中说“夫然，故安其学而亲其师，乐其友而信其道，是以虽离师辅而不反也。”意为：君子学习的方法是：无论在何时何地做着何事，都要把学习放在心上，切不能放弃。这样才能学有所得，懂得亲敬师长，与友人和睦相处，即使将来离开校园或离开老师也不会违背教诲。

学前教师面对的是心灵如白纸般干净纯洁的儿童，他们明辨是非的能力较差，善于模仿，教师的言行举动都是学前儿童的一面镜子，因此教师必须时刻严格要求自己，才能帮助学前儿童形成良好的精神品质和健全人格。

教师工作小结

用心呵护、静待花开

我一直在班主任工作岗位上默默耕耘着。25 年来，兢兢业业，开拓创新，脚踏实地，每一个坚实的脚印里有付出，更有支持、有辛劳更有爱！凭着不气馁、不退缩的坚持和“一切为了孩子”的信念，既是孩子眼中的“妈妈”，也是家长的良师益友。曾多次获得市级、区级优秀班主任、区家长满意的教师、省园本教研先进个人等荣誉称号；多次年终考核评为区优秀；撰写的多篇论文、案例、指导学生绘画等获区、市、省级等不同层次的奖。这些成绩的取得只是我教育事业中溅起的小小浪花，它将激励着我沿着新课程改革的方向继续前行，用自己的一腔热血谱写更加灿烂的篇章！

1. 执著爱的教育，用心呵护、静待花开。爱，是教育的根基；爱是教育的归宿。工作中，我用实际行动诠释着“爱的教育”，只有心系孩子，才有真心、爱心、耐心、细心，才能把平凡琐碎的工作一如既往地坚持 25 年。了解和关爱孩子是做好班级管理工作的前提，开学第一天，孩子离园后我不顾辛劳、披星戴月、走街串巷的对学前儿童进行家访，详细了解每一个孩子的兴趣、特长、性格等，使一切情况了然于心。爱自己的孩子是人，爱别人的孩子是神，我努力做好人，争做神。在风雪交加的午后，面对在外忙于生意耽误接孩子的家长，把学前儿童当成自己的孩子背回家安抚、照顾；人间最美四月天，我们组织家长和孩子到解放公园进行亲子春游活动；家长开放日活动中，我们一起愉快游戏，开怀大笑；临近毕业，我们惺惺相惜、依依不舍……在与孩子朝夕相处的一千多个日子里，我们早就融为亲亲热热的一家人。爱是双向的，在我对孩子们付出爱时，也收获了孩子最纯真的爱，当孩子张开稚嫩的双臂扑进我怀里的时候，叫我一声周妈妈的时候，我感到无比的幸福。教育需要欣赏、赞扬、宽容、聆听，教育是“慢”的艺术。走近孩子最重要的是，学会倾听，将所有的目标放慢，就像牵一只蜗牛慢慢地散步一样，静静地等待，花儿的盛开，细心地倾听孩子的心声，让自己变得有耐心，柔和地对待孩子，孩子们便会在经历过自己的学习和努力后耀眼地盛开！我知道所有的孩子们都是花苞，需要给他们时间，更需要给他们关爱鼓励。我相信，总有一天，这些朵花苞会静静绽放。我班幼儿富有个性，在平时的活动中我努力实践着尊重个体，因材施教：对天资聪颖的孩子，我有意识地培养他们的品格意志；对缺乏自信的孩子，我用爱心、耐心铸成一把钥匙，寻找他/她的自信，打开他/她心灵的窗户；对生病的孩子，我更是少不了关怀……尽管班级老师因为种种原因，人事变动较大，但永远不变的是我们对孩子爱的承诺，正是由于这份责任与爱，才赢得了孩子们的爱和家长的信任与尊重。

2. 营造温馨、团结的班级氛围，提高班级管理工作的效率。团结是集体成功的保障，班级成员配合默契，是保证工作效率的前提。“真诚和谐、勤奋上进、乐教创新”是我们班集体的口号。在这个温馨的大家庭里，大家将班级视做一个大家庭，真正将自己视作这个家庭中的一员，逐渐形成了“班兴我荣，班衰我耻”的观念，因而在任何时候，只要我们面对有关集体的事，大家都会暂时放下私事，同心协力地完成它。我作为班长，也是班集体的核心和带头人，事事身先士卒，处处发挥模范带头作用，遇到事情时要提前准备、积极主动。在我们班的工作中，任何事情、任何时候我都力求想在前面、干在前面。每次面临任务，我都精心策划方案，带领班级成员有目的、有计划地完成每次任务，凭借认真负责的工作态度和“老黄牛”式的工作劲头，赢得了领导、教师以及家长们的认可。我班在全园率先带头运用5S管理模式，建立井然有序的班级常规，创设良好的班级教育环境，加强对孩子常规习惯的培养；我们三位老师经常利用中午和晚上等休息时间进行班级环境创设，如创设具有很浓的民族特色“楚河汉街”中的“品茗轩”、“风味小吃店”等区域环境，让环境真正成为孩子们心智成长的精神家园、快乐学习的美好地方。上学期我班在接待全区教师的观摩活动中获得老师、领导和专家的好评。在幼儿园“环境创设评比”中获得一等奖，我班被推选为“区先进班集体”，我也获得“区优秀班主任”光荣称号。

3. 潜心教学，发挥传、帮、带的作用。一直以来，我深信教育科研使自己实现由经验型教师向骨干型教师转变的有效途径。在教学工作中，我精益求精，勇于开拓创新，精钻教材教法，重视对课程的解读和反思。平时大量翻阅“学前教育”、“学前儿童教育”等杂志，认真了解教育教学新动态，把名师的优秀教案搬到床头研读。通过网络，一次次观看示范课视频，揣摩优秀课例中的新思想、新方法，并在日常教学中反复尝试，力争使新的教育观念运用得更准确，让学前儿童做到“玩中学”、“学中玩”，真正体验到学习的快乐。如，音乐课题研讨《母鸡的蛋》、《三只猴子》、《谁是国王》等活动带给课题组老师很大启示，建构游戏《我是桥梁建筑师》、角色游戏《幸福美食城》等活动为老师们提供许多成功的教学范例，也获得了领导和专家的好评。作为骨干教师，在实际工作中坚持把教学中的问题当作科研课题，积极投身于市“十一五”规划课题《在新课程背景下区域活动的拓展性研究》和“十二五”规划课题《以分层教研促进教师专业化成长》的教育教学改革实践和教育科研，认真分析并尝试撰写实验报告，不断提升自己的科研水平，撰写的多篇论文、案例等获省、市区级等不同层次的奖，被评为“湖北省园本教研先进个人”等荣誉称号。一花独放不是春，百花齐放花满园，作为骨干教师，我毫无保留地将自己的所学传授给年轻教师，充分发挥骨干教师的引领、示范作用。在与园内老师共同奋斗、共同学习的过程中，我始终奉行“以心换心”的处事为人原则，建立良好的人际关系，相互协作、相互扶持、相互帮助……正是这种“真诚”使得我在工作中充满了生机与自信，在幼儿园的各项活动中都勇挑重担，得到领导和同事的一致好评，连续两年年度考核中获区优秀。

班级管理工作是一门学问，在今后的工作中，我将按照师德标准严格要求自己，积极投入教育实践中，认真反思，开拓创新，让班级的常规管理工作更加出色，为学前儿童的发展做出自己最大的贡献。

优秀教师报道

爱的风景

姚老师是一名从教18年的优秀幼儿园班主任教师。她在平凡的岗位上，用“爱”做动力将学前儿童的衣食冷暖、一颦一笑，时时牵挂心中，了解孩子的需求、开启孩子的智慧、激励孩子的成长、鼓舞孩子的信心，孕育着点滴的不平凡。她争先创优，爱党敬业，以一腔热血涂抹人生亮点，以一片虔诚固守师魂师德，在幼教这片乐土上，爱得真切、爱得朴实，师生同唱共舞构筑无限风景。

1. 爱是轻风，挽回自信的船帆

学前教师是幸福的，因为她们身边总是围绕着一群群纯真无邪、活泼可爱的孩子，面对他们，教师心中升起的是一种强烈的责任心和博大的爱！

在姚老师班上却有这么一位不幸的孩子——佳欣，母亲离婚后不久就得了白血病，沉重的经济负担迫使佳欣不得不退园，可年仅三岁的小佳欣却根本无人照顾她啊！姚老师知道后万分焦急，及时将她家特殊的情况向园领导反映，减免了部分的学杂费，使佳欣重返幼儿园。当她妈妈病重下肢完全瘫痪时，佳欣的衣服和头发时常散发出难闻的恶臭，同伴们都嫌脏不理她，姚老师却从不嫌弃，为孩子洗头发、剪指甲、更换脏衣服。她常常从家里带好吃的给佳欣，在教学活动中也特别关注她，总让她坐在老师身边，鼓励孩子们关心佳欣。姚老师渐渐发现佳欣变得更胆小寡言，经常望着窗外发呆，想游戏又怕做不好，想交朋友却不敢，爱学习又怕学不会，爱表演而不敢当众模仿。缺乏爱的滋润，佳欣变得自卑而内向。为了重树孩子的信心，她绞尽脑汁，从弥补爱的不足开始，姚老师成了“姚妈妈”，照料她的生活；引导全班小哥哥，小姐姐，帮助她解决困难，你送个本子，我送个蜡笔，集体变成了家庭，老师、同伴成了亲人。为了让佳欣认识到自己的优点，组织小朋友去她家探望，孩子们看见佳欣懂事地招待大家，给病重的妈妈端茶送药，都竖起大拇指说："佳欣，你真能干！""欣欣，你好坚强啊！真了不起。"在一声声赞扬中，佳欣终于笑了。通过一系列的细心指导，激励鼓舞，由手把手到完全放手，由怯生生、躲躲藏藏到大胆与小朋友合群，由老师的小尾巴到集体中的一员，姚老师一点点协助她建立自信。那天佳欣听说姚老师开会去了，一天都不高兴，吃饭时都不动用她那只左手，老师帮她洗手时她也不让洗，直到下午姚老师一进教室，她就跑到老师跟前，当姚老师蹲下来时，佳欣伸出左手，轻轻打开，那感人的一幕真让人难忘，一块巧克力，都融化在小手心里了。她眼泪汪汪地说："这是妈妈给我的巧克力，我留给你的，节日快乐！"原来佳欣一直记着9月10日是老师的节日啊！是师爱引导孩子再次自信地表达自己的情感，不再躲在孤独的角落。当有人惊奇地问起："那个在湖北教育新闻中，神气活现领操的孩子是谁啊？"佳欣就会雀跃地叫道："是我！小佳欣！"佳欣的妈妈感动得在病床上打来电话，一再要求当面感谢姚老师，姚老师却婉言推却。

这样感人的事例，在姚老师的工作中数不胜数。她把母亲般的爱献给了这些可爱的孩子。她面向全体学前儿童，不单关爱可爱的孩子，更多地关爱特殊的孩子，不仅用爱心开发孩子的智力，还用细心指导孩子学习的方法，用无尽的师爱培养孩子的信心。先后获得区师德先进个人、市优秀班主任、区优秀青年教师等光荣称号。

2. 爱是种子，点燃钻研的热情

苏霍姆林斯基曾说："教育技巧的全部奥秘就在于如何爱儿童。"姚老师在深爱学生的基石上，建筑对事业的无限热爱与执著追求，燃起不断钻研的火种，努力以乐观向上的美好人格去感染学生，引导学生。

姚老师努力工作，积极进取，开拓创新，勤于钻研。她不仅利用休息时间自学本科，还利用时间学习英语、拉丁舞、国画等，不断促进自身素质全面发展。为了更好地领会《纲要》精神，贯彻《规程》思想，她跑遍了全市的大小书市、书店、图书馆，收集有关资料，认真地做读书笔记。她的不懈努力不负众望，撰写的论文、活动方案、课例等先后获得国家级、省、市、区一二三等奖，执教的优质课获市、区一二等奖。

3. 爱是彩虹，架起心灵的桥梁

爱是五彩桥，师生情相连；爱是五彩桥，同仁互扶持；爱是五彩桥，家园一条心，结下无悔忘年情。

在领导的重托下，姚老师担任了班主任，对同事，她严于律己，宽以待人，无论和谁搭班，脏活累活她总是抢着干，体贴照顾别人，当同事遇到家庭困难时，她总把工作独自扛下来，大家都愿意与她做搭档。对孩子。她善于引导，在父亲节、母亲节、重阳节、教师节的庆祝活动中启发学前儿童用行动来回馈，学会分享，带领孩子们到敬老院献爱心，学会关怀；所带的班级学前儿童不仅全面发展，而且美术、语言、科学等特长突出；对教学，她勇于创新，定期邀请家长参加本班新颖的开放日活动，在慰问小区军烈属活动中，鼓励内向的孩子活泼勇敢；在学雷锋日、植树节、环保日里组织孩子接触社会。对家长，她工作深入细致，每月定期进行各种育儿咨询。还随时向家长反馈学前儿童在园的生活、学习情况。多次利用晚上和双休日进行家访，切实做到每学期与每位家长一对一约谈不少于5次，与家长切磋商讨教育孩子的方法，力求每个孩子都得到全面而健康的发展。对班级管理，姚老师抓住孩子家庭环境优裕、依赖性强的特点为突破口，在《特别的我》主题活动中，引导学前儿童自主探寻“我的出生”，“身体的秘密”，“我很能干”等问题，激发自卑的学前儿童了解自己，喜欢自己，相信自己；从培养学前儿童的责任意识开始做起，逐步引发孩子的自我意识、自我认识、自我潜能发展，从而形成自我要求、自主探索、独立自强的班级新风。

姚老师不仅是学生的老师、更是朋友。紧张的一天工作之后，她拖着疲惫不堪的身子回到家中，最渴望能好好地休息一下，而电话铃却响个不停。那是因为孩子、家长遇到事情，总是第一个想到姚老师，总是乐意把快乐与烦恼向他们共同的朋友——姚老师倾诉，就在这电话声中，跨越年龄的局限，老师与家长间进行着情感的互动和心灵的交流，大家的心贴得更紧了。家长们都写来厚厚的感谢信，感慨万分地说：“能遇到这样的好老师，真是幸运！”

4. 爱是绿叶，映衬朵朵红花

甘做育苗者，不求掌声；甘做绿叶，不求赞歌；甘做人梯，不求财富；甘为遗忘，依然挚爱。姚老师所所带班级的学前儿童知识面广、乐于创新、灵活性强、综合素质明显高于同龄孩子。出勤率高，体检率达标度高，家长满意率高、社会反响好。每一年许多家长都会写来大量真实感人的感谢信。

几年来迎来送往，历经风雨，走过春夏，衬得花儿别样红。而她总是那样不分寒暑、不计得失辛勤耕耘着。当幼儿园临时增开新班时，她维护集体利益不顾个人得失，毅然放下嗷嗷待哺的孩子，主动放弃未休完的产假，带着反复溃烂的剖腹产伤口挑起新托班的重担。为了不耽误工作，总是晚上去医院简单处理，任由病情不断恶化，硬是挺到寒假才躺上手术床。

她的无私付出不求回报，但深深感动了孩子、家长和同事。她组织编排并指导区艺术小人才获奖者参加区幼教百年大型六一展演活动，编排的舞蹈、儿童剧节目多次获市、区一、二、三等奖，被多家报社报道。历年来她指导学生参加全国科幻画比赛等各级各类比赛获国家、省、市一、二、三奖；她发挥自身特长，指导学前儿童美术作品多次刊登在《家长报》上；“六一”节和辖区居委会共同举行活动，并邀请了辖区适龄学前儿童家长参与，推进了社区精神文明建设，优化了社区教育大环境。居委会将她班参与社区精神文明建设的表扬信送到区教育局，姚老师和她的孩子构成了一道亮丽的爱的风景线。

本章小结

本章论述了学前教师的心理健康与心理修养的关系，分析了学前教师心理健康研究问题，强调了学前教师要德才兼备、身心健康，符合学前教师专业化要求；分析了学前教师心理素养诸方面的问题和培养措施，包括教师心理压力，教师动机与角色，教师人格与情绪，教师人际关系等；系统论述了教师生涯特色与发展规律，探讨了影响教师生涯发展的因素，提出了教师生涯发展的调适方法，呈现了一组学前教师成长心得与案例。学好本章知识技能对未来教师职业生涯的发展具有重要意义。

本章思考题

1. 论述学前教师心理修养和学前儿童心理健康促进的关系。
2. 论述学前教师心理压力与应对策略。
3. 如何提高学前教师的心理素养？
4. 写一份学前教师生涯发展规划或成长心得。
5. 撰写幼儿园教师健康调查报告。

推荐阅读

1. 肖川．教师的诗意生活与专业成长[M]．新华出版社，2009.

该书精选了67篇文章汇集成册，涉及了教育学众多的重要领域和主题，包括“诗意的生活”、“教师的解放”、“作为理想主义者的教师”、“教师的学习与成长”、“聚焦课堂”、“我的教学主张”等等。这些随笔，针对教育世界中那些司空见惯、习以为常的现象，给予学理上的阐释，并发掘出其中的文化内涵与精神底蕴。它用感性的文字表达理性的思考，用诗意的语言描述多彩的教育世界，以真挚的情感讴歌人类之爱，以满腔的热情高扬教育的理想，带给我们一片广阔、深邃、诗意、温暖的精神世界。

2. 吴玲、葛金国．学前教师专业成长，华东师范大学出版社，2013

对于学前教师的专业成长来说，理论与实践的结合尤其重要。但是，学院式的教材往往无视当前幼儿园教师阅读和思考状况，而纯粹的行为指导手册只是“授人以鱼”，不能解决理论指导的问题。该书力图以实践的综合性和理论的针对性区别于以上两种图书。以专题、问答的形式，归纳并回答学前教师专业发展中可能遇到的、与实践紧密联系的幼教理论知识。

本章参考文献

教育部教师工作司. 幼儿园教师专业标准[M]. 北京：北京师范大学出版社，2013.

教育部教师工作司. 教师教育课程标准[M]. 北京：北京师范大学出版社，2013.

郑晓边著. 心灵互动——学习、生活、择业、家庭辅导手记[M]. 武汉：华中师范大学出版社，2004.

郑晓边著. 心灵成长——校园生活中的健康心理与辅导[M]. 合肥：安徽人民出版社，2006.

中国辅导学会主编. 辅导理论与实务——现况与展望[M]. 台北：心理出版社，1991.

佐斌主编. 心理健康教育[M]. 武汉：湖北省少儿出版社、华中师范大学出版社，2014.

金树人. 生涯辅导与谘商[M]. 台北：东华出版社，1997.

刘儒德. 教育中的心理效应(第二版)[M]. 上海：华东师范大学出版社，2013.

[美]Ginger Lapid Bogda. 九型人格——展现工作中的最佳自我[M]. 北京：中信出版社，2012.

张智慧. 团队精神：打造黄金团队[M]. 北京：新华出版社，2007.

朱永新、高万祥. 教师第一课[M]. 福州：福建教育出版社，2013.

诸葛彪、戴正. 新教师最需要什么[M]. 南京：南京大学出版社，2011.

[美]William Glasser. 了解你的学生：选择理论下的师生双赢[M]. 北京：首都师范大学出版社，2010.

彭兵主编. 成就专业的学前教师[M]. 北京：北京师范大学出版社，2012.

刘畅主编. 做有温度的教师[M]. 北京：北京师范大学出版社，2014.

甘德安、杨峤主编. 职业伦理与积极心理[M]. 武汉：长江出版社，2012.

肖川主编. 教师的诗意生活与专业成长[M]. 北京：新华出版社，2009.

Butler, D. L. & Winne, P. H. *Feedback and Self-regulated Learning: A Theoretical Synthesis* [J]. Review of Educational Review, 1995.

Davis, G. A. & Thomas, M. A. Effective Schools and Effective Teachers[M]. Boston: Allyn and Bacon, 1989.

Gestwicki, C. Home, School and Community Relations[M]. New York: Delmar, 1992.

Goldenberg, I., & Goldenberg, H. *Family Therapy: An Overview.* (*3rd ed.*)[M]. California: Brooks/Cole, 1991.

Goldman, Linda. *Raising Our Children to Be Resilient: A Guide to Helping Children Cope with Trauma in Today's World*[M]. Hove; New York: Brunner-Routledge, 2005.

Katz, M. R. *Computer-assisted Career Decision Making: The Guide in the Machine* [M].

Hillsdale, NJ: Lawrence, 1993.

Peterson, G. W., Sampson, J. P. & Reaedon, R. C. *Career Development and Service: A Cognitive Approach*[M]. Pacific Grove, CA: Brooks/Cole, 1991.

Semrud-Clikeman, M. *Child and Adolescent Therapy*[M]. Boston: Allyn & Bacon, 1995.

Super, D. E., Savickas, M. L. & Super, C. M. *The Life-span, Life-space Approach to Careers*. In D. Brown, L. Brooks & Associates. *Career Choice and Development* (*3rd ed.*). San Francisco, CA: Jossey-Bass, 1996.

第八章
幼儿园健康管理

学习目标

1. 本章导读：幼儿园健康管理和园文化建设是学前儿童健康教育的外部条件。本章旨在协助学前教师提高科研能力。通过本章的学习，未来的学前教师要熟悉创建优质幼儿园文化的途径，掌握一般的科研方法。

2. 教学重难点：优质幼儿园文化的构建，幼儿园科研方法。

3. 教学课时：教学 6 课时，实习 2 课时。

健康管理是对个人或人群的健康危险因素进行全面管理的过程①，宗旨是调动个人及集体的积极性，有效地利用有限的资源来达到最大的健康效果。狭义的健康管理是指基于健康体检结果，建立专属健康档案，给出健康状况评估，并有针对性地提出个性化健康管理方案，据此由专业人士提供一对一咨询指导和跟踪辅导服务，使被管理者从社会、心理、环境、营养、运动等多个角度得到全面的健康维护和保障服务。健康管理以预防和控制疾病发生与发展、提高生命质量为目的，针对个体及群体进行健康管理教育，提高自我管理意识和水平，并对其生活方式相关的健康危险因素，通过健康信息采集、健康检测、健康评估、个性化监管方案、健康干预等手段持续加以改善的过程和方法。通过健康管理能达到以下目的：学会自我管理和日常保健的方法；改变不合理的饮食习惯和不良的生活方式；减少用药量和医疗费；降低患病风险因素，提高保健效率，最终达到提高个人生命质量的目的。健康管理对个人或人群的健康危险因素进行检测、分析、评估和干预，以控制健康危险因素为核心，做好一、二、三级预防，一级预防又称病因预防，是在疾病(或伤害)尚未发生时针对病因或危险因素采取措施，降低有害暴露的水平，增强个体对抗有害暴露的能力预防疾病(或伤害)的发生；二级预防即早发现早治疗，在疾病的临床前期作好早期发现、早期诊断、早期治疗的“三早”预防措施；三级预防临床预防，以防止伤残和促进功能恢复，提高生存

① https://baike.so.com/doc/699851-740673.html

质量，延长寿命，降低病死率。

本章论及的幼儿园健康管理主要是针对幼儿园与健康教育相关的管理措施，重点讨论幼儿园文化建设和科研管理方法，这些内容与群体学前师生的三级预防和健康促进密切相关。

第一节 建设优质园文化

幼儿园文化是在长期的党政管理、保教后勤等一切活动中积淀下来的，幼儿园全体教职员工共同遵循的价值观念和行为方式的总和。优秀的幼儿园文化孕育着团队精神，它能凝聚人心，形成合力，引领着师幼意气风发地前进；优秀的幼儿园文化是最宝贵的教育资源，它熏陶浸染，润物无声，是儿童成才、教师成长、园所发展的肥沃土壤；优秀的幼儿园文化更是幼儿园的一种整体形象，一种内在气质，一种独特个性，一种教育品牌。高品质文化的幼儿园，必定是有活力、讲民主、知人本、有魅力、成果卓越的幼儿园①。优质的幼儿园文化建设是幼儿园物质和精神财富的关键。它的目标在于创设一个温馨和谐的氛围，充分了解并构建师生健康人格；满足师生发展目标，以陶冶师生情操，全面提高其素质与修养。优质的幼儿园文化如同润物细无声的春雨一般灌溉着每一位教师的心灵，帮助他们提高自我素养，完善人格品质。建设优质园所文化，强调以下几方面的工作。

一、 赏识他人， 循环赞美

《宋史·欧阳修传》②中写道“奖引后进，如恐不及，赏识之下，率为闻人。”欧阳修是我国北宋时期的著名文学家，也是一位出色的古代官吏，他待人宽厚忠实，并且非常乐意提拔和推举后进者，得到他赏识推荐的人大多成了天下名士，如：王安石、苏洵及他的儿子苏轼等。原来他们都不为人所知，但通过欧阳修的赏识推举后都成为了流芳百世的传奇人物。

赏识是真诚的认可，赞美则是发自内心的肯定。一个团队应将“指责”化为“提醒”，“嫉妒”化为“认可”，“意见”化为“建议”，“奉承”化为“认同”。这样和谐的文化才能做到润物细无声，滋润每一个教师的心灵，支持教师展现独特的人格魅力与姿态。

---

① http：//www. ydjy. com/art/2008/9/8/art_8506_29539. html

② 欧阳修：北宋著名的文学家，深受世人称赞。

教师心得

谢谢同伴的鼓励

还记得我第一次参加教研活动时，既害怕又紧张，改教案、做教具、做好万全的准备，心里七上八下的，别提有多难受了，一连几个晚上都睡不好。潘老师是组长，她看出了我心里的这份紧张，于是主动帮我改教案并鼓励我，这于我而言，如同人在干渴时的一杯清水，让我心里舒服了许多。在课题组展示课上，我还是有很多不如意的地方，对此，我心里忐忑不安！心想，肯定要挨批评了。可没想到的是，大家先一致肯定了我认真的态度。原来，平时我时常加班，老师们都看在眼里。随后，老师们再细致地帮我指出不足，告诉我解决方案，使我知道努力的方向。就在这样的研讨中，我看到了老教师们对教育内容的掌握、课堂的把控都是那样熟练，更知道了在教学中要注意教法和教态，引导孩子们去自主、有兴趣地学习和探索。

分析评价

赞美，是人们获取别人好感的方法之一。真心的赞美，确实能够温暖人心。个人都渴望自己的价值得到认可，渴望得到别人的赞美。尤其是在无助之时，更是期待别人的注意和赞赏。有建设性的建议，则是推动同伴前进的基石，两者合二为一，会让团队自信而美丽。

如果在同事交往中人人都乐于赞赏他人，善于夸奖他人的长处，那么，同事间的关系会更加融洽。空泛的赞美，虚幻而生硬，使人怀疑动机；而具体化的赞美，则显示真诚。如：说她的眼睛漂亮，比说她漂亮要有效得多。

乐于赞赏他人，是我们在工作中应该学习和掌握的智慧。

教师心得

以老带新的点滴感受

新教师或年轻教师由于工作经历所限，相对来说教学经验还不足。为了使新教师或年轻教师尽快地适应教学工作，迅速成长，提高教学水平，我以“老”带“新”的形式来促进新教师教学水平的提高，从而提高新教师的教学水平。

曾记得新教师蕾蕾第一次站在我面前时，她的秀气与略显腼腆就让我喜欢上了她。经过了解才知道，她毕业后在私立幼儿园工作了一段时间，对幼儿园一日常规工作并没有系统的了解。现在到了我们这样一所规范的幼儿园，经验的缺乏让她觉得压力倍增。她总是羡慕我对突发事件有条不紊的解决能力，经常问我：

“王老师我该怎么做呢！”对此我常常思考，作为“老教师”，如何带好她呢？我的做法如下：

1. 协助她明确目标。我陪伴她协商制订学习计划以达成目标。这目标是具体化的、阶段性的、单项化的目标。并定期对目标达成情况进行检查与督促，这样容易让她明显地感到自己的进步，即使一时目标没有达成，也可清楚自己的差距。

2. 关心鼓励她，和她交朋友，让她消除对我的敬畏及我们年龄上的代沟，表示只要她愿意学，我会很乐意地把自己经验传授给她。她也很虚心，常常提前来园看我如何组织孩子们的一日活动，如教学中的语气语调、教学活动中的教具准备以及如何面对学前儿童的突发事件等。特别是能针对她自己在活动中不知如何对学前儿童进行“有效的提问”这个困惑来重点学习；她还利用业余时间报名参加了钢琴培训，只要有机会我也会督促和辅导她练习，现在她已经有了明显的进步。

3. 用自己的行动去感染和带动她，经常为“她”上示范课，班级环创时自己带头加班。让她从我的行为上了解我从不因她年轻而把所有的事压给她做，建立了平等的同事关系。

4. 增强她的信心。能力差是可以通过培养强起来的，很多的新教师或年轻教师并不是能力差而导致的教学水平差，主要是对自己的信心不足。因为丧失了信心必将自我放弃和颓废，“能混下来就好”，“我就这样了”。我正确看待她暂时的不成熟，对教学中出现的不足，总在肯定中分析，真诚地指出存在的问题，“这节课上得不错，在……方面处理得比较好，但在……方面，假如这样处理效果可能会更好，你认为呢？下次课你试试？”

作为一名成熟型教师来说，要做的事就是信任与包容，没有人是天才，每一个优秀的教师都是由年轻毛糙的教师成长起来的。如果不相信他们能够做好，什么事什么机会都不让他们参加，他们怎么可能成长为一个成熟的老师呢？我所要做的唯有信任她，对她在完成任务过程中的一些不成熟的举措采取宽容态度，相信她一定会快速成长，成为优秀的老师。在我们的共同努力下，蕾蕾在实施教学、家长沟通等方面取得了很大进步，也得到了园领导和家长们的好评。真心希望老教师用善良、爱心去帮助新教师，让她们更快地成长起来！

二、 建设团队，获得职业归属感

每一个幼儿园都会有处于专业发展不同阶段的学前教师，但是每一层级的教师都归属于同一团队。只有让每一层级的教师在团队中、在教师的从业历程中感受到归属感、认同感和成就感，才有幸福的老师队伍。团队丰厚了，才能滋养个体；个体成长了，团队才能圆满。所以，在教师专业发展历程中，幼儿园应推进的首要策略就是依据每一层级教师的特点，以文化、思想来凝聚师心，拨动各层级教师群体内在乐学、乐进的这根心弦，从而真正促进教师团队的专业发展。

教师心得

幸福伴我行

一个很巧合的机会，我和蔡老师结拜成师徒。幼教之路启程后，我对幼教工作更加热爱了。在师徒结对的两年时间里，我观摩了师傅的无数次教学活动！她带领我参观幼儿园，一起研讨教学活动……从此，幼儿园就在我的心里生根发芽！在师傅的帮助下让我从一个小丫头片子，逐步成长为一名合格的幼儿教师。

现在我，深受孩子们的喜爱！第一次踏入幼儿园，师傅在门口迎接我，当时的我特别激动！第一次请教师傅帮我修改教案，她的热心、细致深深地打动了我，让我的教学活动一点一滴地完美起来！还记得刚独自带班，师傅每天都会提前到班里来看看我，总是担心我不适应，只要我需要帮助的时候，师傅就会出现，让我备受感动！随着时间的推移，我慢慢地融入了幼儿园这个大家庭里，发现身边的每一位老师都特别的友善、热情。我像条小尾巴一样，总是跟着师傅和汤姐姐的身后。在她们的带领下，我参加教科研活动，和她们一起撰写教案、论文，一起制作教学用具……每一次的活动都让我受益匪浅！第一次参加课题组的活动，我还有些胆怯！倪老师、谭老师、刘老师和朱老师的帮助让我对幼儿园的科学活动有了一个全新的认识！让我意识到幼儿园教学的重要性，更让我明白生活经验对孩子们而言是多么可贵！我不再将自己的教学活动局限在书本的世界里，我将各种有趣的活动都结合到孩子们的生活里，这不仅仅提高了孩子对教学活动的兴趣，更培养了孩子们对生活的观察和了解。

转眼间，我在幼儿园里工作了 5 年多。在这 5 年里，我经历恋爱，组建了自己的小家庭，有了一个活泼可爱的小宝宝，更丰收了我的事业！当我带孩子们游戏时，我微笑，我的微笑是一首轻快、活泼而又含义深长的乐曲。当孩子们犯了错误时，我微笑，我的微笑是充满信任、沟通彼此心灵的一股暖流。当孩子们生病想妈妈时，我微笑，我的微笑是慰藉孩子心灵的一剂良药。人们向幼儿教师投来不理解的目光，当好心的人们多次劝我改行时，我还是微笑，我的微笑是坦然的辩解和诚挚的回答！

分析评价

优质的团队文化会让教师产生归属感和成就感，促进她们将生活、工作与幼儿园紧紧相融。提高教师在园工作的幸福指数，让幼儿园成为教师的心灵家园，需做到以下几点：(1)赏识他人——循环赞美，客观评价。(2)学会合作——资源共享，共同进步。(3) 有效沟通——换位思考，彼此尊重。幼儿园管理者要充分认识沟通的重要性，与教师建立互相尊重、理解和体谅的良好关系，帮助教师促进心理健康发展。

三、 支持教师抱团成长

园所文化既有显性特点，如有人文气息、教育性、价值取向和审美性的园内环境创设，也具备着更丰富的隐形特征，如藏在园所教师共同认同的思想意识、价值观、道德观和审美观以及对园所各类活动的态度倾向。优质的园所文化能够帮助教师提高自我素养，完善人格品质。

教师心得

幸福团队

幼儿园的姚老师要准备参加全国电教活动比赛了，由于本次竞赛要展示整个活动的过程，还有对电教手段的运用，内容涉及面广，时间紧、任务重，姚老师自己感到压力也很大。老师们得知了这个消息后，都主动帮她分忧；教研组长、园长帮助她完善参赛课方案，年轻教师帮助解决课件制作问题，所有的准备工作做好了，当得知要在暑假期间前往广州参赛时，姚老师更加忐忑了，看得出来她心里没底了。她说："一个人去广州参加比赛，哎……"园长坚定地对姚老师说："我们暑假陪你去！"姚老师一听，连忙说："不用了，暑假是你们的休息时间，应该多陪陪家人和孩子的！"园长说："我们是一个团队，我们永远都会支持你，加油！"在团队的支持下，姚老师获得了全国一等奖的好成绩，当园长宣布结果的时候，大家响起了热烈的掌声，没有嫉妒，只有由衷祝福，这是幸福团队的骄人成绩。

分析评价

团队想要取得良好的发展成果，团队成员要有明确的责任和团队意识并高标准地完成团队的目标，成员之间应当自由、和谐、平等地交流，积极主动地提出自己的想法和建议。更重要的是抱团发展，发挥团队中每个成员的优势，形成合力，这才是老师们获得成功、体验幸福的基石。

和谐的团队要有以下要素：(1) 团队中的每一位教师有要共同的明确目标。(2) 团队成员要具备共同协作、相辅相成的团队意识。(3) 团队中的成员要有和谐的人际关系。一个优秀教师的专业成长不仅需要个人不断的努力，更需要一个适合他发展的和谐团队，共同协作，共同进步。

教师心得

班长导师制下的友爱互助

随着国家对基础教育的日益重视，武汉市公办幼儿园如雨后春笋般不断壮大，更多的青年教师也纷纷投入到幼教事业中，为基础教育增添了青春的力量。青年教师刚刚从学校毕业，他们身上有时代的朝气，有对幼教天地的不断憧憬，有对孩子们无限美好的想象，有自己要当一名学前儿童喜欢家长满意的好老师的愿望，但是当现实工作和自己的想法有一定的差距时，她们也会有自己的困惑和忧虑。如何帮助这些教师从各个方面健康成长，走专业化发展的道路，能有可持续发展的职业空间，值得每位教师思考。

班上来了一位刚从学校毕业的邓老师。青春靓丽惹人喜爱，就像一阵春风带给了班级更多的清新自然。班上的小朋友也很喜欢她，他们说邓老师就像他们的大姐姐，会帮他们编漂亮的麻花辫，会唱他们喜欢的动漫歌曲，会在教室里翩翩起舞，很喜欢和她玩游戏。可是过了一段时间，我发现邓老师的工作热情没有那么高涨了，原来孩子们和她越来越熟，调皮的孩子有时候就不那么听话了，她在日常工作中感到孩子们越来越难管理。

作为班上的指导导师，我也是从邓老师这样一步一步走过来的，真心希望我们能在互相帮助、互相理解、相互支持的基础上共同前进。随着几年的友好相处，我们的班级工作得到了大家的一致好评，邓老师也逐步成为园内关注的潜力教师，现就自己的指导感想与大家分享：

1. 平等相处，真情交流。邓老师是90后，能歌善舞，接受力强，对新鲜事物异常敏感。刚来到幼儿园时，能够很好地和幼儿打成一片，成为孩子们喜欢的大姐姐。每次游戏开始时孩子们玩得很顺利，但是一到后来孩子们就按照自己的意愿玩去了，不太听从教师的统一管理，我看见后总是和她一起组织后半部分。为此，在幼儿园的各项工作中我会多留意多观察她的教育行为，发现的问题都会用商量的口气和她沟通，如在上活动课时告诉她不要过多地停留在图片处，需要走进孩子们的身边和她们进行教学互动；开展区域活动时不仅要注意观察个体幼儿的操作，更要将全部幼儿的安全放在眼中；在幼儿的晨间活动中需要用积极向上的精神面貌面向全体幼儿；和家长交谈时要善于发现他们的优点，针对家长们的需求和他们沟通。每次的交流我都会说出自己的想法供她思考，如果觉得和她自己的想法有区别，可以再次进行商讨。渐渐地，她也能够将自己工作中的困惑拿出来与大家一起商量解决。他们的班级就像一个温暖的大家庭。

2. 示范引导，相互沟通。作为青年教师想很快地将课本上的知识转化为实践，较好地运用到一日生活中是需要时间和磨练的。幼儿园每学期开展多领域的教学研讨活动，教研组会就教师的一节活动进行点评分析，说出自己心中最佳的游戏方案。但是对于新老师来说这是一种挑战，从教案的搜集到教学资料的准备再到教学过程的实施、教学方法的运用都需要认真准备。我会让邓老师书写翔实的教案，或者我们共同预设在实施过程中幼儿会发生的问题，及时给予合理的指导，或者我将教案在课堂上试课一遍，引导她因材施教、因人施教。她再次上公开教学时，慢慢地也摸索了一些规律，当看见孩子们能愉悦地和她互动，她也能够将良好的教育理念贯穿于学前儿童一日生活中时，我们感觉邓老师是快乐的，她也在慢慢体会幼儿教师职业的光荣和自豪。

3. 展示优势，初露风采。手工和美术活动是邓老师的特长，我们班上的主题活动墙和学前儿童展示台往往与众不同，总是获得幼儿园教师们的好评。刚刚来到幼儿园时，活动墙的布置是我选内容，邓老师按照我的想法勾画整体布局，协调画面。慢慢地她在教学活动中植入了一些新的想法，如今年幼儿的线描画，邓老师鼓励孩子们大胆作画，用不同的线条进行装饰，给了幼儿创意的空间，加上班级平日对幼儿能力的培养，幼儿作品百花齐放，不拘一格，各有特色。看着邓老师的点滴进步，初露风采，我们由衷地高兴。

4. 携手共进，再创佳绩。班级的工作离不开老师们的共同配合和努力，作为班长教师，我可能会在班级管理、家长工作、教学经验上比较擅长，引导整个班集体主题文化积极向上发展。年轻教师的加入给工作带来了朝气，在教学《春天的花朵》中，邓老师设计了美丽的花园，有青青的绿草，红红的太阳，一排排的小篱笆加上孩子自己制作的各种艳丽的花朵，春天的气息扑面而来，赢得了观摩教师们的一致好评。在大班下学期，邓老师指导的舞蹈《感谢》经过层层筛选，成功参加了区教委组织的语言组节目的比赛并取得了良好的成绩。从舞蹈整体设计到给孩子们的舞蹈指导，邓老师不知花费了多少的时间和精力。舞蹈动作比较复杂，她就利用舞蹈视频指导孩子们练习。舞蹈中有一个情节是师生同台演出，作为压轴节目，我们出色的表演使得在场的领导、家长和老师都流下了喜悦的眼泪。正是因为几位老师的和谐工作，我们班才获得了区教委“先进班集体”的称号。

90后的教师如一阵清新的风吹进了幼儿园，操场上有她们带着孩子们奔跑的身影，集体教学中有她们敢于创新大胆探索的创意，相信在幼儿园这个温暖的大家庭中，在班上好姐妹老师的关怀下，她们一定会寻找到更多的机会，寻找更大的舞台，加速自己的专业成长，她们必将成为园所后续发展的重要支柱力量。

四、组织多彩活动，丰富教师学习生活

幼儿园是一个家，家的和谐、幸福是每位成员身心健康的基础，所以，学会经营

“家”，让幼儿园这个“家”的活力与友爱去疏通教师心理的焦虑、压力、矛盾、烦躁等不良情绪，解决他们在思想上的问题，使她们对教育工作保持热情和专注，对学前儿童保持亲和力和爱心。团队首先要从教师的心理需要出发，建设适合教师心理健康发展的目标，并开展丰富多彩的活动，体现园所多彩文化，帮助教师构建健康、积极、乐观、豁达的心态。以下“美在幸福”活动就是幼儿园组织的教研实例。

教研活动

美在幸福

- 教研背景：

教研活动的最终目标是促进教师的专业发展，为孩子健康成长服务。前期通过分层教研、园部教研、年级教研、领域教研等多种方式的融合互补，特别是在重点课题“以分层教研促进学前教师专业发展的策略研究”的实施过程中，我们确立了“分层同类”发展的研训主旨，引领幸福幼儿园的教师队伍在园所荣誉、教育理想信念、工作学习方式等方面由逐步的趋同到形成统一认识，共同营造具有归属感、认同感、成就感的人文工作环境，打造“互相滋养，共同成长”的幸福团队文化，树立幸幼人“专业·灵动”的教师团队形象，在专业发展中享受成就事业的幸福，陪伴幼儿度过快乐而有意义的童年。

- 教研目标：

引领处于不同发展阶段的教师展现本阶段的个性特质，全面展示幸福教师团队在幸福文化的浸润下，“专业·灵动”的教师团队形象。

- 教研形式：

分层教研、分享交流、各层联动教研

- 参与教师：

新手型教师(80、90后8人)、成熟型教师(60后)、骨干型教师(70后)

- 教研重点：各层级教师已经交流讨论，确认骨干型教师组以展示成熟的教育理念和教育观，新手型教师展示成长进行中的青春活力；成熟型教师展示如何克服职业倦怠，在工作中认真、热情。
- 活动过程

第一场：

范老师：哎呀，刚刚拿到通知书，要去单位报到了。到幼儿园上班，在我的想象中，不知道是个什么样子。还是得去呀！

第二场：

音乐起：“80后”老师们直接跳进来，并欢迎“60、70后”入场。

第三场：

倪老师：笑够了，美够了吧！要开会了。(拿着小积木准备三三两两围坐)

李老师：老师们，老师们，先欢迎一下我们的新伙伴吧！这是今年新分来的范老师。来，大家认识一下。老师们纷纷响应：嗨，老师！你好呀！欢迎你！

范老师：噢，你们好(有劲没劲的)并走上自己的座位。

第四场：

倪老师：好，要开讲了！上次我们布置主题是：我身边的美丽。现在，请大家谈谈自己的想法和感受！看看你们有没有发现美的眼睛！(全场轻声互动)

王老师：(举手示意)我要自夸一下。我觉得咱们60后的老师特别美。一辈子与孩子们打交道，留在这个工作岗位上的时间也没有多少了，可是我们对孩子的爱，对工作的热情，从来没有减少过半分。(场下观看的人群，鼓掌，拍手喝彩)

王老师：(自然插话)我在幼儿园工作了三十多年，从年龄上讲是一个老教师了。但是我觉得自己的心态从来没有改变过，仍然像十八岁刚走入幼儿园的年轻老师一样：充满着活力和爱！

倪老师：小老师们，你们还没现场见过王老师上课吧？可有趣了，大家想看吗？

80、90后：想看，要看。(齐声和)

王老师：好，请大家配合一下。我们今天来玩小泥人的游戏(80、90后或是跪，或是坐，一起跟着做)。

王老师：来，60后的美女们，别坐着了，和我一起来。

(音乐起：我不想长大)

我不想我不想不想长大
孩子的世界充满童话
我不想我不想不想长大
我宁愿永远只有十八岁
我不想我不想不想长大
我和孩子们游戏玩耍
我深爱的他深爱我的他
让我们幸福下去吧

范老师：60后的老师们都可以当我的妈妈了，可是真没想到，他们和小朋友在一起时还这么可爱，这么萌！

沈老师：还有70后的姐姐们呢？他们在家是上有老，下有小。在幼儿园里同样是左手牵着60后，右手拉着80、90后，这中流砥柱可是当之无愧呀。

第五场：70后

70后一起喊：70后，在这里。

(音乐起，出场)

邢老师：教育是走进孩子的心灵，支持和陪伴他们去感受人生的意义。

倪老师：教育就是和孩子们一起孕育梦想，追寻梦想，实现梦想的过程。

杨老师：最好的爱就是让孩子得到快乐，在情感上得到满足，在能力和习惯上进行培养。

周老师：每个孩子都是一个世界，每个世界都有他的精彩，只要我们善于发现和启迪，孩子们就会有自己的精彩人生。

姚老师：教育是静待花开，让我们一起等待孩子们的成长吧。

李老师：我们70后传承了前辈教书育人的坚持与执著，更担负着对80、90后的帮扶和引领，这是责任，更是教育历程中的感动、诗意和美。也就是在这样和谐、快乐的氛围中，营造了我们幸福团队“相互滋养，共同成长”的团队文化，这正是幸福的美丽所在。

合：这就是我们，对教育有着自己的理解。我们是70后的生力军！

谭老师：我有个观点啊。60、70后都精彩，可是最让人期待的应该是80、90后的小老师们，因为，学前教育的明天终究是属于他们的。你们说，对不对？(对)小姑娘们，你们应该怎么做啊？

第六场：80、90后

万老师：看我们秀起来。

(音乐起，80、90后随着说唱RAP出场)

叫一声我是老师，

所以我想作一首诗，

我的青春不需要华丽措辞。

我生于八零(九零)年代，

在教育行业我们是有思想的新生代。

我们学专业、练本领，

共同托起祖国未来。

我会十八般武艺，

奔跑中与前辈接力，

事事努力，不停告诫自己，

幸福的明天看我们，把双手握紧。

So come on，put your hands up，just follow me.

幸福 （YO YO ） 幸福 （YO YO ）

第七场：改变

倪老师：这些年长的、资深的、年轻的老师们组成了我们的幸福团队。看到他们的表现，有怎样的感受呢？

范老师：(换装，音乐起：跳舞——幸福花开)曾经，我以为学前教师不过是一份工作而已，而今天，看到幸福的老师们，我才知道只要你全情投入教育，你就会享受到为人师者的幸福。

全体教师分两组配合轻舞，最后一起造型朗诵：爱在幸福，美在幸福，幸福是我们永远的家。

分析评价

教师队伍的团结合作是关键，合作才会进步、合作才会发展，合作才是最佳的工作方式。在这样的团队气氛里，谁有困难大家帮，在幼儿园已经形成了一种共识。哪个老师承担比赛任务，园领导带头主动给予指导，其他的老师也会竭尽所能给予精神和行动上的支持。因此，再没有老师惧怕竞赛、惧怕上公开课。因为她们知道，在她后面，有一双双关注的目光，一双双热情的双手。

幼儿园许多制度的制定也凸显了团队精神的培养，如教师捆绑考核制度、优秀年级组评比制度等，激励班级教师之间、年级组全体教师凝聚力的形成。老师请假，年级组的老师主动协调代课，配班老师做好所有班级管理工作。老师上教研课，全年级组的老师们共同研讨，准备教具。年级组同事有思想波动，年级组长主动关心，帮助排忧解难。"我助人人、人人助我"，幼儿园以其强大的感召力、凝聚力使教师由竞争对手变为合作伙伴。正所谓团队凝聚，支持成长。

五、优秀团队的幸福力

幸福是人类行为的终极目的和行为动机的真正本质，追求幸福生活是人类社会发展与生活品质提升的智慧结晶。追求幸福是人的天性，是幼儿园教师团队的追求目标，也是幼儿的发展目标。幸福是一种感觉，影响幸福感的真正力量是幸福力，就是人的综合心理素养和能力，即健康力、情感力、学习力、微笑和爱心。幼儿园构建幸福力最重要的因素是园长和教师管理。以下从园长和教师团队管理两方面举例说明幸福力的组成。

优秀园长报道

责任与担当

千百年来，人们始终不渝地破译着一个庄严和深奥的命题，生命的价值是什么？人生的意义又是什么？幸福幼儿园毛玲园长用自己无悔的人生，写下这样一个答案：生命的价值在于奉献，人生的意义在于把爱无私地给予幼教事业。

从事幼教事业30年，她经验丰富、学识广博、敢于创新，以自己独特的人格魅力先后荣获得众多殊荣：湖北省骨干教师、武汉市学科带头人、武汉市学前教育先进工作者、区先进教育工作者、区教科研先进个人、区教坛新秀、区青年岗位能手、优秀指导教师、区党风廉正先进个人，连续几年被评为区优秀共产党员等。

幸福幼儿园是一所资深的市级示范园，身为园长，她清楚地意识到：肩上还有一份品牌教育的社会责任：即擦亮品牌，发展特色，发挥示范园的引领作用，办真正的幸福教育。路，任重而道远！但她硬是凭着聪慧，借着实干，带领着幸福团队做到了：在平实中办园，在规范中求发展，在发展中出亮点。

1. 抓队伍建设，让幼儿园成为和谐之家

幸福幼儿园是所老园，师资队伍年龄结构老化严重，从而导致教师出现职业倦怠感问题。对此，她把一项工作做在前面，即招收优秀的年青教师充实师资力量，把另一项工作逐步实施：即改变原有的老式管理模式，加强自主常规性管理，以责任取代热情，形成长效的高质量工作机制。她成功了！

现在的幸福幼儿园：园长委职放权给中层，成为其开展工作的坚实后盾。全园上下形成制度管人，流程管事的常态工作。教职工主人翁姿态极大地被激发，形成中层干部敢于管事，教师乐于做事的良好局面。

现在的幸福幼儿园：大型活动中、常态教学研讨中、展示开放活动中，再无推诿不做的现象。年纪大的教师，有她丰富经验的展现；年轻的小教师，有她初生牛犊不怕虎的磨炼；而那30至40岁中青年教师，则发挥着骨干老师的引领作用，无论是在优秀班主任中、学科带头人中都有她们靓丽的身影。可以说，全园上下团结一心，老、中、青教师携手共进，正式、合同制老师和谐共处，孩子们活泼、健康发展，社会、家长满意度高。

现在的幸福幼儿园：幼儿园连续被评为区目标管理优秀单位、武汉市首批课改实验基地园、湖北省绿色学校、湖北省园本教研先进单位、武汉市先进幼儿园、武汉市示范园先进教研组、区园本培训示范单位、安全稳定先进单位、儿保先进单位、校园洁静亮美先进单位等殊荣。

成绩的背后往往有着不为人知的付出。她也有遇到困难的时候，但她从不畏惧，一是依靠团队的力量，走入教职工心中，得到大家的支持；另一方面在工作中处处以身作则，增加工作的透明度，用自己的人格魅力去影响教师。她坚信：当园长，不能靠发号施令过日子，要在第一线带着大家干，工作只能比大家多干，心只能比大家多费！她是这样想的，也是这样做的，她每天早早来到幼儿园，又总是最后一个离开。作为园长，她在鼓励支持教师成长的同时，还非常注重自身素质的全面提高。从理论水平到实践能力，从专业素养到业务技能，从广博的知识到良好的学习习惯，都不断充实和更新，以保持先进和超前的意识。她还注重全园教职工的思想工作，教育职工各尽其职、各负其责。在工作中，她不仅熟知全园教职工情况，而且熟知全园的各项工作情况。正是有着这份敬业，这份执著，让她收获了全园教职工的尊敬和认同。

2. 抓示范辐射，让幼儿园成为引领军。

示范园，示范什么？身为园长的她从未停止过思考。是理念？是质量？是口碑……在不断地思考和实践中，她发现：质量决定一切。好的质量是好的理念的体现，好的质量才有示范的价值。这是她寻找到的答案。她带领领导班子抓实一日常规，抓实教研质量、抓实课程改革，用优质的教育质量说话！

老师们说，在毛园长的带领下，她们是忙碌的。自助式的年级组教研活动、自主团队的五大领域组教研活动、“理论与实践对接”式教研活动、调控式的教研活动、家园互助教研活动、网络互动教研活动等多在幼儿园已是常态；省“新课程背景下区域游戏的拓展性研究”课题检查，“市五星级教研组”评比活动，都有她们的身影。但老师们还说，在毛园长的带领下，她们更是幸福的，因为在不断的锻炼中，她们可以轻松应对每项工作，她们的专业素质得以明显提升，她们获得了家长的一致认同，她们拥有了工作的幸福。

质量上去了，毛玲园长又在思考：如何把示范作用发挥好呢？她又带领幸福团队做好了三项工作：参加区组织的园所帮扶结对、师徒结对，把自己的优势、亮点无私地贡献给结对园所，有问必答，有难必帮；只要是园内组织的大型活动，她都会热情地邀请姊妹园来观摩；在领域小组活动中，鼓励教师上好观摩课、引领课，听取大家的意见。于是，有了幸福幼儿园“家庭自制教玩具大赛”的全区展示，有了幸福学前儿童雷锋“新教师打磨课”的展示……幸福团队的无私、奉献，和谐，幸福人的创新……在姐妹园中有口皆碑。

“几分耕耘，几分收获。”虽然毛玲园长工作取得了一定的成绩，幼儿园的变化很大，社会声誉非常好，大家的赞扬声非常多，但她并没有沉浸在这些鲜花和掌声中，她说要学的还有很多很多，今后的路还很远……

优秀园长报道

至美之道，行走无疆

惠施与庄子有一段对话：

惠施：你认为世界的至美之道是什么？

庄子：植物该长绿叶的时候就长绿叶，该开花的时候就开花，该落叶的时候就落叶，鸟儿就该在天上飞翔……万物该是什么样就什么样子，这就是至美之道。

一名学前教师的人生至美之道是什么呢？当副园长李跃梅老师全情投入学前教育，与之融入一体时，这答案似乎不难寻找。

1. 静心教职，收获成长幸福

自踏入幼儿园的那天起，她就把自己的人生轨迹定位在学前教育这片特殊的天地。如果说，对教师这份职业的热爱和付出让她收获了孩子的崇拜，家长的信任，同行的认可，那扎实的基本功和对专业知识孜孜不倦的追求，则成就了在专业平台上光彩夺目的她：区首届教师“八个一”全能比赛第二名，区首届名师班学员，第二届区师德标兵，第四届区优秀青年教师，第六届区学科带头人，市学前儿童骨干教师，区优秀保教工作者，连续三届区青年岗位能手。活动案例获国家级三等奖，多篇论文、案例获国家级、省级一、二等奖，5篇论文在市级、国家级期刊上发表。教学活动多次受到省、市、区领导和同行的观摩。

同时，她更以有别于常人的教育视角，给平凡的一线工作注入独特的内容：将顺应孩子心灵成长的需要视为班主任“爱”的最高境界，以优良的品质培养为孩子们的后续发展奠定坚实的基础。平凡的班主任工作，因她前瞻的教育视角而迸发出耀眼的光芒：区第三届、第四届模范班主任；市第四届百优班主任。

2. 着眼全区，成就他人幸福

在专业发展的道路上，凭着一股子拼劲、韧劲，李老师成长为优秀教师后，不管担任何种职位，她始终对学前教育保持着一份深爱。

那年，李老师顾全大局，服务分配，来到区教育局幼教科，成为业务科室的一员，共同致力于硚口学前教育的全局工作，承担起全区的业务管理任务。年轻的她不以细小而不为，不因劳累而不做；全区50余所公办、民办幼儿园都有她听课、指导的身影。多少次，她加班加点，伏案劳形。而这一切并不是为了自己获取荣誉，有时是为了区学前教育调研报告的完成，有时是为了老师们比赛教学方案的修改，有时是为了老师们事迹材料的完善。无私的付出，使她配合科室领导立足于科室职责，协同组织开展的各项活动成效显著：如“师徒结对”让教师互学互进，“园所帮扶结对”打造了区域学习共同体；成立的“领域小组”让教师术有专攻；建构的“联片教研”的区域教研模式促进了全区学前教师的专业成长；每月一所示范园的特色展示和等级园半日活动开放更搭建了园际间交流学习的平台；编印的《区幼儿园健康领域论文、活动方案集》、《学前教师风采录——幼儿园优秀班主任事迹材料汇编》、《学前教育成果汇编》展示了区学前教育的风采……被区教委聘为新教师培训班授课老师，对新老师的成长给予引领。此时，她发现自己已在不知不觉中选择了退居幕后，成就他人的另一种事业追求。这种选择，褪去了她个人身上耀眼的光芒，却凝聚了更多如阳光般璀璨的光芒，照耀了她深爱的学前教育。

3. 引领团队，共同感受幸福

多年来，她不仅坚持学习，甚至要求自己要学得更广、更细、更深。当她的工作再次转换，成为幼儿园的业务园长时，她回归团队，品味到另一种幸福。李老师深入了解教师的专业发展需要，为他们量身打造适宜自己的专业发展的计划并践行实施，助其专业成长行稳至远。她帮助有着多年经验的教师依据自身教学特点，挖掘并形成可供推广的教学经验，打造个人教学特色。教研组长杨老师的高效课堂、周老师的班主任工作、姚老师的特色教学、武老师的家园沟通……凭借一次次深入一线听课、指导，她以敏锐的教育视角找准了这些教师们与众不同处，并给予梳理，引领他们对自己的教学特长进行整理、归纳，成为工作的“亮点”，闪耀个体。助其逐步走向区级、市级，成长为区优秀班主任，在市级比赛和展示活动中取得佳绩；李老师支持青年教师在常规教学中潜心学，在各类比赛活动中认真练。既累积经验，又展示活力。同时，又挖掘青年教师的特长，引领他们找准成长的起步点，积跬步，致千里。每次的研讨活动，从设计方案、说课、上课、评课，再上课，在教育教学上要求完美的她对每一个环节都像自己上课般全程参与、现场教学，无私地与每一位教师分享，以专业的学识引领着园所教师的成长。老师们参加各类竞赛活动，她不遗余力地给出指导却拒绝留名得誉。活动中处处可见幸幼人的身影。看到他们，李老师就好像看到昔日的自己。这份教育的传承也让她的付出甘之如饴！

李老师注重营造“互相滋养·共同成长”的团队发展文化。以“绿叶与红花同美”融合不同年龄、不同类型教师之间的情感。通过抱团发展达成青年教师和年长教师互助成长。年长老师对青年教师的专业发展有引领之责，青年老师成才了，年长老师有功。这样以班级为单位的抱团发展逐步扩展到年级组直至全园，并以团体奖励制度予以推进。在合作中达成团队智慧的高效重组，将个人的成就与集体的成就有机融合，有效融合了各年龄层、各资历层教师间的情感，成功建构了“互相滋养·共同成长”的团队精神文化。

回首近二十年的教育历程，它不波澜壮阔，却在近似白描的勾勒中自有灵动之美：那是一种幸福的、值得回味的、有成就感的教育人生，也是李老师的至美人生！

教师团队的管理除了“好班长”的作用外，还取决于很多因素，其中一个重要的方面是幼儿园教职工委员会的工作效率。以下以一所幼儿园的工作成效来举例说明。

幸福幼儿园女教职工委员会以党的十八大精神和“八项规定”文件精神为指导，紧密围绕教育局工会工作文件精神及园所重点工作，全心全意依靠女教职工，突出维护女教职工的合法权益，努力提高女教职工队伍的整体素质，不断加强民主管理和自身建设，让女教职工参与幼儿园的管理，提高女教职工的民主意识，结合女教职工的特点开展工作，带领全园广大女教职工在上级领导的关怀、指导下，组织和引导女教师在本职岗位上开拓创新、锐意进取，取得了一个又一个的优异成绩。

1. 加强幼儿园民主管理，建设一支有活力的高素质女教职工队伍。

紧密配合幼儿园党政领导，发挥女教职工委员会的特色和优势，深入学习《中小学教师职业道德规范》，《教师法》，《未成年人保护法》，不断提高教职工的思想政治觉悟和理论水平。在党政领导下，学习理解“十八大精神”“中央八项规定”，紧密联系自身的思想实际，兴起一个学习贯彻“群众路线”重要思想的新高潮。在实践中不断形成新思路，提出新举措，实现新突破，开创新局面。不断提高广大教师的责任感与使命感。女教职工委员会组织开展“美在身边”——夸夸身边的幸幼人主题活动；组织全体教师签订师德协议书；结合自己工作情况，对照工作实际，分组开展师德演讲，推进幸福幼儿园教师队伍的建设和发展。

2. 营造和谐工作氛围，关注女职工幸福健康，建立温暖的职工之家。

女教职工委员会为教职工办理了安康保险和职工医疗互助，同时关心每一名教师的身体健康，定期为每位教师进行了全方位的体检。并针对教师压力大的特点，开展心理健康的团队活动，园党政工多次慰问生病住院的教师和职工家属，让每一位教师感受集体和同伴的温暖，关心女职工的实际困难。每一次关怀传递的是一份心意，是女教职工互帮互爱的真情。重阳节，春节慰问离、退休教师，是女职工委员会每年必做的两项工作，无论多忙，这两件事情都永远放在议程之上。要让退休女教师感受到大家对他们曾经的贡献铭记于心。幼儿园三八妇女节召开“美在幸福”主题活动，让全体女教职工发现身边教师的美，感受到幸福幼儿园大家庭的和谐温暖；老师去世，幼儿园党政工一起去吊唁。只要老师们遇到困难，都能感受到来自工会的温暖。女职工委员会还特别关心困难职工，积极为老师申请困难职工慰问金。为了建立成温暖的职工之家，幼儿园在四楼建立了职工书屋，为教职工准备了各类书籍和休息喝茶的场所，让教师在繁重的工作之余，有一片小憩的温馨天地。

3. 丰富女教职工业余文化体育生活，加强学校精神文明建设。

幼儿园坚持组织开展“轻松三十分”的活动，为了增强女教职工的体质，丰富女教师的业余生活，每周两次开展“瑜伽”和“羽毛球”培训，让每一个教师有一个健康的体魄参与到教育教学的工作之中，用阳光的心态面对生活和工作。还组织全园女教师参加了区教育系统教职工广播操比赛活动，教师每天三次带领孩子练习“世界真美好”学前儿童广播体操，为了让每一位教师动作更加规范有力，特聘请专业教师指导教师学习，并在实际工作中通过录像、视频等多种形式帮助教师学习，同时分年组进行了园内的广播操比赛，从中选拔出最优秀的教师参加区工会的广播操比赛，并取得二等奖的好成绩。结合每年纪念三八妇女节，工会和女教职工委员会积极安排全园女教职工举办女教职工趣味运动会，组织女教职工进行妇科专项检查，把对女教职工的关怀做到实处。

4. 女教职工参加各项活动并取得优异成绩，呈现有口皆碑的巾帼教师群体。

如姚老师参加全国 NOC 幼儿园教育实践评优荣获一等奖；李老师、倪老师、陈老师被评为省园本教研先进个人；章老师在市幼儿园教师教育技能比赛中荣获二等奖；姚、王老师被评为区优秀女职工；邢老师被评为市工会工作积极分子和区优秀工会主席；毛园长被评为区三八红旗手，作为市级专家参与省市的各类评审工作；李老师被评为第八届区名师；杨老师被评为区第七届模范班主任；杨、姚老师被评为区第九批学科带头人；二十余名教师的论文、案例和实录在省市区获奖并发表在报纸杂志上。幼儿园组织开展了“发现身边的美”主题活动，三八妇女节开展“夸夸身边的好伙伴”让每一位教师发现同伴的闪光点，在团队中获得认同感；开展“发现身边的美”的征文活动，用身边人说身边事，用身边事激励身边人，掀起“敬业爱岗乐于奉献关心”工作热潮。

第二节　幼儿园教育科研管理

科研立项是幼儿园健康教育工作管理中的一项重要内容。随着当代学前儿童教育的科学化进展，科研工作已经逐步深入到基层幼儿园管理的各个环节。未来教师学习一些科研方法和撰写项目标书，已经成为职业培训的主要内容之一。

教育科研是一种实践性研究，致力于解决教师在教育教学过程中遇到的真实问题，或者幼儿园教学在发展过程中遇到的困惑，这些问题都是幼儿园或教师所面临的实实在在的问题。教育科研是教育发展的原动力，也是幼儿园持续发展的生长点，更是创建品牌幼儿园的生命线。一流的教育必须以一流的科研来支撑。

许多幼儿园开始着眼幼教事业的长远发展，理清发展思路，找准关键环节，把"科研兴园"作为幼儿园发展的根本，紧紧围绕教育科研这条主线，大力激发教师的科研热情，加强园本教育研究，提高课题研究层次和质量，幼儿园科研工作取得突破性进展。

一、　学前教师科研面临的困难

近几年来，幼儿园环境有了很大的改善，基础设施很完备，为提高保教质量创造了良好的硬件条件。基层幼儿园常常确立"科研兴园"的工作方针，但幼儿园科研基础比较薄弱，要开展科研工作还存在很多具体问题。

1. 科研方向难确立。幼教事业需要深入研究和解决的难题很多，在研究资源和研究力量有限的情况下，如何立足当前幼教事业的需求，根据《纲要》精神，结合本园具体实际，创造性地确立科研方向、凸显办园特色和理念是教育科研的首要问题，也是众多幼儿园开展科研工作必须解决的问题。

2. 教师科研素养需要提高。由于缺乏研究经历，教师普遍科研经验不足，科研素养较低。多数教师多是参与课题研究，跟着专家思路在走，教师们没有独立开展课题的经验，也没经过规范系统的科研培训，不知该如何入手，不能有效查找、收集和整理资料，不知怎样设计研究内容和课题实施计划，不知怎样分析调查数据、撰写综述和研究报告等。

3. 教学与研究的关系难协调。学前教师教学任务繁重，面对复杂的课题研究任务，觉得力不从心，顾此失彼，不知课题研究如何融入五大领域课程和学前儿童一日生活活动。

二、　幼儿园教育科研的管理

学前教师要提高自己的科研能力，必须主动参与幼儿园的科研管理过程。这里介绍幼儿园好的科研管理工作经验。

1. 制定合理的科研管理制度。制度是一切工作顺利开展的保障，制定系列切实可行的科研制度，如《班级科研工作制度》、《教师参研奖励制度》等，通过这些制度，课题研究能够全方位渗透、全过程推进、全园性参与，增强教师的课题研究意识。可以培养骨干，将课题参研者分成协研、参研、主研、主持人四个层面，调动教师的积极主动性。

科研工作十每制度①

(1)每班有研究小点

(2)每期制定研究方案、总结

(3)每次活动有计划、有反思、有活动记录、有调整方案

(4)每月一次小组示范活动

(5)每周一次小组研讨交流

(6)每周每人两次课题研究教学活动

(7)每期定时聘请专家指导

(8)每月进行教玩具评比展示

(9)每期一次资料汇总，装订

(10)每次活动有影像资料

2. 外聘专家、加强教师培训。聘请市、区各级幼教专家和市内外知名高校专家教授来园指导工作、为教师做科研讲座，掌握课题研究的内容、目的、实施、方法。鼓励教师在实践中向同行学习。幼儿园组织形式多元的学习活动，派教师到外地参观学习先进经验。加强教师专业培训，提高教师的研究水平。

3. 建立科研组织网络，确保任务落实。幼儿园建立完善的科研人员网络以促进教科研工作顺利开展，分层管理，层层落实，科研组为教师搭建理论学习与经验交流的平台，灵活多样地开展研讨交流活动，及时分析并解决课题研究中出现的问题。

三、　园本教研与科研式教研

“园本教研”是以本园为研究基地，以教师为研究主体，以教师在学前儿童教育教学实践中遇到的真实问题为研究对象的研究。“科研式教研”是系统研究教育教学实践问题的一种教研活动形式，它将课题研究与教学研究有机融合，是园本教研的最佳载体。在科研过程中做到问题即课程、教学即研究，深入系统地开展教育教学研究。

---

① 曾莉：幼儿园教育科研的问题、路径与实效 http：//www.ecqjjw.com/xqjy/ShowArticle.asp?ArticleID=1572

1. 立足学前儿童发展和教学实践选择研究课题。幼儿园搞科研是为了推动幼教事业的发展，丰富学前儿童教育理论，更新教师的教育观念，提高教师的教育能力，最终目的是促进学前儿童的健康成长。因此，科研应指向学前儿童，落实到学前儿童的发展上。教育科研正是要“从学前儿童中来，到学前儿童中去”，才可以体现其真正的价值。

2. 立足教师的专业成长选择研究课题。科研工作重在抓过程，通过科研活动与教学活动的融合，在教学实践中进行课题研究，从而提高教学质量，促进教师专业成长。在科研活动中，各层科研组织网络根据分工与职能定期检查，发现问题及时解决。对于一些比较重大且难以解决的问题进行集体“会诊”。教师在实践中，与同伴交流对话、沟通协作、碰撞交融，通过研究与教学，提升认知、提高技能，使教学不断升华。园本教研活动促进教师的反思，使全体教师共享研究实践成果，研究不再是负担，而是自我提升的宝贵机会，由原来的工匠型教师，逐步转变为学习型、探究性、反思型、研究型教师。

四、 幼儿园教育科研的效果评价

知识链接

教师课题结题报告一般要求①

1. 课题概述(你要研究这一课题的原因与内容，字数1000字)

(1)课题研究的价值与意义(为什么研究这个课题，400字)

(2)课题的界定与内容(这个课题研究的是什么，600字)

2. 课题研究的方法、过程与具体措施(你是怎样研究课题的，2000字)

(1)课题研究中所选择的科研方法(200字)

(2)课题研究的具体过程(300字)

(3)课题研究的具体措施与做法(课题研究中是如何具体操作实施的，1500字)

3. 课题研究的结果与结论(你的课题研究出了什么，1500)

(1)课题研究的结果(课题研究前后研究对象的具体变化，1000字)

(2)课题研究的结论(500字)

①课题研究结果的分析与认识(解释产生这种变化的原因)

②本课题研究成果的适用范围

① 关于教育科研成果的评价问题 http：//syyxjskt. blog. 163. com/blog/static/5190369520089158548686/

4. 课题研究的反思(300字)

本课题有待进一步完善与探讨的问题

5. 结题辅助材料包括课题研究的过程材料、其他成果及其佐证。可分为以下几种：

学习资料(学习记录、学习体会与收获)

调查问卷及数据资料(问卷、数据统计分析结果)

研究活动纪实(参加市、区组织的专项培训、研讨、交流活动，本课题组教师研讨活动，为课题研究而组织的活动等)

研究的其他成果(典型教案设计与说明、典型教育案例与反思、相关研究的论文)

成果的佐证材料(获奖证书、教育博客网址及内容目录)

反映课题研究过程的其他个性化资料(上述项目没有列出的内容等，如音像资料)

以上材料为非必须材料，课题承担者可根据实际情况自行组织。

教育科研的效果评价涉及很多测量学和方法学的要求，对于学前教师来讲颇为复杂，但完成上述“教师课题结题报告一般要求”并不困难。结合学前儿童教育工作实际，以下几方面的“效果”最能反映教研的收效。

1. 学前儿童享受活动乐趣，茁壮成长。科研活动的进行紧扣学前儿童一日生活，活动来源建立在对学前儿童观察的基础上，并做到从学前儿童兴趣和需要出发，每个活动都注重对学前儿童知识、经验、情感、态度、能力的提升，活动中学前儿童的发展是平时活动所不能及的。这些活动综合发展了学前儿童的身体平衡和灵活性、弹跳能力、空间想象、观察判断、动手操作、协商合作能力，提高了学前儿童的认知发展水平，培养了学前儿童克服困难、勇于挑战的精神，提高了学前儿童成就感和价值感，增强其独立性和自信心。

2. 教师科研促教改，促进专业发展。通过课题研究，为教师搭建自主成长的平台，教师的教育观念、教学方法、理论研究能力不断提高，通过教师的自我认识、自我反思、自我教育，使现代儿童观、教育观、先进的教育理念内化、自觉化，实现教师的自我调整、自我完善、自我发展，提高教师教育教学能力，提高幼儿园教育教学质量。

3. 提升办园质量，树立知名品牌。科研工作来源于幼儿园实践，再回归于实践，推动幼儿园各项工作的全面发展，提升幼儿园的办园理念，促进幼儿园的品牌发展。教学是立园之本，科研是强园之路。

五、开题报告与结题报告

开题报告是当课题方向确定之后，课题负责人在调查研究的基础上撰写的、报请上级批准的选题计划，即对课题的论证和设计，是提高选题质量和水平的重要环节。研究方案对整个研究工作的顺利开展起着关键的作用，对于科研经验较少的学前专业学生和学前教师，学习写开题报告，对于科研工作的成效和职业发展具有重要意义。

开题报告包括综述、关键技术、可行性分析和时间安排等四个方面①。开题报告篇幅不必过大，要把计划研究的课题、如何研究、理论等主要问题写清楚。开题报告一般为表格式，把要报告的每一项内容转换成相应的栏目，便于评审者一目了然，把握要点。

开题报告的内容一般包括：题目、理论依据(毕业论文选题的目的与意义、国内外研究现状)、研究方案(研究目标、研究内容、研究方法、研究过程、拟解决的关键问题及创新点)、条件分析(仪器设备、协作单位及分工、人员配置)等。

1. 题目：

(1)准确、规范。

(2)简洁。

2. 立论依据：

(1)选题目的与意义，回答为什么要研究，交代研究的价值及需要背景。

(2)国内外研究现状，即文献综述，要以查阅文献为前提，所查阅的文献应与研究问题相关，综合某一学科领域在一定时期内的研究概况进行评述，表达作者的独特见解。

3. 研究方案：

(1)研究目标。

(2)研究内容。

(3)研究方法。

(4)研究过程。

(5)拟解决的关键问题。

(6)创新点。

4. 条件分析

突出仪器设备等物质条件的优势。明确协作单位及分工，分工要合理，明确各自的工作及职责，同时又要注意全体人员的密切合作。

5. 参考文献

格式要规范，其顺序是：论文作者、论文题目、出版社或刊物名称，并用大写英文字母标明刊物类型、出版日期(页码)。

目前学前大专学生毕业论文虽然没有硬性要求，但学习写作开题报告对于今后的职业生涯发展和适应工作不无裨益。大学生毕业论文开题报告与上述要求相同，主题内容也包括选题缘由、文献综述、研究的理论基础、研究内容、研究目的和意义、研

① http：//baike. sogou. com/v226505. htm

究思路和方法、研究步骤、论文提纲、参考文献、导师评语等。

结题报告是指一项课题结束后送交评审的专门报告，它是在开题报告基础上，通过实施研究、收集完整的研究数据、经过分析讨论、得出研究结论的完整科研总结报告。结题报告大多数是用在学术与科研领域，具有明确的特点与规范要求。限于篇幅，此处不再深入讨论，请参考相关专业文献。

知识链接

幼儿环境质量评估①

幼儿园环境包括生理、心理和社会的环境，幼儿园的环境质量优劣影响到幼儿的保教目标是否顺利实现。对幼儿园环境评估，一般多从幼儿园的物理环境、室外环境、材料和设备、课程的组织、教学过程和师生联系几方面去评价。现以Harms-Clifford 环境评分量表(以下简称 HCEE)来说明这类评估内容和办法。

HCEE 由美国北卡诺利拉大学儿童发展中心的 Harms 和 Clifford 两位学者设计，广泛应用于北美，是评价各类儿保中心、学前机构环境质量的一个简便、有效的使用工具。它包括七大方面共 37 条项目，分为 7 级记分(最差评 1 分，最优评 7 分)，由教师、管理者或专业人员根据实际观察情况逐条评分，最后累加出各类分和总分，建立地区常模后可作为幼儿园环境质量的权威评估标准。运用此表对我国幼儿园环境质量进行评估，要考虑文化的差异和经济条件的差异，需要进行认真修订。但该表提出的结构和内容为我们提供了一个很好的评估框架，值得借鉴。该表具体内容略述如下：

1. 个体幼儿常规护理

(1)入园和离园。教养人员是否尽到对幼儿迎送的职责，与家长交换意见，介绍有关幼儿的重要情况。

(2)饮食与课间餐。饮食是否有规律，营养是否平衡；教养人员在幼儿就餐时是否坐在一旁提供愉快的社会环境，并注意培养幼儿正确的饮食习惯，提高其食欲。

(3)午休和睡眠。是否定时，是否提供监护，空间是否足够和适宜于休息。

(4)排便习惯。便具是否适合幼儿，是否清洁卫生，便后是否洗手。

(5)个人整洁。是否定时搞好个人卫生，如饭后刷牙、饭前便后洗手，养成卫生保健习惯。

2. 家具和活动场地

(1)房屋一般条件。适宜幼儿的家具，充足的采光，干净和谐的墙壁、地面。

(2)学习活动。学习活动设备是否充足、完备，有利于幼儿发展。

① 郑晓边编著. 幼儿卫生学[M]. 郑州：大象出版社，1997.

(3)舒适安全。场地和家具是否舒适和安全。

(4)房内设置。建立多个兴趣中心，设施利用方便，隔离噪音，易于监护，有助于培养幼儿独立性。

(5)幼儿作品陈设。是否以幼儿自己的作品陈设为主，而且定期更换。

3. 语言学习

(1)理解语言。学习材料的多寡，教师是否给予清楚的示范和指导，拟订教学计划，促进幼儿语言发展。

(2)应用语言。在个体自由活动与小组活动中，安排定期的应用语言活动，提供个体语言发展的机会，如唱歌、朗诵、回答问题、交谈，教师尽可能用语言示范。

(3)使用学习概念。鼓励幼儿提出问题，安排多种游戏活动，运用实物教具，促使幼儿基本概念的发展。

(4)日常用语。教养人员根据幼儿提出的问题经常与幼儿进行启发式语言交谈。

4. 精细活动与全身运动

(1)感觉-精细活动。如眼手协调动作的良好发展，建筑积木、剪帖、作画等，鼓励幼儿自主活动。

(2)指导精细活动。对幼儿的精细活动给予指导、帮助，提出问题，解决疑难。

(3)全身运动的空间。提供足够、安全、愉快的户外、户内活动场地。

(4)全身运动设备。各种设备有益于幼儿不同技能活动的训练。

(5)全身运动的时间安排。每天常规锻炼和特殊生理训练相结合。

(6)全身运动指导。亲临指导幼儿活动，使他们建立社会技能和相关概念。

5. 创造性活动

(1)艺术。具备可供幼儿自由选择的多种艺术材料。

(2)音乐活动。为音乐活动提供时空条件，并让幼儿自由选择。

(3)积木。提供足够的大小积木和空间，鼓励幼儿独立操作。

(4)玩沙与嬉水活动。提供适宜的户内外玩沙和嬉水的条件。

(5)戏剧表演。组织各种戏剧表演，提供道具等。

(6)时间安排。系统灵活，符合个体需要。

(7)创造性活动指导。与幼儿相互讨论、相互合作，促进活动开展。

6. 社会发展

(1)自我空间。幼儿有自我活动的空间，利于独立性的发展。

(2)自由活动。使幼儿得到足够的机会在户内外自由活动，选择玩具、游戏、设备等，辅以适宜的教育指导。

(3)集体活动时间。提出集体活动的计划，机动灵活，自由选择。

(4)文化意识。考虑到各种文化的差异，在教学中注重文化意识，众采各种文化所长。

(5)风气。教养人员和幼儿相互尊重爱护，和睦相处，心境愉快。

(6)个别照顾。对生理、心理、情感特别的幼儿提供特殊指导和咨询等服务。

7. 教养人员的需要

(1)教养人员的设施。是否具备与幼儿活动分开的成人休息室和卫生间、储藏室。

(2)专业进修的机会。是否具备良好的专业图书室、现期刊专业资料，以及定期专业培训。

(3)教养人员会议场地。具备舒适的与幼儿分开的会议场地。

(4)为家长提供信息。通过家长会和简报形式定期与家长交流信息，邀请家长参与制订、执行教学计划，提供卫生保健等信息。

本章小结

本章从幼儿园文化建设和提高科研能力等方面入手，将理论与实践相结合，用一线教师平时工作和生活中最真实的案例，引导读者正确理解学前教师创建优质幼儿园文化的意义和途径。希望学前教师通过本章的学习，参与幼儿园文化建设，增强科研能力，更加自信、豁达、真诚地做好本职工作，做一个充满爱心的学前教师。

本章思考题

1. 如何评价优质幼儿园文化？
2. 论述自己怎样参与园文化建设？
3. 针对学前儿童健康教育领域的问题，写一篇科学研究开题报告。
4. 写一篇学前教师科学研究心得。
5. 综述近 3 年学前儿童健康教育领域的项目成果与特色。

推荐阅读

1. 郑晓边主编．学校心理辅导实务[M]．北京：人民卫生出版社，2011.

该书是国家精品课程《心理健康教育系列课程——学校心理辅导》的研究成果，是人民卫生出版社心理治疗系列丛书之一。全书分三大部分：第一部分心理辅导案例分析，重在描述儿童青少年心理问题的表现、诊断、成因和教育辅导方法、转变过程与成效评价；第二部分活动设计，强调辅导活动课程的组织实施过程与控制；第三部分课程纲要，简明扼要地诠释了学校心理辅导课程教学内容体系，为教学使用者提供参考蓝本。该书理论与实践融会贯通，是一本珍贵的学校心理辅导研究领域的学术专著，也是一本实用的心理咨询师和辅导教师专业培训读物，适合广大的教育工作者、家长和心理咨询师参考。

2. 张晖，刘明远．幼儿园课题研究[M]．北京：高等教育出版社，2012.

该书的编写立足于幼儿园教育实践，以指导幼儿园教师正确认识课题研究、顺利开展课题研究、提高课题研究的成效为宗旨，结合大量的幼儿园课题研究的案例，从对课题研究的理性认识、课题研究的步骤、课题研究的基本方法，到各级各类课题的申报途径、研究策略、幼儿园课题研究中常见问题的分析与对策及提升教师课题研究的幸福感等方面进行了全方位的阐述，囊括了幼儿园教育课题研究的基本问题，最后一章还展示了一些幼儿园课题研究的优秀案例，并进行了评析。

本章参考文献

林崇德等著．学校心理学[M]．北京：人民教育出版社，2000.

中小学教师心理健康教育教程编写组．心理健康教育教程[M]．北京：人民教育出版社，2004.

俞国良主编．现代心理健康教育[M]．北京：人民教育出版社，2007.

郑晓边．学前教育机构环境质量评价[J]．教育研究与实验，1988. 4.

徐光兴主编．学校心理学——教育与辅导的心理[M]．上海：华东师范大学出版社，2009.

吴增强主编．学校心理辅导通论：原理·方法·实务[M]．上海：上海科技教育出版社，2004.

叶恭绍等．中国医学百科全书-儿童少年卫生学[M]．上海：上海科技出版社，1984.

贾伟廉等．健康教育学[M]．北京：人民卫生出版社，1988.

阎水金．幼儿园环境与教育-系列论文[J]．幼儿教育，1993：4-12.

王坚红．教育评价——系列论文[J]．学前教育，1992：1-8.

方明．做好家长工作，实现家园同步——系列论文[J]．学前教育，1995.

后　　记

撰写书稿任务对我们这群长期埋头于一线的教师而言，的确是有意义的挑战。积极心理学的名言是："不试一试，怎么知道自己有多大的潜力呢？"在郑晓边教授的鼓励下，我们勇敢地尝试了。伴随着成长的喜悦，回顾这一路学习的历程，由衷感谢郑晓边教授的悉心指导和栽培。

郑教授是我们敬重的老师和职业推动者，是基层幼儿园教师熟悉的、全国知名的健康心理学和发展与教育心理学专家。他以毕生精力投入儿童青少年心理健康的教学研究，卓有建树，成果丰硕。他深入浅出、睿智幽默的教学风格在广大一线的教师群中具有很强的感召力和凝聚力。我们有幸在多年的科研课题开题、结题评审中得到他的指导。这次撰文写书，也是他的诚挚邀请，给了我们学前教师话语的舞台和前行的动力。他以深厚的理论功底和温暖的教育情怀鼓励我们，用严谨、科学的态度把当代学前儿童和教师的健康典型问题呈现出来，并通过对系列案例的解读，展示教师职业风采和幼儿园健康教育工作的经验与心得。他用感同身受的实践经验和优雅的学者风范诠释出一种理念：教育应该是关注心灵的教育，教育应该是有理想、有情怀的教育！

参加合作编写的园长和教师还有：刘新、钱芳、沈丽丽、姚璐、丁玲、李璐、陈丰、胡莉莉、徐溪、毛玲、邢磊、杨毅、周海芳、姚薇、杨燕、范翩翩、武琳、孙琦、章志文等。

谨此，代表本书编著团队表达真诚感谢：

感谢引用文献中学者和学前教师同行！

感谢武汉大学出版社编辑们的鼎力支持！

李跃梅　刘敏

2018 年